体系日本語初級
漢字も文法も

村田美穂子 著

好文出版

はしがき

　本書は初級日本語の漢字も文法も、これ1冊で学べるという教科書である。ただし、独習は想定していない。以下の3点を特徴とする。

1．学習する文をすべて、「現実表現 actuality: ⓐ」と「話し手の態度表明 speaker's manner of talking: ⓜ」のどちらかに位置づけた。

2．漢字の読み方には単語のみを挙げた。学習者が、たとえば「月(つき) (moon)」を「がつ」「げつ」とおぼえる誤り、また、「話(はな)す (speak)」を「はな (flower)」とおぼえる誤りを避けるためである。

3．会話において重要な高低アクセントの表示を積極的にとりいれた。

　本書では「話し手の態度表明」を、おもに文法体系の中で学習する。文法学習は敬遠されがちだが、体系を学ぶ合理性と楽しさが日本語を教える側と学ぶ側の双方に共有されれば幸いである。

著者

Preface

This textbook can be used to study both elementary Japanese grammar and KANJI all in one book. It is not, however, intended for independent study. The textbook has the following three features:

1. All sentences are classified as expressing either **actuality** (ⓐ) or the **speaker's manner of talking** (ⓜ).

2. For learning the reading of KANJI, only words are given, *e.g.* 月(つき). The numerous different readings of one KANJI are not given, *e.g.* 月 = つき, がつ and げつ. This is to avoid learner mistakes, such as incorrectly remembering 月 (moon) as がつ or げつ, and incorrectly remembering 話(はな)す (speak) as はな (flower).

3. Pitch accent, which is so important in spoken Japanese, is dealt with throughout the book.

　In this book, expressing the speaker's **manner** of talking will mainly be studied through the Japanese grammatical system. The study of grammar tends to be given a wide berth, but I hope that those of you teaching Japanese and those of you learning Japanese can share the pleasure and logic of learning grammatical systems.

The author

資料1 本書に出現する単語の<u>ことなり語数</u>と漢字の<u>ことなり字数</u>は以下のとおり。
　　　　ⅠとⅡの対象外は各課のとびら、漢字欄、2～7ページ、12～17ページの単語と漢字。32～34ページ、62～63ページの表の項目と名称 name 以外の単語。 Ⅲはとびら(新出単語を除く)、Ⅳは漢字欄に出現する語数／字数。小さい数字はとびらのみ、漢字欄のみに出現する語数／字数。

		課	1	2	3	4	5	6	7	8	9	10	11	12	13	14
単語	Ⅰ．初級		28	11	66	142	124	120	111	148	152	120	214	179	112	124
	Ⅱ．Ⅰ以外		2	4	10	43	50	15	73	17	42	23	62	41	11	32
	Ⅰ＋Ⅱ＝計		**30**	**15**	**76**	**185**	**174**	**135**	**184**	**165**	**194**	**143**	**276**	**220**	**123**	**156**
	Ⅲ．とびら		0	21 16	3 2	19 10	10 4	35 32	4 4	4 4	0	43 42	16 1	18 14	3 2	1 1
	Ⅳ．漢字欄		―	40 35	43 27	71 43	50 33	46 36	41 29	33 23	42 27	34 21	46 34	36 24	37 26	36 25
漢字	Ⅰ．300字		―	8	39	92	81	83	88	91	109	89	127	130	92	92
	Ⅱ．Ⅰ以外		―	1	6	22	18	20	24	20	39	13	59	30	5	21
	Ⅰ＋Ⅱ＝計		―	**9**	**45**	**114**	**99**	**103**	**112**	**111**	**148**	**102**	**186**	**160**	**97**	**113**
	Ⅲ．とびら		0	11 6	1 0	5 0	12 2	0	0	0	0	43 27	5 1	21 12	2 1	2 2
	Ⅳ．漢字欄		―	33 26	33 18	27 6	22 5	32 13	29 10	30 15	22 6	29 11	40 18	33 12	29 10	23 11

前言

　　本教科书的特色是初级日语汉字及语法都可在这一册中习得。但，以自学方式学习的场合不在本教科书的设定范围内。本书的特点有如下三点。

1、对所有要学习的句子都进行了定位，或是"**现实描述（actuality: ⓐ）**"，或是"**说话人的态度表明（speaker's manner of talking: ⓜ）**"。

2、注汉字读法时只例举了单词，以避免学习者记错。例如将"月(moon)"（つき）误记为"がつ""げつ"又或将"話す(speak)"（はなす）误记为"はな(flower)"等。

3、注明了在日语会话中占重要组成部分的高低型音调。

　　在本书中，"说话人的态度表明"主要在语法体系中学习。学生对学习语法往往表现出一种敬而远之的态度。系统学习的合理性及乐趣若能为教、学双方所共享将不胜欣慰。

著　者

머리말

　본서는 초급일본어의 한자와 문법을 이 책 한 권으로 배울 수 있는 교과서입니다. 다만 독학은 고려하지 않았습니다. 이 책의 특징은 다음 3가지입니다.

１． 학습할 문장을 모두 '**현실표현 (actuality: ⓐ)**'과 '**화자의 태도표명 (speaker's manner of talking: ⓜ)**'으로 분류하였습니다.

２． 한자 읽는 법에 단어만 예를 들었습니다. 학습자가 '月 (moon)'(つき)을 'がつ''げつ'라고 잘못 외우거나, 또 '話す (speak)'(はなす)를 'はな (flower)'라고 잘못 외우는 것을 방지하기 위해서입니다.

３． 일본어 회화에서 중요한 고저 악센트의 표시를 적극적으로 도입하였습니다.

　본서에서는 '화자의 태도표명'을 주로 문법체계 속에서 학습합니다. 문법 공부라고 하면 멀리하는 경향이 있는데, 체계적으로 배우는 합리성과 즐거움이 일본어를 가르치는 측과 배우는 측의 쌍방에게 공유되기를 바랍니다.

저　자

　同一の単語／漢字は出現回数によらず１語／１字と数えた。単語の、たとえば「見る」「見ます」「見た」「見ている」「見ない」「見られる」「見たい」「見やすい」などはどれも「見る」として１語、「名前」と「お名前」はことなる２語と数えた。

　単語Ⅰは『１万語語彙分類集』（専門教育出版1998年）でレベルＤとＣの単語、漢字Ⅰは本書334ページのとおり。

15	16	17	18	19	20	21	22	23	24	25	26	27	28	29	30	1〜30
179	169	173	110	218	163	153	115	140	92	131	164	121	199	163	189	**1419**
27	26	39	48	34	43	23	12	25	16	13	42	32	72	47	42	**815**
206	**195**	**212**	**158**	**252**	**206**	**176**	**127**	**165**	**108**	**144**	**206**	**153**	**271**	**210**	**231**	**2234**
2　2	0	6　4	1　0	8　0	0	3　1	2　2	1　1	17　17	60　50	2　2	8　6	29　22	80　71	30　21	428　124
41　29	33　21	40　32	41　32	32　14	47　34	40　33	43　29	41　22	35　22	42　35	40　30	38　29	42　35	32　27	45　34	1185　449
122	109	126	81	118	109	87	68	103	62	84	135	114	121	124	136	**300**
25	28	26	36	34	20	25	21	13	18	22	56	25	30	30	35	**376**
147	**137**	**152**	**117**	**152**	**129**	**112**	**89**	**116**	**80**	**106**	**191**	**139**	**151**	**154**	**171**	**676**
31　16	0	0	1　0	2　0	0	4　1	5　2	0	3　2	45　32	15　9	6　2	24　17	43　18	29　13	222　33
35　16	33　13	39　17	38　21	24　10	38　17	47　27	45　21	29　10	35　16	33　14	42　14	41　17	34　15	43　15	55　21	513　79

目次
Contents

> Ⓐ ～ Ⓗ : grammatical forms *see the inside of the back cover*
> ACT Ⓐ ～ Ⓟ : different kinds of ACT *see p.26, see the inside of the front cover 1*
> STATE Ⓧ ～ Ⓩ : different kinds of STATE *see p.78*

第1課 *p.1*

ひらがな and *nouns* *p.2 – p.7*

Predicate: plain style and polite style *p.8*

Noun predicate (だ type) Ⓐ': つくえです。 *p.8*

Pointing at a NON-PERSON: これ・それ・あれ *p.9*

Limited topic: これは *p.9*   おなまえは *p.10*

WH question for things: なんですか。 *p.10*

第2課 *p.11*

かたかな and *nouns* *p.12 – p.17*

Basic rules of KANJI writing *p.18*

Pointing at a PERSON: こちら・そちら・あちら *p.19*

Noun phrase: にほんじんのがくせい *p.20*

Accepted topic: これも *p.20*

漢字(かんじ): 1 一 2 人 3 川 4 口 5 日 6 田 7 中 8 山 9 木 10 本

第3課 *p.21*
りんごって何ですか。

Yes/no question for *noun* predicates (だ type): つくえですか。 *p.22*

Noun predicate, negative answer Ⓐ': つくえではありません。 *p.22*

⊖ た group and ⊕ た group *p.24*

Noun predicate (だ type) Ⓐ': テストでした。 *p.24*

Noun predicate (だ type) Ⓐ': テストではありませんでした。 *p.24*

TIME span: きょう no actuality marker (bare) *p.24, p.28*

Verb predicate (う-row type) Ⓐ': ます-form, ました-form *p.25*

Verb predicate (い type) Ⓐ': ません-form, ません-form + でした *p.25*

Actor, ACT and PLACE *p.26*

ACT Ⓐ ANIMAL actor faces a direction: 銀行へ行きます。 *p.26, p.27*

ACT Ⓑ ANIMAL actor moves along a route: 歩道を歩きます。 *p.30*

Whereabouts of information *p.30*

漢字: 11 名 12 国 13 行 14 来 15 先 16 去 17 今 18 何 19 土 20 私

第4課 p.31 To put	QUANTITY: 一つ・一個(いっこ)・一人・一枚(いちまい)・一台・ 一冊(いっさつ)・一本・一杯(いっぱい)・一匹(いっぴき)・一足・一点(いってん)　no actuality marker (bare)　*p.32*
	Numbers　*p.32, p.34*
	ACT ⓛ ANIMAL actor handles an object: 消しゴムをとります。　*p.35*
	ACT Ⓜ ANIMAL actor touches a touch point with an object: たなに本をおきます。　*p.35*
	Inflection of *Verbs* 1, basic form: (よみます→)よむ　*p.36*
	Split *verb*: *noun* + する（○○する）　*p.36*
	PLACE of ACT Ⓔ～Ⓟ, actor on a plain (で-PLACE): 教室で　*p.38*
	Asking for MATERIALs: ノートをください。　*p.40*
	漢字：₂₁二 ₂₂三 ₂₃四 ₂₄五 ₂₅六 ₂₆七 ₂₇八 ₂₈九 ₂₉十 ₃₀百 ₃₁千 ₃₂万 ₃₃半 ₃₄分 ₃₅子

第5課 p.41 TIME, PLACE, predicate	Existence (STATE Ⓧ) of an ANIMAL: 学生がいる　*p.42*
	Existence (STATE Ⓧ) of a NON-ANIMAL: つくえがある　*p.42*
	PLACE of existence, MATERIAL on a point (に-PLACE): 教室に　*p.43*
	Positional relationship　*p.44*
	Inflection of *Verbs* 2, (う-row type) Ⓖ て-form: (よむ→)よんで　*p.46*
	Asking a listener to do an ACT: よんでください。　*p.46*
	Inflection of *Verbs* 3, (う-row type → い type) Ⓐ/Ⓗ ない-form: (よむ→)よまない　*p.48*
	Verb (い type) Ⓖ ないで-form: (よまない→)よまないで　*p.48*
	Asking a listener not to do an ACT: よまないでください。　*p.48*
	TIME point: 日曜日に　*p.50*
	漢字：₃₆男 ₃₇女 ₃₈左 ₃₉右 ₄₀東 ₄₁西 ₄₂南 ₄₃北 ₄₄上 ₄₅下

第6課 p.51 こ・そ・あ・ど	ACT: simple *verb* → STATE based on an ACT: connected *verb* て-form + いる　*p.52, p.53*
	Continuous ACT, momentary ACT and fixed ACT (Ⓒ, Ⓓ)　*p.52 – p.54*
	ACT Ⓕ phenomenon that occurs to a NON-ANIMAL actor: 風がふく・水がこおる　*p.52, p.55*
	ACT Ⓓ actor appears/disappears: 木に (に-PLACE) りんごが生(な)る　*p.52*
	ACT Ⓔ phenomenon that occurs to an ANIMAL actor: 起きる　*p.53, p.55*
	ACT Ⓒ ANIMAL actor remains stable: 日本に (に-PLACE) 住む　*p.53*
	STATE caused by there being no such ACT in *one's* memory: 食べていない　*p.56*
	ている-*verb*: 持っている － 持っていない　*p.58*
	ている-*verb*: 知っている － 知らない　*p.58*
	漢字：₄₆立 ₄₇住 ₄₈花 ₄₉水 ₅₀月 ₅₁火 ₅₂知 ₅₃死 ₅₄金 ₅₅銀

復習(ふくしゅう) Review L.1 ～ L.6　ひらがな and かたかな　*p.60*

第7課 p.61 〜ね／よ。

Name and QUANTITY of time *p.62*

Inflection of Verbs 4, (う-row type) ⊕ た group = Ⓐ/Ⓗ た-form: (よむ→)よんだ *p.68*

Verb (い type) ⊕ た group = Ⓐ/Ⓗ なかった-form: (よまない→)よまなかった *p.68*

Verb ある → *adjective* (⇨ Lesson 8) ない *p.70*

漢字: 56 生 57 午 58 前 59 後 60 始 61 終 62 時 63 年 64 週 65 毎

第8課 p.71 Lexis and grammar

Predicate which expresses a STATE *p.72*

い-*adjective* (い type) ⊖ た group Ⓐ い-form: 明るい *p.72*

い-*adjective* (い type) ⊕ た group Ⓐ かった-form: (明るい→)明るかった *p.73*

い type predicate, negative answer Ⓖ く-form: (明るい→)明るく＋ありません。 *p.74*

STATE with a が-MARK ①: Aさんは髪(かみ)が短い。 ②: Aさんはねこが好きだ。 *p.76*

STATE with a に-MARK: タバコは体にわるい。 *p.76*

STATE with a と-MARK: XはYと同じだ。 *p.76*

STATE with a より-MARK: XはYより重い。 *p.76*

STATE: information from Ⓧ observation, Ⓨ evaluation and Ⓩ self-awareness *p.78*

ANIMAL's ACT → STATE Ⓩ = *verb* たい-form (い-*adjective*): (よむ→)よみたい *p.80*

漢字: 66 大 67 小 68 明 69 暗 70 同 71 合 72 好 73 要 74 元 75 気

第9課 p.81 Pre-noun form

STATE Ⓧ colors *p.82*

だ-*adjective* unit: (おもい→)おもそう, (おちる→)おちそう, (元気→)元気そう *p.83*

Noun phrase: ほんとうの話, 無理(むり)な計画, 同じ本, つまらない本 *p.84*

STATE Ⓧ existence (existing or not existing) as the modifier: ある／ない *p.86*

STATE Ⓨ existence (many or few) as the modifier: 多い／少ない *p.86*

STATE with a が-MARK ① formed with a *verb* する: 声がする, 味がする *p.87*

Comparing two MATERIALs: 馬のほうが大きい *p.88*

Comparing three or more MATERIALs: 馬がいちばん大きい *p.88*

漢字: 76 色 77 白 78 黒 79 赤 80 青 81 安 82 高 83 低 84 多 85 少 | symbol 々 |

第10課 p.91 お／ご

Inflection of Verbs 5, potential *verb*: (よむ→)よめる *p.92*

STATE Ⓧ with a が-MARK ② (visible and audible): 見える, 聞こえる *p.94*

だ-*adjective* unit: ねこみたい／ねこのよう *p.96*

Hearsay: contents (end form Ⓐ) ＋ そうだ *p.99*

WH question for STATE: どう *p.100*

漢字: 86 門 87 間 88 目 89 見 90 耳 91 聞 92 音 93 声 94 犬 95 友

第11課 p.101 Indefinite	ACT G ANIMAL actor touches a point: はしらにさわる　p.102
	ACT H NON-ANIMAL actor touches a point: 部屋に荷物がとどく　p.102
	ACT I ANIMAL actor touches a reactor's territory: Aさんに会う　p.104
	ACT J ANIMAL actor and an opponent act mutually: Aさんと別れる　p.104

Question about indefinite MATERIAL: 何かありますか。だれか来ますか。　p.107

STATE with a が-MARK ① formed with a verb ある: 質問がある，人気がある　p.108

One's history: a が-MARK ① and a verb ある: 見たことがある　p.109

Potential *verb* unit: (よむ→)よむことができる　p.110

漢字：96 出　97 入　98 通　99 着　100 会　101 社　102 学　103 校　104 方　105 車

第12課 p.111 する・やる	ACT N ANIMAL actor enters a reactor's territory. Object is handed from one to the other there: Aさんに本を貸す　p.112
	ACT N giving (あげる・くれる) and receiving (もらう)　p.113

Verb phrase (appearance using G pre-ACT form + *verb*): 立って話す　p.114

Verb phrase (QUANTITY using G pre-ACT form + *verb*): 五分で読む　p.114

Verb phrase (pre-ACT ながら-form + *verb*): 音楽を聞きながら食べる　p.115

ACT E phenomenon that occurs to ANIMAL actor: 生まれる，あそぶ，急ぐ　p.116

WH question for ACT: どうする　p.118

漢字：106 教　107 習　108 貸　109 借　110 返　111 売　112 配　113 休　114 心　115 急

復習 L.7～L.12　ない group, ACT and COMPONENTs, ACT and manner markers, and STATE　p.119

第13課 p.121 ～でしょうか	ACT and its contents: contents + と + ACTs involving verbalization 言う　p.122
	ACT and its contents: contents + と + ACTs involving thought 思う　p.122

Inflection of *Verbs* 6, end form Ⓑ 'soon' mood う-form: (よむ→)よもう　p.124

'Uncertain' information: contents + だろう (plain) / でしょう (polite)　p.126

Inflection of *Verbs* 7, end form Ⓒ 'entrust' mood: (よむ→)よめ・よむな　p.128

Noun phrase: 春野という町，○○という意味　p.130

漢字：116 言　117 語　118 話　119 答　120 思　121 考　122 読　123 書　124 意　125 味

第14課 p.131 Politeness, honorifics	**Sensible** polite style (six *verbs*): まいります，いたします，もうします，いただきます，おります，ございます　p.132
	Honorifics for giving and receiving: さしあげる・くださる，いただく　p.134
	Favor: *verb* て-form + giving and receiving *verbs*　p.138
	(見てあげる/見てさしあげる・見てくれる/見てくださる，見てもらう/見ていただく)

漢字：126 父　127 母　128 兄　129 姉　130 弟　131 妹　132 親　133 主　134 家　135 族

第15課 p.141 — Ingroup, outgroup

- Lexical **honorifics**: (言う→) おっしゃる (respectful) / もうしあげる (humble)　*p.142*
- Grammatical **honorifics**: (まつ→) おまちになる (respectful) / おまちする (humble)　*p.142*
- **Dual sentence** *p.147*
  - ① Separate: 大きいですが、軽いです。　*p.147*
  - ② Personal judgment: 雨ですから、かさをさします。　*p.148*
  - ③ Set pair: 暗いと、食事ができません。　*p.150*

漢字： 136 内　137 外　138 手　139 足　140 直　141 引　142 作　143 食　144 飲　145 飯

第16課 p.151 — Non-end form

- Consisting of some predicates: この花はチューリップで、あの花はゆりです。　*p.152*
- Consisting of some pre-nouns: 安くて、おいしいパン　*p.155*
- **Dependent clause** *p.156*
  - ① Reason: Ⓕ non-end form: 雨で　*p.157*
  - ②-a Accepted condition: Ⓕ non-end form + も: 雨でも　*p.158*
  - ②-b Limited condition: Ⓕ non-end form + は: 雨では　*p.159*

漢字： 146 切　147 初　148 力　149 勉　150 強　151 弱　152 便　153 利　154 漢　155 字

第17課 p.161 — Nouns not to function alone

- QUANTITY (at least): 五つは, (It is a large QUANTITY.): 五つも　*p.162*
- TIME (at the latest): あしたには, (at the earliest): あしたにも　*p.162*
- *Noun* phrase: 高いところ, 花がきれいなところ　*p.164*
- *Noun* phrase: 飲むところ, 飲んでいるところ, 飲んだところ　*p.165*
- STATE of an actor: 読んだばかり　*p.166*
- STATE of an object: 買ったばかり　*p.166*
- Earlier and later ACTs: Aさんと別れた後で、泳ぎます。　*p.166*
- Series of two ACTs: くつをぬいでから、家に上がります。　*p.167*
- Series of two ACTs: 家に上がる前に、くつをぬぎます。　*p.167*
- Predicate たり-form: 雨だったり, 考えたり　*p.168*
- **Dependent clause** (condition): Ⓔ non-end たら-form: 雨だったら, 見たら　*p.168*

漢字： 156 発　157 表　158 所　159 文　160 石　161 研　162 究　163 空　164 部　165 屋

第18課 p.171 — いけない / ならない

- ACT Ⓐ with belongings = thing: 持って行く／持って来る　*p.172*
- ACT Ⓐ with an attendant = person, animal: つれて行く／つれて来る　*p.172*
- ACT Ⓐ after an ACT: 買って行く／買って来る　*p.172*
- ACT Ⓐ with an aim: 食事に行く／食事に来る, 食べに行く／食べに来る　*p.175*
- **Dependent clause** (condition): Ⓓ non-end ば-form: 雨なら(ば), 見れば　*p.176*

漢字： 166 持　167 待　168 買　169 送　170 止　171 回　172 英　173 米　174 雨　175 電

<u>復習</u> L.13 ～ L.18　**Complex sentences** (dependent clause + main sentence)　*p.179* (ふくしゅう)

| 第19課
p.181
Intentional,
automatic | まどを閉める ― まどが閉まる (pairs of derivative *verbs*) *p.182*
パンツを短くする ― パンツが短くなる (pairs of する-group and なる-group) *p.184*
大人になる，暑くなる *p.185*
学生だと、割り引きになります。 *p.187*
ACT that involves <u>making an effort</u>: 日本語で話すようにします。 *p.188*
ACT that <u>comes to happen/not happen</u>: 英語で話さないようになりました。 *p.189*
Dependent clause (<u>one's goal</u>): すぐ出かけられるように *p.190*
い-*adjective* → *noun* that expresses degree: (大きい→)大きさ *p.190*
漢字: 176 開 177 閉 178 暑 179 寒 180 長 181 短 182 消 183 集 184 変 185 帰 |

| 第20課
p.191
Pre-ACT
form | *Verb* phrase (Ⓖ pre-ACT form + *verb*): まじめに勉強する，早く起きる *p.192*
Avoid being 'certain': 雨がふるかもしれない。 *p.196*
Unconfirmed information: この小説はおもしろいらしい。 *p.197, p.198*
Comparing らしい with みたい *p.198*
Dependent clause (<u>condition</u>): 旅行なら/旅行するなら *p.199*
Dependent clause (<u>condition</u>): ひらがなでなら，友だちとなら *p.200*
漢字: 186 楽 187 薬 188 紙 189 早 190 正 191 別 192 朝 193 昼 194 夕 195 夜 |

| 第21課
p.201
Connected
verb | Connected *verb*: ACT *verb* て-form + しまう: 読んでしまう *p.202*
Connected *verb*: ACT *verb* て-form + みる: 読んでみる *p.202*
Connected *verb*: ACT *verb* て-form + おく: 読んでおく *p.203*
Connected *verb*: ACT *verb* て-form + ある: 読んである *p.207*
Conjunctions でも and では *p.210*
漢字: 196 図 197 館 198 室 199 場 200 映 201 画 202 写 203 真 204 台 205 風 |

| 第22課
p.211
Grammatical
marker の | **のだ-predicate** Ⓐ end form: 雨な(の→)んだ。 Ⓐ' end form: 雨な(の→)んです。 *p.212*
Assertion ①: explanation/excuse: 食べないんです。 *p.212, p.213*
Assertion ②: judgment: この角を曲がるんです。 *p.212, p.214*
Assertion ③: "why" question: 星はどうしてひかるんですか。 *p.212, p.215*
Assertion ④: indirect request: 重いんです。 *p.212, p.216*
Assertion ④: indirect refusal: お酒は飲めないんです。 *p.212, p.217*
Dependent clause (<u>assertion</u>): Ⓕ non-end form: 雨なので、 *p.218*
Dependent clause (<u>assertion</u>): Ⓕ non-end form: 雨なのに、 *p.219*
漢字: 206 海 207 洋 208 池 209 注 210 洗 211 泳 212 酒 213 茶 214 料 215 理 |

第23課 p.221 ACT verb た-form

STATE Z to want others to do an ACT of: 読んでほしい *p.222*
STATE Z to not want others to do an ACT of: 読まないでほしい *p.222*
Use of the ⊕た group (confirmation): 電車が来た。のどがかわいた。 *p.224*
Giving advice: 読んだほうがいい。 *p.226*
Giving advice: 読まないほうがいい。 *p.227*
とき-clause (unstarted ACT): 花屋を出るとき、電話します。 *p.228*
とき-clause (ended ACT): 花屋を出たとき、電話します。 *p.228*
とき-clause (STATE): 荷物が重いときは、タクシーに乗ります。 *p.230*
とき-clause (STATE = age): 四歳(よんさい)のとき、弟が生まれました。 *p.230*

漢字： 216 道　217 歩　218 走　219 起　220 新　221 古　222 遠　223 近　224 軽　225 重

第24課 p.231 Greetings

Show and point at a MATERIAL: 水、飲みますか。 *p.232*
Contrast between そ-family and あ-family *p.234*
STATE Z mainly → がる-ACT: (かなしい→)かなしがる *p.236*
Review かなしい → STATE X かなしそう *p.237*
Assertion: Aさんはねむいんです。 *p.238*

漢字： 226 使　227 用　228 計　229 算　230 円　231 数　232 運　233 転　234 動　235 働

復習(ふくしゅう) L.19～L.24 How to express 'I-sentence only' about others *p.240*

第25課 p.241 Body

Inflection of *Verbs* 8, passive *verb*: (読む→)読まれる *p.242*
Passive ACT ①: "boxing" type: Aさんにおされた。 *p.243, p.244*
Passive ACT ②: "property" type: Aさんに服をやぶられた。 *p.243, p.245*
Passive ACT ③: "locking" type: Aさんにドアを閉められた。 *p.243, p.246*
Passive ACT ④: "contact" type: Aさんに質問された。 *p.248*
Passive ACT ⑤: "rainfall" type: 雨にふられた。 *p.249*

漢字： 236 品　237 質　238 荷　239 服　240 全　241 体　242 自　243 首　244 頭　245 顔

第26課 p.251 How to address people

Response to WH question: どこへ行くか、きめました。 *p.252*
Response to yes/no question: 行くかどうか、きめました。 *p.253*
Response to ない group question: ありませんか。── はい、ありません。 *p.255*
Split *verb* → *verb* unit: 日本語を勉強する → 日本語の勉強をする *p.256*
Passive *verb* as respectful *verb* *p.258*
Review Honorifics *p.259*

漢字： 246 天　247 地　248 森　249 林　250 病　251 院　252 工　253 乗　254 以　255 不

(10)

第27課 p.261 'I'	Inflection of *Verbs* 9, causative *verb*: (読む→)読ませる *p.262*
	Causative ACT: "servant" type *p.262, p.263*
	Causative ACT: "emotion" type *p.262, p.265*
	"Favor" receiving: not 読ませる but 読んでもらう・読んでいただく *p.266*
	Use of the potential *verb*: (読む→)読ませていただけませんか。 *p.268*
	Causative-passive *verb*: (読む→)読ませられる *p.269*

漢字： 256 練　257 説　258 問　259 題　260 席　261 度　262 店　263 鳥　264 馬　265 駅　266 験

第28課 p.271 Spoken, written	Review *Verb* phrase *p.272*
	Pre-ACT word: ぺらぺらしゃべる ／ STATE *noun*: 日本語がぺらぺらだ。 *p.276*
	Review Words that precede ACTs: *e.g.* すぐ *p.278*
	Review Words that precede STATEs: *e.g.* とても *p.278*
	Words that precede MATERIALs: こんな・そんな・あんな *p.279*
	Words that precede STATEs: こんなに・そんなに・ *p.279*

漢字： 267 春　268 夏　269 秋　270 冬　271 野　272 菜　273 魚　274 肉　275 牛　276 物　277 特

第29課 p.281 Noun form	Words that precede ACTs/STATEs: かなり まったく すっかり だんだん けっこう *p.282*
	Pre-noun words: 大きな，小さな *p.284*
	Noun phrase formed with の: 花たばを持っているのはだれですか。 *p.285*
	Noun phrase formed with こと: 趣味は山にのぼることです。 *p.287*
	Non-independent *nouns*: まま つもり *p.288*　はず わけ *p.289*
	Intentional ACTs: 〜ことにする　―　automatic ACTs: 〜ことになる *p.290*

漢字： 278 市　279 区　280 町　281 村　282 府　283 県　284 京　285 都　286 旅　287 世　288 界

第30課 p.291 する・ある	Grammatical unit: *noun* に + ついて, *noun* に + よる（よると, よれば, よって） *p.292*
	し-quasi-sentences (parallel): Ⓐ end form + し、Ⓐ end form + し、 *p.293*
	Words that precede predicates: preliminary remarks たとえば やはり *p.294*
	Words that precede predicates: grammatical correspondence もし あまり かならず *p.296*
	Conjunctions: しかし また それから それとも それに *p.300*
	Conjunctions: ところが だから そして ところで それで それでは *p.301*

漢字： 289 建　290 試　291 有　292 医　293 和　294 歌　295 仕　296 事　297 者　298 員　299 業　300 曜

Words: Japanese – English *p.302*　English – Japanese *p.317*　　Pitch accent *p.302, p.332*

Counters *p.331*　Index of 漢字: number of strokes *p.335*　radicals *p.336, p.338*　　日本地図 *p.339*

漢字学習と「読み」について

本書が初級の漢字学習の対象として漢字欄(凡例 ⇨ *p.18*)で扱う漢字は334ページに挙げた300字で、このうち初級の漢字は275字である。

漢字欄で学習する「読み」も334ページに記した『日本語能力試験出題基準』による。しかし初級の275字は単語として初級以外の「読み」で本書に出現する場合がある。このため、漢字欄でもそれらの「読み」の多くを扱い、漢字学習の対象とした。⇨ 資料2

資料2で×の付された単語の読みは漢字欄では扱わないため、漢字学習の対象としない。

漢字欄で◇の付された「読み」は日常的な単語を読むための参考であり、漢字学習の対象ではない。⇨ 資料3

初級の単語でも、漢字欄で扱わない「読み」は漢字学習の対象としない。⇨ 資料4 (**太字**の読みがな:初級の「読み」)

(資料の番号は漢字番号)

出現箇所 単語のレベル	漢字欄のみ	漢字欄以外のみ (各課の扉を含む)
太字:初級	無印	▲
細字:初級以外		
	▽:漢字欄にもそれ以外にも出現	

本書で扱わない初級の「読み」:	34 分(わかる)
⇨ 資料4	45 下(げ・くださる)
	205 風(ふ)

資料2 (1) 初級以外の訓読みを用いた単語

19	土(つち)	土▽
30	八百(やお)	八百屋
31	千(ち)	千代田区×(279)
34	分(わける)	**分ける**
45	下(くだる)	**下る**・下り
56	生(なる)	生る×
56	生(はえる)	生える×
61	終(おえる)	**終える**
97	入(いる)	**入り口**/入口▽・気に入る(75)
99	着(きせる)	**着せる**▽
132	親(おや)	**親・親子・親指**・父親(126)・母親(127)
134	家(うち)	**家**▽
163	空(あく)	**空く**▽
170	止(やむ)	**止む**▽
195	夜(よ)	**夜中**▽
202	写(うつる)	**写る**
234	動(うごかす)	**動かす**▽
253	乗(のせる)	**乗せる**
271	野(の)	野原
275	牛(うし)	**牛**・子牛
289	建(たつ)	**建つ**

資料3 (1) ◇印の訓読みを用いた単語

134	家(や)	家賃
163	空(から)	空手
174	雨(あま)	雨水・雨具
246	天(あま)	天の川
278	市(いち)	市場

資料4 漢字欄で扱わない「読み」を用いた初級の単語

34	分(わかれる)	**分かれる** <ふりがな付き>
34	分(わかる)	**分かる** <ひらがなで表記>
34	分(ぶ)	**大分** <読みがな付き>
44	上(あげる)	**上げる** raise sth <ふりがな付き>
45	下(おろす)	**下ろす** <ふりがな付き>
45	下(くださる)	**下さる** <ひらがなで表記>
45	下(さげる)	**下げる** <ふりがな付き>
76	色(しき)	**景色** <読みがな付き>
205	風(ふ)	**風呂** <ひらがなで表記>

資料2 (2) 初級以外の音読みを用いた単語

5	日(じつ)	祝日・休日(113)・元日(74)
8	山(さん)	富士山▽・火山▽
11	名(みょう)	名字▽
13	行(ぎょう)	行・1行, 2行…▲
19	土(と)	土地▽
46	立(りつ)	公立・立体・国立(12)・市立(278)・私立(20)・立方メートル▲
69	暗(あん)	暗記▽
70	同(どう)	同僚×
74	元(がん)	**元旦**・元日・元年▲
75	気(け)	寒気×
84	多(た)	**多分**・多少
85	少(しょう)	**少々**・多少(84)・少年・少女
88	目(もく)	**目次**・注目(209)
94	犬(けん)	盲導犬・愛犬家▲
95	友(ゆう)	**親友**・友人
99	着(ちゃく)	**到着**・試着(290)・着陸▲
110	返(へん)	**返事**・返信・返却▲
111	売(ばい)	**売店**▽
113	休(きゅう)	**休日**・休憩▽
122	読(どく)	**読書**・読解・音読(92)
139	足(そく)	**1足, 2足**…▽・不足(255)・遠足(222)
148	力(りょく)	**努力**・電力・重力(225)
148	力(りき)	力士・力学・馬力(264)
159	文(もん)	**注文**▽・文字(155)・天文学・天文台(204)
185	帰(き)	**帰国**・帰省
188	紙(し)	**表紙**・和紙・コピー用紙(227)
190	正(せい)	**正確**・正門・正解▲
208	池(ち)	**電池**▽
219	起(き)	**起動**・起源▲
221	古(こ)	**古代**・中古・名古屋▲
225	重(じゅう)	**体重**・重力
241	体(たい)	**大体**・体重▽(225)・体育・本体・立体(46)・死体(53)
243	首(しゅ)	**首都**・部首
244	頭(ず)	頭痛
273	魚(ぎょ)	金魚・人魚
284	京(けい)	一京
287	世(せい)	二十一世紀▽・中世▽・エリザベス二世・近世▲
289	建(けん)	**建設**・建築
294	歌(か)	**歌手**・国歌

資料3 (2) ◇印の音読みを用いた単語

6	田(でん)	水田	20	私(し)	私立
41	西(さい)	関西地方・東西	53	死(し)	死・病死・死体
59	後(こう)	後期・後半	76	色(しょく)	何色・1色, 2色…
83	低(てい)	最低	87	間(けん)	人間
116	言(げん)	言語・方言	116	言(ごん)	伝言
129	姉(し)	姉妹	131	妹(まい)	姉妹
151	弱(じゃく)	弱点	174	雨(う)	梅雨
183	集(しゅう)	集合・集金	187	薬(やく)	薬学
242	自(し)	自然	244	頭(とう)	1頭, 2頭…
248	森(しん)	森林	249	林(りん)	林業・森林(248)・林檎 <漢字欄以外はひらがなで表記>
267	春(しゅん)	初春・春分			
268	夏(か)	初夏			
268	夏(げ)	夏至			
269	秋(しゅう)	初秋・秋分			
270	冬(とう)	初冬・冬至			

第1課

Lesson 1　第1课　제1과

What is important when **speaking** Japanese?

↓
p.2,
p.302,
p.332

▷高低アクセント：単語の１拍目と２拍目の高さが異なる。高い部分は単語内に１箇所（１拍とはかぎらない）である。

▶ **Pitch** accent: the pitch is always different in the first and second mora of a word, even in words with more than two morae. There is only one high-pitched part in a word (but this could be more than one mora).

▶高低音调：日语单词的第１拍和第２拍音调的高低不同。一个单词里只有一处高音（不一定是１拍）。

▶고저 악센트：일본어 단어는 첫째 박과 둘째 박의 소리 높이가 높이가 다르다. 한 단어 내에서 높게 발음하는 곳은 한 곳이다(반드시 １박이라고는 할 수 없다).

② ▷母音：１拍か２拍（長母音）か。 ▶ **Vowels**: either one mora or two morae (long vowels) ▶韵母：１拍或２拍（长韵母）。 ▶모음：１박 또는 ２박(장모음).	▷発音 ▶ **Pronunciation** ▶发音 ▶발음

What are the basics of **written** Japanese?

▷ひらがなは基本的な表音文字である。１字が１拍にあたる。

▶ **HIRAGANA** are basic phonograms. One HIRAGANA corresponds to one mora.

▶平假名是基本的表音文字。一字相当于一拍。

▶히라가나는 기본적으로 표음문자이다. １자가 １박에 해당한다.

▷縦書きの場合、行は右から左へ進む。

▶In **vertical writing**, lines are written from right to left.

▶纵向文字由右至左排列。

▶세로쓰기인 경우, 행은 오른쪽에서 왼쪽으로 써 나간다.

⇨ *see* the inside of the front cover

Basic stroke orders for writing:　1. Write from left to right.　2. Write from top to bottom.

Basic ways <u>to end a stroke</u>: とめ stop　はね hook　はらい stretch

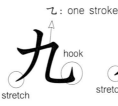

文法 Grammar — ⓜ: speaker's **m**anner of talking

ⓜ limited topic: [*noun*] は　⚠ は is a manner marker. It makes a name a limited topic.

ⓜ *noun* predicate (Ⓐ' polite style): [*noun*] です。

ⓜ WH question of *noun* predicate (Ⓐ' polite style): [*noun* expressing the 'unknown'] です＋か。

単語 Words — *n*: noun

Pitch accent: ◯◯◯ upperlined: **high**-pitched morae / ◯• indicates that the following morae are **low**-pitched

n. これ (thing in speaker's territory) ⇨ *p.9*

n. それ (thing in surrounding area) ⇨ *p.9*

n. あれ (thing in distant area) ⇨ *p.9*

n. なまえ (名前) name
11　58

n. おなまえ (お名前) your name
11　58

n. なに (何) what ('unknown')
18

Number under KANJI: KANJI number ⇨ *p.18*

ひらがな

Which mora is the core?		Pitch accent of nouns ●: last high-pitched mora = **core** of pitch accent Ⓜ: grammatical marker				
No core	up and flat	ひ sun	は leaf	はし end <of a piece of cloth>	さかな fish	すきやき SUKIYAKI
The **last** mora	up and down			はし bridge	しかく square	いちにち a day
One of the **middle** morae					こたえ answer	ひまわり sunflower
					いとこ cousin	ひらがな HIRAGANA
The **first** mora	down	ひ fire	は tooth	はし chopsticks	まくら pillow	あいさつ greeting

Model	Top: phonetic symbol Bottom: stroke order	Spaces for writing practice
あ	[a] 一 十 あ	
い	[i] い い	
う	[ɯ] This stroke is first, not last. う	
え	[e] This stroke is first, not last. え	
お	[o] 一 お お	

All the following words are *nouns*.

KANJI with underline: ON-YOMI
KANJI without underline: KUN-YOMI
KANJI with △: not addressed in this book

あい (愛) love

いえ (家) house
134

うえ (上) top (upper part)
44

え (絵) drawing, painting

おい (甥) nephew

第 **1** 課　　3

Long vowel = two morae

[aː]	おかあさん* mother	おばあさん* grandmother, elderly woman	*spoken language
[iː]	おにいさん* older brother	おじいさん* grandfather, elderly man	
[ɯː]	すうじ (数字) numeral　231 155	りゆう (理由) reason　215 △	たいふう (台風) typoon　204 205
[eː]	へいわ (平和) peace　△ 293	はつめい (発明) invention　156 68	れい (例) example　△
[oː]	ぼうえき (貿易) trade　△ △	こおり (氷) ice　△	さとう (砂糖) sugar　△ △

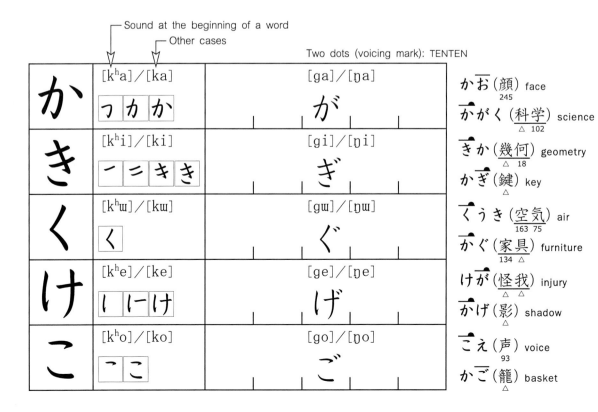

ひらがな

さ	[sa] 　一　†　さ	[dza] ざ	
し	[ɕi] し	[dʑi]/[ʑi] じ	
す	[sɯ] 一　す	[dzɯ] ず	
せ	[se] 一　†　せ	[dze] ぜ	
そ	[so] variation そ　そ	[dzo] ぞ	
た	[tʰa]/[ta] 一　†　†　た	[da] だ	
ち	[tɕʰi]/[tɕi] 一　ち	[dʑi]/[ʑi] ぢ	
つ	[tsʰɯ]/[tsɯ] つ	[dzɯ] づ	
て	[tʰe]/[te] て	[de] で	
と	[tʰo]/[to] 丶　と	[do] ど	
な	[na] 一　†　†　な		
に	[ni] ｜　に　に		
ぬ	[nɯ] 丶　ぬ		
ね	[ne] ｜　ね		
の	[no] の		

さか (坂) slope
こうざ (口座) <bank> account
しお (塩) salt
さじ (匙) spoon
すいか watermelon
すず (鈴) bell
せかい (世界) world
かぜ (風) wind
そうこ (倉庫) warehouse
ぞう (象) elephant
たけ (竹) bamboo
くだ (管) pipe, tube
ちず (地図) map
くち (口) mouth
つき (月) moon
くつ (靴) shoes
てつ (鉄) iron
そで (袖) sleeve
とかい (都会) urban area
いど (井戸) water well
なす eggplant
すな (砂) sand
にじ (虹) rainbow
にく (肉) meat
ぬの (布) cloth
いぬ (犬) dog
ねこ (猫) cat
たね (種) seed
のど (喉) throat
つの (角) horn

第 1 課　5

Circle (voicing mark): MARU

は	[ha]* l ⌐ は	[ba] ば	[pʰa]/[pa] ぱ
ひ	[çi] ひ	[bi] び	[pʰi]/[pi] ぴ
ふ	[Φɯ] variation ふ `ヽ ふ ふ	[bɯ] ぶ	[pʰɯ]/[pɯ] ぷ
へ	[he]* へ	[be] べ	[pʰe]/[pe] ぺ
ほ	[ho] l ⌐ ⌐ ほ	[bo] ぼ	[pʰo]/[po] ぽ
ま	[ma] ー ニ ま		
み	[mi] み み		
む	[mɯ] ー む む		
め	[me] ヽ め		
も	[mo] し も も		

はね (羽) feather
ばね a spring
ひと (人) person
えび (蝦) shrimp
ふうふ (夫婦) married couple
ぶどう (葡萄) grape
へび (蛇) snake
かべ (壁) wall
ほし (星) star
ぼうし (帽子) hat, cap
まど (窓) window
まと (的) mark, target
みず (水) <cold> water
みみ (耳) ear
むぎ (麦) barley, wheat
ぎむ (義務) duty
めい (姪) niece ← **not** long vowel
めいし (名詞) noun
もも (桃) peach
くも (雲) cloud

✱ は is pronounced [wa], and へ is pronounced [e] when used as a grammatical marker.

Gemination / Consonant elongation is regarded as a phoneme = <u>one (silent) mora</u>　In writing: a **smaller** つ

How the smaller つ is used:

き つ ぷ Vertical writing	ぱ-column (plosive)	[p] = ぱ, ぴ, ぷ, ぺ, ぽ	きっぷ (切符) ticket	しっぱい (失敗) failure
	た-column (plosive)	[t] = た, て, と [tɕ] = ち　[ts] = つ	とって (取っ手) handle, knob	ばった grasshopper
きっぷ Horizontal writing	か-column (plosive)	[k] = か, き, く, け, こ	けっか (結果) result	にっき (日記) diary
(!) The smaller つ is not used before the sounds of the あ-, な-, は-, ま-, や-, ら-, わ-, が-, ざ-, だ- or ば-columns in written language.	さ-column (fricative)	[s] = さ, す, せ, そ	けっさく (傑作) masterpiece	べっそう (別荘) holiday home
		[ɕ] = し	ざっし (雑誌) magazine	

ひらがな

や	[ja] variation や					やま (山) mountain
						やね (屋根) roof
ゆ	[jɯ]					ゆき (雪) snow
						ゆうき (勇気) courage
よ	[jo]					よっか (四日) four days
						ようか (八日) eight days

Contracted sounds = <u>one mora</u>   In writing: regular syllable of [i] row + smaller や／ゆ／よ

きゃ [kja]	きゅ [kjɯ]	きょ [kjo]	ぎゃ [gja]	ぎゅ [gjɯ]	ぎょ [gjo]
しゃ [ɕa]	しゅ [ɕɯ]	しょ [ɕo]	じゃ [dʒa]	じゅ [dʒɯ]	じょ [dʒo]
ちゃ [tɕʰa]	ちゅ [tɕʰɯ]	ちょ [tɕʰo]			
にゃ [nja]	にゅ [njɯ]	にょ [njo]			
ひゃ [hja]	ひゅ [hjɯ]	ひょ [hjo]	びゃ [bja]	びゅ [bjɯ]	びょ [bjo]
			ぴゃ [pja]	ぴゅ [pjɯ]	ぴょ [pjo]
みゃ [mja]	みゅ [mjɯ]	みょ [mjo]			
りゃ [ɾja]	りゅ [ɾjɯ]	りょ [ɾjo]			

きょか (許可) permission　のうぎょう (農業) agriculture　かいしゃ (会社) company　しゅみ (趣味) hobby

じしょ (辞書) dictionary　こうちゃ (紅茶) black tea　ゆにゅう (輸入) import　ひゃく (百) hundred

はっぴょう (発表) presentation　みょうじ (名字) family name　りゅうがく (留学) studying abroad　りょこう (旅行) trip

第1課

ら	[ɾa] This stroke is first, not last. ら		らくだ (駱駝) camel さくら (桜) cherry tree / blossom
り	[ɾi] variation り ｜り		りす squirrel ゆり lily
る	[ɾɯ] る		るす (留守) absence <from home> さる (猿) monkey
れ	[ɾe] ｜れ		れきし (歴史) history れいがい (例外) exception
ろ	[ɾo] ろ		ろうそく (蝋燭) candle ろば (驢馬) donkey
わ	[wa] ｜わ		わに (鰐) crocodile にわ (庭) garden
を	[o] 一ち を		を is a grammatical marker and it only appears following a noun.
ん	ー/[N][n][ɲ][ŋ][m] ん		ん does not appear at the beginning of a word.

The syllabic nasal = one mora   In writing: ん

ん appears before sounds from the ざ-, た-, だ-, な(except に) and ら-columns.	[n]	かんじ (漢字) KANJI	あんない (案内) guidance	せんろ (線路) railway
ん appears before the に sound.	[ɲ]	きんにく (筋肉) muscle	にんにく garlic	はんにち (半日) half a day
ん appears before sounds from the か- and が-columns.	[ŋ]	ぶんか (文化) culture	あんき (暗記) memorization	りんご (林檎) apple
ん appears before sounds from the ば-, ぱ- and ま-columns.	[m]	でんぱ (電波) radio wave	とんぼ dragonfly	ぶんめい (文明) civilization
ん appears at the end of a word.	[N]	かざん (火山) volcano	きりん (麒麟) giraffe	ほん (本) book
ん appears before sounds from the あ-, や- and わ-columns.	[N]	たんい (単位) unit, credit	しんゆう (親友) close friend	でんわ (電話) telephone
ん appears before sounds from the さ- and は-columns.	[N]	きんし (禁止) prohibition	さんすう (算数) arithmetic	せんそう (戦争) war

Ⓐ Ⓑ Ⓒ : symbols for end forms ⇨ *see* the inside of the back cover

The **end form** (predicate) Ⓜ has two **styles**:	**Plain** style Ⓐ Ⓑ Ⓒ 普通体 简体 보통체		**Polite** style Ⓐ' Ⓑ' 丁寧体 敬体 정중체
Horizontal sense of distance from the speaker:	near	impersonal (no listener)	distant
Situations:	Casual conversation with a child, friend or family	1. Soliloquy 2. Diary 3. Memorandum 4. Academic paper / Essay 5. Article	1. Talking to a stranger, audience, acquaintance or your instructor 2. **Official** conversation/letter

▷ 文は**現実表現**(actuality: ⓐ)と**話し手の態度表明**(speaker's manner of talking: ⓜ)の複合体である。
▷ **述語**は最小の文である。終結形(end form)には<u>述べ方</u>を表明する２種類の文体、**普通体**と**丁寧体**がある。
▷ 述語は文法的に、だ型(だ type)、い型(い type)、う段型(う-row type)のどれかに属する。ですはだ型の丁寧体の印である。

▶ A sentence is composed of two kinds of information: expressions of **actuality**: ⓐ and the speaker's **manner of talking**: ⓜ.
▶ A **predicate** is the smallest possible sentence. There are two styles of end form, which express a **plain** and a **polite** <u>way of speaking</u> to listener.
▶ Grammatically, a predicate belongs to the だ type, い type or う-row type. です is the polite style marker of the だ type.

▶ **句子**是**现实描述**(actuality: ⓐ)及**说话人的态度表明**(speaker's manner of talking: ⓜ)的复合体。
▶ **谓语**是最短的句子。终结形(end form)的<u>叙述方式</u>分**简体**和**敬体**两种文体。
▶ 从语法角度看，谓语必为だ型(だ type)、い型(い type)或う段型(う-row type)中的一种。です是だ型的敬体标记。

▶ **문장**은 **현실표현**(actuality: ⓐ)과 **화자의 태도표명**(speaker's manner of talking: ⓜ)의 복합체이다.
▶ **술어**는 가장 짧은 문장이다. 종결형(end form)에는 <u>말하기 방식</u>을 표명하는 두 가지 종류의 문체, 즉 **보통체**와 **정중체**가 있다.
▶ 술어는 문법적으로 だ타입(だ type), い타입(い type), う단타입(う-row type) 중 어느 하나에 속한다. です는 だ타입의 정중체 표기이다.

> The ⓜ **speaker's manner of talking** is classified into three kinds.
> ⇨ *see* the inside of the front cover 6
> 述べ方 **way of speaking** to **listener**   叙述方式   말하기 방식 ,
> <u>**way of informing listener** about something</u>   and   <u>**way of treating adults**</u>

Example	Name: *noun*	Predicate type	End form ① Ⓐ' (polite style)
	つくえ	だ type	*noun* predicate: つくえです。

⚠ Signifies the end of a sentence. Do not use a period. ↑

れんしゅう
練 習 drill 1.   Your instructor will say the *noun* shown in each picture.
Make <u>sentences</u> using a noun predicate as in the example: つくえです。

1. ＿＿＿です。 2. ＿＿＿ 3. ＿＿＿

4. ＿＿＿ 5. ＿＿＿ 6. ＿＿＿

7. ＿＿＿ 8. ＿＿＿ 9. ＿＿＿

10. ＿＿＿ 11. ＿＿＿ 12. ＿＿＿

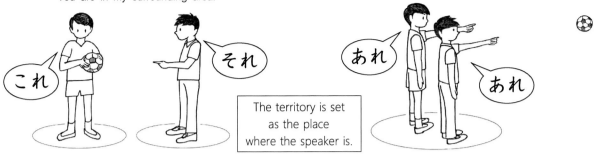

You are in my surrounding area.
これ　それ　あれ　あれ

The territory is set as the place where the speaker is.

You and I each have our own territory.　　We share the same territory.

▷ 話し手は非人物（NON-PERSON）を、自身のなわばり内では「これ」、周辺では「それ」、遠方では「あれ」と指し示す。

⚠ NON-PERSON = things and animals

▶ The speaker points to a NON-PERSON as これ in his/her territory, それ in a surrounding area, and あれ in a distant area.
▶ 说话人指代在自身领属范围内的除人物以外的事物（NON-PERSON）时用 "これ"，指代自身领属范围周边的用 "それ"，远处的则用 "あれ"。
▶ 화자가 사람 이외의 사물（NON-PERSON）을 가리킬 때 자신의 영역 안에서는 'これ', 그 주변에서는 'それ', 먼 거리에서는 'あれ'라고 한다.

> ⓜ　__Xは__ : This form precedes **a limited comment** on X.
>
> If X is a *noun* that is the **name** of a MATERIAL, X is a limited **topic**.

▷ 態度表明の印「は」は、① 名詞、名詞＋文法的な印などに後続して<u>限定</u>された情報を提示し、それについての解説を待つ。② 二択の問いの答えである述語に割り込んで直前の情報を限定し、答えがそれ以外であることを表す。①は第1課、②は第3課で学習する。

▶ Manner marker は: ① shows <u>limit</u>ed information about a noun or a noun followed by a grammatical marker, for example, and then waits for a comment on it, ② appears in a predicate that answers a yes/no question, limiting the preceding information, and expressing that the answer is something other than this information. ① is mentioned in *lesson 1* and ② is mentioned in *lesson 3*.

▶ 态度表明的标记 "は" 分两种：① 接在名词或名词＋语法性标记等后面，用以给出被<u>限定</u>的信息，后接对该信息的解释说明。② 将 "は" 插入是非疑问句回答部分的谓语成分中间，限定 "は" 前面的信息，以表示回答部分为除此以外的内容。① 和 ② 将分别在第1课和第3课中学习。

▶ 태도표명의 표기 'は'는 ① 명사, 명사＋문법적인 표기 등의 뒤에 붙어 <u>한정</u>된 정보를 제시하고, 그것에 대한 해설을 기다린다. ② 양자택일 의문문의 답인 술어에 끼어들어 직전의 정보를 한정하고, 답은 그 외라는 것을 나타낸다. ①은 제1과, ②는 제3과에서 학습한다.

れんしゅう
練習 drill 2. Touch something (not somebody) and ask your partner (B) questions.

Example　A: これは。　NG (No Good) これ。　　　B: (それは) ○○です。
　　　　　A waits for a comment on これ.　　　　　When A says これは, B can answer A.
　　　　　　　　　　　　　　　　　　　　　　　　　　When A says これ, B cannot answer A.

れんしゅう
練習 drill 3. Point to (do not touch) something in your partner's territory and ask your partner questions.

Example　A: それは。　　　　　　　　　　　　　B: (これは) □□です。

れんしゅう
練習 drill 4. Point to (do not touch) something in a distant place from your territory and ask your partner questions.

Example　A: あれは。　　　　　　　　　　　　　B: (あれは) ◇◇です。

▷ 非人物の名称が不明(unknown)であると表す文は「(なにですか→)なんですか」である。「か」は疑問(doubt)を表す態度表明の印で、「?」を書く必要はない。「なに」など不明の内容は限定できないため、「は」は後続しない。

▶ **(なにですか→)なんですか** is a sentence that expresses that the name of a NON-PERSON is unknown. か is a manner marker that expresses 'doubt', so it is not necessary to write "?". As unknown contents like なに cannot be limited, は is not used.

▶ 表示除人物以外的事物的名称不详(unknown)时的句子为"(なにですか→)なんですか"。"か"是表示疑问(doubt)态度表明的标记,句末无须标"?"。"なに"等内容不明的成分不能成为限定的对象,所以后面不接"は"。

▶ 사람 이외의 사물이가 미지(unknown)의 명칭임을 나타내는 문장은 '(なにですか→)なんですか'이다. 'か'는 의문(doubt)을 나타내는 태도표명의 표기로, '?'를 쓸 필요가 없다. 'なに' 등 분명하지 않은 내용은 한정할 수 없으므로 'は'를 뒤에 붙이지 않는다.

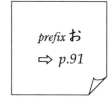

練習 drill 5. Ask your partner (B) questions using full sentences.

Example A: { それは / これは / あれは } なんですか。   B: ○○です。

▷ 話し手の丁寧な(polite)態度(manner)は文の随所に現れる。自身の名前は「名前」、丁寧に接すべき人物の名前は「お名前」と言う。「お」は名詞などの前に付く態度表明の印である。

▷ 通常、話し手は自身を「わたし」と呼び、聞き手を(「あなた」でなく)名前か肩書きで呼ぶが、自明の場合はどちらも文には現れない。

▶ The polite manner of a speaker is displayed throughout a sentence. The speaker's name is expressed by なまえ, and the name of a person who should be addressed politely is expressed by おなまえ. お is a manner marker that is prefixed to nouns, for example.

▶ Usually, a speaker refers to him or herself as わたし and calls the listener by his/her name or title, <u>avoiding あなた, which is a literal translation of 'you'</u>. When the context is apparent to the speakers, these expressions do not appear in the sentence.

▶ 说话人恭敬的(polite)态度(manner)在句中随处都会体现出来。自己的名字用"なまえ"表示,对应该表示恭敬之意的对象的名字则用"おなまえ"。"お"加在名词等前面,是态度表明的标记。

▶ 通常,说话人称呼自己时使用"わたし",称呼对方(<u>不用"あなた"</u>)时使用对方的名字或头衔。如果上下文意思明了,则哪一方都无须在句中出现。

▶ 화자의 정중한(polite) 태도(manner)는 문장의 곳곳에 나타난다. 자신의 이름은 '**なまえ**', 정중하게 대해야 하는 사람의 이름은 '**おなまえ**'라고 한다. 'お'는 명사 등의 앞에 붙는 태도표명의 표지이다.

▶ 일반적으로 화자는 자신을 'わたし'라고 부르며, 청자를 (<u>'あなた'가 아닌</u>) 이름이나 직함으로 부른다. 부르지 않아도 알 수 있는 경우에는 둘 다 문장에 나타나지 않는다.

prefix お ⇨ p.91

練習 drill 6. Ask your partner his/her name.

Example A: おなまえは。   B: ○○です。

* cannot be used for the speaker's family
Other greetings ⇨ p.231

あいさつ / 挨拶	Greetings	寒暄	인사	
初対面	meeting someone for the first time	初次见面	첫 대면	はじめまして*
厚意を請う	asking for kindness	恳请关照	배려를 부탁하다	どうぞ よろしく
呼びとめる	hailing someone	招呼 / 呼唤	불러 세우다	すみません
謝る	apologizing	道歉	사과하다	
朝	in the morning	早晨	아침	おはよう ございます
昼間	during the day	白天	낮	こんにちは*
夕刻以降	in the evening	傍晚以后	저녁 이후	こんばんは*
別れる	parting from someone	道别	헤어지다	さようなら*
感謝する	thanking someone	道谢	감사하다	ありがとう ございます
感謝された	when you are thanked by someone	被致以谢意时	감사를 받다	どう いたしまして

第2課

Japanese words are divided into three categories		
1. 和語(わご)	2. 漢語(かんご)	3. 外来語(がいらいご)
▷ 日本古来の単語	▷ 中国語の発音が起源の単語	▷ その他の言語が起源の単語
▶ Original Japanese words	▶ Words that originated from Chinese pronunciation	▶ Words that originated from other languages: loanwords
▶ 日本原有的单词	▶ 源于汉语发音的单词	▶ 源于其他语言的单词
▶ 일본 고유 단어	▶ 중국어 발음이 기원인 단어	▶ 그 외의 언어가 기원인 단어
Characters used		
ひらがな	（ひらがな）	かたかな
漢字(かんじ)：くんよみ Japanese-based reading	漢字(かんじ)：おんよみ Chinese-based reading	―
Word examples		
これ　山(やま) mountain　川(かわ) river つくえ desk　ねこ cat　目(め) eye	学生(がくせい) student　本(ほん) book いす chair　りんご apple	カメラ camera　パン bread エアコン air-conditioner

▷ 漢字の学習は単に文字の学習ではない。日本語の単語の学習である。
▶ Learning 漢字(かんじ) involves both learning the characters and learning the words.
▶ 学习日语中的汉字同时包括学习文字和学习日语单词这两个方面。
▶ 한자 학습은 단순한 문자 학습이 아니라, 일본어 단어의 학습이다.

文法(ぶんぽう) Grammar — ⓐ : actuality

ⓐ *noun* phrase (Ⓗ pre-noun form + *noun*): noun の noun
ⓜ accepted topic: noun も　❗ も is a manner marker. It makes a *noun* an accepted topic.

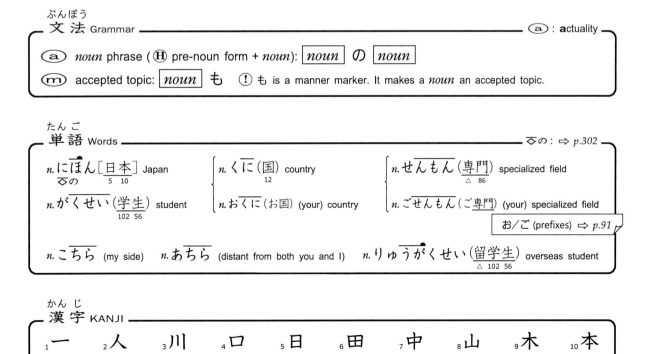

かたかな

ン	ワ	ラ	ヤ	マ	ハ
		リ		ミ	ヒ
		ル	ユ	ム	フ
		レ		メ	ヘ
	ヲ	ロ	ヨ	モ	ホ

Long vowel = ○○ : <u>two morae</u>
In KATAKANA long vowels are shown by the symbol "ー" (not a character).

[aː]	サービス service	ギター guitar	デパート department store	マフラー muffler
[iː]	アレルギー allergy	タクシー taxi	ビール beer	スピード speed
[ɯː]	ウール wool	スープ soup	フルート flute	プール swimming pool
[eː]	ウエートレス waitress	テーブル table	メール email	レース lacework
[oː]	オーケストラ orchestra	ソース worcester sauce	ボート boat	スポーツ sports

Vertical writing

アイウエオ	[a] ¯ア		アイス ice cream / アルバム photo album
	[i] ノイ		イヤリング earring / インフレ inflation
	[ɯ] ''ウ		ウイルス virus / ウラン uranium
	[e] ーTエ		エネルギー energy / エプロン apron
	[o] ーナオ		オペラ opera / オーロラ aurora

第 2 課

ア	カ	サ	タ	ナ
イ	キ	シ	チ	ニ
ウ	ク	ス	ツ	ヌ
エ	ケ	セ	テ	ネ
オ	コ	ソ	ト	ノ

How do you write non-Japanese sounds?　◯ : one mora　◯◯◯ : three morae

ダーウィン Darwin	スウェーデン Sweden	ウォール街 Wall Street	クォーク quark
シェークスピア Shakespeare	ジェット機 jet plane	チェロ cello	モーツァルト Mozart
ティッシュ（ペーパー） facial tissue	ディズニー Disney	デュオ duo	ファン <soccer> fan
フィレンツェ Florence	フェリー car ferry	フォーク fork	フュージョン< <music> fusion
ハムエッグ ham and eggs	ドッジボール dodge ball	バッハ Bach	ピラミッド pyramid

	Sound at the beginning of a word	Other cases	
カ	[kʰa]/[ka]　フカ	[ga]/[ŋa]　ガ	カタログ catalog ガス gas
キ	[kʰi]/[ki]　ーニキ	[gi]/[ŋi]　ギ	キルト quilt ギリシャ Greece
ク	[kʰɯ]/[kɯ]　ノク	[gɯ]/[ŋɯ]　グ	クイズ quiz グラフ／グラフ graph
ケ	[kʰe]/[ke]　ノトケ	[ge]/[ŋe]　ゲ	ケーキ cake ゲレンデ skiing slope
コ	[kʰo]/[ko]　フコ	[go]/[ŋo]　ゴ	ココア cocoa ゴム rubber

かたかな

	[sa] — 十 サ	[dza] ザ	サラダ salad ピザ pizza
サ			
シ	[ɕi] ˋ ˋ シ	[dʒi]/[ʒi] ジ	システム system ジーパン jeans
ス	[sɯ] フ ス	[dzɯ] ズ	スキー skiing リズム rhythm
セ	[se] ⁻ セ	[dze] ゼ	セーター sweater ゼリー jelly
ソ	[so] ˋ ソ	[dzo] ゾ	ソックス socks オゾン ozone
タ	[tʰa]/[ta] ノ ク タ	[da] ダ	タオル towel ダム dam
チ	[tɕʰi]/[tɕi] ノ 二 チ	[dʒi]/[ʒi] ヂ	チケット <stadium> ticket チーム team
ツ	[tsʰɯ]/[tsɯ] ˋ ˋˋ ツ	[dzɯ] ヅ	ツンドラ tundra ドーナツ doughnut
テ	[tʰe]/[te] ⁻ 二 テ	[de] デ	テスト test デザイン design
ト	[tʰo]/[to] I ト	[do] ド	トマト tomato ドア door

Gemination / Consonant elongation is regarded as a phoneme = <u>one (silent) mora</u>   In writing: **smaller** ッ ⇨ *p.5*

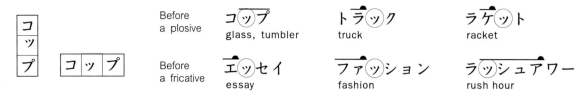

| | Before a plosive | コップ glass, tumbler | トラック truck | ラケット racket |
| | Before a fricative | エッセイ essay | ファッション fashion | ラッシュアワー rush hour |

Place names

アジア Asia	アフリカ Africa	アメリカ the U. S. A.	イギリス the U. K.
イタリア Italy	インド India	ウイーン Vienna	オランダ the Netherlands	タイ Thailand
チューリヒ Zurich	ドイツ Germany	ハワイ Hawaii	フィリピン the Philippines	ペキン Beijing
ベトナム Vietnam	ヨーロッパ Europe	ローマ Rome	ロシア Russia	ワーテルロー Waterloo

ナ	[na] 一ナ			ナイロン nylon / バナナ banana
ニ	[ni] 一ニ			ニット knitwear / ビニール vinyl
ヌ	[nɯ] フヌ			ヌガー nougat / カヌー canoe
ネ	[ne] 丶ラネネ			ネクタイ necktie / ネックレス necklace
ノ	[no] ノ			ノート notebook / ノック knock
ハ	[ha] ノハ	[ba] バ	[pʰa]/[pa] パ	ハイキング hiking / パトカー police car
ヒ	[çi] 一ヒ	[bi] ビ	[pʰi]/[pi] ピ	ヒント hint / ビル high-rise building
フ	[ɸɯ] フ	[bɯ] ブ	[pʰɯ]/[pɯ] プ	フライパン frying pan / プロペラ propeller
ヘ	[he] ヘ	[be] ベ	[pʰe]/[pe] ペ	ヘリコプター helicopter / ベルト belt
ホ	[ho] 一ナオホ	[bo] ボ	[pʰo]/[po] ポ	ホーム platform / ポケット pocket
マ	[ma] フマ			マイク microphone / マッチ match
ミ	[mi] 丶ミミ			ミルク milk / ミシン sewing machine
ム	[mɯ] ムム			ムース mousse / ガム chewing gum
メ	[me] ノメ			メモ note / メロン melon
モ	[mo] 一二モ			モザイク mosaic / モスクワ Moscow

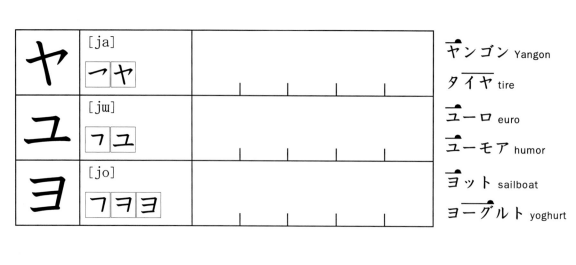

Contracted sounds = one mora   In writing: regular syllable from [i] row + smaller ヤ／ユ／ヨ

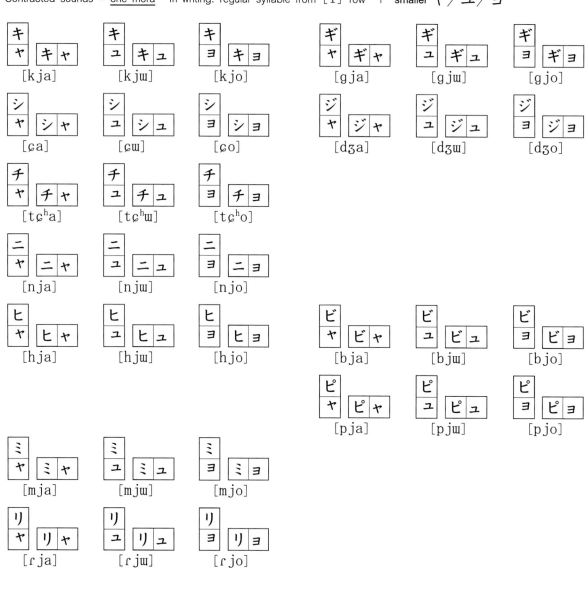

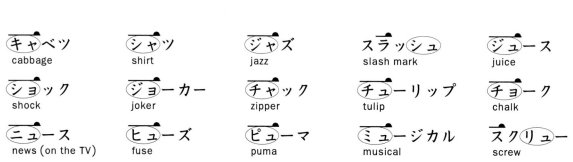

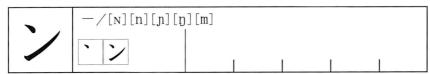

The syllabic nasal = one mora　In writing: ン　⇨ p.7

[n]	アンテナ antenna, aerial	サンタクロース Santa Claus	サンドイッチ sandwich	ジャンル genre
	セザンヌ Cézanne	テント tent	トンネル tunnel	パンジー pansy
[ɲ]	タンニン tannin	ハンデ handicap	ベンチ bench	レンズ lens
[ŋ]	アンケート questionnaire	インク ink	ジャングル jungle	ハンカチ handkerchief
[m]	コンパス compass	コンビニ convenience store	シンポジウム symposium	トランプ cards
[N]	カーテン curtain (drapes)	ガソリン gasoline	スペイン Spain	ピーマン green pepper
	ビタミン vitamins	プリン pudding	マラソン marathon	リモコン remote control
[N]	コンサート concert	ダンス dance	パンフレット pamphlet	マンホール manhole

Basic rules of KANJI writing

1. 左から右へ。 From left to right ⇨ see KANJI numbers 1 (一) and 3 (川)
2. 上から下へ。 From top to bottom ⇨ 2 (人) and 3 (川)
3. 四角を閉じる画はあと。 Stroke that closes a square is written last. ⇨ 4 (口), 5 (日), 6 (田) and 7 (中)
4. 四角の中は閉じるまえ。 Strokes that are inside a square are written just before closing the square.
   ⇨ 5 (日) and 6 (田)
5. 貫く画はあと。 Stroke that passes through a square is written last. ⇨ 7 (中)
6. 中心の縦画がさき。 Central vertical stroke is written first. ⇨ 8 (山)

Guide to KANJI

① KANJI number ② **Handwriting model** ③ Typical typefaces ④ Number of strokes ⑤ Radical
⑥ Original character to help you understand radical: *e.g.* No.14 ⑦ Radical's name ⑧ Spaces for writing practice

⑨ Words
- ◇ : a reading that does not appear in this book   △ : a KANJI not addressed in this book
- A ~ P : ACT *verbs* ⇨ *p.26*   S : STATE *verbs* ⇨ *p.71*   Ⓢ : STATE *nouns* ⇨ *p.71*
- ⓘ : い-*adjectives* ⇨ *p.72*   ⓓ : だ-*adjectives* ⇨ *p.72*   ①r : one-row regular *verbs* ⇨ *p.25*
- する : *nouns* that can form split verbs ⇨ *p.36*   (spoken): spoken language

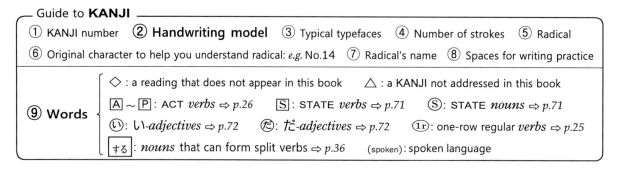

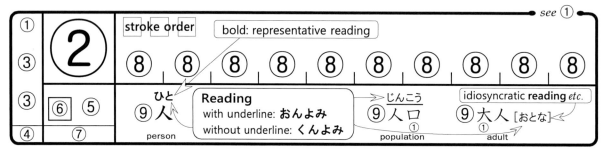

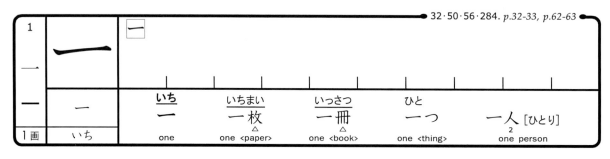

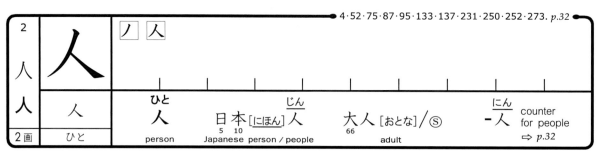

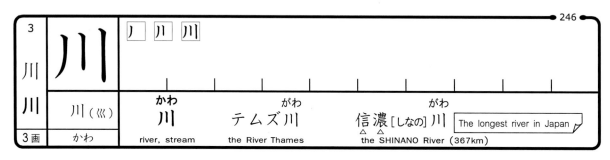

第 2 課

練習 1. Ask your partner (B) about his/her country.

Example A: おくには。　B: (くには) 日本です。　NG 日本。　NG 日本人です。

練習 2. Ask your partner about his/her specialized field.

Example A: ごせんもんは。　B: (せんもんは) 数学 mathematics です。　NG 数学。

▷ 非人物は「これ」「それ」「あれ」、人物は方向と同様に「こちら」「そちら」「あちら」と表す。
▶ A NON-PERSON is represented by これ, それ and あれ, and a PERSON is represented by こちら, そちら and あちら (the same words used for directions).
▶ 指代除人物以外的事物时用"これ"、"それ"、"あれ",指代人时则与方向相同,使用"こちら"、"そちら"、"あちら"。
▶ 사람 이외의 물체 'これ' 'それ' 'あれ', 사람은 방향과 마찬가지로 'こちら' 'そちら' 'あちら' 로 표현한다.

NON-PERSON = things and animals
これ・それ・あれ ⇨ p.9

練習 3. Point to person A in your territory and introduce A to your partner (B).

Example Bさん、こちらはAさんです。
　　　　NG これはAさんです。

! さん does not correspond to Mr/Ms and is **never attached** to the speaker's own name.

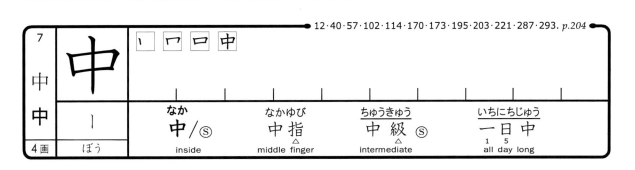

e.g. Ⓗ : Symbol representing a grammatical form
⇨ see the inside of the back cover

This の is a pre-noun marker. It makes the pre-noun form of a noun.

▷ 名詞Xが<もの>(名詞Y)を特定する名詞句の構造は<名詞X＋の(Ⓗ連体 pre-noun 形)＋名詞Y>である。
▶ Structure of a noun phrase when noun X modifies a MATERIAL (noun Y): <Noun X ＋ の (Ⓗ pre-noun form) ＋ Noun Y>.
▶ 用名词X特指<物>(名词Y)的名词短语结构为<名词X＋の(Ⓗ连体 pre-noun 形)＋名词Y>。
▶ 명사X가 <사물>(명사Y)을 특정하는 명사구의 구조는 <명사X＋の(Ⓗ연체 pre-noun 형)＋명사Y>이다.

練習 4. The last noun of a noun phrase is the main noun. Make sentences as in the examples.

Example こちらは学生の木山さんです。 NG 木山さんの学生

Example 木山さんのくには日本です。 NG 木山さんくに

▷ 「Xも」は容認された情報を提示する二番目の文に現れ、一番目の文と同じ解説を待つ。
▶ When there are two sentences, Xも appears in the second sentence showing accepted information, and waits for the same comment as the first sentence.
▶ "Xも" 出现在被接受的信息的第二个句子中，其解释说明与第一个句子相同。
▶ 'Xも'는 용인된 정보를 제시하는 두번째 문장에 나타나, 첫번째 문장과 같은 해설을 기다린다.

△ indicates KANJI not addressed in this book. This symbol is used only for a KANJI's first appearance in a lesson.

練習 5. Make sentences as in the examples.

Example ○○さんは留学生です。◇◇さんも留学生です。

Example これは本 book です。これも本です。これはノート notebook です。

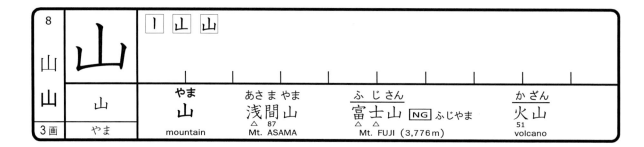

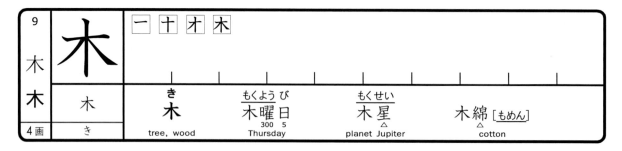

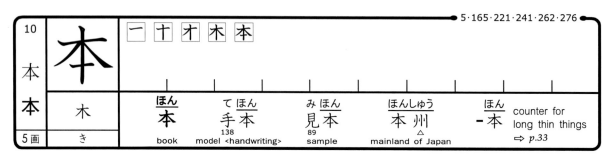

第 3 課

▷ 未知の名詞の意味を聞くときは「〇〇って（書きことば：〇〇とは）なんですか」と言う。
▶ In order to ask the meaning of an unknown noun, ask 〇〇って (written language: 〇〇とは) なんですか.
▶ 询问未知名词的意思时说 "〇〇って（书面语形式为〇〇とは）なんですか"。
▶ 의미를 모르는 명사는 '〇〇って (문어체 : 〇〇とは) なんですか' 라고 묻는다.

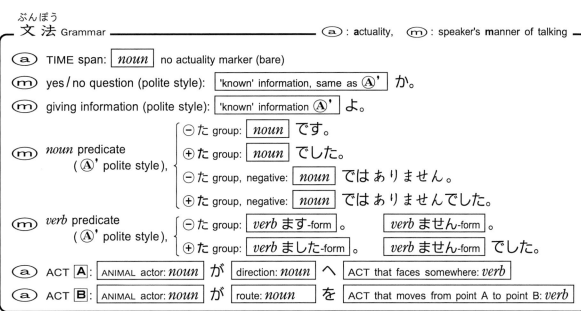

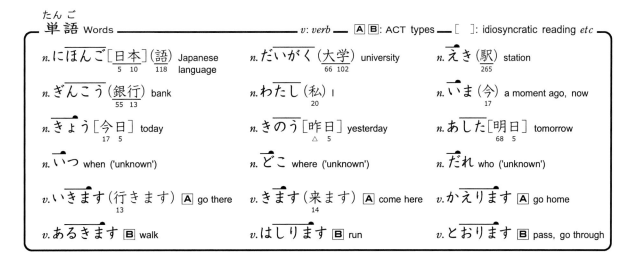

Yes/no question for *noun* predicates (だ type)

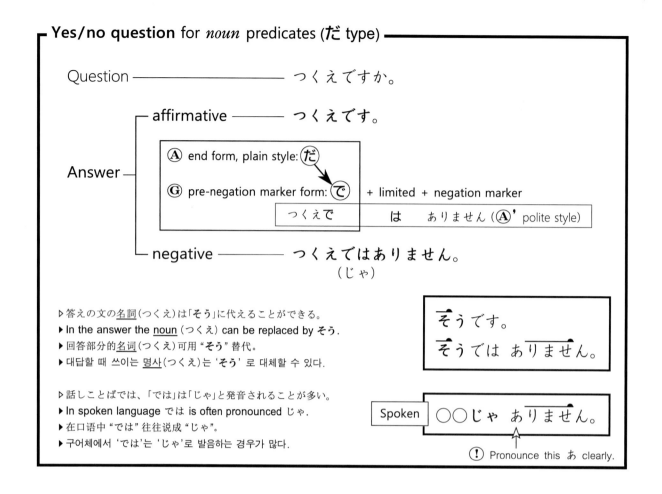

- ▷ 答えの文の名詞(つくえ)は「そう」に代えることができる。
- ▶ In the answer the noun (つくえ) can be replaced by そう.
- ▶ 回答部分的名詞(つくえ)可用"そう"替代。
- ▶ 대답할 때 쓰이는 명사(つくえ)는 'そう'로 대체할 수 있다.

- ▷ 話しことばでは、「では」は「じゃ」と発音されることが多い。
- ▶ In spoken language では is often pronounced じゃ.
- ▶ 在口语中"では"往往说成"じゃ"。
- ▶ 구어체에서 'では'는 'じゃ'로 발음하는 경우가 많다.

そうです。
そうでは ありません。

Spoken ○○じゃ ありません。
(!) Pronounce this あ clearly.

練習 1. Your instructor (A) will point to a MATERIAL, such as a chair (いす). Answer A's questions.

Example A：いすですか。
　　　　 B：はい、いすです。
　　　　　　 OK そうです。

Example A：つくえですか。
　　　　 B：いいえ、つくえでは(つくえじゃ)ありません。いすです。
　　　　　　 OK そうでは(そうじゃ)ありません。

	Polite, formal	Polite
Affirmation — The questioner (A) is correct.	はい	ええ
Negation — The questioner (A) is incorrect.	いいえ	いえ

練習 2. Ask your partner yes/no questions.

Example (Show a book) 本ですか。　　　　Example お国は日本ですか。

Example それは日本語の本ですか。　　　Example あれは○○さんのノートですか。

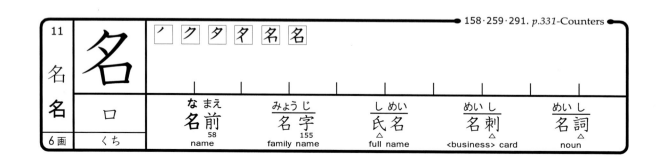

練習 3. Point to something and ask your partner.

Example A：これはいすですか。

B：はい、そうです。

A：これもいすですか。

B：いいえ、それはいすではありません。つくえです。
（じゃ）

練習 4. Ask your partner yes/no questions about the country of a third person.

Example A：○○さんの国はタイ Thailand ですか。

B：はい、そうです。

A：□□さんの国もタイですか。

B：いいえ、□□さんの国はタイではありません。マレーシア Malaysia です。
（じゃ）

▷聞き手が知らないであろう情報を提供するときは、終結形 1 (Ⓐ または Ⓐ') に態度表明の印「よ」を後続させる。「よ」は短く1拍で発音される。知らない情報の提供を受けたときには「そうですか」と応じる場合が多い。

▶ To present information that you think is unknown to the listener, follow end form 1 (Ⓐ or Ⓐ') with the manner marker よ. よ is pronounced short in one mora. When the listener hears unknown information, he/she often replies with そうですか.

▶ 向对方提供其有可能不知的信息时，在终结形 1 (Ⓐ或者Ⓐ') 后加上态度表明的标记 "よ"。"よ" 发短音，为1拍。获取未知信息的一方一般以 "そうですか" 作答。

▶ 청자가 모를 것으로 추측되는 정보를 제공할 때는 종결형 1 (Ⓐ 또는 Ⓐ') 에 태도표명의 표기 'よ' 를 뒤에 붙인다. 'よ' 는 짧게 1박으로 발음한다. 모르는 정보를 제공받았을 때 'そうですか' 로 답하는 경우가 많다.

Way of informing listener about something
manner marker
よ ⇨ p.61

練習 5. A asks B yes/no questions about the name of a third person. B answers A in the affirmative.

Example A：あちらは○○さんですか。　　B：ええ、そうですよ。

練習 6. A asks B yes/no questions about the name of a third person. B answers A in the negative.

Example A：あちらは□□さんですか。

B：いいえ、あちらは◇◇さんですよ。

A：そうですか (I see)。ありがとうございます。

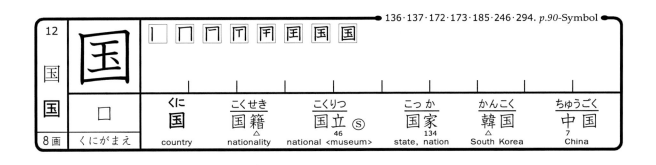

テスト test (noun)	だ type	⊖た	Ⓐ' polite style テストです。
		⊕た	テストでした。
	negative	⊖た	テストではありません。(じゃ)
		⊕た	テストではありませんでした。(じゃ)

▷ 終結形1(ⒶとⒶ')には⊖た群(minus た group)と⊕た群(plus た group)がある。⊕た群には二つの機能がある。
▶ The end form for 1 (Ⓐ and Ⓐ') consists of a ⊖た group and a ⊕た group. The ⊕た group has two functions.
▶ 终结形1(Ⓐ和Ⓐ')分⊖た群(minus た group)和⊕た群(plus た group)。⊕た群有两种功能。
▶ 종결형1(Ⓐ 또는 Ⓐ')에는 ⊖た군(minus た group)과 ⊕た군(plus た group)이 있다. ⊕た군에는 두 가지 기능이 있다.

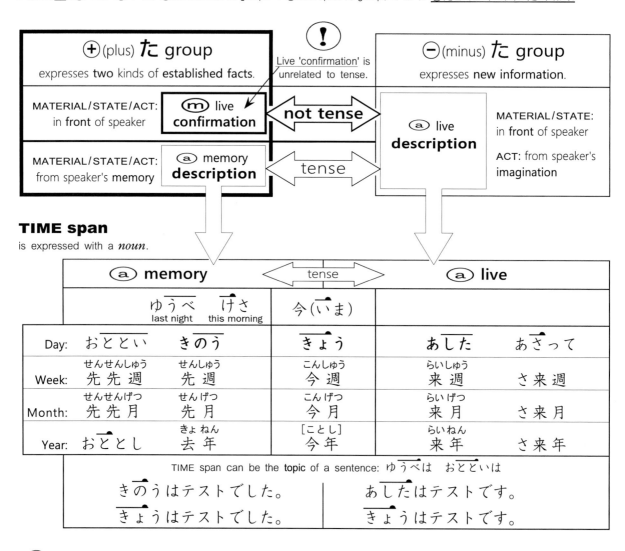

! This KANJI is called いく not い, いきます, おこな, こう or ぎょう.

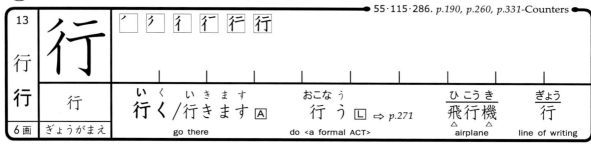

Inflection of *Verbs*, ます-family

*でした is used for the polite style of the entire ⊕た group except the ました-form.

End form 1		Predicate: う-row type	Predicate: い type
End form 1	⊖た	ます-form	ません-form
Ⓐ' polite style	⊕た	ました-form	ません-form ＋ でした*
When a verb expresses an ACT: (ACT *verb*)		**ACTing**	**non-ACTing**

▷ 動詞述語の丁寧体（Ⓐ'）はます族（⊖た群のます形とません形、⊕た群のました形）である。
▷ ます形とました形の述語型はう段型、ません形の述語型はい型である。
▷ 動詞の語形変化には、<u>五段規則変化</u>（5r）、<u>一段規則変化</u>（1r）、<u>不規則変化</u>（ir）がある。
　辞書に載っているのは基本動詞（basic verb）の基本形（basic form）：辞書形である。

```
verb
├─ simple verb
│  ├─ basic verb
│  └─ compound verb
└─ connected verb: L.6
```

▶ The polite style (Ⓐ') of a verb predicate uses the ます-family (the ます-/ません-forms) of the ⊖た group and the ました-form of the ⊕た group.
▶ The ます-/ました-forms are う-row type predicates, while the ません-form is an い type predicate.
▶ Verbs have three inflection patterns: <u>five row regular</u> (5r), <u>one row regular</u> (1r) and <u>irregular</u> (ir). Dictionaries show the basic form of basic verbs, known as the dictionary form.

▶ 动词谓语的敬体（Ⓐ'）为ます族（⊖た群的ます形和ません形、⊕た群的ました形）。
▶ ます形和ました形的谓语型为う段型，ません形的谓语型为い型。
▶ 动词的词尾变化分<u>五段规则变化</u>（five row regular: 5r）、<u>一段规则变化</u>（one row regular: 1r）和<u>不规则变化</u>（irregular: ir）三种。
　辞典上的动词是基本动词（simple verb）的原型（basic form）即辞典形。

▶ 동사술어의 정중체（Ⓐ'）는 ます족（⊖た군의 ます형과 ません형, ⊕た군의 ました형）이다.
▶ ます형과 ました형의 술어 유형은 う단타입, ません형의 술어 유형은 い타입이다.
▶ 동사의 어형변화에는 <u>5단 규칙변화</u>（five row regular: 5r）, <u>1단 규칙변화</u>（one row regular: 1r）, <u>불규칙변화</u>（irregular: ir）가 있다. 사전에 실려있는 어형은 기본동사（basic verb）의 기본형（basic form）, 즉 사전형이다.

				Verb predicate, polite style
dictionary form: 行く（いく） inflection: 5r The actor leaves the place where the speaker is.	ACTing	う-row type	⊖た	行きます。
			⊕た	行きました。
	Non-ACTing	い type	⊖た	行きません。
			⊕た	行きませんでした。
dictionary form: 来る（くる） inflection: ir The actor arrives at the place where the speaker is.	ACTing	う-row type	⊖た	来ます。
			⊕た	来ました。
	Non-ACTing	い type	⊖た	来ません.。
			⊕た	来ませんでした。

Pitch accent ⇨ *p.332*

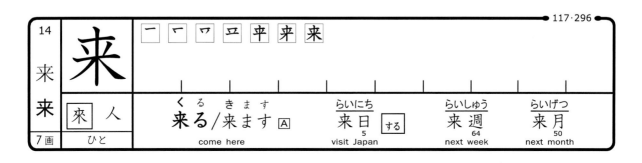

14　来　来　7画　來　人　ひと　　来る／来ます Ⓐ　くる／きます　come here　　来日 する　らいにち　visit Japan　　来週　らいしゅう 64　next week　　来月　らいげつ 50　next month

Actor on a **line** (direction/route) Moving ACT	Actor on a **point** ◆に-PLACE Fixed ACT	Actor on a **plane** ◆で-PLACE	
			ACTs with an object
♥actor が ◆direction へ ACT A	♥actor が ACT C	♥actor が ACT E	♥actor が ◆object を ACT L
		◆actor が ACT F	
		♥actor が ◆touch point に ACT G	♥actor が ◆touch point に ◆object を ACT M
♥actor が ◆route を ACT B	♥/◆actor が ACT D	◆actor が touch point に ACT H	
		♥actor が ♥reactor に ACT I	♥actor が ♥reactor に ◆object を ACT N
		♥actor が ♥opponent と ACT J	♥actor が ◆opponent と ◆object を ACT P

⇒ *see* the inside of the front cover **1**, **2**, **7**-**4**, **5**
が・を・に・で・と・へ: actuality (ⓐ) markers

(!) There is no actuality marker for indicating a <u>TIME span</u> with such words as きのう, きょう and あした (*p.24*).

▷〈うごき ACT〉は成因（COMPONENT）が構成する。成因は場所（PLACE）：線上／点上（に場）／面上（で場）にある。成因も場所も名詞が表す〈もの MATERIAL〉で、現実表現の印が表示する。〈もの〉には、**生き物**（ANIMAL: ♥）と**生き物以外**（NON-ANIMAL: ◆）の区別がある。<u>文の中で</u>、生き物は自ら移動しうる、あるいは生き物の演者（actor）に反応する〈もの〉である。
▷〈うごき〉A は演者（♥）と方向（direction: ◆）が構成する。演者の出発地は〈〈もの〉（名詞）＋から，例：駅から〉という複合名詞が表す。「から」は複合名詞を作るための後置（postpositional）名詞である。

▶ An ACT is composed of COMPONENTs in a PLACE (line/point/plane). A point is indicated by に: に-PLACE. A plane is indicated by で: で-PLACE. PLACEs and COMPONENTs are MATERIALs expressed by nouns which are indicated by an actuality marker. There is a distinction between ANIMAL (♥) and NON-ANIMAL (◆) MATERIALs. An ANIMAL is a MATERIAL which can move by itself or react to the ANIMAL actor <u>in a sentence</u>.
▶ ACT A is composed of an actor(♥) and a direction(◆). The starting point of the actor is expressed by a compound noun: 〈MATERIAL(noun) + から *e.g.* えきから〉. から is a postpositional noun that forms a compound noun with a MATERIAL(noun).

▶〈动作 ACT〉由成因（COMPONENT）构成。成因位于表示场所（PLACE）的线上、点上（に场所）、面上（で场所）。成因和场所都是用名词表示的〈物 MATERIAL〉，用现实描述的标记来表示。〈物〉存在**动态物体**（ANIMAL: ♥）与**动态物体以外**（NON-ANIMAL: ◆）之别。<u>文中所指动态物体为能够自行移动或对行为者（actor）有所反应的〈物〉</u>。
▶〈动作〉A 由行为者（♥）与方位（direction: ◆）构成。行为者的出发地以〈〈物〉（名词）＋から，例如：えきから〉这样的复合名词来表示。"から" 是用以组成复合名词的后置（postpositional）名词。

▶〈움직임 ACT〉은 형성요인（COMPONENT）으로 구성된다. 형성요인은 장소（PLACE）: 선 위／점 위(に장소)／면 위(で장소)에 있다. 형성요인도 장소도 명사로 나타내는〈사물 MATERIAL〉로서, 현실표현의 표기로 표시한다.〈사물〉은 **생물체**（ANIMAL: ♥）와 **생물체 이외**（NON-ANIMAL: ◆）로 구별한다. <u>문장 내에서 생물체는 스스로 이동할 수 있거나 행위자（actor）에게 반응하는〈사물〉이다</u>.
▶〈움직임〉A 는 행위자（♥）와 방향（direction: ◆）으로 구성된다. 행위자의 출발지는〈〈사물〉（명사）＋から, 예：えきから〉라는 복합명사로 나타낸다. 'から'는 복합명사를 만들기 위한 후치（postpositional）명사이다.

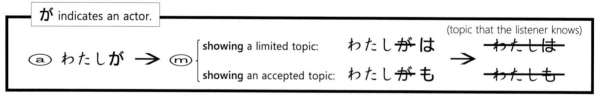

▷演者について解説を述べるときは、その演者が題目（topic）である。聞き手にも明らかな題目は文に現れない。
▶ When a comment is made about an actor, the actor is the topic. A topic that is evident to the listener does not appear in a sentence.
▶ 在就行为者进行说明解释时，这个行为者就是主题（topic）。如果主题是听话人已知的内容，则不在句中出现。
▶ 행위자에 관해서 설명할 때 그 행위자가 화제（topic）로 된다. 청자도 알고 있는 화제는 문장에 나타나지 않는다.

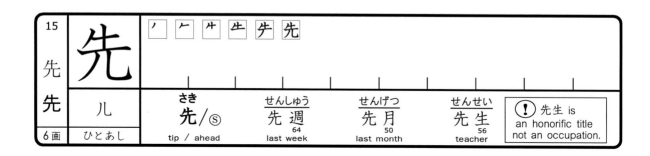

▷「どこ」「だれ」「いつ」など、不明の問い(WH question)に対する名詞述語の答えは㊀た群である。
▸ Noun predicate answers to WH questions such as どこ, だれ and いつ are from the ㊀た group.
▸ 回答"どこ""だれ""いつ"等疑问词疑问句(WH question)时，名词谓语句的回答形式为㊀た群。
▸ 'どこ' 'だれ' 'いつ' 등, WH-의문문(WH question)에 대한 명사술어의 답은 ㊀た군이다.

⇒ 練習 7〜9, B2, B3.

練習 7. Ask your partner questions to find out his/her to direction for 行きます or 行きました.

Example A: どこへ行きますか。   A: どこへ行きましたか。
         'unknown' へ corresponds noun へ.

B1: 銀行へ行きます。   B1: 大学へ行きました。
    [NG] 行きます銀行へ。

B2: (the answer to どこ) 銀行です。 B2: (the answer to どこ) 大学です。
    [NG] 銀行へです。   [NG] 大学でした。

> The **predicate** is located **at the end** of a sentence.

練習 8. Ask your partner using a noun which means a TIME span.

Example A: きのうはどこ○行きましたか。

B1: 本屋 bookshop ○行きました。 Repetition of きのうは is unnecessary because A knows it.

B2: (the answer to どこ) 本屋です。 [NG] 本屋でした。

> Pronunciation ⇒ p.7
> [hoɴʔja] ほんや
> [NG] [honɲa] ほんにゃ

練習 9. Ask your partner questions to find out his/her starting place for 来ました.

Example A: どこから来ましたか。

B1: インドネシア Indonesia から来ました。

B2: (the answer to どこから) インドネシアからです。

B3: (the answer to どこ) インドネシアです。

> *noun* + から
> [NG] からインドネシア

▷方向は目的地(destination)になりうる。目的地は現実表現の印「に」が表示する。
▸ Direction can become destination. Destination is indicated by the actuality marker に.
▸ 方位可作目的地。目的地(destination)以现实描述性标记"に"来表示。
▸ 방향은 목적지(destination)가 될 수 있다. 목적지는 현실표현의 표기 '에'로 나타낸다.

> direction へ ACT [A]
> destination に ACT [A]

練習 10. Make sentences with a destination.

Example ○○さんは国に帰りました。   Example あした、東京に引っこしします move。

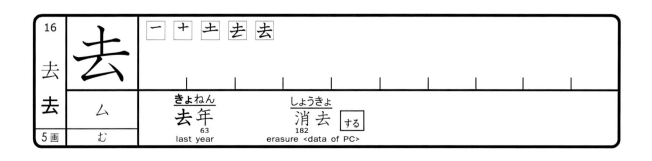

れんしゅう
練習 11. With a partner, ask and answer questions to find out the TIME span.

Example A：いつ図書館 library へ行きますか。

B1：あした行きます。(!) Repetition of 図書館へ is unnecessary.

B2：(the answer to いつ) あしたです。

Example A：いつ工場 factory へ行きましたか。

B1：きのう行きました。(!) Repetition of 工場へ is unnecessary.

B2：(the answer to いつ) きのうです。 [NG] きのうでした。

Example A：川田さんはいつ引っこしましたか。

B1：先週 last week 引っこしました。(!) Repetition of 川田さんは is unnecessary.

B2：(the answer to いつ) 先週です。

> ⚠ No actuality marker is used to indicate a TIME span.
> ⇨ p.26

▷ 通常、限定または容認された情報は文頭に現れる。
▶ Limited or accepted information usually appears at the beginning of a sentence.
▶ 通常，被限定的或接受的信息出現在句首。
▶ 한정 또는 용인된 정보는 보통 문장의 첫머리에 나타난다.

は and も appear last.
[NG] 大学はへ／大学もへ
[NG] 大学はに／大学もに

練習 12. With a partner, ask and answer WH questions. Answer with limited information.

Example A：あした、どこへ行きますか。
↓ B wants to comment on あした.
B：あしたは空港 airport へ行きます。

Example A：いつ空港へ行きますか。
↓ B wants to comment on 空港へ.
B：空港へはあした行きます。

Example A：いつ日本に来ましたか。
↓ B wants to comment on 日本に.
B：日本には先月 last month 来ました。

no indicator (TIME span)
showing a limited/accepted topic
ⓐ きのう → ⓜ { きのうは / きのうも }

へ indicates a direction.
showing a limited/accepted direction
ⓐ 空港へ → ⓜ { 空港へは / 空港へも }

に indicates a destination.
showing a limited/accepted destination
ⓐ 空港に → ⓜ { 空港には / 空港にも }

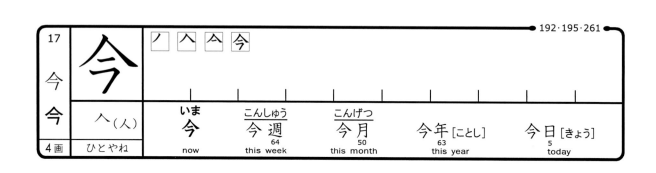

17	今	ノ 𠆢 ⽄ 今					192・195・261
今	𠆢(人)	いま 今 now	こんしゅう 今週 64 this week	こんげつ 今月 50 this month	今年 [とし] 63 this year	今日 [きょう] 5 today	
4画	ひとやね						

▷「何」「どこ」「いつ」など不明名詞には限定できる内容がないため、「何は」「どこは」「いつは」とは言えない。「は」が現れるのは不明名詞の後ろではなく前である。例：これは何ですか。

▷「だれが」は人物の演者が不明の場合の問いである。これに対する答えは、「私が」「○○さんが」のように、現実表現の印「が」が表示する。このとき、演者が「わたしは」「○○さんは」のように題目になることはない。

▸ Nouns expressing the 'unknown', such as 何, どこ and いつ do not have any information that can be limited. Therefore, it is **impossible** to say 何は, どこは and いつは. は appears before nouns expressing the 'unknown', not after them.
e.g. これは何ですか。

▸ だれが is a question when a human actor is unknown to the speaker. The answer to this question is indicated by the actuality marker, が *e.g.* 私が, ○○さんが, *etc.* In this situation, the actor cannot be the topic, *e.g.* 私は, ○○さんは, *etc.*

▸ 因"何""どこ""いつ"等疑问词不含可限定的内容，所以不能说"何は""どこは""いつは"。"は"出现在疑问词前面而不是后面。例如：これは何ですか。

▸ "だれが"是行为者不详的情况下的提问。回答时用现实描述的标记"が"来表示，如"私が""○○さんが"等。这种情况下，行为者不会像"私は""○○さんは"一样成为主题。

▸ '何' 'どこ' 'いつ' 등 불명명사(不明名詞)는 한정할 수 있는 내용이 없기 때문에, '何は' 'どこは' 'いつは' 로 쓸 수 없다. 'は'가 나타나는 곳은 불명명사(不明名詞)의 뒤가 아니라 앞이다. 예：これは何ですか。

▸ 'だれが'는 행위자가 누구인지 모를 때 사용하는 질문이다. 답은 '私が' '○○さんが'와 같이 현실표현의 표기 'が'로 나타낸다. 이 때 행위자는 '私は' '○○さんは'와 같이 화제가 될 수 없다.

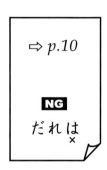
⇨ p.10

NG だれは ×

練習 13. You do not know who the actor is. Ask questions.

Example A: だれ(が)駅へ行きますか。
↓
'unknown' が corresponds noun が.

B1: 私(が)行きます。 NG 私は行きます。×

B2: (the answer to だれ) 私です。 NG 私がです。×

練習 14. You limit information about the direction, and do not know who the actor is. Ask questions.

Example A: デパート department store へはだれ( )行きますか。

B1: 山田さん( )行きます。 NG 山田さんは行きます。×

B2: (the answer to だれ) 山田さんです。 NG 山田さんがです。×

練習 15. You limit information about the TIME span, and do not know who the actor is. Ask questions.

Example A: きのうはだれ( )来ましたか。

B1: 山川さん( )来ました。 NG 山川さんは来ました。×

B2: (the answer to だれ) 山川さんです。 NG 山川さんでした。×××

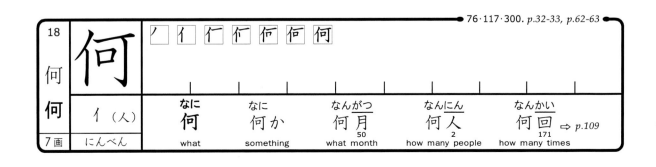

Whereabouts of information

▷ 話し手の ① 目の前、② 想像、③ 記憶。
▶ ① in front of the speaker, ② in the speaker's imagination, or ③ in the speaker's memory
▶ 说话人的 ① 眼前、② 想象、③ 记忆。
▶ 화자의 ① 눈 앞, ② 상상, ③ 기억.

Information for description (ⓐ actuality): in ① ② ③.
Information for **confirmation** (ⓜ way of speaking ⇨ *p.8*): in ①.

⇨ *p.24*

練習 16. Read aloud and compare these sentences.

1. あした、山中さんが来ます。　　　　　　　　　ⓐ in ② = live, description
2. 今、田口さんが来ます。(田口さん is approaching.)　ⓐ in ② = live, description
3. きのう、川中さんが来ました。　　　　　　　　ⓐ in ③ = memory, description
4. 今、中川さんが来ました。(中川さん just arrived.)　ⓜ in ① = live, confirmation

▷〈うごき〉B は移動または通過する生き物の演者と径路(route)が構成する。
▶ ACT B is composed of a route and an ANIMAL actor that is moving on or passing through the route.
▶〈动作〉B 由移动或经过的动态行为者及其路径(route)构成。
▶〈움직임〉B 는 이동 또는 통과하는 생물체인 행위자와 경로(route)로 구성된다.

> route を ACT B
> ANIMAL actor (♥) moves along a route.
> An ANIMAL is a MATERIAL which can move by itself in a sentence.

練習 17. Complete and read aloud these sentences containing ACT B predicates.

1. (私 は) 歩道 sidewalk を 歩きます。　2. ふみきり railroad crossing ○ わたります cross。
3. 廊下 corridor ○ 通りました。　4. 坂 slope ○ 上ります go up / 下ります go down。
5. バス bus は 道路 road ○ 走ります。　6. 飛行機 airplane は 空 sky ○ とびます fly。

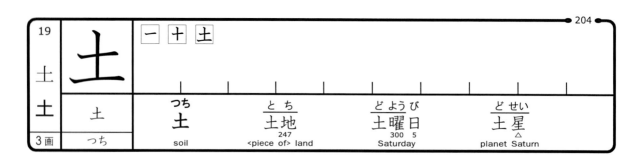

19	土	一 十 土			
土 土 3画	土 つち	つち 土 soil	とち 土地 247 <piece of> land	どようび 土曜日 300 5 Saturday	どせい 土星 △ planet Saturn

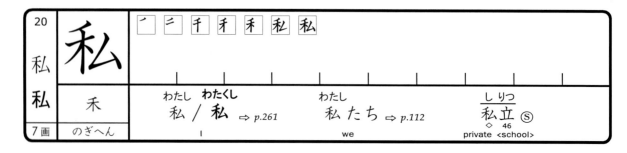

20	私	´ 二 千 禾 禾 私 私			
私 私 7画	禾 のぎへん	わたし わたくし 私 / 私 ⇨ p.261 I	わたし 私たち ⇨ p.112 we		しりつ 私立 Ⓢ ◇ 46 private <school>

Japanese family names: 今川(いまがわ) 田中(たなか) 中田(なかた/なかだ) 本田(ほんだ) 山本(やまもと)

第 4 課

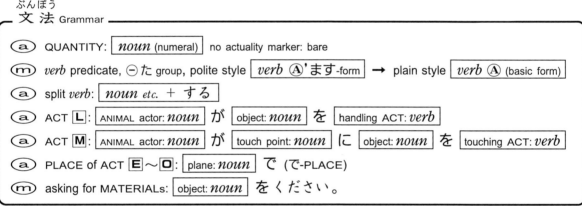

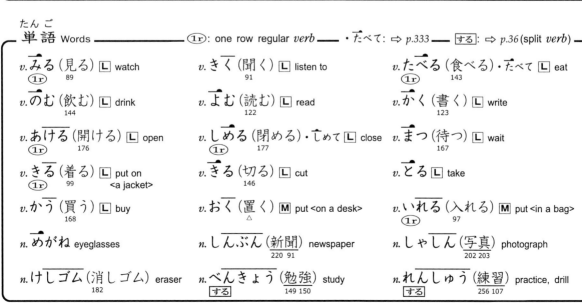

Typical MATERIALs (TIME ⇒ p.62–p.63)	QUANTITY				
	Apples, erasers, stars, etc. When you order drinks or dishes	(apple)	Humans only	Paper, cloth, boards, etc.	Cars and machines
Counters (suffix) ⇒ p.331	(-つ)	こ -個	にん -人	まい -枚	だい -台
Name of numbers / 'Unknown'	いくつ	なんこ 何個	なんにん 何人	なんまい 何枚	なんだい 何台
1: いち 一	ひと 一つ	いっこ 一個	一人 [ひとり]	いちまい 一枚	いちだい 一台
2: に 二	ふた 二つ	にこ 二個	二人 [ふたり]	にまい 二枚	にだい 二台
3: さん 三	みっ 三つ	さんこ 三個	さんにん 三人	さんまい 三枚	さんだい 三台
4: よん/し 四/四	よっ 四つ	よんこ 四個	よにん 四人 よにん [NG]	よんまい 四枚	よんだい 四台
5: ご 五	いつ 五つ	ごこ 五個	ごにん 五人	ごまい 五枚	ごだい 五台
6: ろく 六	むっ 六つ	ろっこ 六個	ろくにん 六人	ろくまい 六枚	ろくだい 六台
7: なな/しち 七/七	なな 七つ	ななこ 七個	しちにん／ななにん 七人／七人	ななまい 七枚	ななだい 七台
8: はち 八	やっ 八つ	はっこ／はちこ 八個／八個	はちにん 八人	はちまい 八枚	はちだい 八台
9: きゅう/く 九/九	ここの 九つ	きゅうこ 九個	きゅうにん／くにん 九人／九人	きゅうまい 九枚	きゅうだい 九台
10: じゅう 十	とお 十 [NG] 十つ	じっこ／じゅっこ 十個／十個	じゅうにん 十人	じゅうまい 十枚	じゅうだい 十台
100: ひゃく 百	from one to ten only	ひゃっこ 百個	ひゃくにん 百人	ひゃくまい 百枚	ひゃくだい 百台
1,000: せん 千		せんこ 千個	せんにん 千人	せんまい 千枚	せんだい 千台
0: れい 零／ゼロ					

Pay attention to the following pairs.
ひとつ×2=ふたつ, みっつ×2=むっつ, よっつ×2=やっつ

れんしゅう
練習 1. いくつですか。　Example ★★　ふたつ です。 [NG] に です。

1. ★ _____ です。　2. ★★★★★ _____ です。　3. ★★★★★★★★ _____ です。

4. ★★★★ _____ です。　5. ★★★★★★★ _____ です。　6. ★★★★★★★★★★ _____ です。

★★★ _____ です。　8. ★★★★★★ _____ です。　9. ★★★★★★★★★ _____ です。

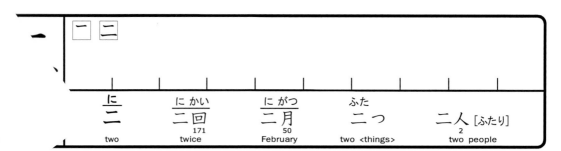

一	二				
	に 二 two	にかい 二回 twice 171	にがつ 二月 February 50	ふた 二つ two <things> 2	二人 [ふたり] two people

QUANTITY

Books and writing pads	Pencils, ropes, bottles, *etc.*	Cups of drinks	Mice, fish, insects, *etc.*	Pairs of shoes and socks	Grades in tests
さつ -冊	ほん -本	はい -杯	ひき -匹	そく -足	てん -点
なんさつ 何冊	なんぼん 何本	なんばい 何杯	なんびき 何匹	なんぞく 何足	なんてん 何点
いっさつ 一冊	いっぽん 一本	いっぱい 一杯	いっぴき 一匹	いっそく 一足	いってん 一点
にさつ 二冊	にほん 二本	にはい 二杯	にひき 二匹	にそく 二足	にてん 二点
さんさつ 三冊	さんぼん 三本	さんばい 三杯	さんびき 三匹	さんぞく 三足	さんてん 三点
よんさつ 四冊	よんほん 四本	よんはい 四杯	よんひき 四匹	よんそく 四足	よんてん 四点
ごさつ 五冊	ごほん 五本	ごはい 五杯	ごひき 五匹	ごそく 五足	ごてん 五点
ろくさつ 六冊	ろっぽん 六本	ろっぱい 六杯	ろっぴき 六匹	ろくそく 六足	ろくてん 六点
ななさつ 七冊	ななほん 七本	ななはい 七杯	ななひき 七匹	ななそく 七足	ななてん 七点
はっさつ 八冊	はっぽん　はちほん 八本/八本	はっぱい　はちはい 八杯/八杯	はっぴき　はちひき 八匹/八匹	はっそく 八足	はってん 八点
きゅうさつ 九冊	きゅうほん 九本	きゅうはい 九杯	きゅうひき 九匹	きゅうそく 九足	きゅうてん 九点
じっさつ　じゅっさつ 十冊/十冊	じっぽん　じゅっぽん 十本/十本	じっぱい　じゅっぱい 十杯/十杯	じっぴき　じゅっぴき 十匹/十匹	じっそく　じゅっそく 十足/十足	じってん　じゅってん 十点/十点
ひゃくさつ 百冊	ひゃっぽん 百本	ひゃっぱい 百杯	ひゃっぴき 百匹	ひゃくそく 百足	ひゃくてん 百点
せんさつ 千冊	せんぼん 千本	せんばい 千杯	せんびき 千匹	せんぞく 千足	せんてん 千点

pairs of chopsticks
いちぜん　にぜん
一膳　二膳

れいてん　れいてん
零点/0点

Words

ぶんすう **分数** fractions	1/2: にぶんのいち 二分の一 （＝はんぶん 半分＝ごわり 五割）
	1/3: さんぶんのいち 三分の一
ぶんし **分子** numerator	2/3: さんぶんのに 三分の二
	3/4: よんぶんのさん 四分の三
ぶんぼ **分母** denominator	1/10: じゅうぶんのいち いちわり 十分の一 （＝一割）

Words

しょうすう
小数
decimal fractions

れいてんれいいち
0.01
いってんななさ…
1.7…
さんてんいち…
3.1…

22
三
三
3画　いち

一二三

| さん
三
three | さんかい
三回
171
three times | さんかく
三角/⑤
triangle / triangular | さんがつ
三月
50
March |

Numbers

じゅういち 十一 11	じゅうに 十二 12	じゅうさん 十三 13	じゅうよん 十四 14	じゅうご 十五 15	じゅうろく 十六 16	じゅうなな 十七 17	じゅうはち 十八 18	じゅうきゅう 十九 19
じゅう 十 10	にじゅう 二十 20	さんじゅう 三十 30	よんじゅう 四十 40	ごじゅう 五十 50	ろくじゅう 六十 60	ななじゅう 七十 70	はちじゅう 八十 80	きゅうじゅう 九十 90
ひゃく 百 100	にひゃく 二百 200	さん**びゃく** 三百 300	よんひゃく 四百 400	ごひゃく 五百 500	**ろっぴゃく** 六百 600	ななひゃく 七百 700	**はっぴゃく** 八百 800	きゅうひゃく 九百 900
せん 千 1,000	にせん 二千 2,000	さん**ぜん** 三千 3,000	よんせん 四千 4,000	ごせん 五千 5,000	ろくせん 六千 6,000	ななせん 七千 7,000	**はっせん** 八千 8,000	きゅうせん 九千 9,000

⚠ 10,000 一万 （いちまん）
NG 十千

れんしゅう
練習 2. Read aloud these numbers.

1. 3　　2. 9　　3. 4　　4. 7　　5. 8　　6. 2　　7. 5
8. 1　　9. 6　　10. 21　　11. 99　　12. 74　　13. 16　　14. 30
15. 52　　16. 48　　17. 63　　18. 85　　19. 180　　20. 203　　21. 759
22. 327　　23. 676　　24. 895　　25. 944　　26. 407　　27. 1400　　28. 6328
29. 2643　　30. 8364　　31. 3202　　32. 4109　　33. 9531　　34. 7005　　35. 5010

練習 3. Your instructor will read some numbers. Write them down in Arabic numerals.

練習 4. Ask your partner the population of his/her country.

A: お国の人口 population は何人ですか。

いちおく にせんまん
一億二千万人です。
(in the case of Japan)

Big numbers

いちまん 一万 10,000	× 10,000 =	いちおく 一億 100,000,000
じゅうまん 十万 100,000	× 10,000 =	じゅうおく 十億 1,000,000,000
ひゃくまん 百万 1,000,000	× 10,000 =	ひゃくおく 百億 10,000,000,000
いっせんまん 一千万 10,000,000	× 10,000 =	いっせんおく 一千億 100,000,000,000
いちおく 一億 100,000,000	× 10,000 =	いっちょう 一兆 1,000,000,000,000
いっちょう 一兆 1,000,000,000,000	× 10,000 =	いっけい 一京 10,000,000,000,000,000

…ner how much his/her possessions
NTITY: no actuality marker

いくら how much ですか。　B: 百三十円 (えん) yen です。
いっぽん
本いくらですか。　B: 七十五円です。

四

よんかい 四回 171 four times	よっつ 四つ 2 four ＜things＞	よにん 四人 four people	しかく 四角／Ⓢ △ square	しがつ 四月 50 April

第4課　35

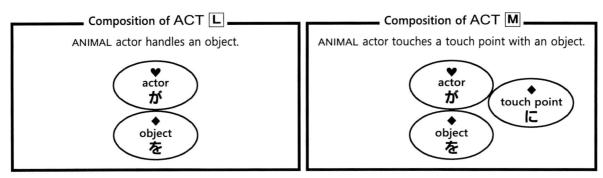

♥: ANIMAL in a sentence　　◆: NON-ANIMAL in a sentence　⇨ p.26

▷〈くうき〉Lは生き物の演者と対象物（object）が構成する。〈くうき〉Mは生き物の演者と接触先（toucht point）と対象物が構成する。
▸ ACT L is composed of an ANIMAL actor and an object. ACT M is composed of an ANIMAL actor, a touch point and an object.
▸〈动作〉L由动态的行为者与动作/行为对象（object）构成。〈动作〉M由动态的行为者、接触点（touch point）与动作/行为对象构成。
▸〈움직임〉L는 생물체인 행위자와 대상물（object）로 구성된다.〈움직임〉M은 생물체인 행위자, 접점（接點 toucht point）과 대상물로 구성된다.

練習 6. Make sentences that match ACT L and an object.

練習 7. Make sentences that match ACT M with a touch point and an object.

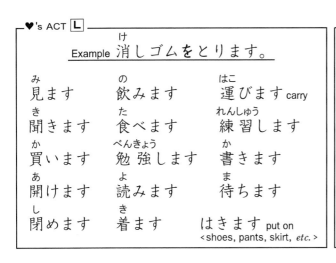

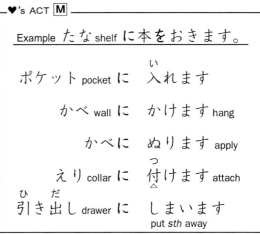

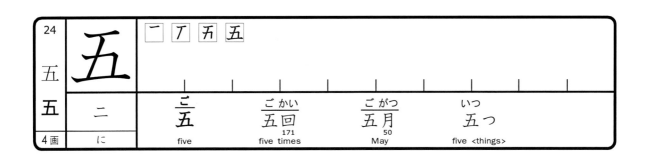

Inflection

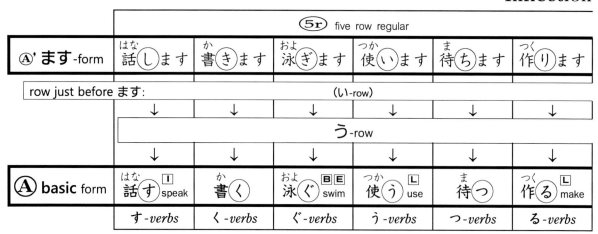

- ▷ ⊖た群の動詞述語の普通体は「す」「く」「ぐ」「う」「つ」「る」「ぬ」「ぶ」「む」のどれかで終わる。
- ▶ **Plain style** of ⊖た group verb predicates end in one of す, く, ぐ, う, つ, る, ぬ, ぶ or む.
- ▶ ⊖た群的动词谓语**简体**以 "す" "く" "ぐ" "う" "つ" "る" "ぬ" "ぶ" "む" 中的一种来结尾。
- ▶ ⊖た군 동사술어의 **보통체**는 'す' 'く' 'ぐ' 'う' 'つ' 'る' 'ぬ' 'ぶ' 'む' 중 어느 하나이다.

▷ 動詞「する」(ir) は名詞などに後置して分裂動詞 (split verb) を作る文法動詞で、語彙的な意味はない。分裂動詞は辞書には載っていない。意味は名詞などを引いて調べる。

▶ Verb する (ir) is a grammatical verb forming split verb that is placed after nouns, for example, and has no lexical meaning. Split verbs are not shown in dictionaries. To find out their meaning, look up the nouns, for example, in a dictionary.

▶ 动词 "する" (ir) 是语法动词，接在名词等后面组成分裂动词 (split verb)，其本身没有实在语意。辞典上无分裂动词。语意按 "する" 前面的名词等来查。

▶ 동사 'する' (ir) 는 명사 등의 뒤에 붙어 분열동사를 만드는 문법동사로서, 어휘적인 의미는 없다. 분열동사 (split verb) 는 사전에 실려 있지 않다. 사전에서는 'する' 앞의 명사로 뜻을 찾는다.

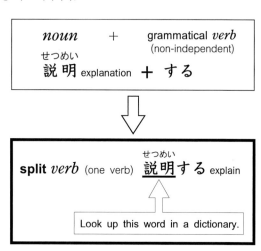

練習 8. Make basic forms (plain style) and look up these verbs in your dictionary.

Example 読みます (5r) よむ　　1. 練習します (ir) 練習_____

2. 聞きます (5r) _____　3. 食べます (1r) _____　4. 帰ります (5r) _____
5. 買います (5r) _____　6. 待ちます (5r) _____　7. 数えます (1r) _____
8. 来ます (ir) _____　9. 着ます (1r) _____　10. 切ります (5r) _____
11. 入れます (1r) _____　12. 閉めます (1r) _____　13. 走ります (5r) _____

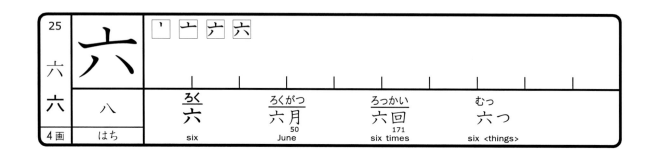

of *Verbs*, 1

> ⚠ These are ⑤r る-*verbs* not ①r いる-/える-*verbs*.
>
> not いる-*verbs*: 切る　知る L know　ちる F ‹leaves› fall　入る G enter　走る　要る S need (STATE *verb*)
>
> not える-*verbs*: 帰る　ける L kick　しゃべる I chat　すべる F slip　減る F decrease

▷ 対象物について解説を述べるときは、その対象物が題目である。聞き手にも明らかな題目は文に現れない。
▶ When making a comment on an object, the object is the topic. A topic that is evident to the listener does not appear in a sentence.
▶ 对动作/行为对象进行说明时，该动作/行为对象为主题。听话人也知晓的主题，则不出现在句子里。
▶ 대상물에 대해서 해설할 때는 그 대상물이 화제가 된다. 청자에게도 자명한 화제는 문장에 나타나지 않는다.

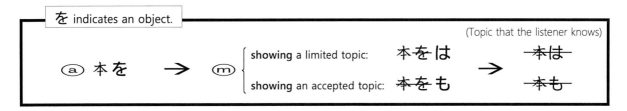

練習 9. In yes/no questions where your partner answers いいえ, there are a number of variations to the answer.

Example A: 新聞を読みますか。

B1: いいえ、読みません。

B2: いいえ、新聞は読みません。本を読みます。　⚠ ません-predicates usually go with limited information.

B3: いいえ、新聞は読みません。本も読みません。　Speaker introduces another accepted topic 本.

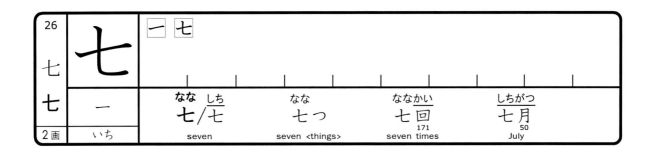

練習 10.
You are given で-PLACEs. Make sentences using ACT L.

Example 図書館（としょかん） → としょかん で 辞書（じしょ）dictionary を 探します（さがします）look for 。

1. バス停（てい） bus stop → ＿＿＿＿＿（で）＿＿＿＿＿（を）＿＿＿＿＿
2. レストラン restaurant → ＿＿＿＿＿（で）＿＿＿＿＿（を）＿＿＿＿＿
3. 映画館（えいがかん） movie theater → ＿＿＿＿＿（で）＿＿＿＿＿（を）＿＿＿＿＿
4. 大学（だいがく） → ＿＿＿＿＿（で）＿＿＿＿＿（を）＿＿＿＿＿
5. 喫茶店（きっさてん） tea room → ＿＿＿＿＿（で）＿＿＿＿＿（を）＿＿＿＿＿
6. コンビニ convenience store → ＿＿＿＿＿（で）＿＿＿＿＿（を）＿＿＿＿＿
7. 教室（きょうしつ） classroom → ＿＿＿＿＿（で）＿＿＿＿＿（を）＿＿＿＿＿

▷ で場について解説を述べるときは、で場を提示する。
▶ When making a comment on で-PLACE, で-PLACE is shown.
▶ 对で场所进行说明时，则在句中给出で场所。
▶ で장소에 대해서 해설할 때는 で장소를 제시한다.

で-PLACE：ACT E ～ P
⇨ p.26

で indicates a PLACE as a plane.

ⓐ 教室で（きょうしつ）(で-PLACE) → ⓜ showing a limited で-PLACE： 教室では
showing an accepted で-PLACE： 教室でも

---

27 八

ノ 八

八 / 八
2画 / はち

| はち 八 eight | はちがつ 八月 August | はちかい／はっかい 八回／八回 eight times | やっ 八つ eight \<things\> |

28 九

ノ 九

九 / 乙
2画 / おつ

| きゅう／く 九／九 nine | きゅうかい 九回 nine times | くがつ 九月 September | ここの 九つ nine \<things\> |

29 十

一 十

十 / 十
2画 / じゅう

| じゅう 十 ten | じゅうがつ 十月 October | じっかい／じゅっかい 十回／十回 ten times | とお 十 ten \<things\> |

第 4 課　39

練習 11. With a partner act out conversations 1 - 4 as in the example. B is interested in the で-PLACE.

Example　A：きのう八百屋(やおや) vegetable store へ行きました。…… 買(か)う ACT L
　　　　　B：そうですか。八百屋では何を買いましたか。

　　　A1：トマト tomato を買いました。　A2：トマトとキャベツ cabbage を買いました。

1. A：あしたデパートへ行きます。…… 買(か)う ACT L
2. A：きょう喫茶店(きっさてん)へ行きます。…… 飲(の)む ACT L
3. A：きのうレストランへ行きました。…… 食(た)べる 1r ACT L
4. A：きょう映画館(えいがかん)へ行きます。…… 見(み)る 1r ACT L　(A answers a title of a movie.)

| noun X と noun Y |
| Plural items ⇨ p.44 |

▷述語、H連体、G連用でない量はおおむね動詞の直前に現れる。この量を表示する現実表現の印はない。量は題目にならない。

▶A QUANTITY which is not a predicate, H(pre-noun) or G(pre-ACT / pre-STATE) usually appears just before a verb. There is no actuality marker to indicate this QUANTITY. QUANTITY cannot be the topic.

▶不做谓语、H连体或G连用的**数量**通常出现在动词前面。没有表示该数量的现实描述标记。数量不能成为主题。

▶술어, H연체, G연용이 아닌 **양**은 대부분 동사 바로 앞에 위치한다. 양을 나타내는 현실표현의 표기는 없다. 양은 화제가 될 수 없다.

QUANTITY

練習 12. Make sentences. You can use 漢字(かんじ) numerals or Arabic numerals.

Example　本を一冊(いっさつ)買(か)います。　NG 一本(いちほん)を買います。×
Example　学生(がくせい)を3人見(み)ました。　NG 学生を3見ました。×

――Synonyms――
学生(がくせい) university student
生徒(せいと) high school student, pupil

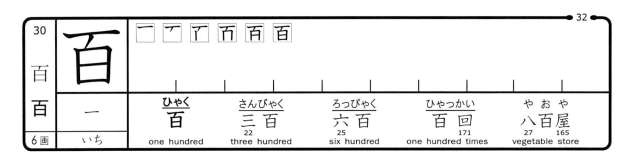

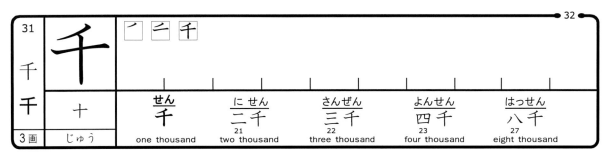

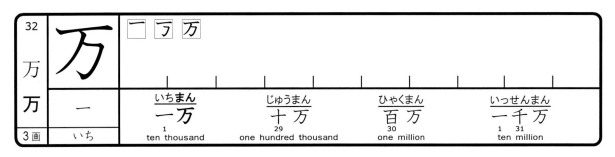

▷ 丁寧な態度で聞き手に〈もの〉を<u>要求</u>する文は〈〈もの〉(対象物：名詞)を＋ください〉である。
▶ The sentence for <u>asking</u> a listener for a MATERIAL in a polite manner is ＜MATERIAL (object: *noun*) を + ください＞.
▶ 以恭敬的态度向听话人<u>要求</u>〈物〉的句子是〈〈物〉(动作/行为对象：名词)＋を＋ください〉。
▶ 정중한 태도로 청자에게 〈사물〉을 <u>요구</u>하는 문장은 〈〈사물〉(대상물：명사)을＋ください〉이다.

◆ objects

バナナ banana	ハンカチ handkerchief
雑誌 magazine △	ボールペン ball-point pen
ジュース juice	自転車 bicycle　辞書 じしょ
紅茶 black tea △	りんご　たまご egg
スリッパ slippers	写真　紙 paper
消しゴム	パソコン personal computer

練習 13.　You want something (a MATERIAL as an object: NON-ANIMAL in the sentence). Make sentences.

Example　新聞をください。

Example　新聞とノートをください。

練習 14.　Make sentences using QUANTITies.

Example　ノートを3冊ください。

Variations

| QUANTITY + postpositional *noun* | 3冊だけ ⓜ The QUANTITY is only three, not more than three. | 3冊ぐらい(←くらい) ⇨ p.161 ⓜ I do not say that it is exactly three. |
| Equal QUANTITY | りんごとたまごを一つずつ one apple and one egg (one of each) | 車 car と自転車を2台ずつ two cars and two bicycles (two of each) |

| 算数 Arithmetic | 足し算 Addition | 引き算 Subtraction | かけ算 Multiplication | わり算 Division ⇨ p.187 |
| | 1 + 6 = 7 いち たす ろく は なな | 9 − 4 = 5 きゅう ひく よん は ご | 2 × 3 = 6 に かける さん は ろく | 8 ÷ 4 = 2 はち わる よん は に |

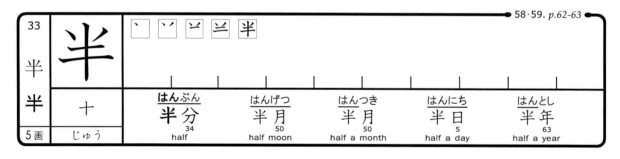

33　半　半　5画　十　じゅう　｀ ´ ⺌ 半　半分 34 half　半月 50 half moon　半月 50 half a month　半日 5 half a day　半年 63 half a year　58・59. p.62-63

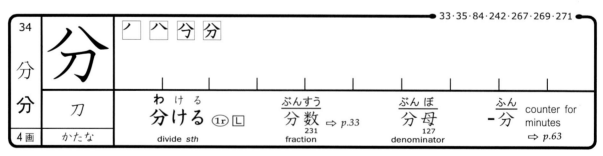

34　分　分　4画　刀　かたな　ノ 八 分 分　分ける ⓘｒ L divide sth　分数 231 ⇨ p.33 fraction　分母 127 denominator　‐分 counter for minutes ⇨ p.63　33・35・84・242・267・269・271

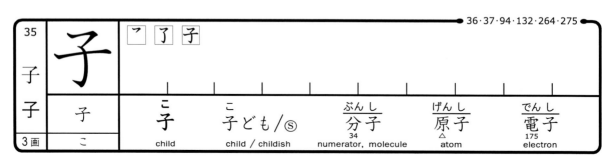

35　子　子　3画　こ　フ 了 子　子 child　子ども/ⓢ child / childish　分子 34 numerator, molecule　原子 atom　電子 175 electron　36・37・94・132・264・275

第 5 課

▷ 限定的または容認的な情報のない文は、通常、①**時間**、②**場所**(に場/で場)、③**述語部**の順である。
▶ Sentences without limited or accepted information are usually arranged in the following order:
  ① **TIME**, ② **PLACE** (に-PLACE or で-PLACE), ③ **predicate unit**.
▶ 句中若不包含限定性的或被接受的信息成分，通常语顺为 ①**时间**、②**场所**(に场所，で场所)、③**谓语部分**。
▶ 한정적 또는 용인적인 정보가 없는 문장은 보통 ①**시간**, ②**장소**(に장소, で장소), ③**술어부**의 순서로 구성된다.

Sentences without limited or accepted information			Examples of sentences with limited information
① TIME	② PLACE	③ Predicate unit	
	つくえの上に	辞書があります。	辞書はつくえの上にあります。
⇨ p.24, p.28 あした		本屋へ行きます。	本屋へはあした行きます。
New 月曜日に (Monday)	本屋で	地図を買います。(map)	本屋では月曜日に地図を買います。 地図は月曜日に本屋で買います。

文法 Grammar

- ⓐ existence of a NON-ANIMAL in a sentence (STATE ⓧ): [NON-ANIMAL: *noun*] が [ある (*verb*)]
- ⓐ existence of an ANIMAL in a sentence (STATE ⓧ): [ANIMAL: *noun*] が [いる (*verb*)]
- ⓐ PLACE of existence (STATE ⓧ): [point: *noun*] に (に-PLACE)
- ⓐ TIME point: [TIME: *noun*] に
- ⓜ asking a listener to do an ACT: [*verb* Ⓖ て-form + ください]。
- ⓜ asking a listener not to do an ACT: [*verb* Ⓖ ないで-form + ください]。

単語 Words — Ⓢ: STATE *verb* — Ⓢ: STATE *noun* — o: words other than *nouns*, *verbs* and *adjectives*

- v. いる Ⓒ/Ⓢ <ANIMALs> exist ①r
- v. ある Ⓢ <NON-ANIMALs> exist

  ANIMAL (♥): It can move by itself in a sentence.　⇨ see p.42
  NON-ANIMAL (◆): Everything except ANIMALs.

- n. うえ (上) Ⓢ top 44
- n. した (下) Ⓢ bottom 45
- n. まえ (前) Ⓢ front 58
- n. うしろ (後ろ) Ⓢ back 59
- n. となり Ⓢ next (to)
- n. そば (傍) Ⓢ beside
- n. よこ Ⓢ <right or left> side
- n. ひだり (左) Ⓢ left 38
- n. みぎ (右) Ⓢ right 39
- n. まわり surroundings
- n. ちかく (近く) near place 223
- n. あいだ (間) space, interval 87
- n. おとこの (男) man, Ⓢ <human> male 36
- n. おんなの (女) woman, Ⓢ <human> female 37
- n. にんぎょう (人形) doll 2
- n. カレンダー calendar
- o. すこし (少し) a few, a little 85
- o. たくさん a lot, lots

漢字

36 男　37 女　38 左　39 右　40 東　41 西　42 南　43 北　44 上　45 下

! How to express existence

> Existence is a STATE not an ACT.
> ANIMAL, NON-ANIMAL ⇨ see p.26

♥ ANIMAL: 学生（がくせい）が<u>いる</u>。 There is a student.　　♦ NON-ANIMAL: つくえが<u>ある</u>。 There is a desk.

▷ 生き物に植物は含まれない。乗り物は、移動の態勢にある場合は生き物、移動の態勢にない場合は生き物以外である。
▶ ANIMALs do not include plants. Vehicles are regarded as ANIMALs when about to move, and regarded as NON-ANIMALs when not about to move.
▶ 动态物体不包括植物。交通工具如处于移动状态的是动态物体，反之则不在动态物体之列。
▶ 식물은 생물체에 포함되지 않는다. 교통기관은 이동 태세일 때는 생물체, 이동 태세가 아닐 때는 생물체 이외에 속한다.

練習（れんしゅう）1. Make ます-forms（Ⓐ' polite style）.

1. いる ①r → ＿＿＿＿＿＿＿
2. ある ⑤r → ＿＿＿＿＿＿＿

練習 2. Look at the picture and make sentences.

Example　男（おとこ）の人 man がいます。

Example　カレンダーがあります。

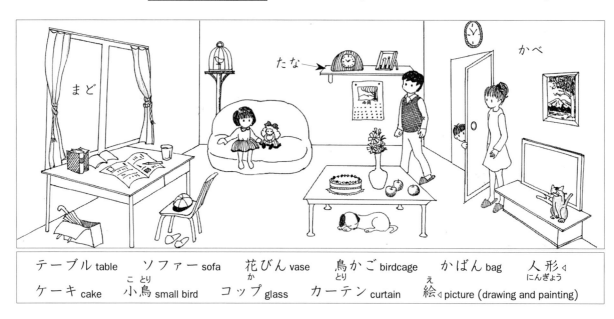

テーブル table　ソファー sofa　花びん（か）vase　鳥かご（とり）birdcage　かばん bag　人形（にんぎょう）◁
ケーキ cake　小鳥（ことり）small bird　コップ glass　カーテン curtain　絵（え）◁ picture (drawing and painting)

How to express sex
⇨ かんじ No.36, No.37

Kind of ANIMAL				♂ Male		♀ Female	
				Spoken	Written	Spoken	Written
人 human	大人［おとな］ Ⓜ adult		Neutral	男 おとこ		女 おんな	
			Polite	男の人	男性（だんせい）◁	女の人	女性（じょせい）
	子ども child			男の子	男児（だんじ）◁	女の子	女児（じょじ）
	Social position	e.g. 学生（がくせい）		男の学生	男子学生（だんし）	女の学生	女子学生（じょし）
		e.g. 店員（てんいん）shop assistant		男の店員	男性店員	女の店員	女性店員
Other than 人	e.g. 犬（いぬ）dog			おす(の)犬		めす(の)犬	

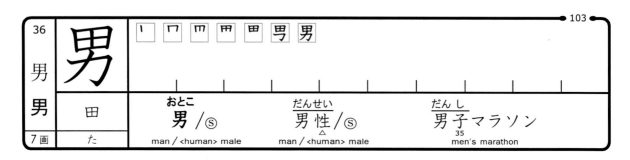

| に indicates a PLACE as a point. |

ⓐ 教室に (に-PLACE) → ⓜ { showing a limited に-PLACE: 教室には / showing an accepted に-PLACE: 教室にも }

▷ 相対的な位置は「机の上」「椅子の下」「箱の中」のような名詞句が表す。「上」「下」「中」などは名詞である。
▷ 「いる」「ある」という〈ありさま STATE〉はに場に成立する。に場について解説を述べるときは、に場を提示する。
▶ Relative position is expressed by a noun phrase, such as つくえの上, いすの下 and はこの中. 上, 下, 中, etc. are nouns.
▶ The STATEs いる and ある take place in a に-PLACE. When making a comment on a に-PLACE, the に-PLACE is shown in the sentence.
▶ 相対的位置用 "つくえの上" "いすの下" "はこの中" 等名词短语表示。"上" "下" "中" 等是名词。
▶ "いる" "ある" 等〈状态 STATE〉成立于场所。对に场所进行说明时，句中给出场所。
▶ 상대적인 위치는 'つくえの上' 'いすの下' 'はこの中'와 같이 명사구로 나타낸다. '上' '下' '中' 등은 명사이다.
▶ 'いる' 'ある'라는〈상태 STATE〉는 に장소에서 성립된다. に장소에 대해서 해설할 때는 に장소를 제시한다.

練習 3. Look at the picture on p.42 and make sentences.
Example つくえの上に本があります。
　　　　NG 上つくえ　NG つくえの上で
Example ソファーに女の子がいます。

練習 4. Ask questions using 何が／だれが as in the example.
Example A: テレビの前には何がいますか。
　　　　B1: ねこがいます。
　　　　B2: (the answer to 何) ねこです。 NG ねこがです。

練習 5. Ask questions with limited topics as in the example.
Example A: 犬はいますか。 NG 犬が
　　　　B1: はい、います。 B2: はい、テーブルの下にいます。

練習 6. Ask questions using どこに as in the example.
Example A: ぼうしはどこにありますか。
　　　　B1: いすの上にあります。
　　　　B2: (the answer to どこ) いすの上です。 NG いすの上にです。

何階？ Which floor?
R: 屋上
5: 5階
4: 4階
3: 3階
2: 2階
1: 1階
B1: 地下1階
B2: 地下2階

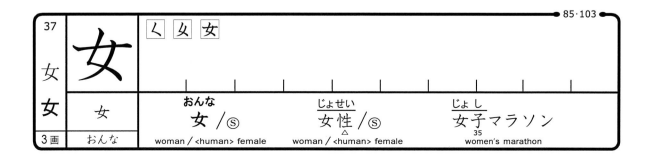

37	女	く 女 女			85・103
女 女	女		おんな 女 /ⓢ	じょせい 女性 /ⓢ	じょし 女子マラソン 35
3画	おんな		woman / <human> female	woman / <human> female	women's marathon

Groups of *nouns* (*noun* phrases) — ⚠ と or や join **a noun** and **a noun** together.

ⓧ ⓨ	ⓧ ⓨ ⓩ ⓟ ⓠ	
XとY	XとYとZとPとQ	XやY / XやYやZ / XやYなど*
Review ⓐ All items are included in this list.		New ⓜ Not all items are included in this list.

*など: postpositional noun

Words that express positional relationship

Xのよこ	Xのそば	Xの近く (ちか)	Xのまわり	XとYの間 (あいだ)	⚠ **X** and **Y** belong to the same category. e.g. people, houses, etc. Y : Xのとなり

(spoken language)
ⓧ : 真ん中 (ま) ／ ○ : 真ん中

		Ⓐ plain style		Ⓐ' polite style	
		Existence		No existence	"nobody" / "nothing" ⇨ p.107
		Basic form	ます-form	ません-form	'Unknown' も ＋ ません-form
♥ ANIMAL	人	いる	います	いません	だれもいません。
	Other than 人				何もいません。
♦ NON-ANIMAL		ある	あります	ありません	何もありません。

練習 7. The information about the に-PLACE is limited. Ask your partner questions using sentences ending in ありますか.

Example A: ○○さんのつくえの上(うえ)には何がありますか。

B1: 本があります。／本やノートがあります。

B2: 何もありません。

練習 8. The information about the に-PLACE is limited. Ask your partner questions using sentences ending in いますか.

Example A: となり／右(みぎ)／左(ひだり)にはだれがいますか。

B1: ○○さんがいます。

B2: だれもいません。

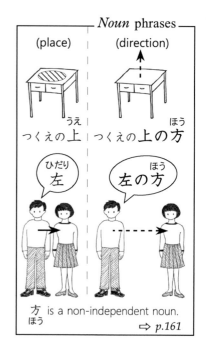

Noun phrases

(place) | (direction)

つくえの上 | つくえの上の方(ほう)

ひだり 左 | 左の方(ほう)

方(ほう) is a non-independent noun.
⇨ p.161

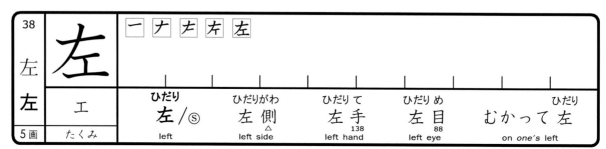

第 5 課

練習 9. Make sentences using あります-predicate about your country.

Example 日本は中国 China の 東 east にあります。 [NG] よこに/右に [OK] 東の方に

Example カナダ Canada はアメリカ the USA のとなりにあります。 [NG] 上に [OK] 北に

Example パナマ Panama 中央アメリカ(中米) Central America にあります。

Regions
- アジア Asia　　東南アジア Southeast Asia　　オセアニア Oceania
- 中東 the Middle East　　アラビア半島 the Arabian Peninsula　　アフリカ Africa
- ヨーロッパ Europe　　北欧 Northern Europe　　南欧 Southern Europe
- 北アメリカ(北米) North America　　南アメリカ(南米) South America

Words
- 北 north
- 西 west　東 east
- 南 south

練習 10. Make sentences using あります-predicate about the periphery of your country.

Example 日本の近くにはロシア Russia や韓国 South Korea があります。

Example ヨーロッパの南にはアフリカがあります。

Words
- 島 island
- 半島 peninsula
- 大陸 continent

練習 11. Make sentences using あります-/います-predicate including a QUANTITY.

Example 2冊 → かばんの中にノートが2冊あります。 [NG] 2冊が あります。

1. 1本 → ___
2. 二つ → ___
3. 3枚 → ___
4. 4人 → ___
5. 少し → ___
6. 一人 → ___
7. たくさん → ___

Noun phrases — The opposite side

山 mountain のむこう　　　　　川 river のむこう

---

39 右 / 右　5画　口 くち　　ノ ナ 大 右 右

みぎ 右 right　／　みぎがわ 右側 right side　／　みぎて 右手 right hand　／　みぎめ 右目 right eye　／　むかって右 on one's right

Inflection

	す-verbs	く-/ぐ-verbs		う-/つ-/る-verbs		
Basic form	はな 話す	か 書く	い 行く*	およ 泳ぐ	つか 使う	ま 待つ	つく 作る
Noun form ＋ て (form just before ます)	↓	↓	↓	↓	↓	↓	↓
て-form	はな 話して	か 書いて	い 行って	およ 泳いで	つか 使って	ま 待って	つく 作って

＊ NG 行く－行いて (This is the only exception.)

Review		New	
Basic form	ます-form	て-form	
Ⓐ end form (plain style)	Ⓐ' end form (polite style)	Ⓕ non-end form	Ⓖ pre-ACT form
はなす	はなします	はなして	

▷ て形(ⒻとⒼ)は終結形ではない。＜うごき＞(動詞)あるいは述語の前に現れる形である。
▷ て形は＜名詞形(ますの直前の形)＋て＞である。①rと①rのすべての動詞と、⑤rの「す」動詞の変化はこの形だが、⑤rの「す」動詞以外の動詞には音便が生じる。

▶ The て-form (Ⓕ and Ⓖ) is not the end form. It is a form which appears before an ACT (verb) or a predicate.
▶ The て-form consists of the ＜noun form (form just before ます) ＋ て＞. Inflection of all ①r verbs, ①r verbs and ⑤r す-verbs use this form, but euphony occurs in inflection of all verbs other than す-verbs.

▶ て形(Ⓕ和Ⓖ)不是终结形。它以后接＜动作＞(动词)或谓语的形式出现。
▶ て形是＜名詞形(noun form: ます前的形式)＋て＞。所有①r动词和①r动词以及⑤r "す" 动词的变形都属此类形式。但⑤r "す" 动词以外的动词要发生音变。

▶ て형(Ⓕ와 Ⓖ)은 종결형이 아니다. ＜움직임＞(동사) 또는 술어 앞에 나타나는 형태이다.
▶ て형은 ＜명사형(noun form: ます직전의 형태)＋て＞이다. ①r, ①r의 모든 동사, ⑤r의 'す' 동사의 활용은 이와 같은 형태이지만, ⑤r의 'す' 동사 이외의 동사는 음편이 발생한다.

▷ 聞き手に＜うごき＞を要求する丁寧な態度の文は、＜動詞Ⓖ(て形)＋ください＞である。
▶ The sentence for **asking** a listener to do an ACT in a polite manner is ＜verb Ⓖ て-form ＋ ください＞.
▶ 以恭敬的态度**要求**听话人做某＜动作＞的句子是＜动词Ⓖ(て形)＋ください＞。
▶ 청자에게 ＜움직임＞을 **요구**하는 정중한 태도의 문장은 ＜동사Ⓖ(て형)＋ください＞이다.

はなす → はなしてください。　　みる → みてください。

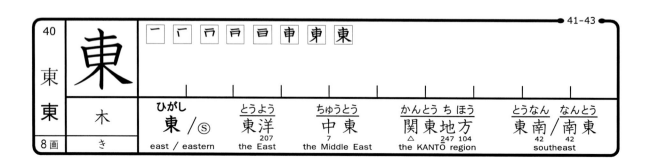

40	東	一 厂 厂 厅 百 亘 車 東					41-43
東 東 8画	木 き	ひがし 東／Ⓢ east / eastern	とうよう 東洋 207 the East	ちゅうとう 中東 7 the Middle East	かんとう ちほう 関東地方 △ 247 104 the KANTO region	とうなん なんとう 東南／南東 42 42 southeast	

of Verbs, 2

	5r			1r		ir	
	ぬ-/ぶ-/む-verbs			iる-verbs	eる-verbs	Irregular verbs	
	死ぬ	運ぶ	読む	見る	食べる	来る	○○する
	↓	↓	↓	↓	↓	↓	↓
				Noun form (form just before ます) + て			
	↓	↓	↓	↓	↓	↓	↓
	死んで	運んで	読んで	見て	食べて	来て	○○して

― Pitch accent, pattern 2 ⇨ p.333 ―

(!) For the て-form of 1r verbs with an up and down pitch accent, the core of the pitch accent moves forward one mora.

| Basic form | おきる (get up) | おりる (go down) | しめる | たべる | かぞえる (count) | くみたてる (construct) |
| て-form | おきて | おりて | しめて | たべて | かぞえて | くみたてて |

練習 12.　① Make basic forms (plain style).　　② Make sentences using てください-predicate.

Example　書きます (5r) ACT L → ① かく　② 名前 (を) かいてください。

1. 食べます (1r) L → ① ___　② ___ ○ ___
2. よびます (5r) L call → ① ___　② 山口さん ○ ___
3. 見ます (1r) L → ① ___　② 目次 table of contents ○ ___
4. 開けます (1r) L → ① ___　② かん can ○ ___
5. 行きます (5r) A → ① ___　② ___ ○ ___
6. 聞きます (5r) L → ① ___　② ラジオ radio ○ ___
7. 切ります (5r) L → ① ___　② メロン melon ○ ___
8. 着ます (1r) L → ① ___　② 上着 jacket ○ ___
9. 来ます (ir) A → ① ___　② ___ ○ ___
10. 復習します (ir) L review → ① 復習 ___　② かたかな ○ 復習

41 西 西	西	一 ｢ 亓 丙 西 西					42·207
	西 (西)	にし 西/Ⓢ	せいよう 西洋	かんさい ちほう 関西地方	とうざい 東西	せいほく 西北	ほくせい /北西
6画	かなめがしら	west/western	207 the West	247 104 the KANSAI region	40 east and west	43	43 northwest

Inflection

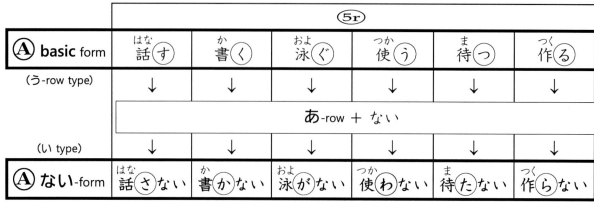

▷ ません形に対応する<u>普通体</u>はない形である。ない形の述語の型はい型である。
▷ 動詞「ある」にはない形がない。「ありません」の普通体は形容詞(第8課)の「ない」である。
▷ 聞き手に〈うごき〉なしを要求する丁寧な態度の文は〈ないで形(Ⓖ)＋ください〉である。

▶ The <u>plain style</u> that corresponds to the ません-form is the ない-form. ない-form predicates are い type predicates.
▶ The verb ある does not have a ない-form. The plain style of ありません is the adjective (*lesson 8*) ない.
▶ The sentence for asking a listener not to do an ACT in a polite manner is 〈ないで-form (Ⓖ) ＋ ください〉.

▶ 与ません形相对应的<u>简体</u>是ない形。ない形的谓语类型为い型。
▶ 动词"ある"没有ない形。"ありません"的简体是形容词(第8课)"ない"。
▶ 以恭敬态度请听话人不要进行某〈动作〉的句子是〈ないで形(Ⓖ)＋ください〉。

▶ ません형에 대응하는 <u>보통체</u>는 ない형이다. ない형의 술어 유형은 い타입이다.
▶ 동사 'ある'에는 ない형이 없다. '어리ません'의 보통체는 형용사(제8과) 'ない'이다.
▶ 청자에게 〈움직임〉이 없기를 요구하는 정중한 태도의 문장은 〈ないで형(Ⓖ)＋ください〉이다.

練習 13. Make polite and plain style verb forms.

	polite	—	plain		polite	—	plain
Example	飲みます	—	のむ		のみません	—	のまない
1.	書きます	—	_____		_____	—	_____
2.	食べます	—	_____		_____	—	_____
3.	着ます	—	_____		_____	—	_____
4.	来ます	—	_____		_____	—	_____
5.	予習します	—	_____		_____	—	_____
	△ prepare for lessons						

(!) Pitch accent for ない-form (⇨ *p.332*): な is never the core. [NG] のまない

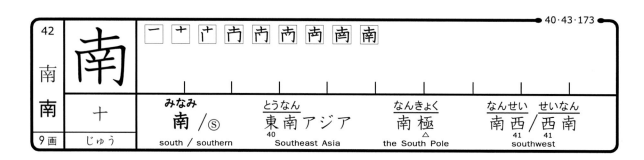

of Verbs, 3

	⑤r			①r		ir	
し 死ぬ	はこ 運ぶ	よ 読む	み 見る	た 食べる	○○する	く 来る
↓	↓	↓	↓	↓	↓	↓
あ-row ＋ ない			noun form ＋ ない		↓
↓	↓	↓	↓	↓	↓	
し 死なない	はこ 運ばない	よ 読まない	み 見ない	た 食べない	○○しない	こ 来ない

Pitch accent pattern	1	聞く（きく）	⑤r :	ききます	きいて	きかない	きかないで
⇨ p.333	3	切る（きる）	⑤r :	きります	きって	きらない	きらないで
	1	着る（きる）	①r :	きます	きて	きない	きないで
	3	来る（くる）	ir :	きます	きて	こない	こないで

練習 14. Make ないでください-predicates.

Example 見る → （みない ＋ で ＋ ください →） みないでください。

1. 切る → _____ 2. 走る → _____
3. 買う → _____ 4. 来る → _____
5. 開ける → _____ 6. 飲む → _____
7. 帰る → _____ 8. 遅刻 lateness する E → _____

練習 15. Make sentences using ないでください-predicates with limited information.

Example 行く ACT A → 工場の近くへは行かないでください。
Example 見る ACT L → 教室ではテレビはみないでください。

1. わたる B → 橋 bridge は _____
2. 入れる M → コーヒーにはミルク milk は _____
3. おく M → _____
4. 閉める L → _____
5. 使う L use → _____

43	北	一 ナ ナ 北 北				41・173
北	七	きた 北/Ⓢ north / northern	とうほくちほう 東北地方 40　247 104 the TŌHOKU region	ほっきょく 北極 △ the North Pole	なんぼく 南北 42 north and south	ほくとう　とうほく 北東/東北 40　　40 northeast
5画	さじのひ					

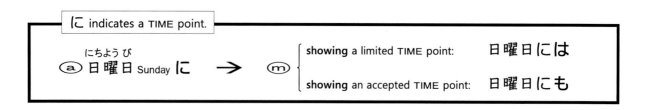

に indicates a TIME point.

ⓐ 日曜日 Sunday に → ⓜ showing a limited TIME point: 日曜日には
showing an accepted TIME point: 日曜日にも

▷ 時計やカレンダーの示す名称は**時間の一点**（TIME point）であり、現実表現の印「に」が表示する。
▶ Times and dates shown on clocks and calendars are **TIME points** and are indicated by the actuality marker に.
▶ 时钟、日历等所表示的名称为**时间点**（TIME point），用现实描述的标记"に"来表示。
▶ 시계나 달력이 제시하는 명칭은 **시점**(TIME point)이며 현실표현의 표기 'に'로 표시한다.

Words

にちようび 日曜日	Sunday
げつようび 月曜日	Monday
かようび 火曜日	Tuesday
すいようび 水曜日	Wednesday
もくようび 木曜日	Thursday
きんようび 金曜日	Friday
どようび 土曜日	Saturday
なんようび 何曜日	What day of the week

In conversation you can omit the last 日.

練習 16. Make sentences using days of the week as a TIME point.
Example 日曜日に映画(えいが)を見(み)ました。
Example 木曜日 Thursday に大使館(たいしかん) embassy へ行ってください。

練習 17. Form WH questions using TIME points (*e.g.* on 映画).
Example A: 映画(えいが)は<u>いつ</u>見(み)ましたか。 NG いつに ×
B: <u>月曜日(げつようび)に</u>見ました。 OK 月曜日です。

練習 18. Form yes/no questions using TIME points (*e.g.* on 映画).
Example A: 映画(えいが)は日曜日に見ましたか。

↓ B makes 日曜日に a <u>limited</u> TIME point.

B: いいえ、<u>日曜日には</u>見ませんでした。月曜日に見ました。

In B's utterance there are two pieces of limited information: 映画 and 日曜日に.
The repetition of 映画は is unnecessary.

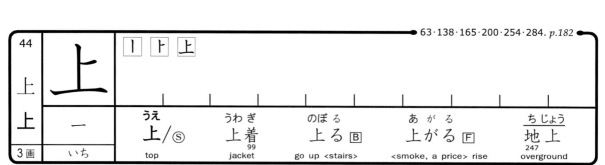

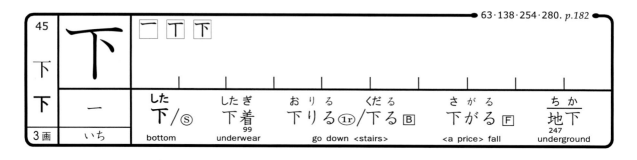

上田(うえだ) 上川(かみかわ) 川上(かわかみ) 木下(きのした) 下田(しもだ) 下山(しもやま) 山下(やました)

第6課

The territory is set as the place where the speaker is. ⇨ p.9		こ-family (in my territory)	そ-family (surrounding area)	あ-family (distant area)	ど-family ('unknown')
Noun	thing	これ	それ	あれ	どれ
	place	ここ	そこ	あそこ	どこ
	direction (person)	こちら / こっち*	そちら / そっち*	あちら / あっち*	どちら / どっち*
Pre-noun	indicating a MATERIAL	この	その	あの	どの
⇨ p.279	indicating a kind of MATERIAL	こんな* このような	そんな* そのような	あんな* あのような	どんな* どのような
Pre-STATE ⇨ p.279 Pre-ACT / pre-STATE		こんなに* このように	そんなに* そのように	あんなに* あのように	どんなに* どのように
⇨ p.274		こう	そう	ああ	どう
Pre-だ / です		こう	そう ⇨ p.22	ああ	

* spoken language

ぶんぽう 文法 Grammar

- ⓐ ACT $\boxed{verb\ basic\ form}$ → STATE based on an ACT $\boxed{verb\ Ⓖ\ て\text{-form}\ +\ いる}$
- ⓐ ACT Ⓒ : $\boxed{\text{ANIMAL actor: } noun}$ が $\boxed{\text{PLACE: } noun}$ に $\boxed{\text{ACT where actor remains stable: } verb}$
- ⓐ ACT Ⓓ : $\boxed{\text{actor: } noun}$ が $\boxed{\text{PLACE: } noun}$ に $\boxed{\text{ACT where actor appears / disappears: } verb}$
- ⓐ ACT Ⓔ Ⓕ : $\boxed{\text{ANIMAL / NON-ANIMAL actor: } noun}$ が $\boxed{\text{ACT that occurs to actor: } verb}$
- ⓜ STATE from no ACT in the memory: $\boxed{verb\ Ⓖ\ て\text{-form}\ +\ いない}$

たんご 単語 Words

- n. あめ (雨) rain 174
- n. はな (花) flower, blossom ◯の 48
- n. くさ (草) grass ◯の △
- n. へや (部屋) room ◯の 164 165
- n. きょうかしょ (教科書) textbook 106 △ 123
- n. じゅぎょう (授業) class △ 299
- v. すむ (住む) Ⓒ live, dwell 47
- v. たつ (立つ) Ⓒ stand up 46
- v. すわる Ⓒ sit down
- v. ねる (寝る) Ⓔ sleep, Ⓒ lie ①r △
- v. はじまる (始まる) Ⓕ start 60
- v. おわる (終わる) Ⓕ be over 61
- v. ふる (降る) Ⓕ rain / snow △
- v. おちる・おちて Ⓕ <apples> fall ①r
- v. こぼれる・こぼれて Ⓕ spill ①r
- v. われる Ⓕ break ①r = divide into pieces
- v. こわれる・こわれて Ⓕ break ①r = lose function
- v. おなかが すく Ⓕ feel hungry
- v. のどが かわく Ⓕ feel thirsty
- o. まだ <not> yet
- o. もう already

ふくしゅう 復習

1. Reading かたかな, writing ひらがな.   2. Reading ひらがな, writing かたかな.

かんじ 漢字

46 立   47 住   48 花   49 水   50 月   51 火   52 知   53 死   54 金   55 銀

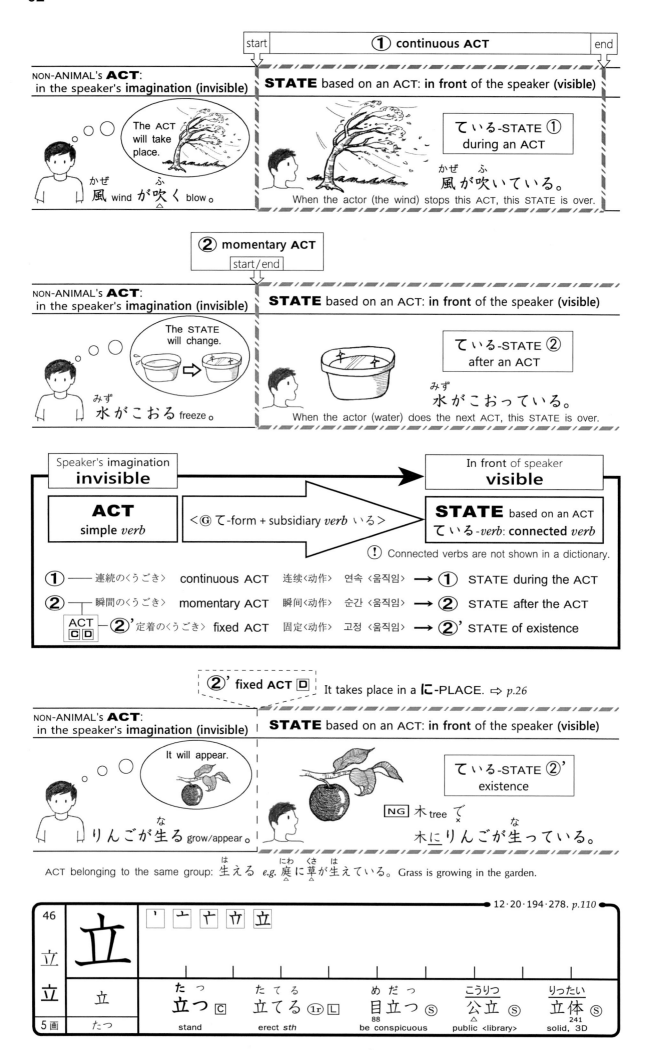

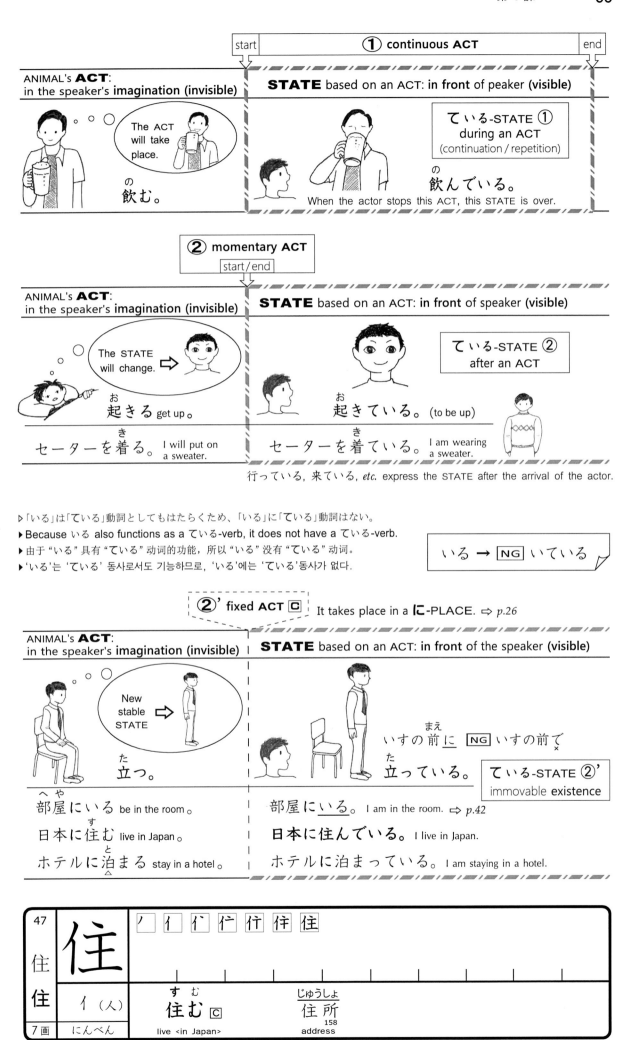

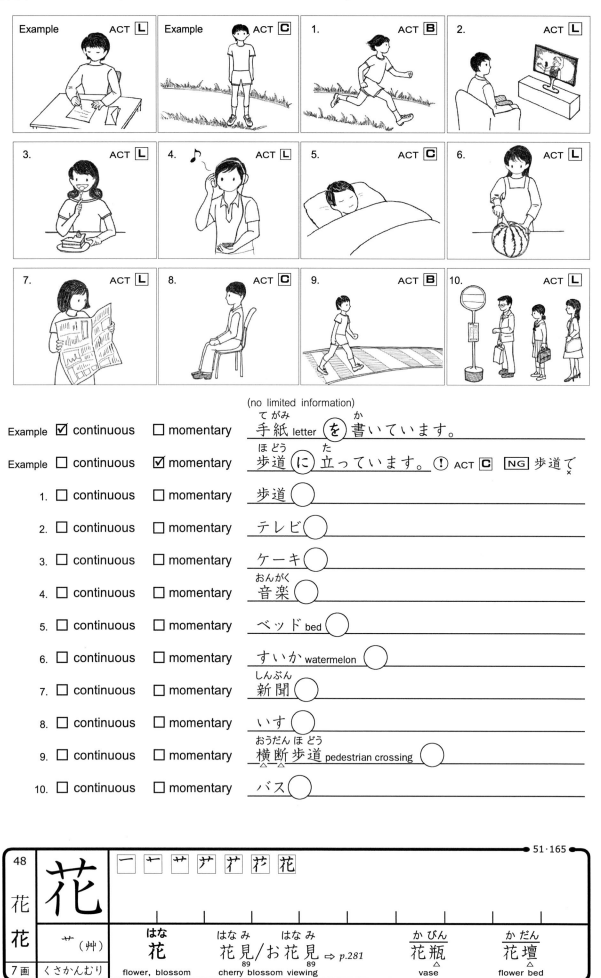

▷〈うごき〉E は生き物の現象、〈うごき〉F は生き物以外の現象である。
▶ ACT E relates to phenomena occurring to ANIMALs and
ACT F relates to phenomena occurring to NON-ANIMALs.
▶〈动作〉E 是动态物体的现象，〈动作〉F 是动态物体以外的现象。
▶〈움직임〉E 는 생물체의 현상，〈움직임〉F 는 생물체 이외의 현상이다.

```
ACT E  ⇨ p.116
ACT F
```

練習 2. Make ている-verbs.（1–7: ◆ NON-ANIMAL's ACT F, 8: ♥ ANIMAL's ACT E）

Example 降(ふ)る　ふっている　　1. われる _____　　2. おちる _____

3. こわれる _____　　4. すく _____　　5. かわく _____

6. さく bloom _____　　7. こぼれる _____　　8. 死(し)ぬ die _____

練習 3. Make sentences using Ⓐ ○○が‥ています (no limited information) and Ⓑ ○○は‥ていません (ません-predicates usually go with limited information) with the verbs from 練習 2.

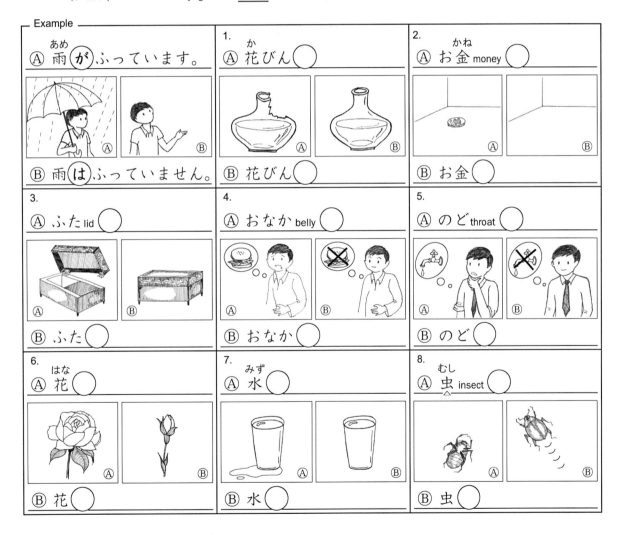

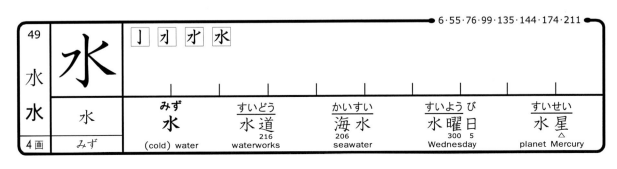

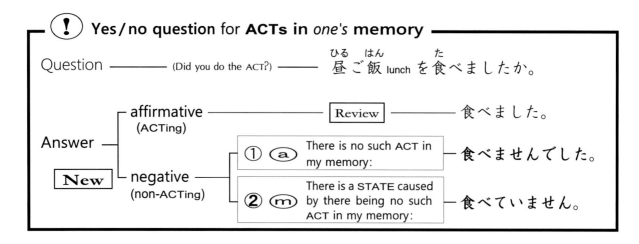

▷ ②はその〈ありさま〉を解消するために「これから食べる」可能性まで表し、その述べ方に呼応して「まだ」の現れることが多い。
▶ ② expresses the possibility of having lunch in the future in order to cancel that STATE. まだ often appears together with this way of speaking.
▶ 在句子②中，为了消除"还没有吃"这种〈状态〉，同时还表示出"接下来要用餐"的可能性，句中多用"まだ"与其叙述方式相呼应。
▶ ②는 그 〈상태〉를 해소하기 위해 '앞으로 먹을' 가능성까지 나타내며, 그 말하기 방식에 호응하여 'まだ'가 같이 사용되는 경우가 많다.

▷〈まだ+〈うごき〉なしの〈ありさま〉：食べていません〉と対照的な述べ方は〈もう+〈うごき〉ありの記憶：食べました〉である。
▶ The way of speaking that contrasts with 〈まだ+non-ACTing STATE: たべていません〉 is 〈もう+memory of ACTing: たべました〉.
▶ 与〈まだ+不伴随〈动作〉的〈状态〉：たべていません〉相反的叙述方式为：〈もう+伴随〈动作〉的记忆：たべました〉。
▶〈まだ+〈움직임〉이 없는 〈상태〉：たべていません〉과 대조적인 말하기 방식은 〈もう+〈움직임〉이 있는 기억：たべました〉이다.

		Q: 大学の近くの火事 a fire のニュース news (on the TV) を見ましたか。
		A: はい、(もう)見ました。
①	ⓐ	A: いいえ、見ませんでした。　(!) The speaker has no intention to do the ACT.
②	ⓜ	A: いいえ、(まだ)見ていません。　(!) The speaker has the intention to do the ACT later.
NG		A: いいえ、見ません。

		Q: きのう新聞を読みましたか。	Q: きのうの新聞を読みましたか。
		A: はい、読みました。	A: はい、(もう)読みました。
①	ⓐ	A: いいえ、読みませんでした。	
②	ⓜ	impossible (No one is able to return to yesterday.)	A: いいえ、(まだ)読んでいません。
NG		A: いいえ、読みません。	

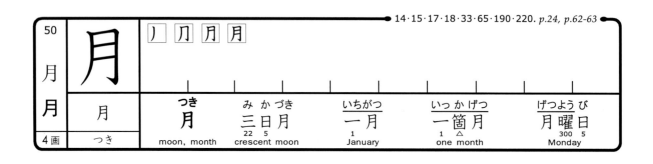

第 6 課

練習 4. Match an ACT and a COMPONENT. Ask your partner question using もう.

♥'s ACT [A]
行く

♦'s ACT [F]
はじ
始まる
お
終わる

♥'s ACT [L]
た
食べる
よ
読む
ふくしゅう
復習する

の
飲む
し
閉める
れんしゅう
練習する

み
見る
あ
開ける
よぶ

COMPONENTs

じゅぎょう	じむしつ		あさ はん	だい か
授業	事務室 school office	コーヒー	朝ご飯 breakfast	第5課 lesson 5
まど	しょうせつ その小説 novel	しゃしん この写真	しょくどう 食堂 cafeteria	タクシー taxi
かんじ 漢字	ひるやす 昼休み lunch break	ドア	ぎんこう 銀行	えいが あのポスター poster の映画

Example A: じゅぎょう はじ
授業はもう始まりましたか。A wants a limited comment on 授業.

B1: はい、もう始まりました。 [NG] もうです。 [NG] もうでした。

B2: いいえ、まだ始まっていません。 [OK] まだです。 [NG] まだでした。

Example A: じむしつ
事務室へはもう行きましたか。A wants a limited comment on 事務室へ.

B1: はい、もう行きました。

B2: いいえ、まだ行っていません。

練習 5. Ask yes/no questions concerning TIME span in your partner's memory.

Example A: きのう 国本さんの車を見ましたか。

ませんでした-predicates usually go with limited information.
B makes きのう a limited topic.

B: いいえ、きのうは 見ませんでした。きょう見ました。

The repetition of 国本さんの車を is unnecessary.

Example A: おととい、東京駅へ行きましたか。

[NG] とうきょうえき

B: いいえ、おとといは 行きませんでした。きのう行きました。

51 火 火 4画	火	丶 ノ ソ 火				
	ひ	ひ 火 fire, flame	はなび 花火 48 firework	かじ 火事 296 <a> fire	かようび 火曜日 300 5 Tuesday	かせい 火星 planet Mars

Yes/no question about the listener's **STATE**	Answer	
	Affirmative	Negative
○○を持っていますか。 Do you have ○○?	持っています。	持っていません。
○○を知っていますか。 Do you know ○○?	知っています。	(!) 知りません。

STATE

▷「持つ」(所有を表す)と「知る」は「ている」動詞で〈ありさま〉として表す：〈対象物を持っている〉〈対象物を知っている〉
▶ もつ (to express possession) and しる are described as STATEs ている-verbs: ⟨object をもっている⟩⟨object をしっている⟩
▶ "もつ"(表示所有)和"しる"，用"ている"动词表示〈状态〉：〈动作/行为对象をもっている〉〈动作/行为对象をしっている〉
▶ 'もつ'(소유를 나타냄)와 'しる'는 'ている' 동사로 〈상태〉를 나타낸다：〈대상물을もっている〉〈대상물을しっている〉

練習 6. Make dictionary forms.

  1. 持っています → _____ [L] have   2. 知っています → _____ [L] know

練習 7. With a partner, take turns to ask ○○を知っていますか. Answer はい or いいえ.

◆ objects (all MATERIAL is possible)
  上田さん   三田先生 teacher/professor   あの男の人の名前
  羽田空港 HANEDA airport   あの大学生 university student   来月の祝日 national holiday

Example A：上田さんを知っていますか。 [NG] 上田さんを知りますか。

  B1：はい、知っています。

  B2：いいえ、知りません。 [NG] 知っていません。

練習 8. With a partner, take turns to ask ○○を知っていますか. Answer はい and add some extra information.

Example A：上田さんを知っていますか。

  B：はい、知っています。本田さんも知っています。 [NG] 本田さんを
     B has an accepted topic other than 上田さん.

  C：はい、上田さんは知っています。でも but、本田さんは知りません。
     C has another limited topic other than 上田さん.
     Conjunction (でも) ⇨ p.210

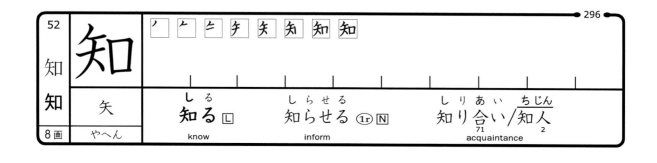

練習9. With a partner, take turns to ask ○○を持っていますか. Answer はい or いいえ.

◆ objects (one's property)

ピアノ piano	カメラ camera	針 needle と 糸 thread (sewing set)
えんぴつ	消しゴム	テニス tennis のラケット racket
くし comb	土曜日の新聞	サッカー soccer のボール ball
さいふ	かさ	エプロン apron
日本の地図 map	日本語の教科書	このロッカー locker のかぎ key

Example A: ピアノを持っていますか。 [NG] ピアノを持ちますか。

B1: はい、持っています。

B2: いいえ、持っていません。 [NG] 持ちません。

練習10. With a partner, take turns to ask ○○を持っていますか. In your answer, add about some other objects too.

Example A: ピアノを持っていますか。

B: はい、持っています。ギター guitar も持っています。 [NG] ギターを
B has an accepted topic other than ピアノ.

Example A: ピアノを持っていますか。
→ C makes ピアノ a limited topic. (C has a limited topic other than ピアノ.)

C: はい、ピアノは持っています。でも、ギターは持っていません。

練習11. With a partner, take turns to ask about a third person. Answer はい and add your own information.

Example A: 下田さんはピアノを持っていますか。

B: はい、持っています。私も持っています。 [NG] 私は

Example A: 下田さんはピアノを持っていますか。

C: はい、持っています。でも、私は持っていません。

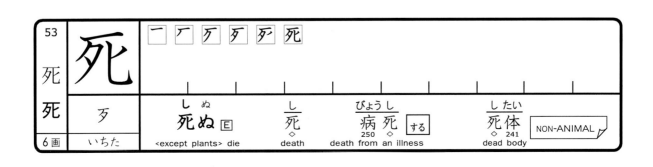

復習(ふくしゅう) 1　　Write ひらがな corresponding to the かたかな.

1. イ(　)　2. ロ(　)　3. ハ(　)　4. ニ(　)　5. ホ(　)　6. ヘ(　)
7. ト(　)　8. チ(　)　9. リ(　)　10. ヌ(　)　11. ル(　)　12. ヲ(を)
13. ワ(　)　14. カ(　)　15. ヨ(　)　16. タ(　)　17. レ(　)　18. ソ(　)
19. ツ(　)　20. ネ(　)　21. ナ(　)　22. ラ(　)　23. ム(　)　24. ウ(　)
25. ノ(　)　26. オ(　)　27. ク(　)　28. ヤ(　)　29. マ(　)　30. ケ(　)
31. フ(　)　32. コ(　)　33. エ(　)　34. テ(　)　35. ア(　)　36. サ(　)
37. キ(　)　38. ユ(　)　39. メ(　)　40. ミ(　)　41. シ(　)　42. ヒ(　)
43. モ(　)　44. セ(　)　45. ス(　)　46. ン(　)

復習(ふくしゅう) 2　　Write かたかな corresponding to the ひらがな.

1. ん(　)　2. あ(　)　3. め(　)　4. つ(　)　5. ち(　)　6. ほ(　)
7. し(　)　8. そ(　)　9. ら(　)　10. や(　)　11. ま(　)　12. か(　)
13. は(　)　14. み(　)　15. ね(　)　16. た(　)　17. に(　)　18. く(　)
19. も(　)　20. き(　)　21. り(　)　22. む(　)　23. ろ(　)　24. こ(　)
25. け(　)　26. ひ(　)　27. と(　)　28. い(　)　29. ぬ(　)　30. う(　)
31. へ(　)　32. す(　)　33. ゆ(　)　34. わ(　)　35. さ(　)　36. る(　)
37. お(　)　38. ふ(　)　39. せ(　)　40. よ(　)　41. え(　)　42. の(　)
43. な(　)　44. れ(　)　45. て(　)　46. を(ヲ)

54　金　(8画, かね)　166・183・214・273
Stroke order: ノ 𠆢 ⌒ 亽 仐 仐 金 金

- きん　**金**　gold
- きんいろ　**金色** ⓢ　<color> gold
- かね / かね　**金 / お金**　money
- きんようび　**金曜日**　Friday
- きんせい　**金星**　planet Venus

55　銀　(14画, かねへん)　金
Stroke order: ノ 𠆢 ⌒ 亽 仐 仐 仐 金 釒 釒 釒 鈩 鈩 銀

- ぎん　**銀**　silver
- ぎんいろ　**銀色** ⓢ　<color> silver
- すいぎん　**水銀**　mercury
- ぎんこう　**銀行**　bank

金井(かない)　金子(かねこ)　住田(すみだ)　立川(たちかわ/たてかわ)　立花(たちばな)　花井(はない)　水木(みずき)

第7課

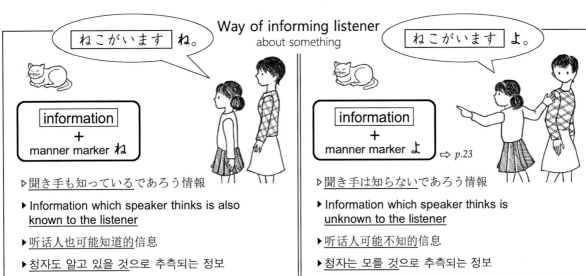

文法 Grammar

- ⓜ verb predicate (⊕た group), polite style verb Ⓐ'ました-form → plain style verb Ⓐ た-form
- ⓐ verb predicate, ない-form verb Ⓐ ない-form → ⊕た group verb Ⓐ なかった-form
- ⓐ verb Ⓐ ある → adjective (⇨ Lesson 8) Ⓐ ない   NG あらない : verb Ⓐ ない-form

単語 Words

- n. あさ (朝) morning
- n. よる (夜) night, evening
- n. まいにち／まいにち (毎日) every day
- n. まいあさ／まいあさ (毎朝) every morning
- n. まいばん／まいばん (毎晩) every night
- n. まいしゅう (毎週) every week
- n. しゅう (週) week
- n. とし (年) year
- n. いちじ (一時) one o'clock
- n. いちじかん (一時間) one hour
- n. じかん (時間) time, <Japanese> lesson
- n. ごぜん (午前) morning, a.m.
- n. ごご (午後) afternoon, p.m.
- n. ていきけん (定期券) commuter pass
- n. てちょう (手帳) <pocket> notebook
- n. よてい (予定) schedule
- n. えいご (英語) English language
- n. ゆうびんきょく (郵便局) post office
- v. あく (開く) Ⓕ open
- v. しまる (閉まる) Ⓕ close

漢字

生　午　前　後　始　終　時　年　週　毎

	日 day		年 year		月 つき
	Name (date)	QUANTITY	Age (humans and animals only)	Name / QUANTITY	Name
'Unknown'	なんにち 何日 What date?	なんにち 何日 How many days?	なんさい 何歳 How old?	なんねん 何年 What year? / How many years?	なんがつ 何月 What month?
0.5	—	はんにち 半日	ろっ げつ 六か月	— / はんとし 半年	—
1	一日 [ついたち]	いちにち 一日	いっさい 一歳	いちねん 一年	いちがつ 一月
1.5	—	いちにちはん 一日半	いっさいはん 一歳半	— / いちねんはん 一年半	—
2	ふつか 二日		にさい 二歳	にねん 二年	にがつ 二月
3	みっか 三日		さんさい 三歳	さんねん 三年	さんがつ 三月
4	よっか 四日		よんさい 四歳	よねん 四年 [NG よんねん]	しがつ 四月
5	いつか 五日		ごさい 五歳	ごねん 五年	ごがつ 五月
6	むいか 六日		ろくさい 六歳	ろくねん 六年	ろくがつ 六月
7	なのか 七日		ななさい 七歳	ななねん/しちねん 七年/七年	しちがつ 七月
8	ようか 八日		はっさい 八歳	はちねん 八年	はちがつ 八月
9	ここのか 九日		きゅうさい 九歳	きゅうねん/くねん 九年/九年	くがつ 九月
10	とおか 十日		じっさい/じゅっさい 十歳/十歳	じゅうねん 十年	じゅうがつ 十月
11	じゅういちにち 十一日		じゅういっさい 十一歳	じゅういちねん 十一年	じゅういちがつ 十一月
12	じゅうににち 十二日		じゅうにさい 十二歳	じゅうにねん 十二年	じゅうにがつ 十二月
20	二十日 [はつか]		二十歳 [はたち] human only	にじゅうねん 二十年	
14	じゅうよっか 十四日				
24	にじゅうよっか 二十四日				
17	じゅうしちにち 十七日				
27	にじゅうしちにち 二十七日				
19	じゅうくにち 十九日				
29	にじゅうくにち 二十九日				

Human age can be asked using いくつ. The ages from 1 to 10 years old can be expressed with 一つ、二つ、………… 十. ⇨ p.32

練習 1. Ask your partner his/her birthday.

Example A: 誕生日 (たんじょうび) birthday はいつですか。

B: ○月○日です。

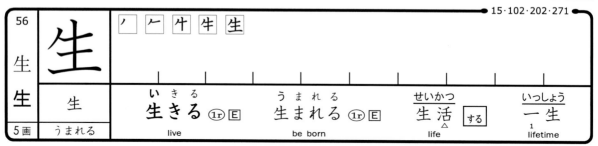

生る・生える ⇨ p.52

56 生 生 5画	生 うまれる	ノ 一 仁 牛 生			15・102・202・271
		いきる 生きる ①r E live	うまれる 生まれる ①r E be born	せいかつ 生活 する life	いっしょう 一生 1 lifetime

month	週 week	Hour		－分 minute	
QUANTITY	QUANTITY	Name	QUANTITY	Name	QUANTITY
なんげつ 何か月 How many months?	なんしゅうかん 何週間 How many weeks?	なんじ 何時 What time?	なんじかん 何時間 How many hours?	なんぷん What 何分 How time? many minutes?	
はんつき 半月	—	—	—	—	
いちげつ ひとつき 一か月／一月	いっしゅうかん 一週間	いちじ 一時	いちじかん 一時間	いっぷん 一分	
いちげつはん ひとつきはん 一か月半／一月半	—	いちじはん 1:30 一時半	いちじかんはん 一時間半	— いっぷんはん 一分半	
にげつ ふたつき 二か月／二月	にしゅうかん 二週間	にじ 二時	にじかん 二時間	にふん 二分	
さんげつ みつき 三か月／三月	さんしゅうかん 三週間	さんじ 三時	さんじかん 三時間	さんぷん 三分	
よんげつ 四か月	よんしゅうかん 四週間	よじ 四時	よじかん 四時間	よんぷん 四分	
ごげつ 五か月	ごしゅうかん 五週間	ごじ 五時	ごじかん 五時間	ごふん 五分	
ろっげつ 六か月	ろくしゅうかん 六週間	ろくじ 六時	ろくじかん 六時間	ろっぷん 六分	
ななげつ 七か月	ななしゅうかん 七週間	しちじ 七時	ななじかん 七時間	ななふん 七分	
はちげつ はっげつ 八か月／八か月	はっしゅうかん 八週間	はちじ 八時	はちじかん 八時間	はちふん はっぷん 八分／八分	
きゅうげつ 九か月	きゅうしゅうかん 九週間	くじ 九時	くじかん 九時間	きゅうふん 九分	
じっげつ じゅっげつ 十か月／十か月	じっしゅうかん じゅっしゅうかん 十週間／十週間	じゅうじ 十時	じゅうじかん 十時間	じっぷん じゅっぷん 十分／十分	
じゅういっげつ 十一か月	じゅういっしゅうかん 十一週間	じゅういちじ 十一時	じゅういちじかん 十一時間	じゅういっぷん 十一分	
じゅうにげつ 十二か月	じゅうにしゅうかん 十二週間	じゅうにじ 十二時	じゅうにじかん 十二時間	じゅうにふん 十二分	

－秒 ◁ second

4時ごろ about 4:00

(!) Information **not** in front of the speaker

5分前 ———— 5分すぎ

When the speaker **reads the hands** of a clock (not a digital clock)

4時5分前　NG 4時ごろ

4時5分すぎ　NG 4時ごろ

ごろ (ごろ) is a non-independent noun. すぎ is a postpositional noun. ⇨ p.161

— a.m. / p.m. —

9 a.m. = 午前9時　NG 9時午前　　　9 p.m. = 午後9時　NG 9時午後

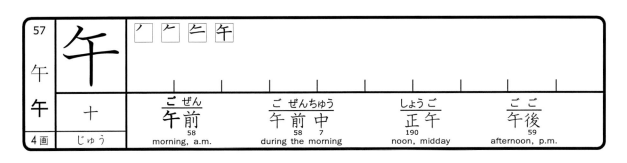

57 午 午 4画	午	ノ ⺅ 乍 午			
	十 じゅう	午前 58 morning, a.m.	午前中 58 7 during the morning	正午 190 noon, midday	午後 59 afternoon, p.m.

練習2. 何月ですか。 Answer aloud and write the ひらがな.

Example 2 <u>にがつ</u>です。   1. 3 _____です。   2. 8 _____です。
3. 1 _____です。   4. 5 _____です。   5. 10 _____です。
6. 7 _____です。   7. 11 _____です。   8. 4 _____です。
9. 12 _____です。   10. 9 _____です。   11. 6 _____です。

練習3. 何日ですか。 Answer aloud and write the ひらがな.

Example 12 <u>じゅうににち</u>です。   1. 1 _____です。   2. 8 _____です。
3. 4 _____です。   4. 7 _____です。   5. 10 _____です。
6. 3 _____です。   7. 13 _____です。   8. 9 _____です。
9. 20 _____です。   10. 14 _____です。   11. 2 _____です。
12. 24 _____です。   13. 5 _____です。   14. 30 _____です。
15. 6 _____です。   16. 19 _____です。   17. 21 _____です。

練習4. 何曜日 (なんようび) what day of the week ですか。 Answer aloud and write the ひらがな.

Example 日 <u>にちようび</u>です。   1. 火 _____です。   2. 木 _____です。
3. 水 _____です。   4. 土 _____です。   5. 火 _____です。
6. 月 _____です。   7. 金 _____です。   8. 日 _____です。

練習5. 何時 (なんじ) ですか。 Answer aloud and write the ひらがな.

Example 12:05 <u>じゅうにじごふん</u> です。   1. 10:34 _____です。
2. 1:10 _____です。   3. 8:09 _____です。
4. 6:23 _____です。   5. 9:56 _____です。
6. 4:18 _____です。   7. 5:02 _____です。
8. 2:31 _____です。   9. 7:47 _____です。

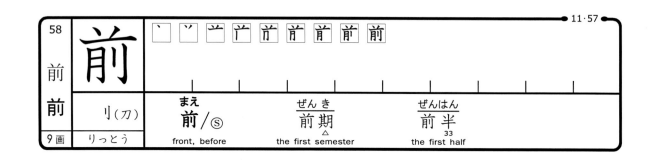

▷「1時」「1月」など、時刻や日付の名称は時間の一点（TIME point）であり、現実表現の印「に」が表示する。
▶ Times or dates like 1時 and 1月 are TIME points, and are indicated by the actuality marker に.
▶ "1点" "1月" 等表示时间或日期的名称为时间点（TIME point），用现实描述的标记 "に" 来表示。
▶ '1時' '1月' 등 시간이나 날짜의 명칭은 시점（TIME point）이며, 현실표현의 표기 'に'로 나타낸다.

| TIME point ⇒ p.50 |

NG いつは ／ いつに
　　　×　　　　×

練習 6. Ask your partner questions using いつ with limited information.

Example A: 日本にはいつ来ましたか。

B: 9月3日に来ました。 **OK** 9月3日です。 **NG** 9月3日でした。

1. A: 駅前 in front of the station の郵便局へはいつ行きますか。

   B: ＿＿＿＿＿＿＿＿＿＿＿＿＿＿＿＿＿＿＿＿＿＿＿＿＿＿＿＿＿＿＿＿＿。

2. A: その毛布 blanket はいつ買いましたか。

   B: ＿＿＿＿＿＿＿＿＿＿＿＿＿＿＿＿＿＿＿＿＿＿＿＿＿＿＿＿＿＿＿＿＿。

3. A: ＿＿＿＿＿＿＿＿＿＿いつ＿＿＿＿＿＿＿＿＿＿＿＿＿＿＿＿＿＿＿＿。

   B: ＿＿＿＿＿＿＿＿＿＿＿＿＿＿＿＿＿＿＿＿＿＿＿＿＿＿＿＿＿＿＿＿＿。

練習 7. Ask your partner questions using いつ with limited information and using the ⊕た group. Answer using 〜前.

Example A: 定期（←定期券）はいつ買いましたか。

B: 四日前 four days ago に買いました。
／ 四日前です。

練習 8. Ask your partner questions using 何月, 何時, etc.

Example A: 日本には何月に来ましたか。

B: 7月に来ました。／ 7月です。

1. A: 毎日、晩ご飯は何時に食べますか。
   supper

   B: ＿＿＿＿＿＿＿＿＿＿＿＿＿＿＿＿。

2. A: ＿＿＿＿＿＿何日に＿＿＿＿＿。

   B: ＿＿＿＿＿＿＿＿＿＿＿＿＿＿＿＿。

— Names of eras —
symbol

1868 -------- 明治元年
　　　　The first year of 明治

1912　明治45年／大正元年

1926　大正15年／昭和元年

1989　昭和64年／平成元年

西暦
Christian era

めいじ 明治	M
たいしょう 大正	T
しょうわ 昭和	S
へいせい 平成	H

59	後	⟩ ⟩ 彳 彳 彳 彳 彳 後 後				
後	彳	うしろ 後ろ／Ⓢ	あと 後 Ⓢ	さいご 最後 Ⓢ	こうき 後期 ◇	こうはん 後半 ◇ 33
9画	ぎょうにんべん	rear / back	after	last	the second semester	the second half

- ◆'s ACT F pairs
  - ① 始(はじ)まる — 終(お)わる
  - ② 開(あ)く — 閉(し)まる

- ◆ actors
  - 授業(じゅぎょう)　図書館(としょかん)　会議(かいぎ) meeting　昼休(ひるやす)み　デパート　事務室(じむしつ)　銀行　映画(えいが)

練習9. Ask your partner questions using 何時に and pair ①.

Example A: 授業(じゅぎょう)は何時(なんじ)◯始(はじ)まりますか。
　　　　B: 8時半◯始まります。／ 8時半です。

Example A: 授業は何時◯終(お)わりますか。
　　　　B: 4時10分◯終わります。／ 4時10分です。

練習10. Ask your partner questions using 何時に and pair ②.

Example A: 図書館(としょかん)は何時◯開(あ)きますか。
　　　　B: (午前/朝(あさ)の) 8時◯開きます。／ 8時です。 NG 8時午前

Example A: 図書館は何時◯閉(し)まりますか。
　　　　B: (午後(ごご)/夜(よる)の) 9時◯閉まります。／ 9時です。 NG 9時午後

▷〈うごき〉の開始または終了を目の前で確認したという情報は ⊕た群の動詞が表す。
▶ **Confirmation** of the start or the end of an ACT that took place in front of you is expressed by ⊕た group verbs.
▶〈动作〉的开始或结束已在眼前得到确认时，用 ⊕た群动词来表示。
▶〈움직임〉의 개시 또는 종료를 눈 앞에서 확인하였다라는 정보는 ⊕た군의 동사로 나타낸다.

練習11. Ask your partner questions using もう and a ⊕た group verb that represents an ACT.

Example A: パーティー party はもう始(はじ)まりましたか。

　　　B1: はい、7時(しちじ)◯始まりました。
　　　B2: はい、一時間前(いちじかんまえ)◯始まりました。　} ⓐ ACT 始まる in the memory.

　　　B3: はい、今始まりました。⇨ p.24, p.30　　ⓜ I confirmed the start/end of 始まる
　　　　　　　　　　　　　　　　　　　　　　　　which took place in front of me.

　　　B4: はい、もう始まっています。　　ⓐ A STATE after 始まる
　　　　　　　　　　　　　　　　　　　which took place in front of me.

　　　B5: いいえ、まだ始まっていません。　ⓐ A STATE before 始まる
　　　　　　　　　　　　　　　　　　　which took place in front of me.

60	始	く ㄠ 女 女 女ム 女ム 始 始
始	女	はじまる　　　はじまり　　　はじめる
始		始まる F　　　始まり　　　始める ①r L
8画	おんなへん	begin, start　　beginning　　begin sth, start sth

	Start → End
PLACE	東京から 京都まで
TIME (ACTs)	3時から 9時まで 来てから 帰るまで

Topic	limited: ○○からは	○○までは
	accepted: ○○からも	─
Ⓐ' predicate:	○○からです。	○○までです。
Ⓗ pre-noun:	○○からの＋n	○○までの＋n

▷ 時間も場所も、始点は〈名詞＋から〉/〈動詞Ⓕて形＋から〉、終点は〈名詞＋まで〉/〈動詞Ⓗ連体形＋まで〉という複合名詞が表す。「から」「まで」は後置名詞である。

▷ Start points in TIME/PLACE are expressed by 〈noun + から〉 or 〈verb Ⓕ て-form + から〉, and end points are expressed by 〈noun + まで〉 or 〈verb, Ⓗ pre-noun form + まで〉. から and まで are postpositional nouns.

▷ 时间、场所的起点以〈名词＋から〉/〈动词Ⓕて形＋から〉这一复合名词来表示；终点以〈名词＋まで〉/〈动词Ⓗ连体形＋まで〉这一复合名词来表示。"から""まで"为后置名词。

▷ 시간도 장소도 시점은 〈명사＋から〉/〈동사Ⓕて형＋から〉, 종점은 〈명사＋まで〉/〈동사Ⓗ연용형＋まで〉라는 복합명사로 나타낸다. 'から'와 'まで'는 후치명사이다.

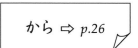
から ⇨ p.26

練習 12. 何時からですか。 何時までですか。

Example A: 授業は何時からですか。　B: 9時半からです。 ⓄⓀ 9時半です。

Example A: 授業は何時までですか。　B: 4時10分までです。 ⓄⓀ 4時10分です。

練習 13. 何○から何○までですか。

Example A: 日本語の時間 Japanese lesson は何時から何時までですか。
B: 午前8時から9時半までです。

Example A: 二十一世紀 the 21st century は何年から何年までですか。
B: 2001年から2100年までです。

練習 14. Make sentences with noun phrase (underlined part) predicates.

Example 英語のテストは<u>1時からの予定</u>です。

Example これは<u>10月から3月までのコース course</u> です。

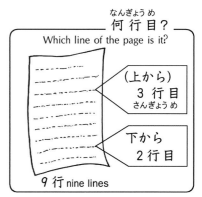

何行目？ Which line of the page is it?
(上から) 3行目 さんぎょうめ
下から 2行目
9行 nine lines

61	終	終	く ﾑ ㄠ 幺 糸 糸 糽 紌 終 終
終	糸	おわる 終わる Ⓕ (Ⓛ) end (sth), finish (sth)	おわり 終わり end 〈of a story〉　おえる 終える ①r Ⓛ end sth, finish sth
11画	いとへん		

Inflection

	す-verbs	く-/ぐ-verbs		う-/つ-/る-verbs		
			(5r)			
Basic form	はな 話す	か 書く	い 行く	およ 泳ぐ	つか 使う	ま 待つ	つく 作る
	↓	↓	↓	↓	↓	↓	↓
Review て-form ⇨ p.46-47	はな 話し(て)	か 書い(て)	い 行っ(て)	およ 泳い(で)	つか 使っ(て)	ま 待っ(て)	つく 作っ(て)
	↓	↓	↓	↓	↓	↓	↓
た-form	はな 話し(た)	か 書い(た)	い 行っ(た)	およ 泳い(だ)	つか 使っ(た)	ま 待っ(た)	つく 作っ(た)

Pitch accent of the た-form is the same as the て-form. (⇨ p.47, p.333)

▷ て形のて(で)をた(だ)に変えた形がた形である。
▶ The た-form is formed by changing the て(で) of the て-form into た(だ).
▶ 将て形的て(で)变为た(だ)的形式为た形。
▶ て형의 て(で)를 た(だ)로 바꾼 것이 た형이다.

て-form: かいて　よんで
た-form: かいた　よんだ

▷ ました形(丁寧体)に対応する普通体はた形である。
▶ The **plain style** that corresponds to the ました-form (polite style) is the た-form.
▶ 与ました形(敬体)相对应的简体是た形。
▶ ました형(정중체)에 대응하는 **보통체**는 た형이다.

Polite style: かきました
Plain style: かいた

▷ <ません形＋でした>(丁寧体)に対応する普通体はなかった形である。
▶ The **plain style** that corresponds to the <ません-form + でした> (polite style) is the なかった-form.
▶ 与<ません形＋でした>(敬体)相对应的简体为なかった形。
▶ <ません형＋でした>(정중체)에 대응하는 **보통체**는 なかった형이다.

Polite style: かきませんでした
Plain style: かかなかった

Inflection of Verbs, ⊖た and ⊕た

	う-row type		い type	
	Ⓐ' polite style	Ⓐ plain style	Ⓐ' polite style	Ⓐ plain style
Review ⊖た	ます-form 書きます	basic form か 書く	ません-form 書きません	ない-form 書かな(い)
New ⊕た	書きました ました-form	書いた た-form	書きませんでした ません-form＋でした	書かな(かった) なかった-form

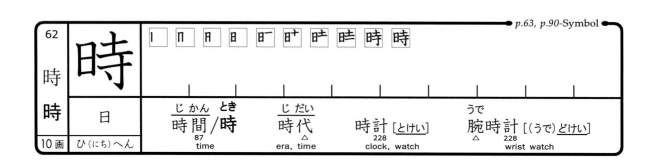

of *Verbs*, 4

5r			1r		ir	
ぬ-/ぶ-/む-verbs			iる-verbs	eる-verbs	Irregular *verbs*	
し 死ぬ	はこ 運ぶ	よ 読む	み 見る	た 食べる	く 来る	○○する
↓	↓	↓	↓	↓	↓	↓
し 死ん(で)	はこ 運ん(で)	よ 読ん(で)	み 見(て)	た 食べ(て)	き 来(て)	○○し(て)
↓	↓	↓	↓	↓	↓	↓
し 死ん(だ)	はこ 運ん(だ)	よ 読ん(だ)	み 見(た)	た 食べ(た)	き 来(た)	○○し(た)

練習 15. Make polite and plain style verb forms.

	polite — plain	polite — plain
Example	見ました — みた	みませんでした — みなかった
1.	書きました — _____	_____ — _____
2.	読みました — _____	_____ — _____
3.	買いました — _____	_____ — _____
4.	来ました — _____	_____ — _____
5.	着ました — _____	_____ — _____
6.	いました — _____	_____ — _____
7.	歩きました — _____	_____ — _____
8.	飲みました — _____	_____ — _____
9.	開けました — _____	_____ — _____
10.	復習しました — 復習	復習 — 復習
11.	行きました — _____	_____ — _____
12.	食べました — _____	_____ — _____
13.	帰りました — _____	_____ — _____

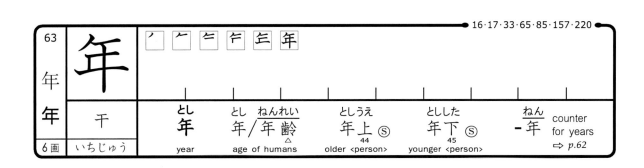

	う-row type		い type	
	Verb		*Adjective* ⇨ Lesson 8	
	Ⓐ' polite style	Ⓐ plain style	Ⓐ' polite style	Ⓐ plain style
	ます-form	basic form	ません-form	い-form
⊖た	あります	ある	ありません	NG あらない　な**い**
⊕た	ありました	あった	ありませんでした	な**かった**
	ました-form	た-form	ません-form＋でした	かった-form

▷ 動詞述語「ありません／ありませんでした」に対応する普通体は形容詞述語（第8課）「ない／なかった」である。
▶ The **plain style** that corresponds to the verb predicate ありません／ありませんでした is the adjective predicate (*lesson 8*) **ない／なかった**.
▶ 与动词谓语 "ありません／ありませんでした" 相对应的简体为形容词谓语（第8课）"ない／なかった"。
▶ 동사술어 '**ありません／ありませんでした**'에 대응하는 **보통체**는 형용사술어(제8과) '**ない／なかった**'이다.

ある
↓
NG あらない
⇨ p.48

練習 16. Change the sentences into the plain style.

1. 本のよこにめがねがあります。
2. テーブルにバター butter がありません。
3. 手帳(てちょう)はポケットにありました。
4. 月 the moon には空気(くうき) air がありません。
5. いすの下にペン pen があります。
6. 英語(えいご)の辞書(じしょ)は教室(きょうしつ)にありませんでした。

― The Japanese corresponding to 'every' ―

| every day
every week
every month
every year | ⇨ 漢字(かんじ) No.65 |

まいあさ　毎朝 every morning　　まいばん　毎晩 every night
まいしゅうにちようび　毎週日曜日 every Sunday　　まいとし　まいねん　毎年／毎年五月 every May
どの部屋(へや)にもトイレがある。 Every room has a toilet.

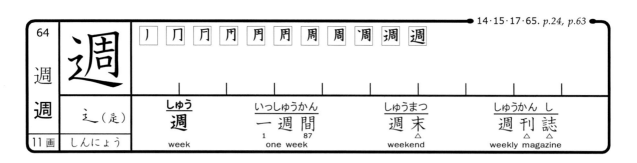

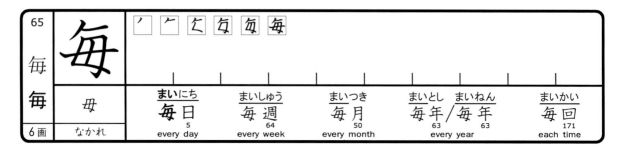

| 生田(いくた)　生山(いくやま)　後藤(ごとう)　時田(ときた)　前川(まえかわ)　前田(まえだ)　前山(まえやま) |

第8課

Correspondence of Lexis and Grammar

Grammatical classification (part of speech)	Lexical classification (elements of actuality)		
	〈もの〉 **MATERIAL** 〈物〉 〈사물〉	〈うごき〉 **ACT** 〈动作〉 〈움직임〉	〈ありさま〉 **STATE** 〈状态〉 〈상태〉
名詞 めいし *noun*	●	—	Ⓢ: STATE *noun*
動詞 どうし *verb*	—	●	⬚S⬚: STATE *verb*
形容詞 けいようし *adjective*	—	—	●
その他 そのた *others*	—	—	○

文法 ぶんぽう Grammar

		End form 1		Pre-negation marker form
		Ⓐ' polite style	Ⓐ plain style	Ⓖ
Review だ type	⊖た	…です	…だ	…で
	⊕た	…でした	New …だった	
New い type (い-*adjective*)	⊖た	い-form + です	い-form	く-form
	⊕た	かった-form + です	かった-form	

- ⓐ STATE with a が-MARK ①: | characteristic MARK: *noun* | が | STATE: *adjective etc.* |
- ⓐ STATE with a が-MARK ②: | MARK of taste / ability: *noun* | が | STATE: *adjective etc.* |
- ⓐ STATE with a に-MARK: | MARK of standard: *noun* | に | STATE: *adjective etc.* |
- ⓐ STATE with a と-MARK: | MARK of similarity: *noun* | と | STATE: *adjective etc.* |
- ⓐ STATE with a より-MARK: | MARK of comparison: *noun* | より | STATE: *adjective etc.* |
- ⓐ ANIMAL's ACT ⬚verb⬚ → STATE ⬚Z⬚ | *verb* noun form + たい = たい-form (い-*adjective*)

単語 たんご Words — *a: adjective*, ⓓ: だ-*adjective* — ・ながく: ⇨ p.332

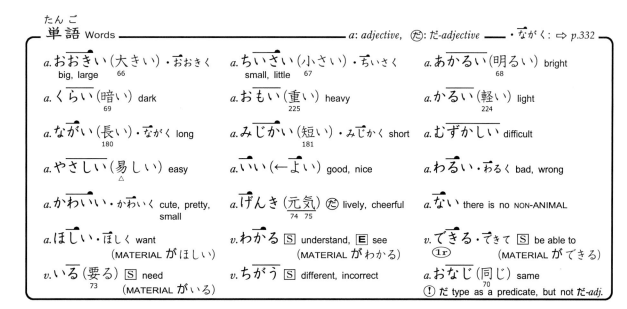

漢字

66 大 67 小 68 明 69 暗 70 同 71 合 72 好 73 要 74 元 75 気

Predicate which expresses a STATE

		Dictionary form	⊖ た group, end form 1	
			Ⓐ plain style	Ⓐ' polite style
い type です is used for the polite style.	い-adjective	あか 明るい	明るい。 NG 明るいだ	明るいです。
		よい	いい(よい)。 NG いいだ	いいです。
		ない*	ない。 NG ないだ	verb ありません。 OK ないです
だ type	だ-adjective	げんき 元気	ⓓ 元気だ。	元気です。
	Ⓢ noun (STATE noun)	ふ つう 普通 ordinary	Ⓢ 普通だ。	普通です。
う-row type	Ⓢ verb (STATE verb)	ちがう	ちがう。	ちがいます。 NG ちがいです

＊(ない): The only exception to the pattern for い-adjectives.

▷ 形容詞には述語の型がい型のい形容詞とだ型のだ形容詞があるが、両者の機能は同じである。
▶ There are two types of adjectives: い-adjective (い type) and だ-adjective (だ type). They have the same function.
▶ 形容词的谓语类型分为两种，即い型的い形容词和だ型的だ形容词，两者的功能相同。
▶ 형용사에는 술어의 유형이 い타입인 い형용사와 だ타입인 だ형용사가 있으며, 양자의 기능은 동일하다.

No symbol: い-*adj*
ⓓ: だ-*adj*
Ⓢ: STATE *noun*

練習 1. Look up in your dictionary these opposite pairs representing STATEs.

うるさい noisy ↔ しずか ⓓ quiet
1. 新しい ↔ 2. 古い
3. きれい ⓓ ↔ 4. きたない
5. いそがしい busy ↔ 6. ひま ⓓ free
7. 便利 ⓓ ↔ 8. 不便 ⓓ
9. おもしろい ↔ 10. つまらない
11. 好き ⓓ ↔ 12. きらい ⓓ
13. 上手[じょうず] ⓓ ↔ 14. 下手[へた] ⓓ
15. おいしい ↔ 16. まずい
17. 早い early ／ 速い fast ↔ 18. おそい late/slow
19. ひろい ↔ 20. せまい
21. ふかい ↔ 22. あさい
23. 遠い ↔ 24. 近い
25. 強い ↔ 26. 弱い
27. ふとい ↔ 28. ほそい
29. 年上 Ⓢ ↔ 30. 年下 Ⓢ
31. 暑い ↔ 32. 寒い
33. 熱い ↔ 34. 冷たい
35. 低い ↔ 36. 高い ↔ 37. 安い
38. 厚い ↔ 39. うすい ↔ 40. 濃い
low <height> high/expensive <price> cheap
thick <cloth, book> thin/light <color> deep
weak <tea> strong

い-form・く-form
31. 33.
あつい・あつく
38.
あつい・あつく

66	大	一 ナ 大				
大 大 3画	大 だい	おお き い 大きい ⓘ large, loud <sound>	だいがく 大学 university	だいじ 大事 ⓓ important	たいせつ 大切 ⓓ precious, important	たいりく 大陸 continent

2・72・93・184・207・226・241. p.180-Words, p.284

⊕た group, end form 1

	Ⓐ plain style	Ⓐ' polite style
い-form → **かった**-form (かった replaces い.) ⇨ p.68	明(あか)るかった。 よかった。　NG いかった なかった。	明るかったです。　NG 明るいでした よかったです。　NG いいでした *verb* ありませんでした。　NG ないでした
だ → だった	元気(げんき)だった。 普通(ふつう)だった。	元気でした。 普通でした。
た-form	ちがった。　NG ちがかった	ちがいました。　NG ちがいでした

▷ い形（普通体）に対応する⊕た群はかった形である。その丁寧体は〈かった形＋です〉である。
▶ The ⊕た group that corresponds to the い-form (plain style) is the かった-form. Its polite style is 〈かった-form + です〉.
▶ 与い形（简体）相对应的⊕た群是かった形。其敬体为〈かった形＋です〉。
▶ い형(보통체)에 대응하는 ⊕た군은 かった형이다. かった형의 정중체는 〈かった형＋です〉이다.

練習 2. Change the words of 練習 1 into ⊕た group.

うるさかった　　しずかだった　　1. _____　　2. _____
3. _____　4. _____　5. _____　6. _____
7. _____　8. _____　9. _____　10. _____
11. _____　12. _____　13. _____　14. _____
15. _____　16. _____　17. _____　18. _____
19. _____　20. _____　21. _____　22. _____
23. _____　24. _____　25. _____　26. _____
27. _____　28. _____　29. _____　30. _____
31. _____　32. _____　33. _____　34. _____
35. _____　36. _____　37. _____　38. _____　39. _____　40. _____

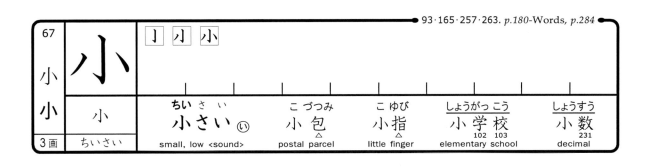

67 小 | ノ 小 小 | 93・165・257・263. p.180-Words, p.284
小 / 小 / ちいさい / 3画
- ちい さい　小さい ㋑　small, low 〈sound〉
- こづつみ　小包　postal parcel
- こゆび　小指　little finger
- しょうがっこう　小学校 102 103　elementary school
- しょうすう　小数 231　decimal

Yes/no question for い-adjective predicates (い type)

だ type ⇨ p.22

Question ——— 明(あか)るいですか。

Answer
- Affirmative ——— 明るいです。
  - (A) end form, plain style: い
  - (G) pre-negation marker form: く + negation marker, (A)' polite style
    - 明るく ／ ありません
- Negative ——— 明るくありません。   ⚠ いい → よくありません

⚠ The form is the same, but the function is different.		(A)' polite style	(A) plain style
The pitch accent of both is the same.	**Word** (independent)	verb: あります	い-adj: ない
	Negation marker (non-independent)	(G) + あります	(G) + ない
Predicate forms	い-adj 明(あか)るい (い type) ⊖た	明るくありません*。 *: 明るくないです is possible.	明るくない。
	⊕た	明るくありませんでした。	明るくなかった。
	だ-adj 元気(げんき) (だ type) ⊖た	元気ではありません。(じゃ)	元気ではない。(じゃ)
	⊕た	元気ではありませんでした。(じゃ)	元気ではなかった。(じゃ)

⚠ In answers to yes/no questions, **only nouns** can be replaced by そう。 ⇨ p.22

Review だ type	noun	Q: 独身(どくしん)ですか。 — A: はい、独身です。	**OK** そうです。	
い type	だ-adj	Q: 元気ですか。 — A: はい、元気です。	**NG** そうです。	
	い-adj	Q: 明るいですか。— A: はい、明るいです。		
う-row type	verb	Q: ちがいますか。— A: はい、ちがいます．		

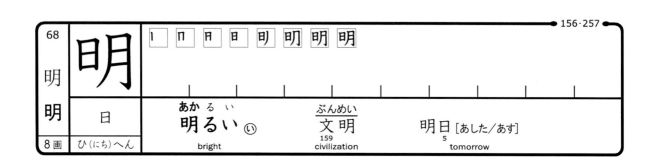

68 明 明 日 8画 ひ(にち)へん
明(あか)るい ⓘ bright
文明(ぶんめい) 159 civilization
明日 [あした／あす] 5 tomorrow

練習 3. Make sentences with a limited topic using the adjective pairs.

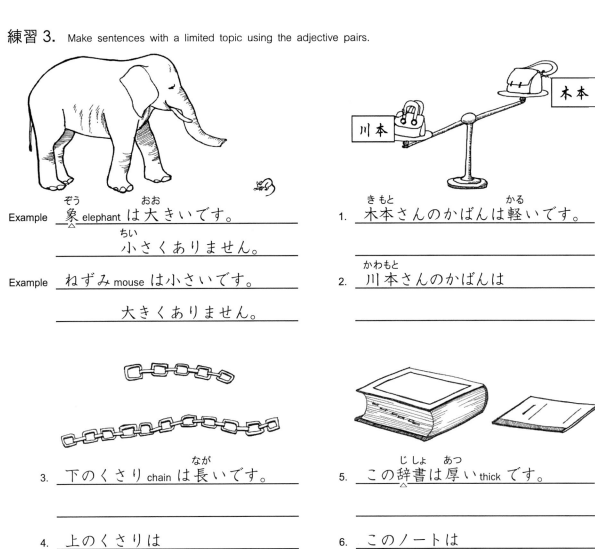

Example 象 elephant は大きいです。
          小さくありません。

Example ねずみ mouse は小さいです。
          大きくありません。

1. 木本さんのかばんは軽いです。

2. 川本さんのかばんは

3. 下のくさり chain は長いです。

4. 上のくさりは

5. この辞書は厚い thick です。

6. このノートは

7. 左の山は高いです。

8. 右の山は

9. 昼 day は

10. 夜は暗いです。

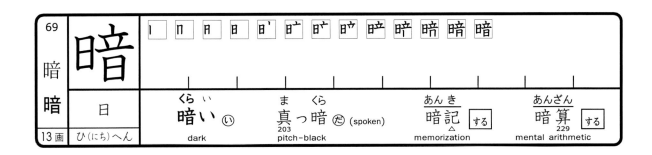

STATE unit (underlined part) expresses one STATE.   X は Y が／に／と／より STATE 。

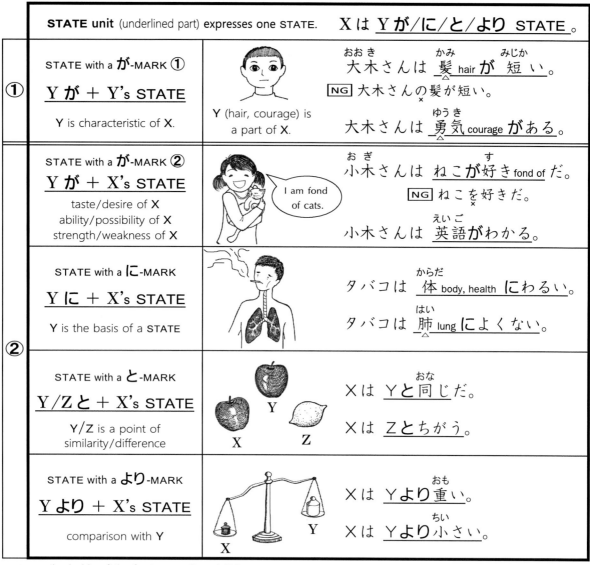

①	STATE with a が-MARK ① **Y が ＋ Y's STATE** Y is characteristic of X.	Y (hair, courage) is a part of X.	大木さんは <u>髪 hair が 短い</u>。 [NG] 大木さんの髪が短い。 大木さんは <u>勇気 courage がある</u>。
②	STATE with a が-MARK ② **Y が ＋ X's STATE** taste/desire of X ability/possibility of X strength/weakness of X	I am fond of cats.	小木さんは <u>ねこが好き fond of</u> だ。 [NG] ねこを好きだ。 小木さんは <u>英語がわかる</u>。
	STATE with a に-MARK **Y に ＋ X's STATE** Y is the basis of a STATE		タバコは <u>体 body, health にわるい</u>。 タバコは <u>肺 lung によくない</u>。
	STATE with a と-MARK **Y/Z と ＋ X's STATE** Y/Z is a point of similarity/difference		X は <u>Y と同じ</u>だ。 X は <u>Z とちがう</u>。
	STATE with a より-MARK **Y より ＋ X's STATE** comparison with Y		X は <u>Y より重い</u>。 X は <u>Y より小さい</u>。

⇨ *see* the inside of the front cover **3** and **7**-6

▷〈もの〉Xの〈ありさま〉は、「が／に／と／より」の表示する〈もの〉Yを目印（MARK）とした〈ありさま〉単位が表すことが多い。
▷目印（〈もの〉Y）には、①〈もの〉Xの一部分である場合、②〈もの〉Xの一部分でない場合がある。
▷〈ありさま〉単位には目印が二つ（「が」目印とそれ以外の目印）あるものがある。例：タバコは 煙が 体に 悪い。

▶ The STATE of MATERIAL X is often expressed by a STATE unit that includes MATERIAL Y MARKed by が／に／と／より.
▶ There are two types of STATE unit: ① where Y is a part of MATERIAL X, and ② where Y is not a part of MATERIAL X.
▶ There are also STATE units with two MARKs (が-MARK and one other MARK).
  e.g. タバコ cigarette は <u>けむり smoke が</u> <u>体に</u> わるい。 (Cigarette smoke is bad for your health.)

▶〈物〉X的〈状态〉多以"が／に／と／より"所表示的、以〈物〉Y为记号（MARK）的〈状态〉单位来表示。
▶ 记号（〈物〉Y）包括如下两种情况。①：属于〈物〉X中的一部分，②：不属于〈物〉X中的一部分。
▶〈状态〉单位中有的具有两个记号（"が"记号及其他记号）。例如：タバコ（香烟）は <u>けむり（烟雾）が</u> <u>体に</u> わるい。(香烟烟雾对身体有害。)

▶〈사물〉X의〈상태〉는 'が／に／と／より'가 나타내는〈사물〉Y를 표시（MARK）로 하는〈상태〉단위로 많이 표현한다.
▶ 표시（〈사물〉Y）에는 ①〈사물〉X의 일부분인 경우, ②〈사물〉X의 일부분이 아닌 경우가 있다.
▶〈상태〉단위에는 표시가 2개（'が'표시와 그 이외의 표시）인 경우가 있다. 예：タバコはけむりが 体に わるい。(담배는 연기가 몸에 해롭다.)

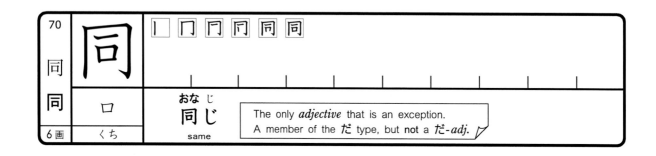

第 8 課

練習 4. Make sentences with a limited topic using a STATE unit.

Example 物価 prices が 高い → 東京 (は) 物価 (が) 高いです。

STATE with a が-MARK ①

1. かたち shape がいい → この花びん (は) (が)
2. 色 color がきれい beautiful → ( ) ( )
3. 背が高い <one's height> tall → ( ) ( )

STATE with a が-MARK ②

4. ピアノが上手 [じょうず]* good at → ( ) (が)
5. 料理 cooking ができる → ( ) ( )
6. 数学が得意* good at → ( ) ( )
7. 漢字がにがて* not good at → ( ) ( )

STATE with a に-MARK

8. 足に合う fit one's foot → ( ) (に)
9. 東京に近い near → ( ) ( )
10. 検索 search に便利 convenient → ( ) ( )
11. ライオン lion ににている similar → ( ) ( )

にている is ている-verb of にる. (p.225)

STATE with a と-MARK

12. 日本とちがう → ( ) (と)
13. 去年 last year と同じ → ( ) ( )

STATE with a より-MARK

14. ひらがなよりむずかしい → ( ) (より)
15. 漢字より易しい → ( ) ( )
16. 私より年上 older → ( ) ( )
17. 私より元気 → ( ) ( )

*	だ-adjectives	
	For talent	For technique
Good at	得意	上手 [じょうず]
Not good at	にがて	下手 [へた]

---

71 合 — ノ 人 ム 仐 合 合

合口 / くち / 6画

• 52・87・167・183・196・199・228・285・290

合う (S ⇒ p.106) fit, be correct
話し合う (J) 118 discuss
合格する pass <an exam> — テストに合格する

There are **three kinds** of STATE

STATE X ▷観察による情報 appearance/attributes, ability, existence	STATE Y ▷評価による情報 good or bad, many or few	STATE Z ▷自覚による情報 speaker's own sense/feelings
▶ Information from <u>observation</u> ▶ 通过<u>观察</u>所获得的信息 ▶ <u>관찰</u>에 의한 정보	▶ Information from <u>evaluation</u> ▶ 通过<u>评价</u>所获得的信息 ▶ <u>평가</u>에 의한 정보	▶ Information from <u>self-awareness</u> ▶ 凭<u>感觉</u>所获得的信息 ▶ <u>자각</u>에 의한 정보

▷ 話し手は自身以外の〈ありさま〉Z を終結形で表すことができない。
▶ Speakers cannot use an end form to express STATE Z about someone other than themselves.
▶ 说话人不能以终结形来表示除自身以外的〈状态〉Z。
▶ 화자는 자신 이외의 〈상태〉Z 를 종결형으로 표현할 수 없다.

* **I-sentence**
Information only about oneself

STATE X (appearance/attributes)

Adjectives 好き (*one* is fond of 〜) and きらい (〜 is repugnant to *one*) express STATE X.

うみ
海 sea/ocean はひろい large。
いぬ
子犬 puppy はかわいい。
とかい
都会 urban area はにぎやか lively だ。
私はうそ lie がきらいだ。
おんがく す
前川さんは音楽が好きだ。

きょうと なつ あつ
京都の夏 summer は暑い hot。
りょこう たの
旅行 trip は楽しい enjoyable。
しょくじ
食事の後 after a meal はねむい。sleepy
ふゆ い
冬 winter はセーターが要る。

STATE Z
(!) *I-sentence** only

私は暑い。
私は楽しい。
私はねむい。
い
私はお金が要る。

いる (要る) ⑤r : いらない・いります・いる
いる ⇒ p.42 ①r : いない・います・いる

練習 5. These adjectives can express STATE Z. Make predicates.

Example おもしろい interesting   おもしろかった。   おもしろくありません。

1. うれしい glad, happy   _____   _____
2. かなしい sad   _____   _____
しんぱい
3. 心配 anxious   _____   _____
4. さびしい lonely   _____   _____
いた
5. 痛い painful   _____   _____

Japanese words with the same meaning as 'like'

(When shopping) I **like** this: これがいいです。／これが気に入りました。
き い

What do you **like** for dessert?: デザートは何がいいですか。

---

72 好 | 好 | く ㄑ 女 女 好 好
好 | 女 | すき 好き だ fond of | だいすき 大好き だ (spoken) very fond of | n が 好き／大好き (to be fond of n)
6画 | おんなへん

STATE Z with a が-MARK ②	⚠ I-sentence only 水がほしい。 I want water.　　水が要る。 I need water.

▷ 話し手が〈もの〉を欲する〈ありさま〉は〈が目印②＋い形容詞「ほしい」〉と表す。
▷ 「ほしい」は〈ありさま〉Z（自覚による情報）であるため、自身以外の情報として表すことはできない。

▶ The STATE where a speaker wants a MATERIAL is expressed by 〈が-MARK ② + い-adjective ほしい〉.
▶ Because ほしい expresses STATE Z (information from self-awareness), a speaker can only use ほしい for information about him/herself.

▷ 说话人想得到某〈物〉的〈状态〉用〈が记号②＋い形容词"ほしい"〉表示。
▷ 因为"ほしい"属于〈状态〉Z（凭感觉所获得的信息），所以不能用于表示除自身以外的信息。

▷ 화자가 〈사물〉을 원하는 〈상태〉는 〈が표시②＋い형용사'ほしい'〉로 나타낸다.
▷ 'ほしい'는 〈상태〉Z（자각에 의한 정보）이므로 자신 이외의 정보로 표현할 수 없다.

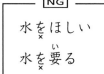

練習 6. Make a sentence with a ほしい-predicate.

Example　（私は）水がほしいです。 NG 山木さんは水がほしいです。
　　　　　　　　　　　　　　　　OK 水木さん (listener = you) は水がほしいですか。

練習 7. 何がほしいですか。

Noun phrases
X か Y　X or Y
X か Y か Z　X, Y or Z

Example　A: 何がほしいですか。 NG 何を
　　　　　　　　↓ 'Unknown' が corresponds to noun が .
　　　　B1: 時計がほしいです。 NG 時計はほしいです。 OK 時計です。
　　　　B2: やかん kettle かなべ pan がほしいです。 OK やかんかなべです。

練習 8. Ask yes/no questions and your partner answers いいえ.

Example　A: ぼうし hat/cap がほしいですか。
　　　　　　　　↓　　　　　　　　　Noun が corresponds to noun が .
　　　　B: いいえ、ぼうしはほしくありません。サングラス sunglasses がほしいです。
　　　　　　⚠ ません-predicates usually go with limited information.

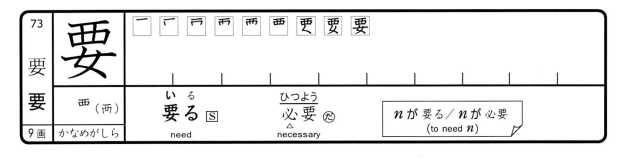

ANIMAL's ACT	⑤r		①r	ⓘr	
Basic form: *verb*	か 書く	み 見る	た 食べる	く 来る	○○する
	↓	↓	↓	↓	↓
	noun form ＋ たい				
ANIMAL's STATE Z	↓	↓	↓	↓	↓
たい-form ＝ い-adj	か 書きたい	み 見たい	た 食べたい	き 来たい	○○したい

見ている (STATE based on an ANIMAL's ACT) → OK 見ていたい，かわく (NON-ANIMAL's ACT) → NG かわきたい

▷ 自身の〈くうごき〉を欲する〈ありさま〉Z は生き物の〈くうごき〉を表す動詞のたい形(い形容詞)で表す。
▶ STATE Z for ACTs that the speaker wants to do his / herself is expressed by the たい-form of the verb (い-adjective), which expresses an ANIMAL's ACT.
▶ 自身希望进行某种〈动作〉时的〈状态〉Z 用表示动态物体〈动作〉的动词的たい形(い形容词)来表示。
▶ 자신의 〈움직임〉을 원하는 〈상태〉Z 는 생물체의 〈움직임〉을 나타내는 동사 たい형(い형용사)으로 표현한다.

練習 9. Make sentences about yourself (*I*-sentences) using the たい-form.

Example ACT A: (direction へ) 行く → STATE Z: 私の国から遠い distant 国へ行きたいです。
Example ACT B: (route を) とぶ → STATE Z: 空が/をとびたいです。
Example ACT C: (PLACE に) 住む → STATE Z: 外国 foreign country に住みたいです。
Example ACT L: (object を) 食べる → STATE Z: すきやき SUKIYAKI が/を食べたいです。

練習 10. ⚠ *e.g.* コーラ cola が飲みたいですか。 is inappropriate.
Ask your partner questions as in the example.

Example A: コーラを飲みませんか。   B: ええ、飲みたいです。

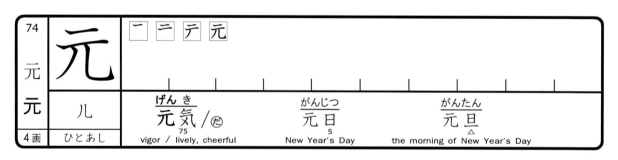

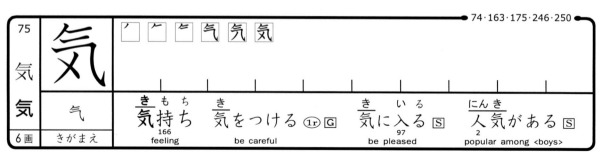

大川(おおかわ)　大下(おおした)　大田(おおた)　大山(おおやま)　小川(おがわ)　小田(おだ)　小山(こやま)　三好(みよし)

第 9 課

▷ 単語は名詞の直前には Ⓗ (**連体** pre-noun 形) で現れ、名詞とともに名詞句または名詞節を作る。
▷ 連体形には、終結形 ①と同様、⊖た群と⊕た群がある。

▶ A word appears as Ⓗ (**pre-noun** form) just before a noun and forms a noun phrase or clause together with the noun.
▶ Pre-noun forms have a ⊖た group and ⊕た group like the end forms for ①.

▶ 单词位于名词前时，以 Ⓗ (**连体** pre-noun 形)出现并与名词一起构成名词短语或名词句。
▶ 连体形与终结形 ①相同，分 ⊖た群和⊕た群。

▶ 단어는 명사 바로 앞에서 Ⓗ (**연체** pre-noun형)로 나타나 명사와 함께 명사구 또는 명사절을 만든다.
▶ 연체형에는 종결형 ① 과 마찬가지로 ⊖た군과 ⊕た군이 있다.

⇨ *see* the inside of the back cover (Compare Ⓗ pre-*noun* forms with plain style Ⓐ end forms.)

文法 Grammar (ぶんぽう)

ⓐ *noun* phrase formed by a *noun*:
- だ-*adjective* Ⓗ な | MATERIAL: *noun*
- い-*adjective* Ⓗ い-form | MATERIAL: *noun*
- *verb* Ⓗ basic form | MATERIAL: *noun*
- *verb* Ⓗ ない-form | MATERIAL: *noun*

ⓐ STATE of appearance:
- い-*adjective*: → ‥い + そう
- だ-*adjective*: → bare + そう (だ-*adjective* unit)
- *verb*: → noun form + そう

ⓐ STATE with a が-MARK ①: information through the senses: *noun* が する

ⓐ comparing two MATERIALs: MATERIAL X: *noun* の ほう が STATE: *adjective* etc.

ⓐ comparing three or more MATERIALs: MATERIAL X: *noun* が いちばん STATE: *adjective* etc.

単語 Words (たんご)

- n. しろ (白) Ⓢ ⎱ white
- a. しろい (白い) ⎰
  ・しろく
- n. くろ (黒) Ⓢ ⎱ black
- a. くろい (黒い) ⎰
  ・くろく
- n. あか (赤) Ⓢ ⎱ red
- a. あかい (赤い) ⎰
- n. あお (青) Ⓢ ⎱ blue
- a. あおい (青い) ⎰
  ・あおく

- n. みどり (緑) Ⓢ green
- n. むらさき (紫) Ⓢ purple, violet
- n. ほんとう (本当) Ⓢ true, real

- a. ゆうめい (有名) ㊳ famous
- a. かんたん (簡単) ㊳ easy, simple
- a. むり (無理) ㊳ unreasonable, impossible

- a. おおい (多い) a lot
- a. すくない (少ない)・すくなく few, little
- n. まち (町) town ∽の

- n. みせ (店) shop, store ∽の
- n. たてもの (建物) building
- n. くだもの [果物] fruit

- n. しゅくだい (宿題) homework
- n. どちら which of two ('unknown') ⇨ p.51
- n. どれ which of more than three ('unknown')

漢字 (かんじ)

色 白 黒 赤 青 安 高 低 多 少

symbol: 々

ⓢ noun (STATE noun)	Noun predicate, end form 1		い-adj 4 (+2) colors	い-adj predicate, end form 1	
	Ⓐ plain style	Ⓐ' polite style		Ⓐ plain style	Ⓐ' polite style
しろ 白	白だ。	白です。	しろ 白い	白い。	白いです。
くろ 黒	黒だ。	黒です。	くろ 黒い	黒い。	黒いです。
あか 赤	赤だ。	赤です。	あか 赤い	赤い。	赤いです。
あお 青	青だ。	青です。	あお 青い	青い。	青いです。
きいろ 黄色 yellow	黄色だ。	黄色です。	きいろ 黄色い	These are often used as a Ⓗ pre-noun form.	
ちゃいろ 茶色 brown	茶色だ。	茶色です。	ちゃいろ 茶色い		
はいいろ 灰色 gray	灰色だ。	灰色です.			
みどり	みどりだ。	みどりです。			
むらさき	むらさきだ。	むらさきです。			
ピンク pink	ピンクだ。	ピンクです。			
ⓄⓀ みどり色, むらさき色, ピンク色					

日本のパトカーは白と黒です。
Japanese police cars are white and black.
 NG 白いと黒いです。

しんごう 信号 trafic light
あお 青 green / きいろ 黄色 yellow / あか 赤 red

▷ 色は〈ありさま〉Ⓧである。色は基本的に名詞が表す。色を表すい形容詞は4語（＋2語）だけである。
▶ Colors fall under the category of STATE Ⓧ. Colors are basically expressed by nouns. There are only 4 (+ 2) い-adjectives which express colors.
▶ 色彩是〈状态〉Ⓧ。色彩主要由名词表示。表示色彩的い形容词只有4个（＋2个）。
▶ 색깔은〈상태〉Ⓧ이다. 색깔은 기본적으로 명사로 나타낸다. 색깔을 나타내는 い형용사는 4개（＋2개）뿐이다.

Colors

練習1. Make predicates that express a color.   Example 木 tree の葉 leaf は ___みどりです。___

1. 日本の救急車 ambulance は
2. 日本の消防車 fire engine は
3. からす crow は
4. いちご strawberry は
5. 雪 snow は
6. 空 は
7. きゅうり cucumber は
8. チョコレート chocolate は
9. レモン lemon は
10. 日本のポスト postbox は
11. 私の国のポストは
12. _____ は

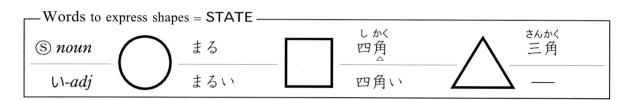

Words to express shapes = STATE

| ⓢ noun | ○ | まる | □ | しかく 四角 | △ | さんかく 三角 |
| い-adj | ○ | まるい | □ | 四角い | △ | — |

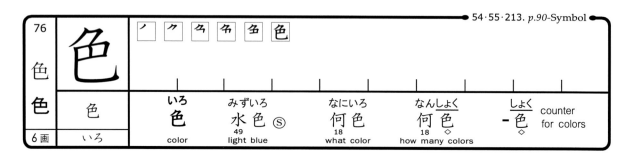

76 色 / 色 / 6画 / いろ
ノク夕名刍色
● 54・55・213. p.90-Symbol

いろ 色 color
みずいろ 水色 ⓢ light blue
なにいろ 何色 what color
なんしょく 何色 how many colors
しょく －色 counter for colors

			*さ is only inserted for these two	How to make だ-adj unit with そう	だ-adj unit
①	STATE	Adj.	おいし**い** delicious	おいし ＋ そう →	おいしそう
			よ**い***	い disappears. → よ ＋ さ ＋ そう →	よさそう
			な**い***	な ＋ さ ＋ そう →	なさそう
			かんたん 簡単	bare → 簡単 ＋ そう →	簡単そう
②	ACTing	Verb	ある	noun form → あり ＋ そう →	ありそう
			おちる	おち ＋ そう →	おちそう
③	Non-ACTing		あ 開かな**い**	い disappears. → あ 開かな ＋ そう →	あ 開かなそう

(!) かわいい does not become かわいそう. かわいそう means "pitiable".

▸ **外観**から、①ある〈ありさま〉**X**である、②〈うごき〉の開始直前の〈ありさま〉**X**である、③〈うごき〉が開始しない〈ありさま〉**X**であると観察される〈もの〉の情報は、〈形容詞/動詞＋そう〉：だ形容詞単位が表す。

▸ Information observed about <u>a MATERIAL's</u> **appearance** (① STATE **X**, ② STATE **X** just before an ACT starts, ③ STATE **X** where an ACT does not start) is expressed by a だ-**adjective unit**: 〈adjective or verb ＋ そう〉.

▸ 从**外观**上观察到的三种〈物〉的信息用〈物〉的信息用〈形容词/动词＋そう〉：だ形容词单位来表示。① 某种〈状态〉**X**；② 〈动作〉即将开始的〈状态〉**X**；③ 〈动作〉不开始的〈状态〉**X**。

▸ **외관**에서 ①어떤 〈상태〉**X**, ②〈움직임〉의 개시 직전의 〈상태〉**X**, ③〈움직임〉이 개시 안된 〈상태〉**X**라고 관찰된 〈사물〉의 정보는 〈형용사 / 동사 ＋ そう〉：だ형용사단위로 나타낸다.

練習 2. Make だ-adjective unit predicates.

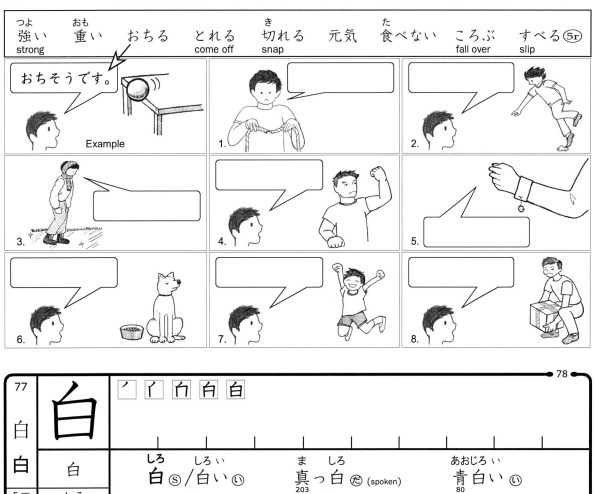

| 77 白 白 5画 | 白 白 しろ | ′ 亻 白 白 白 しろ 白(S)/ しろい 白い(い) white | ま しろ 真っ白 だ (spoken) 203 pure white | あおじろい 青白い(い) 80 pale |

☆ spoken language: ほんと

Ⓗ ⊖た pre-noun form

Pre-MATERIAL information is **in front** of the speaker or in the speaker's **imagination**.

だ type	Noun	ほんとう☆	ほんとう**の**	⇨ p.20 ほんとうの話 truth
	だ-adj	無理 (むり)	無理**な**	無理な計画 (けいかく) plan
	だ-adjunit	おもしろそう	おもしろそう**な**	おもしろそうな本
only one exception:		同じ	同じ [NG] 同じな	[MARK] と 同じ本
い type	い-adj	つまらない dull	つまらない	つまらない本 [MARK] が* つまらない本
う-row type	Verb	読まない (よ)	読まない	[actor] が** 読まない本
		読む	読む	[actor] が** 読む本
		読んでいる	読んでいる	[actor] が** 読んでいる本

▷ 〈連体形＋名詞＝名詞句〉は名詞１語のようにはたらき、一つの〈もの〉を表す。
▷ 連体部に含まれる〈名詞＋が〉は〈名詞＋は〉（限定された題目）にならない。

▶ 〈Pre-noun form + noun = **noun phrase**〉 acts as one noun and expresses one MATERIAL.
▶ 〈Noun が〉 cannot become 〈noun は〉 (limited topic) when included in the pre-noun part of a noun phrase or clause.

▶ 〈连体形＋名词＝**名词短语**〉的作用相当于１个名词，表示１个〈物〉。
▶ 连体部分所包含的〈名词＋が〉不能成为〈名词＋は〉（被限定的主题）。

▶ 〈연체형＋명사＝**명사구**〉는 하나의 명사처럼 기능하며 하나의 〈사물〉을 나타낸다.
▶ 연체부에 포함되는 〈명사＋が〉는 〈명사＋は〉(한정된 화제)가 될 수 없다.

* [NG] 話 story はつまらない本
** [NG] 留学生 (りゅうがくせい) は読む本
   [OK] 留学生の読む本

noun が + Ⓗ + noun
↓
[OK] noun の + Ⓗ + noun

Noun phrase ⇨ p.20

練習 3. Make noun phrase predicates.

Example　くつ → 新(あたら)しい new くつです。　　1. 町(まち) → ＿＿＿＿＿＿＿＿

2. 花 → ＿＿＿＿＿＿＿＿　　3. ふね ship, boat → ＿＿＿＿＿＿＿＿
4. 部屋(へや) → ＿＿＿＿＿＿＿＿　　5. くだもの → ＿＿＿＿＿＿＿＿
6. テスト → ＿＿＿＿＿＿＿＿　　7. 消(け)しゴム → ＿＿＿＿＿＿＿＿
8. 犬 → ＿＿＿＿＿＿＿＿　　9. さいふ → ＿＿＿＿＿＿＿＿
10. 絵(え) → ＿＿＿＿＿＿＿＿　　11. タオル towel → ＿＿＿＿＿＿＿＿

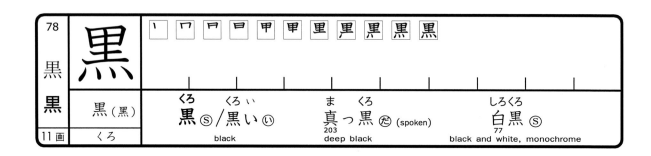

78 黒 | 黒 (黒) | くろ | 黒(S)/黒い(い) black | ま くろ 真っ黒だ (spoken) deep black | しろくろ 白黒(S) black and white, monochrome
11画 | | くろ

		⊕た Ⓗ pre-noun form (same as Ⓐ)	Pre-noun information is in the speaker's **memory**.
Noun	金持ち rich	金持ちだった	金持ちだった人
だ-adj	きれい clean	きれいだった	きれいだった部屋
だ-adjunit	ねむそう	ねむそうだった	ねむそうだった子ども
Exception	同じ	同じだった	[MARK] と 同じだった値段 price
い-adj	むずかしい	むずかしかった	むずかしかったテスト [MARK] が* むずかしかったテスト
Verb	読まない	読まなかった	[actor] が** 読まなかった本
	読む	読んだ	[actor] が** 読んだ本
	読んでいる	読んでいた	[actor] が** 読んでいた本

* [NG] 字 character/phonogram はむずかしかったテスト
** [NG] 立花さんは読んだ本

練習 4. Make sentences using a pre-noun form from the ⊕た group.

Example 写真をとる take <a photo> → これは私が とった 写真です。

1. レポート research paper を書く → これは○○さんが ☐
2. 料理 dish を食べない → これは○○さんが
3. 店へ行く → これは
4. 家 house に住んでいる →
5. 雑誌を買う →

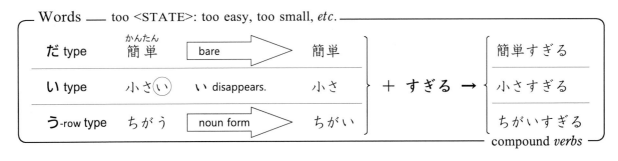

Words — too <STATE>: too easy, too small, *etc.*

だ type	簡単	bare ⟹ 簡単		簡単すぎる
い type	小さ(い)	い disappears. 小さ	+ すぎる →	小さすぎる
う-row type	ちがう	noun form ⟹ ちがい		ちがいすぎる

compound *verbs*

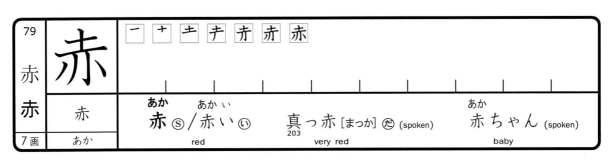

79 赤 | 一 十 土 キ 赤 赤 赤
赤 あか | 赤Ⓢ / 赤いⓘ   真っ赤 [まっか] だ (spoken)   赤ちゃん (spoken)
7画 | red   very red   baby

Underlined part: pre-noun form, ☐ : STATE unit

STATE of MATERIAL	NG	Noun の noun	OK が-MARK① appears	に-PLACE appears
① Existing or not existing (STATE X)	ある本／国 ない本／国	— —	海が*ある 国 海が*ない 国	図書館にある 本 図書館にない 本
② Many or few (STATE Y)	多い人 多い国 少ない国	★多くの人 many people 多くの国 many countries —	趣味(hobby)が*多い 人 山が*多い 国 山が*少ない 国	(!) 日本に多い／少ない 植物 A plant common/rare in Japan

★ This 多く is a STATE noun, but it cannot become a predicate.

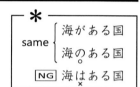

▷ 存在の〈ありさま〉は、① 有無（〈ありさま〉X）：動詞「ある」、形容詞「ない」、② 多寡（〈ありさま〉Y）：形容詞「多い」「少ない」である。これらは〈ありさま〉の目印かに場がないと連体形がとれない。
▷ 連体部内では一般に、現実表現の印「が」は「の」に交替する。

▶ There are two STATEs of existence: ① existing or not existing (STATE X): verb ある or adjective ない, and ② many or few (STATE Y): adjectives 多い or 少ない. These cannot appear as a pre-noun form without a STATE MARK or に-PLACE.
▶ In the pre-noun part of a noun phrase or clause, the actuality marker が can generally be replaced by の.

▶ 存在的〈状态〉分如下两种：① 有无（〈状态〉X）：动词"ある"、形容词"ない"；② 多少（〈状态〉Y）：形容词"多い""少ない"。如果没有〈状态〉的记号或场所，则不能用作连体形。
▶ 在连体部内，现实描述的标记"が"往往替换为"の"。

▶ 존재의 〈상태〉는 ① 유무(〈상태〉X)：동사'ある', 형용사'ない', ② 다소(〈상태〉Y)：형용사'多い''少ない'이다. 이들은 〈상태〉의 표시나 に장소가 없으면 연체형을 취할 수 없다.
▶ 연체부 내에서는 일반적으로 현실표현의 표기 'が'가 'の'로 교체된다.

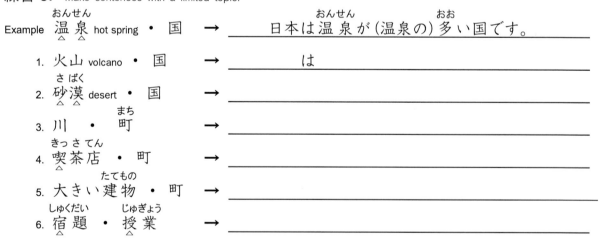

練習 5. Make sentences with a limited topic.

Example 温泉 hot spring ・ 国 → 日本は温泉が（温泉の）多い国です。

1. 火山 volcano ・ 国 → _____は_____
2. 砂漠 desert ・ 国 → _____
3. 川 ・ 町 → _____
4. 喫茶店 ・ 町 → _____
5. 大きい建物 ・ 町 → _____
6. 宿題 ・ 授業 → _____

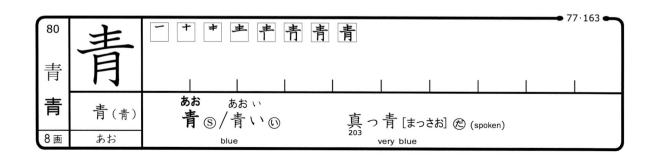

第9課　87

練習6. Make sentences using STATE unit predicates ○○が多い／少ない with limited topics.

Example 東京は|人が多い|です。 There are many people in TŌKYŌ.
Example 朝の道路は|車が少ない|です。 There are few cars on the road in the morning.

1. ＿＿＿＿＿＿＿＿＿＿は ＿＿＿＿＿＿＿＿○ 多い＿＿＿＿＿＿
2. ＿＿＿＿＿＿＿＿＿＿は ＿＿＿＿＿＿＿＿○ 少ない＿＿＿＿＿

STATE unit: |MARK|が + する — が-MARK ① appears

STATE X

Observation by hearing:
human/animal の
声 voice がする

人の声がする。
Someone is talking <and I can hear it>.

Observation by hearing:
something の
音 sound がする

雨の音がする。
Rain is falling <and I can hear it>.

Observation by smell:
something の
におい smell がする

レモンのにおいがする。
<This water> smells of lemon.

Observation by taste:
something の
味 taste がする

はちみつの味がする。
<This cake> tastes of honey.

STATE Z
(!) I-sentence only

頭痛がする (= 頭が痛い)。
I have a headache.

耳なりがする。
I have a buzzing in my ears.

寒気がする。
I feel a chill.

練習7. Make sentences.
Example 風の音がします。　　　Example （私は）寒気がします。

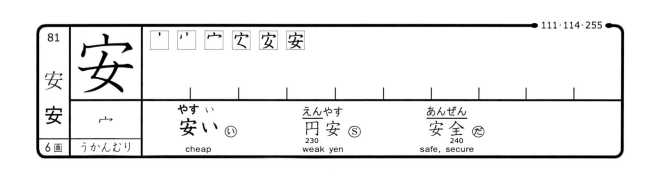

81	安	｀ ｀ 宀 宀 安 安			111・114・255
安			やすい 安い ⓘ cheap	えんやす 円安 ⓢ 230 weak yen	あんぜん 安全 ⓓ 240 safe, secure
安 6画	宀 うかんむり				

Review: **comparison** of two MATERIALs ⇒ p.76

MATERIAL X は
MATERIAL Y より STATE

練習 8. Make sentences using the information in the figures on the right.

Example 和英辞典 (わえいじてん) Japanese-English dictionary は 英和 (えいわ) English-Japanese 辞典 より 高 (たか) いです。

▷ 比較には、①二つの〈もの〉の比較、②-a: 三つ以上の〈もの〉の比較、②-b: ある範疇内の比較がある。
▸ There are three types of comparison: ① comparison of two MATERIALs, ②-a comparison of three or more MATERIALs, and ②-b comparison within a category.
▸ 比较的表达方法有如下 3 种类型：① 两个〈物〉的比较；②-a：3 个以上〈物〉的比较，②-b：在某个范围内的比较。
▸ 비교에는 ① 2개 〈사물〉의 비교, ②-a : 3개 이상〈사물〉의 비교, ②-b : 어떤 범주 내에서의 비교가 있다.

Comparison

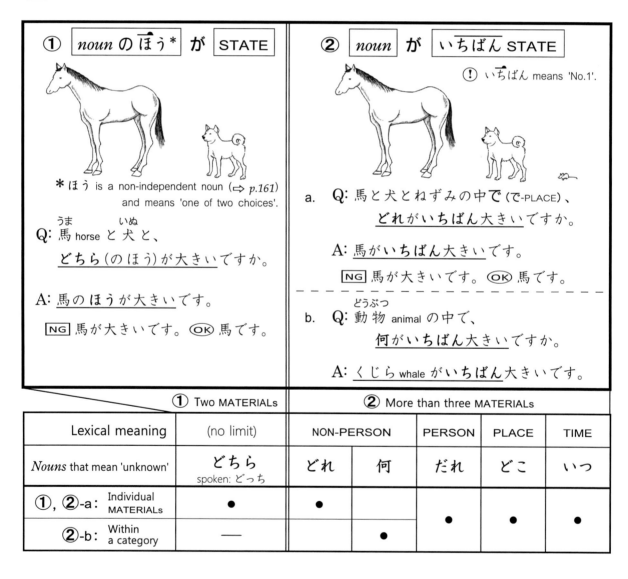

① noun のほう* が STATE

* ほう is a non-independent noun (⇒ p.161) and means 'one of two choices'.

Q: 馬 (うま) horse と 犬 (いぬ) と、
　 どちら (のほう) が 大きいですか。

A: 馬のほうが大きいです。
　 [NG] 馬が大きいです。 [OK] 馬です。

② noun が いちばん STATE

(!) いちばん means 'No.1'.

a. Q: 馬と犬とねずみの中で (で-PLACE)、
　　 どれがいちばん大きいですか。

A: 馬がいちばん大きいです。
　 [NG] 馬が大きいです。 [OK] 馬です。

b. Q: 動物 (どうぶつ) animal の中で、
　　 何がいちばん大きいですか。

A: くじら whale がいちばん大きいです。

	① Two MATERIALs	② More than three MATERIALs			
Lexical meaning	(no limit)	NON-PERSON	PERSON	PLACE	TIME
Nouns that mean 'unknown'	どちら spoken: どっち	どれ　　何	だれ	どこ	いつ
①, ②-a: Individual MATERIALs	●	●	●	●	●
②-b: Within a category	—	●			

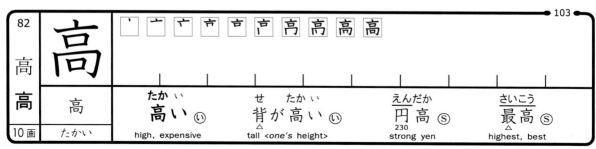

82 高 | 高 | 　亠广亡古声高高高高
高 | 　
10画 | たかい

高 (たか) い (い) — high, expensive
背 (せ) が 高 (たか) い (い) — tall 〈one's height〉
円高 (えんだか) (S) 230 — strong yen
最高 (さいこう) (S) — highest, best

練習9. (①) Practice the following dialogues as in the examples.

Example A: 今川(いまがわ)さんと田山さんと、**どちら(のほう)**が年下 younger ですか。

B: 今川さんのほうが年下です。

Example A: この店(みせ)のばら rose は、赤(あか)とピンクと、**どちら(のほう)**が安(やす)いですか。

B: ピンクのほうが安いです。

Example A: ビール beer とアイスクリーム ice cream と、**どちら(のほう)**が好きですか。

B1: アイスクリームのほうが好きです。

B2: (Speaker likes both.)
- 両方(りょうほう) both 好きです。 [NG] 両方が好きです。 [NG] 両方です。
- どちらも好きです。 ⇨ p.107 [NG] どちらもです。

練習10. (②-a) Practice the following dialogues as in the examples.

Example A: 東京(とうきょう)と大阪(おおさか)と名古屋(なごや)の中で、**どこ**がいちばん人口(おお)が多いですか。

B: 東京がいちばん多いです。 [OK] 東京です。

Example A: 東京(とうきょう)は五月から九月までの中で、**いつ**がいちばん暑(あつ)いですか。

B: 八月がいちばん暑いです。

練習11. (②-b) Practice the following dialogues as in the examples.

Example A: 日本にある湖(みずうみ) lake の中で、**どれ**がいちばん大きいですか。

B: 琵琶湖(びわこ) Lake BIWA がいちばん大きいです。 [OK] 琵琶湖です。

Example A: くだものの中で、**何**がいちばん好きですか。

B1: もも peach がいちばん好きです。

B2: (Speaker likes anything.) くだものは何(なん)でも* 好きです。

Example A: スポーツの中で、何がいちばん得意(とくい)ですか。
sports

B1: バスケット basketball がいちばん得意です。

B2: (Speaker is not good at anything.) スポーツはどれもにがてです。 [NG] 何でもにがて
⇨ p.107

> *何でも　どこでも
> だれでも　いつでも
> どれでも　どちらでも
> ----
> 'unknown'でも + positive information

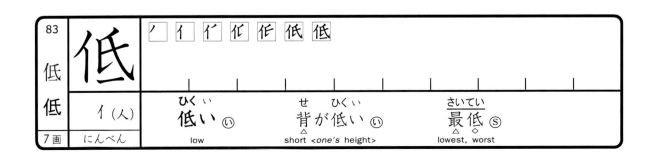

83 低
低 低
イ(人)
7画 にんべん

ノ イ 亻 仁 仹 低 低

ひく(い)
低い ⓘ
low

せ ひく(い)
背が低い ⓘ
short ⟨one's height⟩

さいてい
最低 ⓢ
lowest, worst

"Which" for institutions or teams

Which university are you at? 大学はどこですか。 NG どれですか。 OK どちらですか。

練習 12. Ask and answer questions using ②-b.

Example A: 日本のカメラの会社company の中で、どこがいちばん有名ですか。

B: ニコン Nikon がいちばん有名です。 (!) ナイコン is not Japanese.

Ordering STATEs

いちばん + STATE

二番目に + STATE
(pre-STATE form)

いちばん小さい　　二番目に小さい　　二番目に大きい　　いちばん大きい

練習 13. Make sentences.

Example 私はクラスで in my class 三番目に背が低い short です。

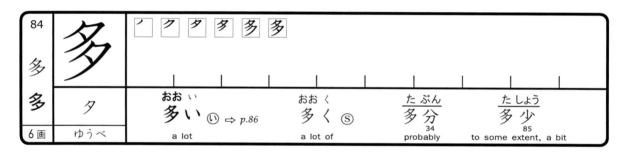

多 / 多 — タ / ゆうべ — 6画

- おおい 多い ⇒ p.86 a lot
- おおく 多く ⓢ a lot of
- たぶん 多分 34 probably
- たしょう 多少 85 to some extent, a bit

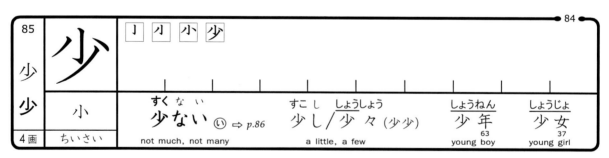

少 / 少 — 小 / ちいさい — 4画 — ●84

- すくない 少ない ⇒ p.86 not much, not many
- すこし / しょうしょう 少し／少々 (少々) a little, a few
- しょうねん 少年 63 young boy
- しょうじょ 少女 37 young girl

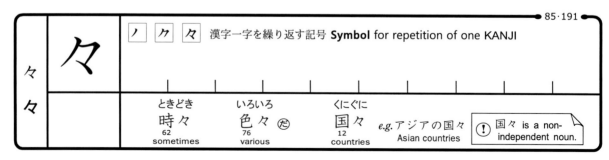

々 / 々 — 漢字一字を繰り返す記号 Symbol for repetition of one KANJI ●85・191

- ときどき 時々 62 sometimes
- いろいろ 色々 ⓓ 76 various
- くにぐに 国々 12 countries e.g. アジアの国々 Asian countries (!) 国々 is a non-independent noun.

青木(あおき) 赤川(あかがわ) 黒木(くろき) 白川(しらかわ) 高木(たかぎ) 多田(ただ) 本多(ほんだ) 安田(やすだ)

第 10 課

Attachment of お／ご depends on the situation.	ⓜ お／ご express politeness.		お／ご are unrelated to being polite.
	お is necessary in conversation. You should attach お.		お／ご are part of a noun. You cannot omit お／ご.
お名前*　お国*　お花　お水 お手紙　お部屋　お休み お荷物*　お時間*　お食事 お醤油　お肉　お電話 soy sauce　meat　a call ご専門*　ご予定*　ご心配* 　　　　　　　　　　anxiety	お金　お米 rice　お茶 tea　お湯 hot water お皿 plate　お礼 thanks　お寺 temple　お祭 festival お酒 alcoholic drink　おべんとう boxed meal　おみやげ souvenir おつり change　おふろ <hot> bath　お正月 the New Year お菓子 sweets　おすし SUSHI　おさしみ SASHIMI		おじぎ bow　おにぎり rice ball お手洗い lavatory　おしゃれ good taste おかず dishes　おかわり refill <of drink> おなか belly　おまわりさん police officer ごちそう wonderful meal　ご飯 boiled rice, meal

* Listener's or outgroup member's belongings／STATE only.

▷ おはおもに訓読みの単語に、ごは音読みの単語に上接する。おもごも上接しない単語も多い。

▶ Prefix お is mainly for くんよみ words, while ご is only for おんよみ words. There are many words that neither are attached to.

▶ お 主要后接训读的单词，ご 后接音读的单词。词头不加 お 或 ご 的单词也很多。

▶ お 는 주로 훈독하는 단어에, ご 는 음독하는 단어 앞에 붙는다. 앞에 お 도 ご 도 붙지 않는 단어도 많다.

文法 Grammar

ⓐ ANIMAL's ACT [primary *verb*] → ANIMAL's potential STATE [secondary *verb*: *potential verb*]

ⓐ visible STATE with a が-MARK ②: [viewpoint: *noun*] が [visible STATE: *verb* みえる]

ⓐ audible STATE with a が-MARK ②: [viewpoint: *noun*] が [audible STATE: *verb* きこえる]

ⓜ give an exemplified MATERIAL in order to express a STATE: [an example: *noun* ＋ みたい]

ⓜ looks (like), uncertain STATE of appearance: [〜 みたい] (だ-*adj* unit)　　(だ-*adj* unit)

ⓜ *noun* predicate of hearsay (polite style): [contents of hearsay: Ⓐ plain style ＋ そう] です。

単語 Words

v. みえる（見える）・みえて Ⓢ visible　　　*v.* きこえる（聞こえる）Ⓢ audible

v. おぼえる・おぼえて Ⓛ commit to memory　*v.* わすれる Ⓛ forget, leave <an umbrella>　*v.* つづける Ⓛ continue

v. ひく（弾く）Ⓛ play <piano, guitar>　*v.* ゆるす（許す）Ⓛ forgive　*v.* やすむ（休む）Ⓔ rest, Ⓛ be absent

n. しゅっせき（出席）attendance　*n.* けっせき（欠席）absence　*n.* やすみ（休み）holiday, absence

n. でんしゃ（電車）electric train　*n.* てんき（天気）weather　*n.* もん（門）gate

n. みち（道）road, way　*n.* とり（鳥）bird　*n.* いし（石）stone

n. そと（外）outside　*o.* どう how ('unknown') ⇒ p.51　*o.* ちょっと a little (spoken language)

漢字

門　間　目　見　耳　聞　音　声　犬　友

Inflection

Primary *verb*	話す (はな)	書く (か)	泳ぐ (およ)	使う (つか)	待つ (ま)	作る (つく)
♥ANIMAL's ACT	↓	↓	↓	↓	↓	↓
	え-row ＋ る					
	↓	↓	↓	↓	↓	↓
potential STATE	①r					
Secondary *verb* Potential *verb*	話せる	書ける	泳げる	使える	待てる	作れる

立っている (STATE based on an ♥ANIMAL's ACT) → OK 立っていられる,
こわれる (◆NON-ANIMAL's ACT) → NG こわれられる, 間に合う S be in time → NG 間に合える

▷ 可能動詞（potential verb）は生き物の〈うごき〉を表す動詞から作られる二次的な動詞である。二次的な動詞はすべて①rである。ただし、文法動詞「する」には可能動詞がなく、「できる」が代用される。
▷ 可能動詞は生き物の演者の〈ありさま〉X（能力）、あるいは、非演者（non-actor）の〈ありさま〉Y（評価）を表す。
▷「行く」の可能動詞には「行ける」だけでなく、古い、本来の形である「行かれる」も用いられている。
▷「られる」可能動詞（p.93,✱）は「ら」の脱落する傾向が顕著だが、書きことばとしては誤用である。

▶ **Potential verbs** are secondary verbs which are made from verbs that express the ACTs of ANIMALs. All secondary verbs belong to ①r, but the grammatical verb する does not have a potential verb, so できる is substituted for する.
▶ Potential verbs express an ANIMAL actor's STATE X (ability) or non-actor's STATE Y (evaluation).
▶ For the potential verb of 行く, not only 行ける but also the old, original form 行かれる can be used.
▶ For られる-potential verbs (p.93,✱) there is a tendency to omit ら, but this is not allowed in written Japanese.

▶ 可能动词（potential verb）是从表示动态物体〈动作〉的动词中派生出的动词。派生动词都是①r。语法动词 "する" 因没有与其相对应的可能动词，以 "できる" 代用。
▶ 可能动词表示动态行为者的〈状态〉X（能力）或非行为者（non-actor）的〈状态〉Y（评价）。
▶ "行く" 的可能动词除 "行ける"，还使用旧式的、原本的形态 "行かれる"。
▶ "られる" 可能动词（p.93,✱）的 "ら" 往往会被省略，但在书面语中则属于错误的用法。

▶ 가능동사（potential verb）는 생물체의 〈움직임〉을 나타내는 동사로 만들어진 이차적인 동사이다. 이차적인 동사는 모두 ①r이다. 단, 문법동사 'する'는 가능동사가 없으며, 그 대신 'できる'를 사용한다.
▶ 가능동사는 생물체인 행위자의 〈상태〉X（능력）, 또는 비행위자（non-actor）의〈상태〉Y (평가)를 나타낸다.
▶ '行く'의 가능동사는 '行ける' 외에, 외에, 본래 형태인 오래 사용되어온 '行かれる'도 있다.
▶ 'られる' 가능동사（p.93,✱）는 'ら'가 탈락하는 경향이 많지만, 문어체로서는 잘못된 표현이다.

練習 1. Make potential verb forms.

Example 書く → potential, plain: 書ける・書けない   potential, polite: 書けます・書けません

1. ゆるす
2. 走る (はし)
3. 勉強する (べんきょう)
4. 開ける ①r (あ)
5. つづける ①r
6. 切る (き)
7. 着る ①r (き)
8. 聞く (き)
9. 来る
10. 帰る (かえ)
11. ねる ①r
12. ぬう sew
13. おぼえる ①r
14. わすれる ①r
15. 出席する (しゅっせき)

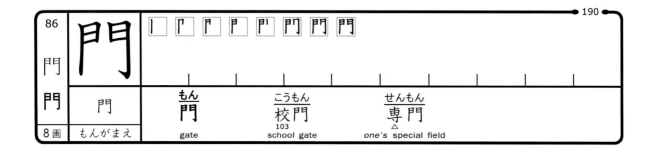

86 門 — 門 — 8画 もんがまえ — 190
もん 門 gate ・ こうもん 校門 school gate (103) ・ せんもん 専門 one's special field

of Verbs, 5

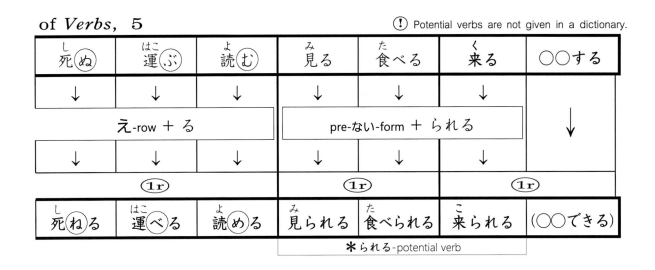

(!) Potential verbs are not given in a dictionary.

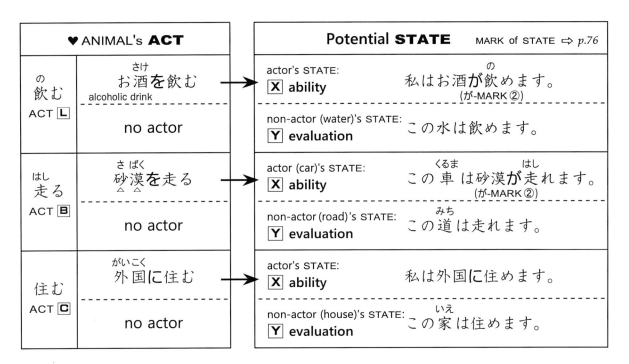

練習2. Make sentences including STATE X. Example 私はたこ octopus が食べられます／ません。

練習3. Make sentences including STATE Y. Example このたこは食べられます／ません。

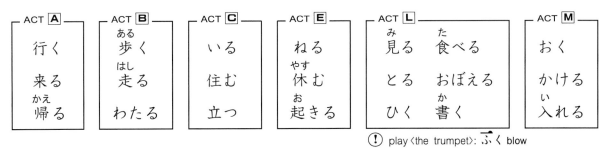

(!) play ⟨the trumpet⟩: ふく blow

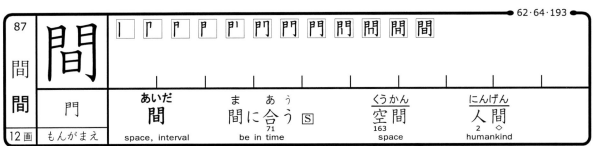

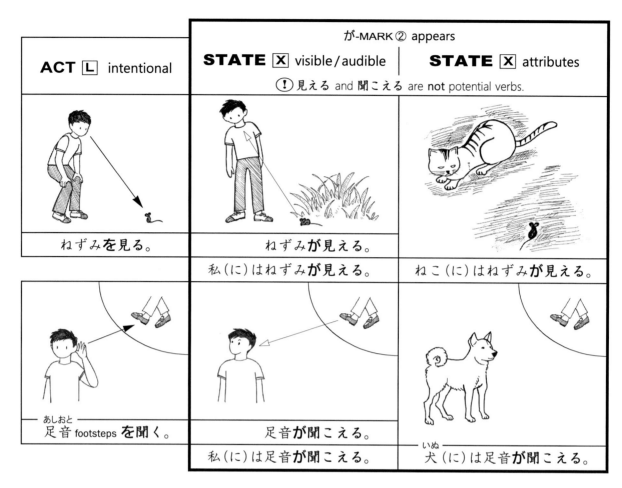

▷〈もの〉の可視的/可聴的な〈ありさま〉X は〈〈もの〉が＋見える/聞こえる〉という〈ありさま〉単位で表す。
▶ The visible/audible STATE X of a MATERIAL is expressed by the STATE unit 〈MATERIAL が + みえる/きこえる〉.
▶〈物〉的可见/可听〈状态〉X，以〈〈物〉が＋みえる/きこえる〉的〈状态〉单位来表示。
▶〈사물〉의 가시적/가청적인〈상태〉X 는〈〈사물〉が＋みえる/きこえる〉라는〈상태〉단위로 나타낸다.

In sentences including 見える-/聞こえる-predicates, the actor of 見る/聞く appears with the basis: に-MARK (because the actor is the basis of a STATE ⇒ p.76).

ⓐ 私に ⓜ → { 私には (showing a limited に-MARK)   { 私は (showing a limited topic)
                私にも (showing an accepted に-MARK)   私も (showing an accepted topic)

練習 4. Make different forms of the following verbs.

　　　　　　　　　ます-form　　　て-form　　　た-form　　　ない-form
1. 見える　　＿＿＿＿＿　＿＿＿＿＿　＿＿＿＿＿　＿＿＿＿＿
2. 聞こえる　＿＿＿＿＿　＿＿＿＿＿　＿＿＿＿＿　＿＿＿＿＿

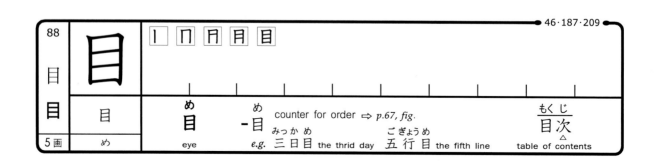

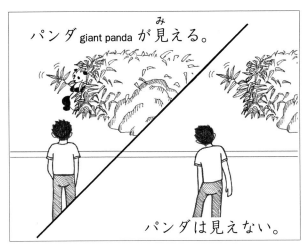
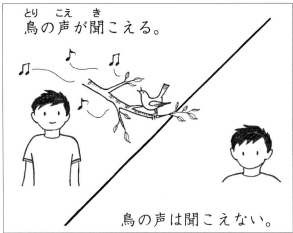

練習 5. 今、何がみえますか。(around you)

Example まどが見えます。　　　Example 白いかべが見えます。

NG ○○さんが見えます。　! A person's name is cannot be an answer to 何.

練習 6. ○○に (に-PLACE) 何が見えますか。
Example A: まどの外に何○見えますか。　B1: 門○見えます。
　　　　　　　　　　　　　　　　　　　　B2: 自転車○たくさん見えます。

練習 7. そこから何が／だれが見えますか。
Example A: そこから何○見えますか。　B: ひろい庭 garden ○見えます。
Example A: そこからだれ○見えますか。　B: 青山さん○見えます。

練習 8. 今、何が聞こえますか。
Example 電車の音○聞こえます。　　Example 学生の声○聞こえます。

―――― Phrases ―――― STATE X unit ⇒ p.76, が-MARK ①

鳥は目がいい to have good sight。　犬は耳 ears がいい to hear well。

もぐら mole は目が見えない to be blind。　へび snake は耳が聞こえない to be deaf。

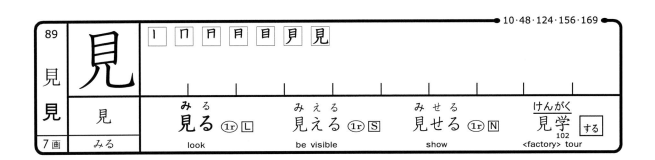

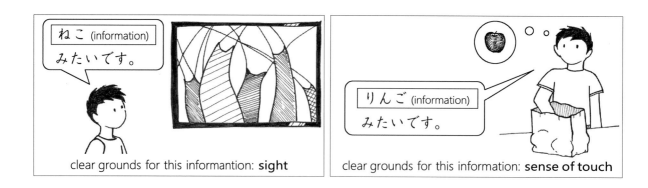

▷ 明確な根拠のある情報だが、その真偽には責任を負わないという述べ方は、話しことばでは「みたい」、書きことばでは「よう」を用いて表明する。「みたい」「よう」はだ形容詞単位を作る。

▶ The way of speaking where, although there are clear grounds for the information, the speaker does not take responsibility for the truth. This way of speaking is expressed by みたい in spoken language and よう in written language. みたい and よう form だ-adjective units.

▶ 所叙述的信息虽然有明确依据，但在对其真伪不承担责任的叙述方式中，口语使用"みたい"，书面语使用"よう"来表示。"みたい""よう"组成だ形容词单位。

▶ 명확한 근거가 있는 정보이지만, 그 진위에 관해서는 책임지지 않는다 라는 말하기 방식은 구어체에서는 'みたい', 문어체에서는 'よう'를 사용하여 표현한다. 'みたい' 'よう'는 だ형용사단위를 만든다.

		How to make だ-adj unit	だ-adjective unit predicate	
			Ⓐ plain style	Ⓐ' polite style
Spoken	だ type	information: bare + みたい	ねこみたいだ。 簡単(かんたん)みたいだ。	ねこみたいです。 簡単みたいです。
	い type	information: same as Ⓐ + みたい	安いみたいだ。	安いみたいです。
	う-row type		来るみたいだ。	来るみたいです。
Written	だ type	information: Ⓗ pre-noun form + よう	ねこのようだ。 簡単なようだ。	ねこのようです。 簡単なようです。
	い type		安いようだ。	安いようです。
	う-row type		来るようだ。	来るようです。

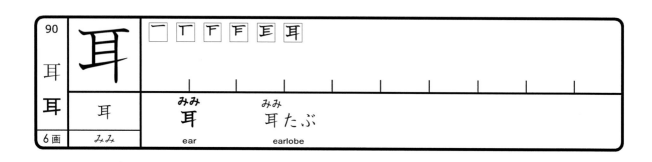

第10課   97

練習9. Make sentences (6-8 choose the correct verb form from the two options).

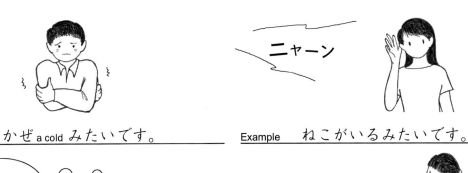

Example　かぜ a cold みたいです。　　　　Example　ねこがいるみたいです。

1. バナナジュース　　　　　　　　　　2. 木綿 [もめん] cotton

3. (お)醤油 [しょうゆ] soy sauce　　　　4. しお salt

5. 同じ　　　　　　　　　　　　　　　6. 水田 [みずた] さんが [来る/来た] みたいです。

7. 雨が [ふる ふった]　　　　　　　　8. 雨が [ふる ふった]

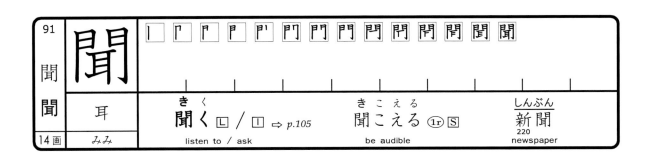

STATE X (だ-adjective unit)		
Similar MATERIAL	ねこ	みたい (spoken)
		の よう (written)

とら tiger

Ⓐ' end form, polite style	Ⓗ pre-noun form	Noun	Ⓖ pre-ACT form	Verb
このとらは ねこみたい です。	ねこみたい な	とら	ねこみたい に	歩く (ある)
このとらは ねこのよう です。	ねこのよう な	とら	ねこのよう に	歩く

▷「みたい」「よう」には、〈ありさま〉を表すために類例の〈もの〉を挙げるというはたらきもある。
▶ みたい and よう are also used to express STATEs by mentioning MATERIAL that is similar to the original MATERIAL.
▶ "みたい" "よう" 也有如下功能：列举类似的〈物〉来表示〈状态〉。
▶ 'みたい' 'よう'에는 〈상태〉를 표현하기 위해 비슷한 〈사물〉을 언급하는 기능도 있다.

練習 10. Complete the sentences using ‥みたい.

Example　ねこみたい**な**とらがいます。
Example　ねこみたい**な**とらを見ました。

1. 石　　　　　物 thing があります。

2. からす　　　鳥　　見ました。

3. ギター　　　音　　聞こえます。

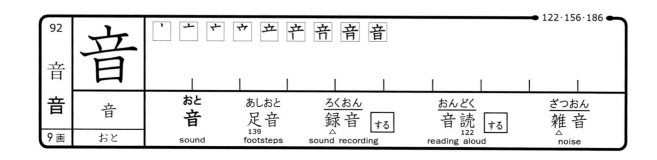

		Contents of **hearsay**: end form Ⓐ plain style	This そう forms a ⊖た predicate.
だ type	⊖た	大学はあした休みだ	Ⓐ plain style: そうだ。 **NG** そうだった。
	⊕た	本多さんはきのう休みだった	
い type	⊖た	あしたは天気がいい	+
	⊕た	ローマ Rome は天気がわるかった	
う-row type	⊖た	講義 lecture は九時に始まる	Ⓐ' polite style: そうです。 **NG** そうでした。
	⊕た	講義は九時に始まった	

▷ 伝聞の中身を伝えるが確度の保証はしないという述べ方は、「そう」を用いて表明する。この「そう」と、だ形容詞単位を作る「そう」を混同してはいけない。

▶ The way of speaking where you tell someone the contents of **hearsay** without the guarantee of certainty, is expressed by そう. You must not confuse this そう with the そう which forms the だ-adjective unit.

▶ 传达所听说的内容，但不保证其可信度的叙述方式，用"そう"来表示。除此用法以外，还有组成だ形容词单位的"そう"，这两个"そう"不能混淆。

▶ 전해들은 내용을 알리지만 정확도는 보증하지 않는다 라는 말하기 방식은 'そう'를 사용하여 표현한다. 이 'そう'와 だ형용사단위를 만드는 'そう'를 혼동해서는 안된다.

> だ-adjective unit
> formed with そう
> ⇨ p.83

練習 11. Make sentences using the だ type + そうです-predicate. **NG** 私は

Example 黒木さんの友だちの安川さんは地理の先生だそうです。 **NG** 先生そうです。

Example 安田さんはサッカーが好きだったそうです。 **NG** 好きだそうでした。

練習 12. Make sentences using the い type + そうです-predicate. **NG** 私は

Example 青木さんはイタリア Italy のナポリ Naples へ行きたいそうです。 **NG** ナポリのイタリア

Example 九州 KYŪSHŪ district はおととい、風が強かったそうです。

練習 13. Make sentences using the う-row type + そうです-predicate. **NG** 私は

Example 多田さんは新しいスーツ suit を買うそうです。

Example 高木さんはきのうの午後の授業を欠席した(＝休んだ)そうです。

What is the MATERIAL like?

MATERIAL **in front** of the listener: ◯◯ (MATERIAL as a topic) は<u>ど</u>うですか。

MATERIAL **in the listener's memory**: ◯◯ (MATERIAL as a topic) は<u>ど</u>うでしたか。

練習 14. Ask your partner.

Example **A:** その大きいかばんはどうですか。

B1: 重(おも)いです。　ⓐ This is actuality. I take responsibility for this information (=重い).

B2: 重そうです。　ⓜ I am only looking at the bag. ⎫
B3: 重いそうです。　ⓜ I only heard about the bag. ⎬ I do not take responsibility for this information (=重い).
　　　　　　　　　　　　　　　　　　　　　　　⎭

Example **A:** きのうのテストはどうでしたか。

B1: ⎰ 簡単(かんたん)でした。
　　　⎱ ちょっとむずかしかったです。　⚠ In this case, ⎰ ちょっと: spoken language
　　　　　　　　　　　　　　　　　　　　　　　　　⎱ 少し: written language

B2: 簡単そう／むずかしそう でした。 ⎫
B3: 簡単だった／むずかしかった そうです。 ⎬ ⚠ The speaker did not take the test. Compare the difference between **B2** and **B3**.
　　　　　　　　　　　　　　　　　　　　　　⎭

Whose MATERIAL?

Q: この本はだれの ⓗ pre-noun form ~~本~~ ですか。　**A:** 私のです。 It's mine.　[NG] 私です。

練習 15. Ask your partner questions.

Example **A:** このファイル file はだれのですか。　**B:** 前田(まえだ)さんのです。

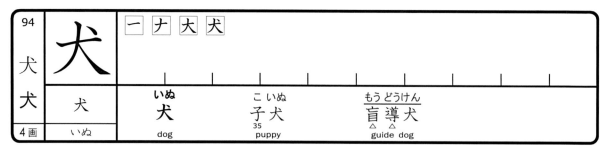

大友(おおとも)　門田(かどた)　住友(すみとも)　大門(だいもん)　高見(たかみ)　間(はざま)　本間(ほんま)　目黒(めぐろ)

第 11 課

▷ 不明の(unknown)〈もの〉に対応する、不定の(indefinite)〈もの〉を表す名詞群がある。

▶ There is a group of nouns corresponding to 'unknown' MATERIAL that express 'indefinite' MATERIAL.

▶ 有一组名词群与不明的(unknown)〈物〉相对应，表示不定的(indefinite)〈物〉。

▶ 미지의(unknown) 〈사물〉에 대응하며 부정의(indefinite) 〈사물〉을 나타내는 명사군이 있다.

⇨ p.107

Review 'Unknown'	New 'Indefinite'	Existence	ACTing
		NG sentence expressing nothing or nobody	
何	何か something	何か(が)ある/いる	何か(が)始まる。 何か(を)見る。
だれ	だれか somebody	だれか(が)いる	だれか(が)行く。 だれかに会う meet。
どれ	どれか one of them	どれか(が)ある	どれか(が)始まる。 どれか(を)見る。
どちら	どちらか either of them	どちらか(が)ある/いる	どちらか(が)始まる/行く。 どちらか(を)見る。
どこ	どこか somewhere	―	―

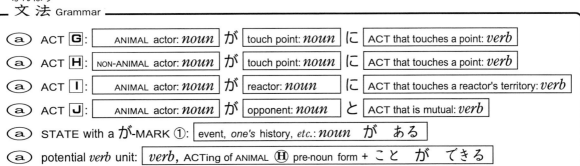

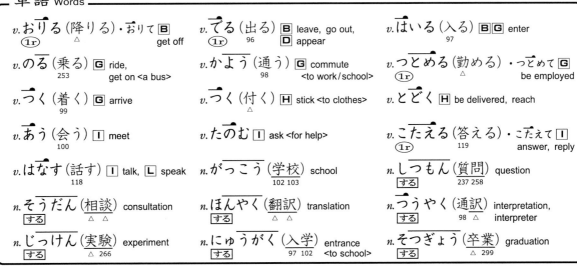

漢字

96 出　97 入　98 通　99 着　100 会　101 社　102 学　103 校　104 方　105 車

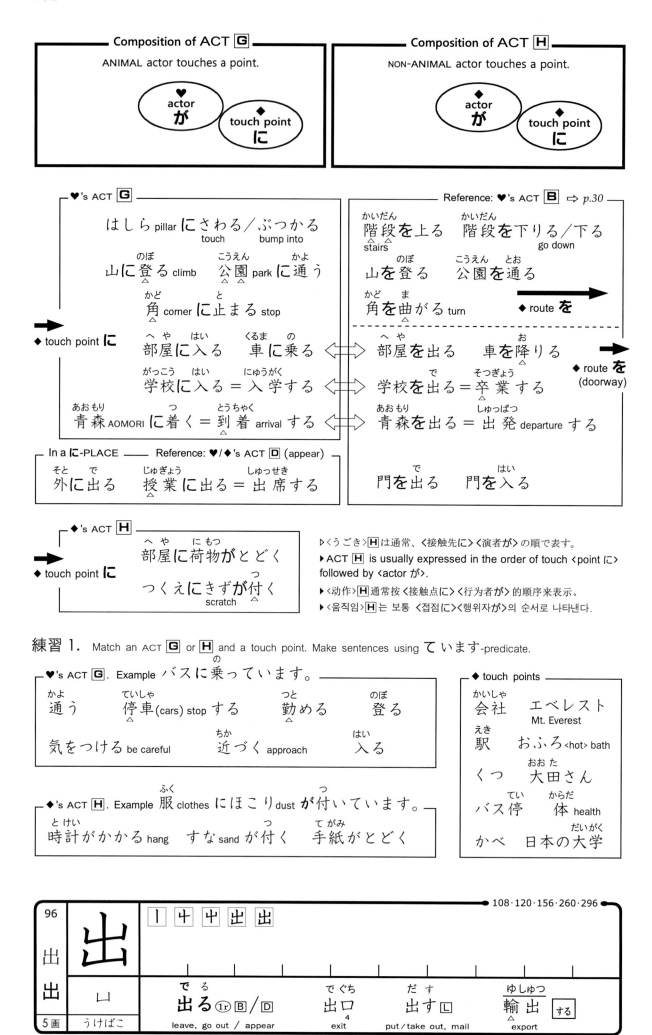

▷〈うごき〉F に演者の接触先が現れる場合がある。この場合も〈接触先に〉〈演者が〉の順で表すことが多い。

▶ The touch point of an actor can appear in ACT F. In this case, this ACT is often expressed in the order of 〈touch point に〉 followed by 〈actor が〉.

▶ 有时行为者的接触点出现在〈动作〉F 前。此类情况也多以〈接触点に〉〈行为者が〉的顺序来表示。

▶ 행위자의 접점이 〈움직임〉F로 나타나는 경우가 있다. 이때도 〈접점に〉〈행위자が〉의 순서로 표현하는 경우가 많다.

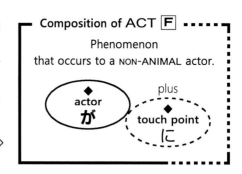

練習 2. Match an ACT F, an actor and a touch point of the actor. Make sentences using a ています-predicate.

Example 廊下(ろうか)にえんぴつがおちています。

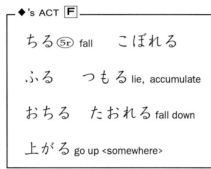
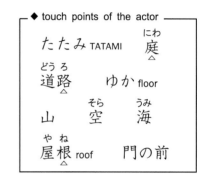

▷〈うごき〉L に対象物の接触先が現れる場合がある。
▶ The touch point of an object can appear in ACT L.
▶ 有时动作/行为对象的接触点出现在〈动作〉L。
▶ 대상물의 접점이 〈움직임〉L로 나타나는 경우가 있다.

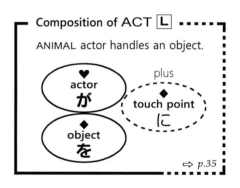

練習 3. Match an ACT L, an object and a touch point of the object. Make sentences using a ました-predicate.

Example ふうとう envelope にあて名 one's name (and address) を書(か)きました。

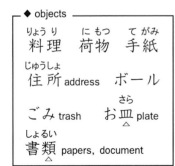

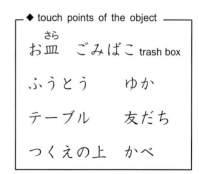

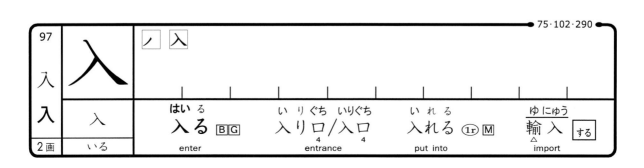

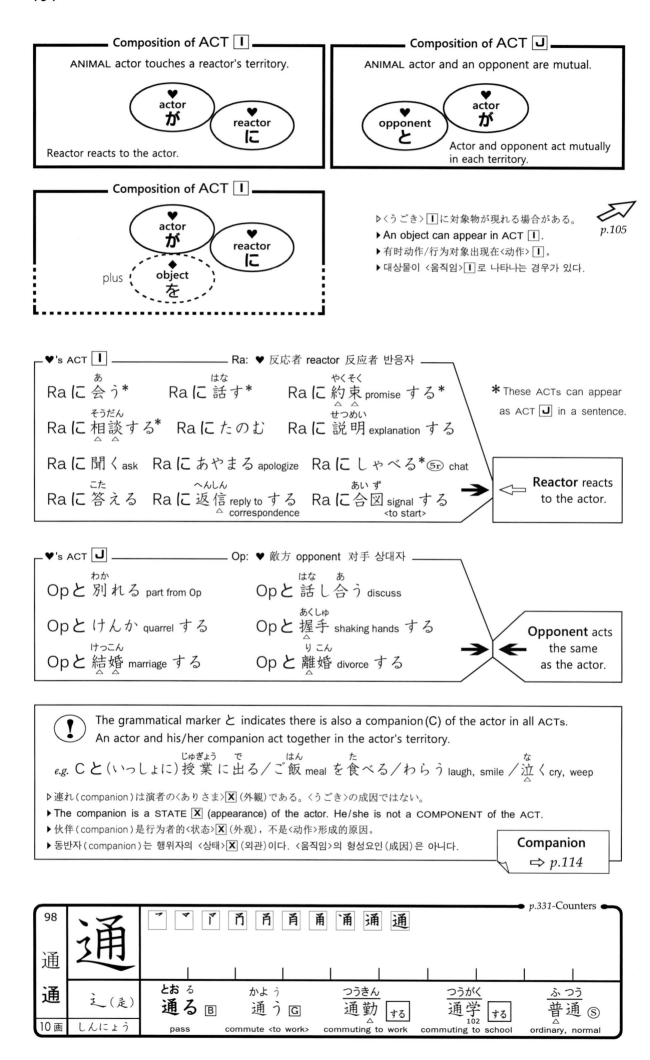

第 11 課   105

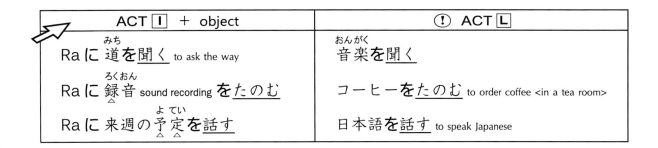

練習 4. Make sentences using ACT Ⅰ.

Example たのむ → 山下さんにスペイン語 Spanish language の通訳をたのみます。
Example 会う → 銀行の前の通り street で三木さんに会いました。

1. たのむ → きのう、_____
2. 会う → これから from now _____
3. あやまる → _____
4. 電話する → _____   電話 telephone, a call

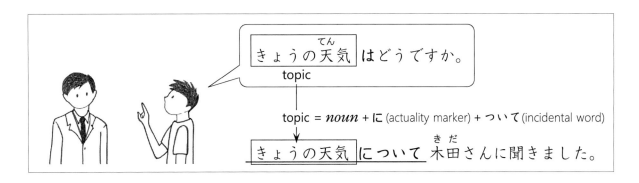

練習 5. Make sentences using *noun* + について + ACT Ⅰ.

Example 質問する → 日本の小学校 elementary school について先生に質問しました。

1. 聞く → _____
2. 話す → _____
3. 説明する → _____
4. 相談する → _____

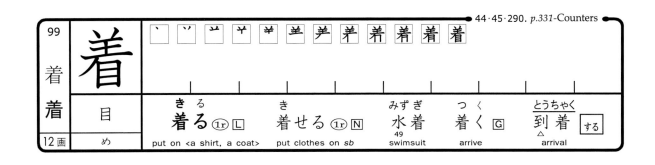

Words: ACT J to do an ACT to each other

noun form ＋ 合う   ! 会う → [NG] 会い合う

だく [L] embrace → だき合う [J] embrace each other
なぐる [L] punch → なぐり合う [J] exchange punches

— compound *verbs* —

Words

せんしゅ
選手 <sports> player

りきし
力士 SUMŌ wrestler

練習 6. Make sentences using ACT J.

♥'s ACT J | ♥ opponent と

はな あ
話し合う   　 ま あ
　　　　　　　 待ち合わせ rendezvous をする
わか　　　　　　　　　　 あくしゅ
別れる [NG] 別れ合う　握手する [NG] 握手し合う　デート date する [NG] デートし合う

チェス chess をする*   卓球 table tennis をする*   ボクシング boxing をする*
や きゅう
野球 baseball をする*   サッカーをする*   バレー volley ボールをする*
ラグビー rugby をする*   バスケットをする*   つな引き tug of war をする*

じゃんけんを
する*
do JANKEN

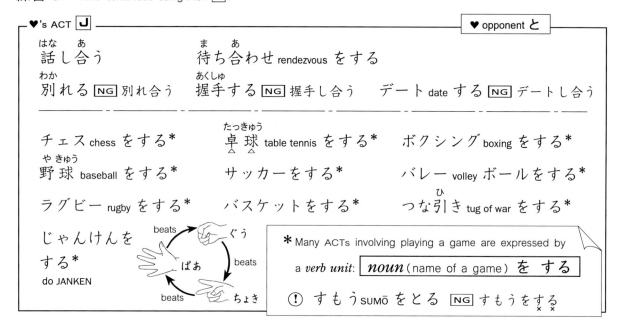

* Many ACTs involving playing a game are expressed by
a *verb unit*: **noun** (name of a game) を する

! すもう SUMŌ を とる   [NG] すもうをする
　　　　　　　　　　　　　　　　　× ×

ど もん
土門さんとテニスをします。 I'm going to play tennis with 土門さん.
　　　ACT J: 土門さん and I are opponents.　[NG] 土門さんといっしょに

だいもん
! 大門さんとテニスを見ます。 I'm going to watch tennis with 大門さん.
　　　different from ACT J: 大門さん is my companion. ⇨ p.104　[OK] 大門さんといっしょに

Example あさっての物理 physics の実験について、黒田さんと話し合います。
Example 大学の門の前で川上さんと別れました。
Example 今から五木さんとスカッシュ squash をします。
Example きのう、花川さんのチーム team と野球をしました。
Example 五時半に駅前のバス停で生田さんと待ち合わせをします。

---

100 会 会 | ノ 人 △ 会 会 会 | 101・118・228・285・298
會 日 ひらび 6画 | | あ う 会う ① meet | かいぎ 会議 meeting | ぎかい 議会 <city> assembly | そうべつかい 送別会 169 191 farewell party | きょうかい 教会 106 church

第 11 課

Question about indefinite MATERIAL	Answer expressing **nothing** or **nobody**
何か　　ありますか。	何も　　ありません。　There isn't anything. ⇨ p.44
だれか　　いますか。	だれも　　いません。　There isn't anybody.
だれか　　来ますか。	だれも　　来ません。　Nobody is going to come.
何か　　飲みましたか。	何も　　飲みませんでした。　I didn't drink anything.
だれか　に　会いましたか。	だれ　に　も　会いませんでした。　I didn't meet anybody.
だれか　と　話し合いますか。	だれ　と　も　話し合いません。　I'm not going to discuss with anybody.
どれか　　買いますか。	どれも　　買いません。　I'm not going to buy anything.
どちらか　　買いますか。	どちらも　　買いません。　I'm not going to buy either.
どこか　へ　行きますか。	どこ　へ　も　行きません。　I'm not going anywhere.

(!) も appears last.

練習 7. Ask your partner yes/no questions.

Example **A:** 教科書の下に何かありますか。

(!) Do not confuse 何か with 何が.

B1:（はい、）紙があります。　　**B2:**（はい、）紙が一枚あります。

B3:（いいえ、）何もありません。

Example **A:** きのう、ここにだれか来ましたか。

(!) Do not confuse だれか with だれが.

B1:（はい、）知らない女の人 unknown woman が来ました。

B2:（いいえ、）だれも来ませんでした。

(!) Not MATERIAL	'Unknown'		
QUANTITY ⇨ p.39, p.109	いくつ how (many)	りんごが いくつか ある。 There are some apples.	りんごが いくつも ある。 There are any amount of apples. りんごが いくつも ない。 There are hardly any apples.
	いくら how (much)	水が いくらか ある。 There is some water.	水が いくらも ある。 There is any amount of water. 水が いくらも ない。 There is hardly any water.
TIME	いつ when	いつか　sometime, at one time	いつも　always, every time

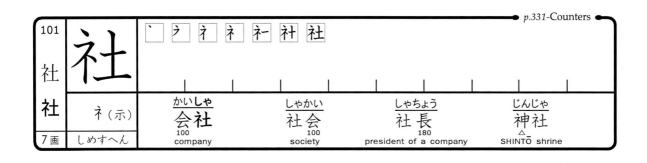

p.331-Counters

101 社 / 社 / 社 — `ラネネ\`ネー 社 社 — ネ(示) — 7画 — しめすへん

会社 kaisha 100 company ・ 社会 shakai 100 society ・ 社長 shachō 180 president of a company ・ 神社 jinja SHINTO shrine

STATE unit: MARK が + ある　　　　　　　　　　　　　　　　　　　　が-MARK ① ⇨ p.76

in a schedule
- event: となりの町(まち)でおまつりがあります。 There is a festival in a neighboring town.
- business: 旅行(りょこう)の計画(けいかく)があります。 There is a plan for a trip. / I have a plan for a trip.

psychological condition: 質問(しつもん)があります。 I have a question.

characteristic: 日本のビールは人気があります。 Japanese beer is popular.

練習 8. Make sentences using あります-/ありません-predicate with TIME.

が-MARKs ①
漢字(かんじ)のテスト　　化学(かがく) chemistry の実験(じっけん)　　横浜(よこはま) YOKOHAMA City で友だちに会う予定(よてい)
本間(ほんま)さんの誕生日(たんじょうび)のパーティー　　新(あたら)しい仕事(しごと) job　　勉強(べんきょう)する時間(じかん)

Example　月曜日(ようび)は授業(じゅぎょう)があります。　NG ×クラスがあります。 (!) クラス means a group of classmates.

Example　二時まで実験(じっけん)はありません。 (!) ません-predicate usually goes with limited information.

1. あしたは _____
2. 毎週水曜日は _____
3. 一時から _____
4. _____

練習 9. Make sentences using あります-predicate with a limited に-PLACE.

が-MARKs ①
長(なが)い歴史(れきし) history　　楽(たの)しい思(おも)い出(で) memory　　ひみつ secret　　明(あか)るい未来(みらい) future

Example　私には夢(ゆめ) dream があります。

1. 私たち we には _____ (が)
2. この寮(りょう) dormitory には _____ ◯
3. _____ には _____ ◯

102	学	` ` ` ` ` 学 学	66・67・89・98・103・148・159・164・187・231・247・252・276・292
学	子	がくせい 学生 <university> student	にゅうがく 入学 する entrance to school	かがく 科学 science	ちゅうがっこう 中学校 = ちゅうがく 中学 junior high school
8画	こ				

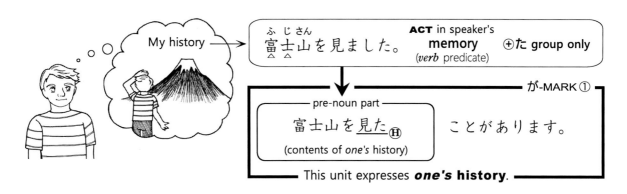

▷ <u>閲歴</u>（one's history: ACTs）は〈⊕た群の Ⓗ（連体形）＋ことが＋ある〉と表す。連体部が閲歴の中身を表す。「こと」は非独立の名詞で、閲歴の中身を〈もの〉化する。

▶ <u>One's history</u>（＝ACTs）is expressed by ⟨Ⓗ(pre-noun form) of ⊕た group ＋ ことが ＋ ある⟩. The pre-noun part expresses the contents of one's history. こと is a non-independent noun and MATERIALizes the contents.

▶ <u>阅历</u>（one's history: ACTs）以〈⊕た群的 Ⓗ（连体形）＋ことが＋ある〉来表示。连体部分表示阅历的内容。"こと"是非独立名词，对阅历的内容进行〈物〉化。

▶ <u>경력</u>（one's history: ACTs）은〈⊕た군의 Ⓗ（연체형）＋ことが＋ある〉로 나타낸다. 연체부가 경력의 내용을 나타낸다. 'こと'는 비독립 명사로 경력의 내용을 〈사물〉화한다.

練習 10. Ask your partner yes/no questions. There are various ways to answer.

Example A: 新幹線 SHINKANSEN に乗ったことがありますか。

B1: はい、あります。

B2: はい、先週乗りました。

B3: いいえ、まだありません。

--- Words — how many times ---
何回／何度 ⚠ no actuality marker
('unknown' QUANTITY)

練習 11. Ask your partner yes/no questions.

--- Frequency: QUANTITY ---
何回（何度）も many times　　何回（何度）か a few times　　一回（一度）もない never

Example A: とうふ TŌFU／おとうふを食べたことがありますか。

B1: はい、一回だけあります。 ⚠ だけ: postpositional noun ⇨ p.40

B2: はい、毎日食べています。 ⎫
B3: はい、時々 sometimes 食べています。 ⎬ The STATE of the speaker's life
　　　　　　　　　　　　　　　　　　⎭

B4: いいえ、一度もありません。

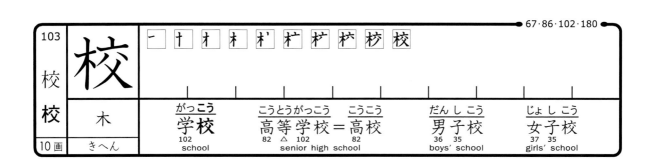

| Review: potential *verb*: (書く →) 書ける | 漢字が書けます。 ⇨ *p.76*, が-MARK ② |
| New: potential *verb unit*: 書く Ⓗことができる | 漢字を書くことができます。 |

▷ 〈生き物の〈うごき〉を表す動詞のⒽ連体形＋ことが＋できる〉は可能動詞と同様に〈ありさま〉を表す。この単位を**可能動詞単位**（potential verb unit）と呼ぶ。

▶ The unit 〈Ⓗ pre-noun form of a verb that expresses an ANIMAL's ACT + ことが + できる〉 is called a **potential verb unit**. This unit expresses a STATE in the same way as a potential verb does.

▶ 〈表示动态物体〈动作〉的动词Ⓗ连体形＋ことが＋できる〉与可能动词相同，都表示〈状态〉。这个单位叫**可能动词单位**（potential verb unit）。

▶ 〈생물체의 〈움직임〉을 나타내는 동사의 Ⓗ연체형＋ことが＋できる〉는 가능동사와 마찬가지로 〈상태〉를 나타낸다. 이 단위를 **가능동사단위**（potential verb unit）라고 한다.

Potential verb ⇨ *p.92*

練習 12. Ask your partner questions.

Example A: 日本語を話すことができますか。

B1: はい、できます。／はい、少しできます。 ⚠ Repetition of 話すことが is unnecessary.

B2: いいえ、できません。

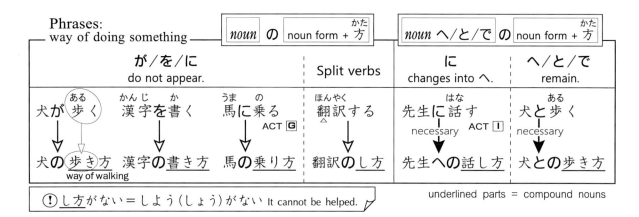

❗ し方がない＝しよう（しょう）がない It cannot be helped.

underlined parts = compound nouns

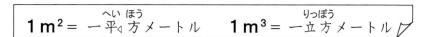

1 m² = 一平方メートル　　1 m³ = 一立方メートル

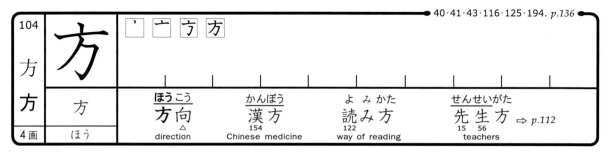

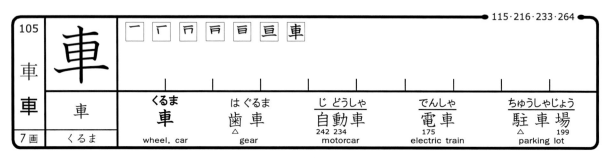

第 12 課

▸ 動詞「やる」は分裂動詞を作らない。 ▸ The verb やる is not used to make a split verb.
▸ 动词 "やる" 不生成分裂动词。 ▸ 동사 'やる'는 분열동사를 만들지 않는다.

Split verb ⇨ p.36

OK 出発（しゅっぱつ）する・返信（へんしん）する・説明（せつめい）する

NG 出発やる・返信やる・説明やる

やる can make a verb unit (a unit that functions as one verb).

work on / tackle a problem: 宿題（しゅくだい）をする／やる

have a role: 社長（しゃちょう） president をしている／やっている

ACT ｜L｜ to stage a play / to broadcast a program: やる

この劇場（げきじょう） theater は来月「リア王（おう） King Lear」をやる。

今、テレビでサッカーをやっている。

STATE for a store to be open: やっている

コンビニは夜中（よなか） midnight もやっている。

この病院（びょういん） hospital は八時からやっている。

文法 (ぶんぽう) Grammar

ⓐ ACT ｜E｜: ANIMAL actor: *noun* が　ACT where a phenomenon appears: *verb*

ⓐ ACT ｜N｜: ANIMAL actor: *noun* が　reactor: *noun* に　object: *noun* を　handing ACT: *verb*

ⓐ verb phrase 1
- complemental ACT (ACTing): *verb* Ⓖて-form　ACT: *verb*
- complemental ACT (non-ACTing): *verb* Ⓖないで-form　ACT: *verb*
- actor's appearance / QUANTITY: *noun* Ⓖで　ACT: *verb*
- companion: *noun* Ⓖと　ACT: *verb*

ⓐ ACT of activity *verb* → secondary ACT *verb* noun form ＋ながら

ⓜ asking for ACTing (polite style): pre-ACT, 'unknown': どう　（する→）します　か。

単語 (たんご) Words

- *v.* あげる ｜N｜ give <to someone> (1r)
- *v.* くれる ｜N｜ give <to me> (1r)
- *v.* もらう ｜N｜ receive
- *v.* かす（貸す）｜N｜ lend 108
- *v.* かりる（借りる）｜N｜ borrow 109
- *v.* かえす（返す）｜N｜ bring/give back 110
- *v.* あずける・あずけて ｜N｜ leave *sth* with *sb* (1r)
- *v.* おしえる（教える）｜N｜ teach (1r) 106
- *v.* ならう（習う）｜N｜ learn 107
- *v.* とどける・とどけて ｜N｜ deliver (1r)
- *v.* わたす ｜N｜ hand
- *v.* うる（売る）｜N｜ sell 111
- *v.* いそぐ（急ぐ）｜E｜ hurry <up> 115
- *v.* うごく（動く）｜E｜ move 234
- *v.* はたらく（働く）｜E｜ work 235
- *v.* あそぶ ｜E｜ play <with toys>, enjoy
- *v.* うたう（歌う）｜E｜ sing 294
- *v.* おどる ｜E｜ dance
- *v.* がんばる ｜E｜ be tenacious of *one's* purpose
- *n.* ちゅうい（注意）attention する 209 124
- *n.* しょうかい（紹介）introduction する

復習 (ふくしゅう)

3. ない group.　4. ACT and components. ACT and manner markers は and も.　5. STATE.

漢字 (かんじ)

106 教　107 習　108 貸　109 借　110 返　111 売　112 配　113 休　114 心　115 急

にんずう 人数 number of people	Speaker	Listener	Other person		
一人	私	listener's name, social position, *etc.*	友だち	学生	先生
二人以上 two or more	私たち	listener + たち		学生(たち)	先生(方)[2]
ぜんいん 全員 everybody	Plain: みな/みんな[1] (means everyone)		Polite: みなさん[1] NG みんなさん More polite: みなさま[1]		
	This can include the speaker.		This does not include the speaker.		

[1] spoken language   [2] following an honorific social position only   ( ): optional

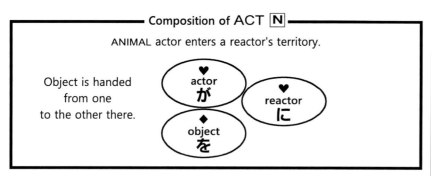

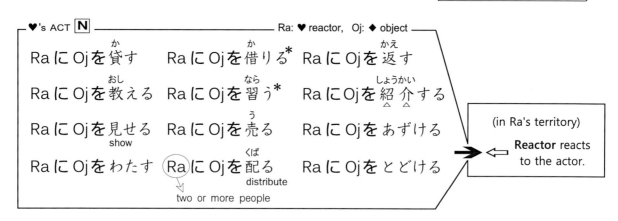

練習 1. Make sentences using ACT N.

Example 黒川さんに私の部屋の番号 number を知らせます inform 。

Example 先生が学生 students (not a student) にテストを配りました。 OK 私たちに   NG 私に

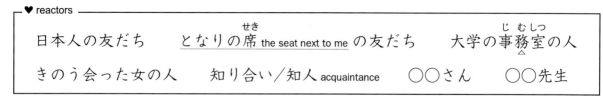

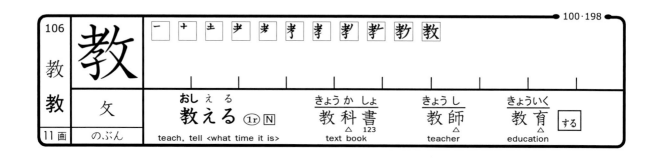

The sentence structure for Giving-Receiving

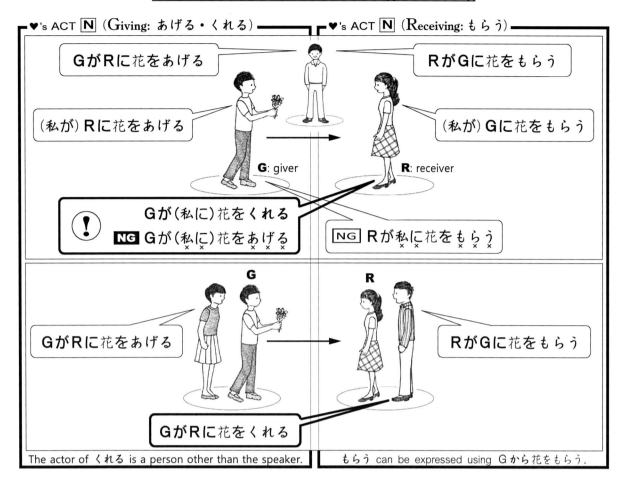

▷ 対象物の所有者を替える〈うごき〉**N**が**授受**(giving and receiving: **G-R**)である。授受を表す動詞を授受動詞という。授け手の〈うごき〉は受け手が話し手側の人物であるか否かによって2種類ある。

▶ ACT **N** where the owner of an object changes, is '**Giving and Receiving**' (G-R). The verbs that express G-R are called G-R verbs. There are two kinds of giving ACT, depending on whether the receiver is on the speaker's side or not on the speaker's side.

▶ 替换动作/行为对象所有者的〈动作〉**N**为**授受**(giving and receiving: **G-R**)。表示授受关系的动词叫授受动词。授予者的〈动作〉根据接受者是否属于说话人一方，分为两种类型。

▶ 대상물의 소유자를 바꾸는 〈움직임〉**N**이 주고 받는 **수수**(giving and receiving: **G-R**)이다. 수수를 나타내는 동사를 수수동사라고 한다. 받는 사람이 화자측 사람 여부에 따라 주는 사람의 〈움직임〉은 두 종류로 나뉜다.

> ⚠ Pay attention to which territory **the speaker is in**.

練習2. 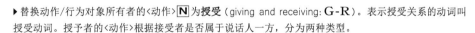 Play the role of giver or receiver with your partner and make sentences using **G-R** verbs.

Example You are the giver. It is your ACT:　　〇〇さん(your partner)に消しゴムをあげました。

Example You are the receiver. It is your ACT:　　〇〇さんにボールペンをもらいました。

Example You are the receiver.　　　　　　　　〇〇さんがガム chewing gum をくれました。
　　　　　It is your partner's ACT:

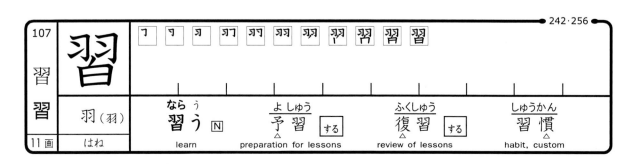

			Verb phrases express one ACT	
			ⓖ pre-ACT form +	ACT verb
① STATE appearance of the ANIMAL actor	Based on a complementary ACT *Verb*	ACTing	momentary ACT 立って	話す／食べる
			continuous ACT 急いで	行く／食べる
			ACT Ⓑ as a way 歩いて	ACT Ⓐ 行く／帰る
		Non-ACTing	ねないで／食べないで	待つ／勉強する
	Noun	Companion	友だちと ⇨ p.104	行く／食べる
		Number of actors	一人で alone／みんなで	
		Tool, way of doing	はし chopsticks で	食べる
② QUANTITY for an ACT		Price	千円で for 1,000 yen	買う／借りる
		Time, number of times	五分で／一回で in 5 minutes at once	読む／おぼえる

for *adjectives* ⇨ lesson 20   momentary ACT, continuous ACT ⇨ p.53

▷〈うごき〉に必要な ① 生き物の演者の外観、② 量を表す単語は ⓖ (連用 pre-ACT 形) で〈うごき〉の前に現れ、動詞句を作る。
▶ Words that express ① appearance of an ANIMAL actor or ② QUANTITY for an ACT appear before an ACT (verb) in ⓖ pre-ACT form in order to make a verb phrase.
▶〈动作〉所需的、表示 ① 动态行为者外观，② 数量的单词，以 ⓖ (连用 pre-ACT 形) 出现在〈动作〉前面，组成动词短语。
▶〈움직임〉에 필요한 ① 생물체인 행위자의 외관, ② 양을 나타내는 단어는 ⓖ (연용 pre-ACT형) 로〈움직임〉앞에 나타나 동사구를 만든다.

練習 3.　Ask yes/no questions using ①.　　　　　　　　❗ The pre-ACT part is never omitted.

Example A：レポートは日本語で in Japanese 書きますか。

　　　　B1：はい、日本語で書きます。　　B2：いいえ、英語で書きます。
　　　　ＮＧ はい、書きます。

Example A：ここへは歩いて on foot 来ましたか。

　　　　B1：はい、歩いて来ました。　　B2：いいえ、自転車で by bicycle 来ました。

練習 4.　Make sentences using ②.

Example このシャープペンシル mechanical pencil は三百円で for 300 yen 買いました。
Example 日本語の長い文 sentence を 20分で in 20 minutes 暗記 memorization しました。

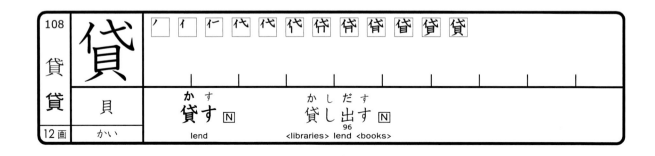

Continuous ACT	⑤r	①r		ir
Basic form	か 書く	み 見る	た 食べる	しょくじ 食事する
	↓	↓	↓	↓
	Noun form ＋ ながら			
Actor's STATE X	↓	↓	↓	↓
Pre-ACT ながら-form	か 書きながら	み 見ながら	た 食べながら	食事しながら

		Verb phrase expresses one continuous ACT	
		Pre-ACT ながら-form: (secondary ACT) ＋	*Verb* : primary ACT
STATE appearance of the ANIMAL actor	Continuous ACTing	（音楽を）聞きながら	た か ある 食べる／見る／書く／歩く
		ACT B ある 歩きながら	はな 話す／見る NG ACTs A〜D

▷ 連続の〈うごき〉が二つ同時に現れるとき、二次的な〈うごき〉は演者の〈ありさま〉として**ながら**形で表す。
▶ When two continuous ACTs appear at the same time, the secondary ACT is expressed by the ながら-form showing the actor's STATE.
▶ 连续性的两个〈动作〉同时出现时，从属性〈动作〉作为行为者的〈状态〉，用**ながら**形表示。
▶ 연속적인 두 〈움직임〉이 동시에 나타날 때, 이차적인 〈움직임〉은 행위자의 〈상태〉로서 **ながら**형으로 표현한다.

Continuous ACT becomes a secondary ACT.
こうちゃ の よ
紅茶を飲みながら本を読みます。

Momentary ACT becomes a complementary ACT.
すわって ｛紅茶を飲みます。／本を読みます。｝
NG すわりながら

練習 5. Look at the pictures and make polite style sentences using the pre-ACT **ながら**-form.

1. ラジオ_____
2. _____ うた
歌います。
3. _____ すいか _____

109 借 借	借	ノ イ 亻 仁 什 伊 伊 伊 借 借								
	イ（人）	か り る 借りる ①r N								
10画	にんべん	borrow								

▷ 〈うごき〉 E は生き物に起こるさまざまな現象である。　▶ ACT E consists of various phenomena that occur to ANIMALs.
▶ 〈动作〉 E 是发生在动态物体身上的各种现象。　▶ 〈움직임〉 E 는 생물체에 일어나는 여러가지 현상이다.

練習 6. Make sentences.

♥'s ACT E
生まれる be born　　死ぬ　　亡(な)くなる die (humans only)

Example ゲーテ Goethe は1749年に生まれました。
Example ゲーテは1832年にドイツ Germany (as it is known today) で亡(な)くなりました。

練習 7. Make sentences.

♥'s ACT E
あそぶ　　休(やす)む　　働(はたら)く　　歌(うた)う　　おどる

Example きのうは友だちとゲーム game をしてあそびました。
Example あの公園(こうえん)のベンチ bench でちょっと休(やす)みませんか。

練習 8. Make sentences including a STATE based on a complementary ACT.

♥'s ACT E
急(いそ)ぐ　　がんばる　　安心(あんしん)する feel relieved　　注意(ちゅうい)する
↓　　↓　　↓　　↓
て-form: _____　_____　_____　_____

Example 急(いそ)いで駅(えき)へ行きます。
Example 注意(ちゅうい)して運転(うんてん) driving してください。

練習 9. Make sentences using a ている-predicate.

♥'s ACT E
おこる　　つかれる　　ふとる　　やせる
↓　　↓　　↓　　↓
ている-verb: 　　　　　　　
(STATE)　angry　tired　fat　lean, thin
　　　STATE X　STATE Z mainly　STATE X　STATE X

Example 友川さんはおこっています。
Example うちの犬 my dog はふとっています。
⇨ かんじ No.134

せき (咳) cough　　せき (席) seat

—Phrases— ♥'s ACT E when expressed with a *verb unit* 〈*noun* を + する〉

息(いき)をする to breathe　せきをする to cough　くしゃみをする to sneeze　あくびをする to yawn　いねむりをする to doze off

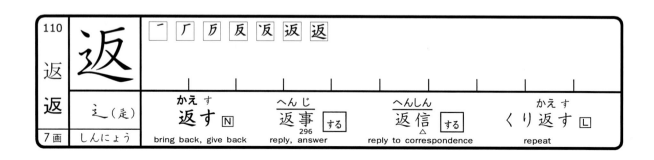

110 返 返
一 厂 厂 反 返 返 返
辶(走)　7画　しんにょう

かえ(す) 返す N bring back, give back
へんじ 返事 296 する reply, answer
へんしん 返信 する reply to correspondence
かえ(す) くり返す L repeat

練習 10. Which predicate?

a. 動きません。　　b. 動けません。　　c. 動いています。　　d. 動かないでください。

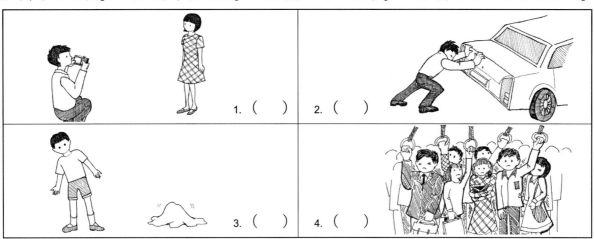

▷ 〈くうごき〉 E には「に」が表示する目印(基準)とともに文に現れるものがある。
▶ ACT E can appear in a sentence with a に-MARK (basis).
▶ 〈动作〉 E 有时会和用 "に" 表示的记号(标准)同时出现在句子里。
▶ 〈움직임〉 E 에는 'に'가 나타내는 표시(기준)와 함께 문장에 나타나는 것이 있다.

に-MARK
⇨ p.76

練習 11. Make ました-sentences using ACT E with a に-MARK.

♥'s ACT E
- 勝つ win
- 負ける lose ⟨a match⟩
- 酔う get drunk
- なれる become familiar
- 遅刻する
- おどろく be surprised (at an unknown situation)
- びっくりする (spoken language) be surprised (at an unanticipated situation)

に-MARKs (hints)
- 友だちの中本さん
- いとこ cousin
- 日本の生活 life
- 地震 earthquake
- 日本語の授業
- 東京の土地 (a piece of) land
- の値段
- ウイスキー whisky

Example　ゴルフ golf で (G pre-ACT form) 小田さんに負けました。

Example　東京スカイツリー TOKYO SKYTREE の高さ height におどろきました。

— Phrases — ♥'s ACT E when expressed with a *verb unit* ⟨noun を＋する⟩
- けがをする　to get injured
- やけどをする　to get burnt
- つかれた顔 face をする　to have a tired expression
- わすれ物をする　to forget sth ⟨in a bus⟩

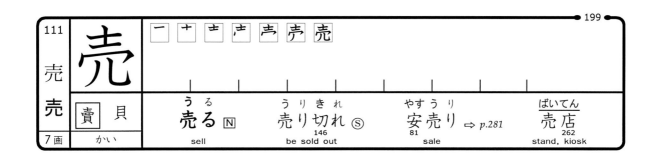

	Review				New
Unknown **MATERIAL**				Unknown **STATE**	Unknown **ACT**
TIME	PLACE	PERSON	NON-PERSON		
いつ	どこ	だれ	何	どう	どうする

— Review —

OK MATERIAL は unknown word ですか。
NG MATERIAL が unknown word ですか。

▷ 通常、不明詞に先立つのは限定的な〈もの〉である。
▶ Limited MATERIAL usually precedes an 'unknown'.
▶ 通常，出现在疑问词前面的是限定性的〈物〉。
▶ 의문사 앞에 오는 것은 보통 한정적인 〈사물〉이다.

練習 12. どうしますか。(WH question)

Example A：冬休み winter holidays はどうしますか。 NG 冬休みが／冬休みを

B：まだ何も（きめる E make up one's mind →）きめていません。

Example A：今度 next の日曜日はどうしますか。

B：まだわかりません。

Example A：午後のコーラス chorus の練習はどうしますか。

B1：(absence) 休みます。／ B2：(attendance) 出ます。 ⇨ p.102 ACT D (appear)

Example A：日本語の辞書はどうしましたか。

B：もう買いました。 NG はい、買いました。

Example A：これからどうしますか。

B：前山さんと二人で、山本さんに会います。

Example A：四月からどうしますか。

B：大学院 graduate school へ行きます。

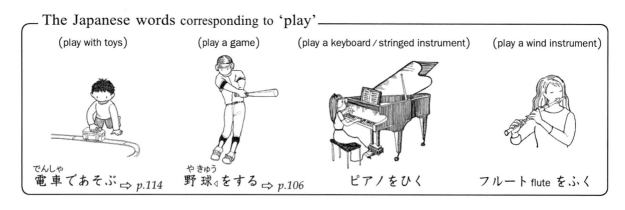

The Japanese words corresponding to 'play'
(play with toys) 電車であそぶ ⇨ p.114
(play a game) 野球をする ⇨ p.106
(play a keyboard / stringed instrument) ピアノをひく
(play a wind instrument) フルート flute をふく

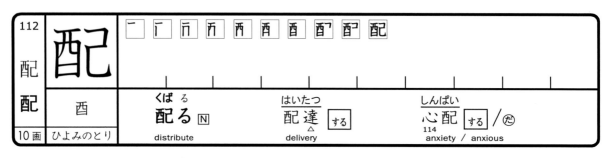

復習（ふくしゅう）3　　ない group: *adj* ない, <u>negation marker</u> and <u>ない</u>／<u>ません</u>-form
(underlined)

			How to make	Form	Grammatical meaning
MATERIAL	Noun	つくえだ。 ただだ。<charge> free	ⓖ (＋は) ＋ negation marker * * plain style: <u>ない</u> * polite style: <u>ありません</u>	つくえでは<u>ない</u> ただでは<u>ない</u>	different MATERIAL
STATE	Adj.	簡単（かんたん）だ。 明るい。		簡単では<u>ない</u> 明るく<u>ない</u>	different STATE
STATE	Verb	(exception) ある。	plain style: different word	<u>ない</u> (*adjective*)	different STATE
			polite style: ません-form	<u>ありません</u>	
		にている。	ない-form	にてい<u>ない</u>	
ACT		話す。		話さ<u>ない</u>	non-ACTing

復習（ふくしゅう）4　　ACT and COMPONENTs　⇒ *see* the inside of the front cover **1**
ACT and manner markers　　は: limited, も: accepted

n: noun

	COMPONENTs						
	Actor	Object	Route	Touch point	Reactor	Opponent	Direction
ACT	all ACTs	Ⓛ Ⓜ Ⓝ	Ⓑ	Ⓖ Ⓗ Ⓜ	Ⓘ Ⓝ	Ⓙ	Ⓐ
ⓐ	*n* が	*n* を		*n* に		*n* と	*n* へ
Actuality marker	Does not appear			Remains			
ⓜ Limited	*n* は	*n* は		*n* には		*n* とは	*n* へは
ⓜ Accepted	*n* も	*n* も		*n* にも		*n* とも	*n* へも

	PLACE		TIME	
	Plane	Point		Span
ACT	other than ⒶⒷⒸⒹ	ⒸⒹ	all ACTs	all ACTs
ⓐ	*n* で	*n* に		*n* (no marker)
Actuality marker	Remains	Remains／does not appear		
ⓜ Limited	*n* では	*n* には／*n* は	― ⇒ L.17	*n* は
ⓜ Accepted	*n* でも	*n* にも／*n* も	― ⇒ L.17	*n* も

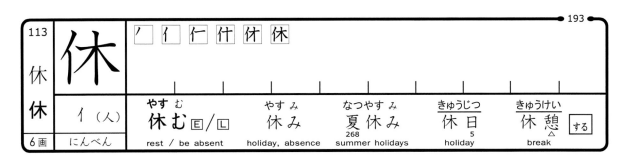

113　休　イ（人）　6画　にんべん　｜　ノ イ 仁 什 休 休　｜　193

やすむ	やすみ	なつやすみ	きゅうじつ	きゅうけい
休むⒺ／Ⓛ	休み	夏休み	休日	休憩する
rest / be absent	holiday, absence	summer holidays 268	holiday 5	break

復習（ふくしゅう）5　　STATEs

		End form ①, Ⓐ' polite style		Ⓗ pre-noun form	
		⊖た	⊕た	⊖た	⊕た
だ type	Noun	ただです	ただでした	ただの＋n	ただだった＋n
	だ-adj	簡単（かんたん）です	簡単でした	簡単な＋n	簡単だった＋n
	Exception	同じです	同じでした	同じ　＋n	同じだった＋n
い type	い-adj	明るいです	明るかったです	明るい＋n	明るかった＋n
う-row type	Verb	にています	にていました	にている＋n	にていた＋n

だ-adjectives (including new words)

いや unpleasant	色々 various	きらい distasteful	きれい	元気*
しあわせ* happy	しずか quiet	自由（じゆう）* free, liberal	上手 [じょうず]	丈夫（じょうぶ） durable, robust
親切（しんせつ）* kind	心配（しんぱい）*	好き	大事（だいじ） important	大変（たいへん） great, terrible
だめ no way	ていねい polite	ひま*	不便（ふべん） inconvenient	下手 [へた]
変（へん） strange	便利（べんり）	無理（むり）* unreasonable, impossible	有名（ゆうめい）	りっぱ fine-looking, respectable

＊ These words function as both a *noun* and a だ-*adj*.

STATE with a が-MARK ①: topic は n が ＋ STATE　⇨ p.76

この犬は元気がない。　カナリアは声がいい。(canary)　このお茶は味が変だ。(green tea)　旅行は食事が楽しい。

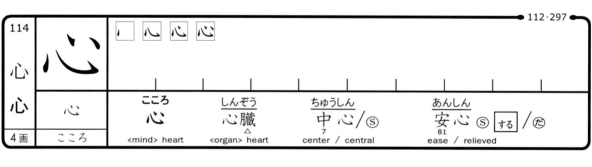

114 心　心　心　４画　こころ
丨 心 心 心　　112・297
こころ 心 <mind> heart　　しんぞう 心臓 <organ> heart　　ちゅうしん 中心/Ⓢ center / central　　あんしん 安心 Ⓢ する/だ ease / relieved

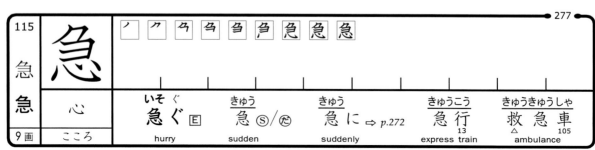

115 急　急　急　心　９画　こころ
ノ ク ク 刍 刍 乌 急 急 急　　277
いそぐ 急ぐ Ⓔ hurry　　きゅう 急 Ⓢ/だ sudden　　きゅうに 急に ⇨ p.272 suddenly　　きゅうこう 急行 express train　　きゅうきゅうしゃ 救急車 ambulance

第 13 課

▷「○○ですか」「○○でしたか」、「‥ますか」「‥ましたか」には「○○でしょうか」という、より丁寧な形がある。

▶ ○○ですか／○○でしたか and -ますか／-ましたか have a more polite style: ○○でしょうか.

▶ 相对于 "○○ですか" "○○でしたか"、"‥ますか" "‥ましたか", "○○でしょうか" 更为恭敬。

▶ '○○でしょうか'는 '○○ですか' '○○でしたか', '‥ますか' '‥ましたか'보다 더욱 정중한 표현이다.

ⓜ	だ type	い type	う-row type
Polite question	○○ですか。○○でしたか。		‥ますか。‥ましたか。
	雨（あめ）ですか。	暗いですか。	雨はふりますか。
	雨でしたか。	暗かったですか。	雨はふりましたか。
Added manner: 'uncertain' ⇨ p.126	○○でしょうか。		
	雨でしょうか。	暗いでしょうか。	雨はふるでしょうか。
More polite question	雨だったでしょうか。	暗かったでしょうか。	雨はふったでしょうか。
	ⓘ This form is often used for information not about the listener.		

文法 Grammar

- ⓜ speaker's ACT, Ⓐ 'certain' mood → Ⓑ 'soon' mood
- ⓜ ACTing / non-ACTing, Ⓐ 'certain' mood → Ⓒ 'entrust' mood
- ⓜ sentence containing 'uncertain' (plain style / polite style): [contents, plain style] だろう／でしょう。
- ⓐ ACT and its contents: [contents] と [ACT of verbalization / thought: *verb*]
- ⓜ *noun* phrase formed with という: [contents: unfamiliar information] という [category: *noun*]

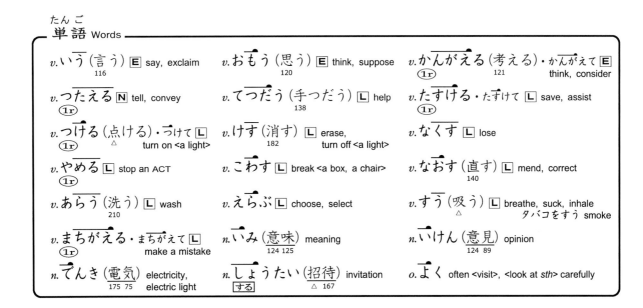

単語 Words

- v. いう（言う）Ⓔ say, exclaim 116
- v. つたえる Ⓝ tell, convey (1r)
- v. つける（点ける）・つけて Ⓛ turn on <a light> (1r) △
- v. やめる Ⓛ stop an ACT (1r)
- v. あらう（洗う）Ⓛ wash 210
- v. まちがえる・まちがえて Ⓛ make a mistake (1r)
- n. でんき（電気）electricity, electric light 175 75
- v. おもう（思う）Ⓔ think, suppose 120
- v. てつだう（手つだう）Ⓛ help 138
- v. けす（消す）Ⓛ erase, turn off <a light> 182
- v. こわす Ⓛ break <a box, a chair>
- v. えらぶ Ⓛ choose, select
- n. いみ（意味）meaning 124 125
- n. しょうたい（招待）invitation する △ 167
- v. かんがえる（考える）・かんがえて Ⓔ think, consider (1r) 121
- v. たすける・たすけて Ⓛ save, assist (1r)
- v. なくす Ⓛ lose
- v. なおす（直す）Ⓛ mend, correct 140
- v. すう（吸う）Ⓛ breathe, suck, inhale △ タバコをすう smoke
- n. いけん（意見）opinion 124 89
- o. よく often <visit>, <look at *sth*> carefully

漢字

116 言　117 語　118 話　119 答　120 思　121 考　122 読　123 書　124 意　125 味

♥ ANIMAL's **ACTs with contents** (examples)	
ACTs involving **verbalization**	ACTs involving **thought**
E: 言う　　I: 話す　答える　たのむ	(!) *I*-sentence only Contents: plain style only
N: つたえる　知らせる　　L: 書く　読む	E: 思う　考える　感じる feel

▷「言う」など言語（verbalization）の＜うごき＞、「思う」など思考（thought）の＜うごき＞には中身（contents）がある。中身と＜うごき＞を一つの文で述べる形は＜中身＋と＋動詞述語＞である。「と」は中身を⑥（連用形）にする現実表現の印である。思考の＜うごき＞には聞き手がないため、その中身は普通体である。

▶ ACTs involving verbalization, *e.g.* 言う, and ACTs involving thought, *e.g.* 思う, have contents. The form for expressing an ACT and its contents in one sentence is <contents + と + verb predicate>. と is an actuality marker that attaches to the contents and makes the contents the ⑥ pre-ACT form. Because ACTs involving thought have no listener, their contents are expressed using plain style.

▶ "言う" 等言辞（verbalization）类＜动作＞和 "思う" 等思考（thought）类＜动作＞中都包含有一定的内容（contents）。在同一个句中表达内容和＜动作＞时，其形式是＜内容と＋动词谓语＞。"と" 是将内容变为⑥（连用形）的现实描述的标记。由于其思考的＜动作＞不存在听话人，因此其内容用简体表示。

▶ '言う' 등 언어（verbalization）의 ＜움직임＞, '思う' 등 사고（thought）의 ＜움직임＞에는 내용（contents）이 있다. 내용과 ＜움직임＞을 한 문장으로 표현할 때 그 형태는 ＜내용＋と＋동사술어＞이다. 'と'는 내용을 ⑥（연용형）로 만드는 현실표현의 표기이다. 사고의 ＜움직임＞에는 청자가 없기 때문에 그 내용은 보통체로 표현한다.

Quotation marks 「おいしい」と　「あっ」と

練習 1. 何と言いましたか。

Example A: 青田さんは何と言いましたか。
B: 「雨ですよ」と言いました。

何と → (spoken language) 何て
〜と → (spoken language) 〜って
e.g. 「雨ですよ」って言いました。

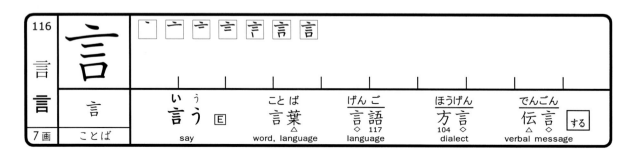

練習2. 何と読みますか。

Example 土　A: この単語 word は何と読みますか。
　　　　　　B: 「つち」と読みます。 ← ⚠ In this case, ど is incorrect answer.

1. 川　2. 人　3. 年　4. 木　5. 月　6. 百　7. 耳　8. 前　9. 音　10. 赤

練習3. Ask WH questions about STATEs using どうですか.
Your partner (B) should answer using plain style + と思います.

Example A: その日本語の辞書はどうですか。
　　　　 B: 便利だと思います。　[NG] 便利と思います　[NG] 便利ですと思います
　　　　　　　↑
　　　　⚠ predicate end form ⓐ (plain style)

▷「言った−言っている」「思う−思っている」は「くうごき」の現実表現(ⓐ)−〈ありさま〉の述べ方(ⓜ)」の対立である。
▶ The pairs of 言った−言っている and 思う−思っている correspond to the contrast between ⓐ – ⓜ.
▶ "言った−言っている" "思う−思っている" 所表示的是 "〈动作〉的现实描述(ⓐ)—〈状态〉的叙述方式(ⓜ)" 之间的对立关系。
▶ '言った−言っている' '思う−思っている'는 〈움직임〉의 현실표현(ⓐ)과 〈상태〉의 말하기 방식(ⓜ)의 대조표현이다.

ⓐ Actuality of an ACT	ⓜ Way of speaking about a STATE
Style of contents: as the speaker heard it 中木さんは 休みたい と言った。 Speaker's memory of 中木さん's ACT 言う	Style of contents: plain 中木さんは 休みたい と言っている。 休みたい is 中木さん's STATE of not changing his/her mind.
Style of contents: plain （私は） 休みたい と思う。 My ACT 思う at the time of the utterance	Style of contents: plain （私は） 休みたい と思っている。 休みたい is the STATE of my mind.

練習4. Make sentences using ⓜ. ⚠ The contents are expressed using the plain style.

Example （ねむいです→）　三国さんは「ねむい」と言っています。

1. （とり肉 chicken をよく食べます→）　小国さんは＿＿＿＿＿＿＿＿＿＿
2. （バイク motorcycle がほしいです→）　私は＿＿＿＿＿＿＿＿思っています。
3. （さいふをなくしました→）　大国さんは＿＿＿＿＿＿＿＿＿＿
4. （ハワイ Hawaii へ行きたいです→）　私は＿＿＿＿＿＿＿＿＿＿

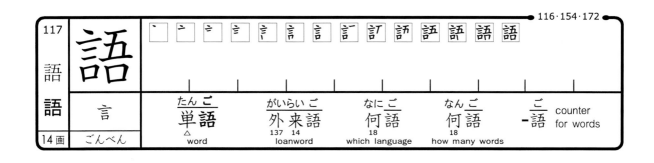

Inflection

End form 1, Ⓐ basic form	5r					
	はな 話す	か 書く	およ 泳ぐ	つか 使う	ま 待つ	つく 作る
'certain' mood	↓	↓	↓	↓	↓	↓
	お-row + う					
'soon' mood speaker's ACT	↓	↓	↓	↓	↓	↓
End form 2, Ⓑ う-form	はな 話そう	か 書こう	およ 泳ごう	つか 使おう	ま 待とう	つく 作ろう

読んでいる: STATE based on an ANIMAL's ACT → ⓄⓀ 読んでいよう, くれる: non-speaker's ACT → NG くれよう,

▷〈うごき〉を表す終結形には述べ方を表明する叙法(mood)が3種類ある。終結形1は確信('certain')を表明する。終結形2は話し手が〈うごき〉の直前('soon')であることを表明する。

▶ There are three kinds of mood (way of speaking expressed by the end form of the verb) that express an ACT. End form 1 expresses that the ACT is **'certain'** to happen. End form 2 expresses that the speaker's ACT will happen **'soon'**.

▶ 在表示〈动作〉的终结形中,共有三种语气(mood)用以表明叙述方式。终结形1表示**有把握**('certain');终结形2表示说话人**即将**('soon')进行某个〈动作〉。

▶〈움직임〉을 나타내는 종결형에는 말하기 방식을 표명하는 세 가지 서술법(mood)이 있다. 종결형1은 확신('certain')을 표명한다. 종결형2는 화자가〈움직임〉의 직전('soon')임을 표명한다.

> ACT predicate end form
> 1: 'certain' mood
> 2: 'soon' mood
> 3: 'entrust' mood
> ⇒ p.128

練習 5. Make different forms of the following verbs.

	Review			New
	(basic form)	(て-form)	(た-form)	(う-form)
1. 急ぎます				
2. お 起きます				
3. しょうたい 招待します				
4. 来ます				
5. かんが 考えます				
6. いのります pray				
7. なお 直します				
8. たの 楽しみます enjoy				
9. て 手つだいます				
10. たすけます				

---

118 話 / 話 | 言 | 13画 ごんべん

話 — 71·175·259

はな
話す 1/L ⇒ p.105 — talk / speak <Japanese>
はなし
話 — talk, story
はなしことば
話し言葉 116 — spoken language
かいわ
会話 100 する — conversation

of Verbs, 6 ⇨ p.332 (Pitch accent)

5r			1r		ir	
死ぬ	運ぶ	読む	見る	食べる	来る	○○する
↓	↓	↓	↓	↓	↓	↓
お-row + う			pre-ない form + よう			
↓	↓	↓	↓	↓	↓	↓
死のう	運ぼう	読もう	見よう	食べよう	来よう	○○しよう

こわれる: ◆ NON-ANIMAL's ACT → [NG] こわれよう, 読める [S] → [NG] 読めよう, 見える [S] → [NG] 見えよう

▷ Ⓑう形は直前ムード(終結形2)の普通体である。この丁寧体はⒷ'ましょう形である。
▷ Ⓑ う-form is the plain style of the 'soon' mood (end form 2). Its polite style is Ⓑ'ましょう-form.
▷ Ⓑう形是表示马上就要进行某个<动作>(终结形2)时的简体。其敬体是Ⓑ'ましょう形。
▷ Ⓑう형은 직전무드(종결형2)의 보통체이다. 정중체는 Ⓑ'ましょう형이다.

	Plain style	Polite style (ます-family)
End form 1 'certain' mood	Ⓐ 見る。	Ⓐ' 見ます。
End form 2 'soon' mood ! speaker's ACT only	Ⓑ 見よう。	Ⓑ' 見ましょう。

練習 6. Your instructor will say う-form verbs (plain style). Change them into the ましょう-form (polite style).

Example 行こう → 行きましょう

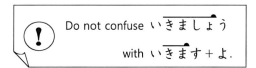
! Do not confuse いきましょう with いきます + よ.

練習 7. Your instructor will say verbs that refer to the ACTs of ANIMALs. Make ましょう-sentences.

Example 行く → 行きましょうか。 Shall I/we go?

Example 行く → (さあ、) 行きましょう。 Let's go.
　　　　　　! さあ: an interjection which, in this case, promotes the listener to ACT

Example 飲む → お茶 tea (= soft drink) を飲みましょう。

Example やめる → 旅行はやめましょうか。
　　　　　　! Non-active ACTs (e.g. やめる, 休む) often go with limited information.

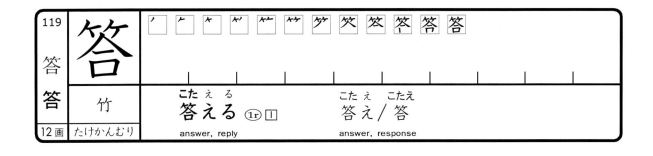

	Review 'Certain' mood ⊖た		New ⓜ 'Uncertain': contents + marker	
	Ⓐ Plain style	Contents of predicate	'uncertain' marker	
			Plain style: だろう	Polite style: でしょう
だ type	雨(あめ)* rainy だ。	→ bare 雨	雨だろう。	雨でしょう。
	元気だ。	元気	元気だろう。	元気でしょう。
い type	安い。	→ same as Ⓐ 安い	安いだろう。	安いでしょう。
	見ない。	見ない	見ないだろう。	見ないでしょう。
う-row type	見る。	見る	見るだろう。	見るでしょう。

*雨 which means 'rainy', is a STATE noun.

▷ 確信のない情報は述語の中身に<u>不確実</u>('uncertain')の印(だろう/でしょう)を後続させて表す。
▷ 「だろう/でしょう」は時間的な未来を表す印ではない。「確信がない」という態度表明の印である。この態度表明は<u>発話時の話し手について以外</u>の情報に現れる。

▶ 'Uncertain' information is expressed by attaching the <u>'uncertain'</u> manner marker (だろう or でしょう) to the contents of the predicate.
▶ だろう and でしょう are not markers expressing the future. They are manner markers that express the speaker's uncertainty. These markers appear with <u>information that is not about the speaker at the time of the utterance</u>.

▶ 对没有把握的信息，要在谓语的内容后添加<u>不确定</u>('uncertain')的标记(だろう/でしょう)来表示。
▶ "だろう/でしょう" 这一标记，不是表示时间上的未来，而是"没有把握"的态度表明。这种态度表明出现在讲话时的、<u>除说话人以外的信息</u>中。

▶ 확신이 없는 정보는 술어의 내용에 <u>불확실</u>('uncertain')의 표기(だろう/でしょう)를 뒤에 붙여서 나타낸다.
▶ 'だろう/でしょう'는 시간적인 미래를 나타내는 표기가 아니다. '확신이 없다'라는 태도표명의 표기이다. 이 태도표명은 <u>발화시 화자 이외의 정보</u>에 나타난다.

ACT of the **speaker**: *my* ACT	ACT of a **non-speaker**: your/his/her ACT
1. 電話(でんわ)しました。	電話しました。
2. 電話します。	電話します。
3. 電話しましょう。 'soon' 'uncertain'	4. 電話するでしょう。
NG 電話するでしょう。	NG 電話しましょう。

(between rows 1-2: 'certain')

練習 8. Change sentences 1-4 in the above table into the plain style.

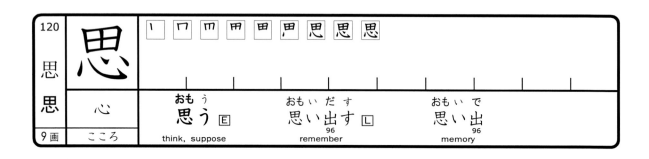

第13課

	Review 'Certain' mood ⊕ た		New ⓜ 'Uncertain': contents + marker	
	Ⓐ plain style	Contents of predicate	'uncertain' marker	
			Plain style: **だろう**	Polite style: **でしょう**
	雨だった。		雨だっただろう。	雨だったでしょう。
	元気だった。		元気だっただろう。	元気だったでしょう。
	安かった。	→ same as Ⓐ	安かっただろう。	安かったでしょう。
	見なかった。		見なかっただろう。	見なかったでしょう。
	見た。		見ただろう。	見たでしょう。

練習 9. A asks questions using だれが. Complete B and D's answers using the 'certain' mood, C's answers using the 'soon' mood and E's answers by attaching an 'uncertainty' manner marker to the 'certain' mood.

Example　A: おべんとう boxed meal はだれⓖ作りますか。
　　　　　B: 私ⓖ作ります。　　　　C: 私ⓖ作ろうと思います。
　　　　　D: □□さんⓖ作ります。　E: □□さんⓖ作るだろうと思います。

1. A: 赤木（あかぎ）さんにあげるプレゼント present はだれⓖえらびますか。
　　B: 私○_____　　C: 私○_____
　　D: □□さん○_____　E: □□さん○_____

2. A: だれⓖ運転（うんてん）しますか。 In this case the noun (運転) is unnecessary in the answer.
　　B: 私○します。　　　　　C: 私○_____
　　D: □□さん○_____　E: □□さん○_____

3. A: ここにはきのうだれⓖ来ましたか。
　　B: 私○_____　　C: ('soon' mood is impossible)
　　D: □□さん○_____　E: □□さん○_____

121 考 考 考 6画	考	一 十 土 耂 考 考		
	耂 (老) おいがしら	かんがえる 考える ①r Ⓔ think, consider	Ⓗ+ことを かんがえる 考える ①r Ⓛ think *object*, consider *object*	かんがえ 考え idea

Inflection

しまる (◆ NON-ANIMAL's ACT) → ⓄⓀ しまれ, 見ている (STATE based on an ANIMAL's ACT) → ⓄⓀ 見ていろ,

				(5r)			
End form ③, Ⓒ (for ACTing)	話(せ)	書(け)	泳(げ)	使(え)	待(て)	作(れ)
all ACTs 'entrust' mood	↑	↑	↑	↑	↑	↑
	え-row					
'certain' mood	↑	↑	↑	↑	↑	↑
End form ①, Ⓐ basic form	話(す)	書(く)	泳(ぐ)	使(う)	待(つ)	作(る)
'certain' mood	↓	↓	↓	↓	↓	↓
	basic form + な					
'entrust' mood all ACTs	↓	↓	↓	↓	↓	↓
End form ③, Ⓒ (for non-ACTing)	話すな	書くな	泳ぐな	使うな	待つな	作るな

しまる (◆ NON-ANIMAL's ACT) → ⓄⓀ しまるな, 見ている (STATE based on an ANIMAL's ACT) → ⓄⓀ 見ているな,

▷ 終結形③は<u>一任</u>(entrustment)を表明する。話し手は演者にならず、相手に〈くうごき〉を一任すると述べる叙法で命令に用いられる。
▶ End form ③ expresses '<u>entrustment</u>'. In the 'entrust' mood, the speaker does not play the role of the actor but rather he/she entrusts an ACT to an ANIMAL or NON-ANIMAL target. It is used for the imperative.
▶ 终结形③表示<u>付托</u>(entrustmemt)。说话人不会成为行为者，而是一种将〈动作〉付托于对方的语气，用于命令。
▶ 종결형③은 <u>일임</u>(entrustmemt)을 표명한다. 화자는 행위자가 될 수 없고, 상대에게 〈움직임〉을 맡긴다 라고 말하는 서술법으로서 명령할때 사용한다.

▷ <u>生き物の〈くうごき〉あり</u>の場合、親が子に対するなど、低位の人物に対する指示 (instructions)を表す〈(名詞形＋なさい→)例：読みなさい〉という終結形がある。
▶ There is also an end form 〈noun form + なさい → *e.g.* 読みなさい〉 that expresses instructions to someone of lower position, *e.g.* from parent to child, but only in the case where <u>an ANIMAL is instructed to ACT</u> by someone.
▶ <u>动态物体进行某个〈动作〉</u>时，对所处位置(年龄、职位等)低于自己的人，例如父母对孩子做出指示(instructions)时等，用〈(名词形＋なさい→)例：読みなさい〉这一终结形来表示。
▶ <u>생물체에 〈움직임〉이 있는</u> 경우, 부모가 아이를 대하는 것처럼 (연령, 직위가) 낮은 사람에 대한 지시(instructions)를 나타내는 〈(명사형＋なさい→) 예：読みなさい〉라는 종결형이 있다.

	ANIMAL's ACT:	ⓄⓀ 行きなさい
	NON-ANIMAL's ACT:	NG われなさい

⇒ *see* the inside of the back cover

Mood	Review	p.124 - p.125	New	
	① 'Certain' all predicates	② ACTing 'soon' speaker's ACT	③ 'Entrust' an ACT to a target	
			ACTing	non-ACTing
Plain	Ⓐ 見る。	Ⓑ 見よう。	Ⓒ 見ろ。	Ⓒ 見るな。
Polite	Ⓐ' 見ます。	Ⓑ' 見ましょう。 (ます-family)	(instructing listener) 見なさい。	—
			(asking listener) 見てください。	(asking listener) 見ないでください。

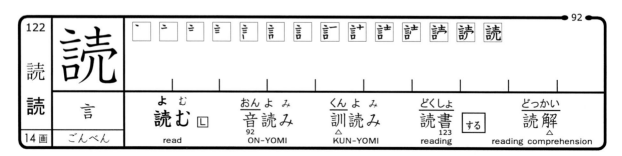

of Verbs, 7

⚠ exception: G-R verb くれる → くれ NG くれろ

読めるS → NG 読めろ，できるS → NG できろ，見えるS → NG 見えろ．

5r			1r		ir	
死(ね)	運(べ)	読(め)	見ろ	食べろ	○○しろ	来い
↑	↑	↑	↑	↑	↑	↑
え-row			pre-ない form ＋ ろ			pre-ない form ＋ い
↑	↑	↑	↑	↑	↑	↑
死(ぬ)	運(ぶ)	読(む)	見る	食べる	○○する	来る
↓	↓	↓	↓	↓	↓	↓
basic form ＋ な						
↓	↓	↓	↓	↓	↓	↓
死ぬな	運ぶな	読むな	見るな	食べるな	○○するな	来るな

読めるS → NG 読めるな，できるS → NG できるな，見えるS → NG 見えるな

練習 10. Make predicates using the 'entrust' mood.

Example 書く (ACTing) → 書け。 書かない (non-ACTing) → 書くな。

1. 止まる
2. 走らない
3. 手 hand を洗う
4. よく考える
5. こわさない
6. 説明する
7. 火 fire を消す
8. タバコをすわない
9. 電気をつける
10. まちがえない
11. かさをさす put up an umbrella
12. 心配しない do not worry

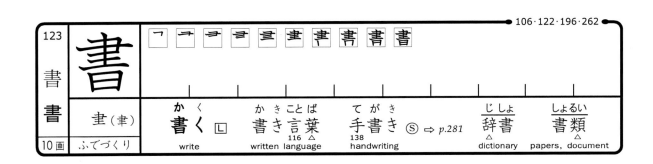

Noun phrase: "X という Y"

e.g. 春野(はるの)という町(まち) ⓜ

The speaker thinks that X (春野) is unfamiliar to the listener.
The speaker wants to inform the listener that X (春野) is the name of Y (町 town = a **category**).

▷ 「言う」に発しているが、<…という＊＋名詞／どういう＊＋名詞>の「いう(Ⓗ連体形)」には語彙的な意味はない。
▶ <…という＊ + noun ／どういう＊ + noun>, いう (Ⓗ pre-noun form) has no lexical meaning, but originates from 言う.
▶ <…という＊＋名詞／どういう＊＋名詞>形式中的 "いう(Ⓗ連体形)" 源于动词 "言う", 但不具有词汇性质的意义。
▶ '言う'가 어원이지만 <…という＊＋명사／どういう＊＋명사>의 'いう(Ⓗ연체형)'에는 어휘적인 의미가 없다.

> ＊いう: pre-noun verb
> どう ⇨ p.51

練習 11. Make noun phrases. For example: ピアノという喫茶店(きっさてん)

_____ という _____   _____ という _____

練習 12. Introduce yourself.

Example 私は○○(country) の △△(e.g. prefecture) の □□ という 町(まち)／村(むら) village で生まれました。
　　　　　a bigger unit ⇐＿＿＿＿＿＿＿＿＿＿＿＿＿＿＿＿＿＿＿＿＿＿＿⇒ a smaller unit

練習 13. Ask your partner the meaning of words you do not understand.

> NG 意見は ⇨ p.21
> ★ 〜ん＋って → 〜んて

Example A: 意見(いけん)て＊どういう意味(いみ)ですか。 B: Opinion という意味です。

Example A: Beautiful ってどういう意味ですか。 B: うつくしいという意味です。

練習 14. ⟨Review⟩ Have conversations with your partner like the ones in the examples.

Example of an unknown **place**	Example of an unknown **person**
A: 先月、バリ(Bali) へ行きました。 （B can understand that バリ is a place.) B: バリって**どこ**ですか。 A: インドネシアです。	A: 国田さんに会いましょう。 （B can understand that 国田さん is a person.) B: 国田さんて**だれ**ですか。 A: 八木(やぎ)さんの友だちです。

---

124 意　意　心　13画　こころ

意(いみ)味 meaning　　意(いけん)見 opinion　　得(とくい)意 だ ⇨ p.77 <for talent> good at

→ 209・227

---

125 味　味　口　8画　くちへん

味(あじ) taste, flavor　　趣(しゅみ)味 hobby　　興(きょうみ)味がある Ⓢ be interested in　　味(みかた)方 friend, ally

→ 124

第 14 課

▷ 丁寧さ(politeness)は聞き手に対する述べ方：水平的な(horizontal)距離感を表し、敬語(honorifics)は実際に交際のある他者を自身より高位とする遇し方：垂直的な(vertical)距離感を表す。

▸ **Politeness** is a way of speaking to the listener: a **horizontal** sense of distance. **Honorifics** are used as a way of treating real acquaintances who occupy a higher position in a particular situation: a **vertical** sense of distance.

▸ 恭敬的语气(politeness)是对听话人的一种叙述方式：体现的是一种水平方向的(horizontal)距离感，而敬语(honorifics)是把有实际交往的一方置于比自己高的位置的一种对待方式：体现的是一种垂直方向的(vertical)距离感。

▸ 정중함(politeness)은 청자에 대한 말하기 방식 : 수평적인(horizontal) 거리감을 나타내며, 경어(honorifics)는 실제로 교제가 있는 다른 사람을 자신보다 높게 대하는 방식 : 수직적인(vertical) 거리감을 나타낸다.

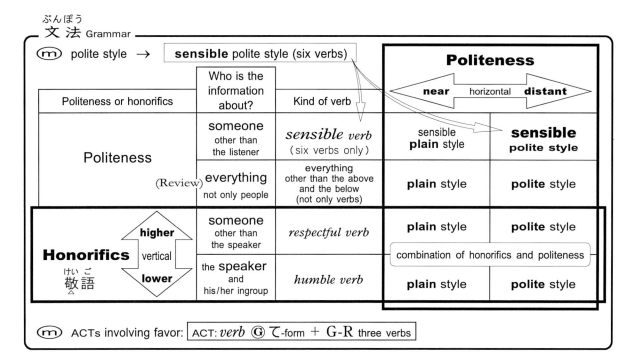

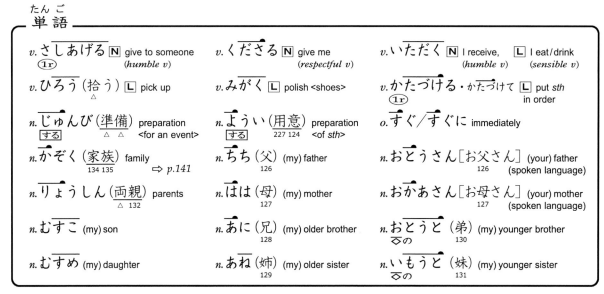

Eight verbs Ⓐ plain style	Review **1st level** of politeness Ⓐ' polite style	Six sensible verbs ＊ These five verbs only appear in the polite style.	New **2nd level** of politeness Ⓐ' **sensible** polite style
きょうしつ 教室へ行く 教室へ来る	教室へ行きます。 教室へ来ます。	まいる＊	教室へまいります。
しゅっぱつ 出発する	出発します。	いたす＊	出発いたします。
言う	言います。	もうす＊	もうします。
た 食べる の 飲む	食べます。 飲みます。	Ⓐ **sensible** plain style いただく。	いただきます。
教室にいる e.g. 見ている	教室にいます。 見ています。	おる＊ 見ておる＊	教室におります。 見ております。
NON-ANIMAL only 時間がある ⇨ p.42, p.108	時間があります。	ござる＊	時間がございます。 NG ござります ⇨ p.143

▷丁寧さに２段階ある動詞が八つある。すでに学んだ丁寧体と、場面に応じた分別を表明する分別丁寧体(sensible polite style)である。分別丁寧体を作る動詞(分別動詞 sensible verb)は六つである。
▷分別丁寧体は尊敬動詞(respectful verb)で表される人物以外の情報に用いられる。

▶ There are eight verbs with two levels of politeness. One is the polite style, which you already know, and the other is the sensible polite style, which expresses judgment of the stuation. This style is expressed by six sensible verbs.
▶ The sensible polite style is used for all information except people, who are expressed by respectful verbs.

▶ 表示恭敬语气的、具备两个档次的动词有八个。一个是已经学过的敬体，另一个是因场合而异的、恰如其分的分别敬体(sensible polite style)。做分别敬体的动词(分别动词 sensible verb)有六个。
▶ 分别敬体用于以尊敬动词(respectful verb)表示的人物以外的信息。

▶ 정중함에 두 단계가 있는 동사는 8개 있다. 이미 배운 정중체와 장면에 맞게 구별, 판단을 표시하는 분별정중체(sensible polite style)이다. 분별정중체를 만드는 동사(분별동사 sensible verb)는 6개 있다.
▶ 분별정중체는 존경동사(respectful verb)로 표현되는 사람 이외의 정보에 사용한다.

Politeness ⓜ Way of speaking to the listener	Honorifics ⓜ Way of treating adults	
1st level: polite style (children may be the listener) 2nd level: sensible polite style (for adults only)	*Respectful verbs*	*Humble verbs*

▷丁寧さとは別に敬語(honorifics)がある。敬語は尊敬動詞(respectful verbs)、謙譲動詞(humble verbs)で表す。
▶ Apart from politeness there are honorifics, which consist of **respectful** verbs or **humble** verbs.
▶ 除恭敬的语气以外，还有敬语(honorifics)。敬语以尊敬动词(respectful verbs)和谦让动词(humble verbs)来表示。
▶ 정중함과는 별도로 경어(honorifics)가 있다. 경어는 존경동사(respectful verbs), 겸양동사(humble verbs)로 나타낸다.

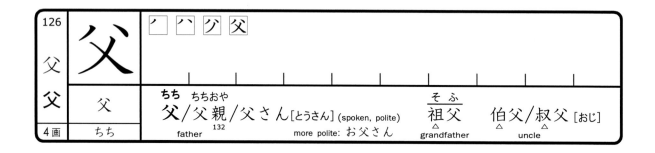

練習 1. Change the underlined parts of the sentences into the sensible polite style.

Example この部屋には大きいまどがあります。 → ＿＿ございます

1. 一番線 platform number one に電車が来ます。 → ＿＿＿＿＿＿＿＿＿
2. 急行 express はこの駅に二分停車します。 → ＿＿＿＿＿＿＿＿＿
3. バスはもう発車 departure しました。 → ＿＿＿＿＿＿＿＿＿
4. 6時まで研究室 lab で休んでいました。 → ＿＿＿＿＿＿＿＿＿
5. 家族とおいしいぶどう grape(s) を食べました。 → ＿＿＿＿＿＿＿＿＿
6. きょうはどこへも行きません。 → ＿＿＿＿＿＿＿＿＿
7. アイスコーヒー iced coffee を飲みましょう。 → ＿＿＿＿＿＿＿＿＿
8. まもなく soon 東京に到着します。 → ＿＿＿＿＿＿＿＿＿
9. まだパンダを見たことがありません。 → ＿＿＿＿＿＿＿＿＿
10. 私にはむすことむすめが一人ずついます。 → ＿＿＿＿＿＿＿＿＿
11. すぐに紙とえんぴつを用意しましょう。 ⇨p.40 → ＿＿＿＿＿＿＿＿＿
12. 引っこし house-moving の準備はもうしました。 → ＿＿＿＿＿＿＿＿＿
13. あしたの午後4時半にそちら*へ行きます。 → ＿＿＿＿＿＿＿＿＿
14. きのうもこちら**へ来ました。 → ＿＿＿＿＿＿＿＿＿

そちら and こちら are suitable for the sensible polite style. * Listener's (your) place, ** Speaker's (my/this) place

だ type	Review Plain style	Polite style	New Sensible polite style
⊖た	雨だ。	雨です。	雨でⓖございます。
⊕た	雨だった。	雨でした。	雨でございました。

STATEs that can be expressed with ございます

おはようございます。
ありがとうございます。
おめでとうございます。
(expression of congratulations)

Giving your name using the sensible polite style	
when you meet for the first time:	in other cases:
○○ともうします。	○○でございます。

練習 2. Give your name as you would when you meet someone for the first time.

Example はじめまして。○○ともうします。

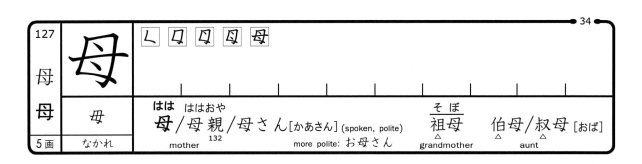

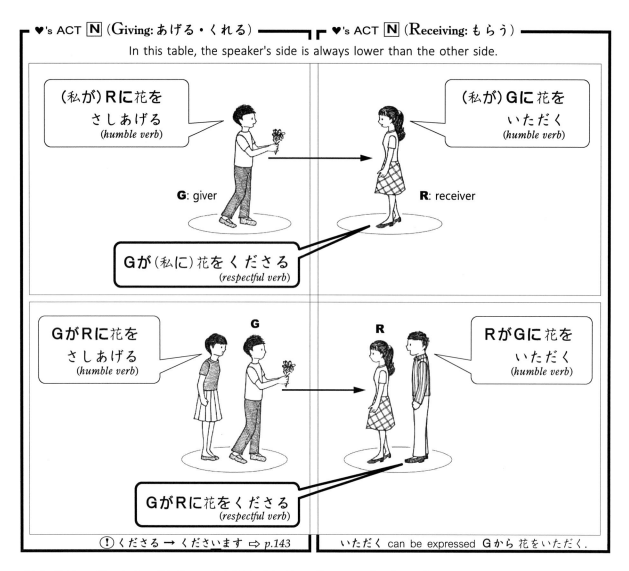

- 授受の敬語は、「さしあげる」(「あげる」の謙譲動詞)、「くださる」(「くれる」の尊敬動詞)、「いただく」(「もらう」の謙譲動詞)である。
- The honorific of the G-R verbs are G: さしあげる (humble verb of あげる), くださる (respectful verb of くれる) and R: いただく (humble verb of もらう).
- 授受敬語是 "さしあげる"("あげる" 的謙讓動詞)、"くださる"("くれる" 的尊敬動詞)、"いただく"("もらう" 的謙讓動詞)。
- 수수에 쓰이는 경어는 '사しあげる'('あげる'의 겸양동사), 'くださる'('くれる'의 존경동사), 'いただく'('もらう'의 겸양동사) 이다.

Giving and Receiving ⇨ *p.113*

練習 3. Play the role of giver or receiver with your instructor and make G-R sentences.

1. You are the actor of G: 先生にキーホルダー key ring をさしあげました。
2. You are the actor of R: 先生に京都の絵はがき picture postcard をいただきました。
3. Your instructor is the actor of G: 先生がボールペンをくださいました。

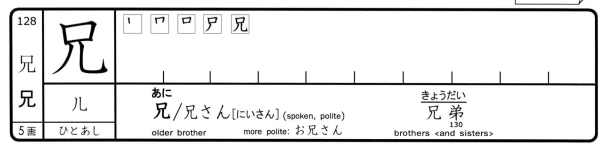

第 14 課

練習 4. Make **G-R** sentences. Pay attention to who is the speaker.

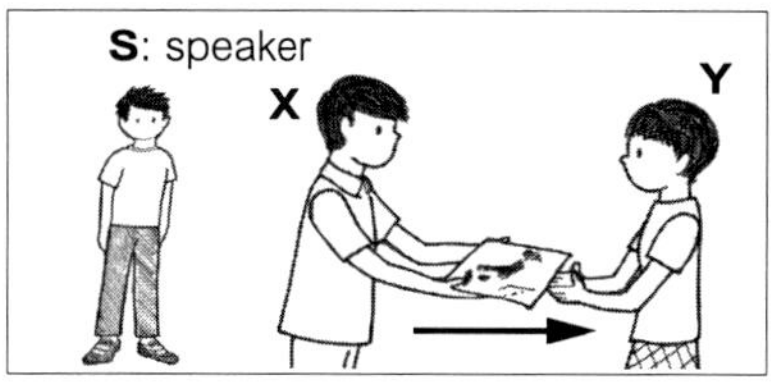

Example XさんがYさんに地図(ちず)をあげます。

Example YさんがXさんに地図をもらいます。

1. ○○さん (your friend) に花たば bouquet を _____
2. ○○先生に花たばを _____ (humble) _____

3. ○○さんにシャツを _____
4. ○○先生に _____ (humble) _____

5. ○○さんが飴(あめ) candy を _____
6. ○○先生が _____ (respectful) _____

7. XさんがYさんに写真(しゃしん)を _____
8. 私がY先生に _____ (humble) _____

9. Xさんが弟(おとうと)に柿(かき) persimmon を _____
10. 弟がX先生に _____ (humble) _____

11. ○○さんに水を _____
12. ○○さんが _____
13. ○○先生が _____ (respectful) _____
14. ○○先生に _____ (humble) _____

| あめ candy 飴 | あめ rain 雨 | かき persimmon 柿 | かき oyster 牡蠣 | さけ liquor 酒 | さけ salmon 鮭 | にじ rainbow 虹 | にじ 2 o'clock 二時 |

129 姉 / 姉

女 / おんなへん / 8画

く夕女女'ず妒妒姉

姉/姉さん [ねえさん] (spoken, polite)
older sister   more polite: お姉さん

姉妹 (しまい) ◇ 131 sisters

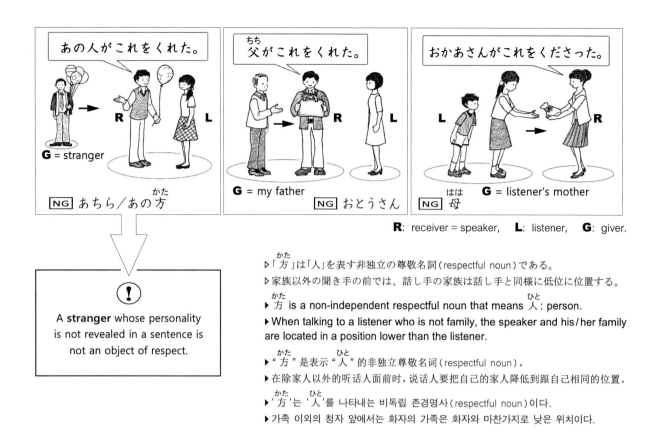

▷ 「方」は「人」を表す非独立の尊敬名詞(respectful noun)である。
▷ 家族以外の聞き手の前では、話し手の家族は話し手と同様に低位に位置する。

▶ 方 is a non-independent respectful noun that means 人: person.
▶ When talking to a listener who is not family, the speaker and his/her family are located in a position lower than the listener.

▶ "方"是表示"人"的非独立尊敬名词(respectful noun)。
▶ 在除家人以外的听话人面前时,说话人要把自己的家人降低到跟自己相同的位置。

▶ '方'는 '人'를 나타내는 비독립 존경명사(respectful noun)이다.
▶ 가족 이외의 청자 앞에서는 화자의 가족은 화자와 마찬가지로 낮은 위치이다.

! A **stranger** whose personality is not revealed in a sentence is not an object of respect.

練習 5. Make くれた-/くださった-sentences.

▷ 受け手(反応者)が動物や植物、あるいは年少の家族の場合、演者(授け手)の〈うごき〉は「あげる」ではなく「やる」が適当である。この「やる」と111ページの「やる」「やっている」を混同してはいけない。

▶ When the receiver (reactor) is an animal, a plant or a younger family member of the speaker, it is appropriate that the actor (giver)'s ACT is expressed by やる not あげる. You must not confuse this やる with the やる/やっている from *p.111*.

▶ 当接受者(反应者)为动物、植物或年少的家人时,行为者(授予者)的〈动作〉不使用"あげる"而是使用"やる"为当。这个"やる"不能与111页的"やる""やっている"混淆。

▶ 받는 쪽(반응자)이 동물이나 식물, 또는 나이가 어린 가족성원일 경우 행위자(주는 쪽)의 〈움직임〉은 'あげる'가 아닌 'やる'가 적절하다. 이 'やる'와 111페이지의 'やる' 'やっている'를 혼동해서는 안 된다.

練習 6. Make sentences using やります.　　Example 小鳥にえさ feed をやります。

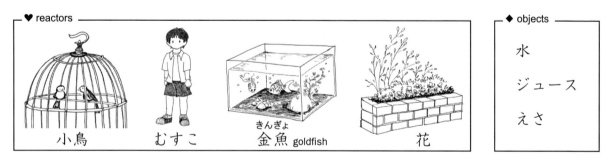

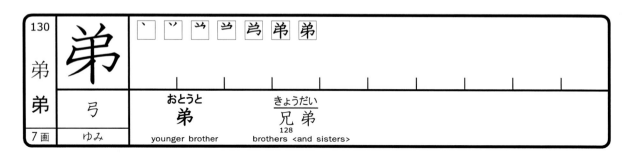

ⓐ Neutral		Unconnected G-R verbs →	**Case 1** ACT involving an object related to **S / X** *e.g.* ACT L: Aが荷物(にもつ)(belongs to S/X)を運(はこ)ぶ。(carry)
ⓜ ACT as a **favor**	G	てあげる — for an inferior	Aが　Xの　荷物を運んであげる。
		てやる — (for animals, a younger family member, *etc.*)	Aが　Xの　荷物を運んでやる。
		てくれる — S did not ask A for this ACT	Aが　(私の)　荷物を運んでくれる。
	R	てもらう — S/X asked A for this ACT	私/Xが　Aに　荷物を運んでもらう。

S: speaker, **X**: third party, **A**: actor who perfroms the ACT, **Ra** (reactor): actor who reacts to the ACT.

▷ 恩恵 (favor) は授受動詞の連結した連結動詞、(Giving)「てあげる」動詞、「てくれる」動詞、(Receiving)「てもらう」動詞で表す。
▷ 述語がGを表す場合、文の構造は授受動詞の連結しないⓐと同じである。述語がR(てもらう)の場合は、ⓐの演者は文の中では反応者(生き物に)に変わる。

▶ 'Favor' is expressed by the following connected verbs containing G-R verbs: てあげる、てくれる (Giving) and てもらう (Receiving).
▶ When the predicate expresses Giving, the structure of the sentence is the same as that for unconnected G-R verbs (*see* ⓐ). When the predicate expesses Receiving (てもらう), the actor in ⓐ turns into a reactor (ANIMAL に) in the sentence.

▶ 恩惠 (favor)由授受动词连接而成的连接动词 ──(Giving)"てあげる"动词、"てくれる"动词,(Receiving)"てもらう"动词 ── 来表示。
▶ 谓语表示G时,句子的结构与不连接授受动词的ⓐ相同。谓语为R(てもらう)时,ⓐ的行为者在句中变为反应者(动态物体に)。

▶ 은혜 (favor)는 수수동사가 연결된 연결동사, 즉 (Giving) 'てあげる'동사 'てくれる'동사, (Receiving) 'てもらう'동사로 나타낸다.
▶ 술어가 G를 나타내는 경우, 문장의 구조는 수수동사를 연결하지 않은 ⓐ와 같다. 술어가 R(てもらう)인 경우 ⓐ의 행위자는 문장에서 반응자(<생물체>에)로 변한다.

練習9. Make sentences like those in **case 1**.

Example 1. 私が友だちのくつをみがいた。 → 友だちのくつをみがいてあげました。
Example 2. 姉(あね)が私の仕事(しごと)を手(て)つだった。 → 姉が仕事を手つだってくれました。
Example 3. 兄(あに)が私のつくえを作(つく)った。 → 兄につくえを作ってもらいました。
　　　　　　　　　　　　　　　　　　　　NG 兄から

練習10. Make sentences like those in **case 2**. ACT with a reactor: I ⇨ p.104, N ⇨ p.112

Example 1. 両親(りょうしん)が私に話した。 → 両親が話してくれました。
Example 2. 大川さんが私にお金を返した。 → 大川さんにお金を返してもらいました。
Example 3. 北さんが私にノートを見せた。 → 北さんにノートを見せてもらいました。
　　　　　　　　　　　　　　　　　　　　OK 大川さんから・北さんから

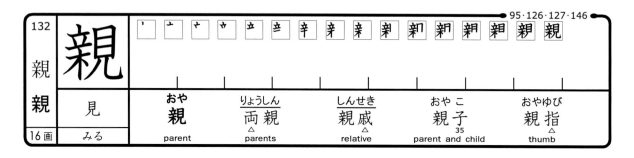

Case 2 ACT with a reactor	Case 3 ACT without a reactor → a reactor appears
e.g. ACT N: AがRaに漢字(かんじ)を教える。	e.g. ACT E: Aがおどる。
Aが Raに 漢字を教えてあげる。	Aが Raのために おどってあげる。
Aが Raに 漢字を教えてやる。	Aが Raのために おどってやる。
Aが （私に） 漢字を教えてくれる。	Aが （私のために） おどってくれる。
私/Raが Aに 漢字を教えてもらう。	私/Raが Aに おどってもらう。

◆ You will learn honorifics in *lesson 15*.　（ ）: Information that does not usually appear in a sentence.

▷ 恩恵の授け手（Gの演者）は優越者（a superior）である。話し手が授け手の場合には表現に注意が必要である。 ⇒ p.140
▶ The giver of a 'favor' (the actor of G) is a superior. When the speaker is the giver, care is needed with the language used.
▶ 恩恵的授予者（G的行为者）是处于更高位置的人（a superior）。因此当说话人为授予者时，有必要注意表达方式。
▶ 은혜를 주는 쪽（G의 행위자）은 상위의 입장에 있는 사람（a superior）이다. 화자가 주는 쪽인 경우에는 표현할 때 주의가 필요하다.

▷ 「あげる」「やる」は援助を必要とする弱者（an inferior: 下位に位置づけられる）への恩恵に連結する。
▷ 「もらう」は受け手が依頼して得る恩恵に、「くれる」は話し手（＝受け手）が依頼せずに得る恩恵に連結する。

▶ あげる and やる are used in connected verbs to express a 'favor' to an inferior who needs help.
▶ もらう is used in connected verbs where the receiver requests and receives a 'favor', but くれる is used when the receiver receives a 'favor' without requesting it.

▶ "あげる" "やる" 表示在对需要援助的弱者（an inferior: 置于低位）提供恩惠。
▶ "もらう" 在接受者通过请求而得到的恩惠时使用；"くれる" 是说话人（接受者）在没有请求的情况下而获得恩惠时使用。

▶ '아げる' '야る'는 원조를 필요로 하는 약자（an inferior: 하위로 평가됨）에 대한 은혜로 이어진다.
▶ '모らう'는 받는 쪽이 의뢰하여 얻는 은혜로 이어지며, '쿠れる'는 화자（＝받는 쪽）가 의뢰하지 않고 얻는 은혜로 이어진다.

▷ G-case 3 では〈生き物の＋ために〉と言う。
▶ In Giving-case 3, 〈ANIMAL の ＋ ために〉appears.
▶ 在G-case 3 中使用〈动态物体の＋ために〉。
▶ G-case 3에서는〈생물체의＋ために〉라고 한다.

> **ANIMAL (reactor) のために**
> ため is a non-independent noun that lexically means 'benefit'.

練習11. Make sentences like those in case 3 using Giving.
Example 1. 川名さんが洗濯(せんたく)washing した。 → 川名さんが洗濯してくれました。
Example 2. （私が）まどを開(あ)けた。 → ○○さんのためにまどを開けてあげました。
　　　　　　　　　　　　　　　　　　 NG ○○さんに

練習12. Make sentences like those in case 3 using Receiving.
Example 田川(たがわ)さんが本をかたづけた。 → 田川さんに本をかたづけてもらいました。
　　　　　　　　　　　　　　　　　　　　 NG 田川さんから

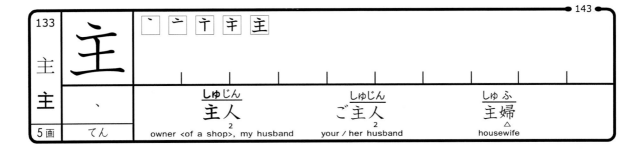

▷「あげる」の連結は年長者などに対しては不適切である。このような場合は単純動詞の**ましょう**形が適切である。
▶ あげる in a connected verb is inappropriate when used towards, for example, older people. In this case, the ましょう-form of a simple verb is suitable.
▶ 对于年长者等不适合使用"あげる"。在这样的情况下，单纯动词的**ましょう**形为妥。
▶ 연장자에게 '**あげる**'를 사용하는 것은 적절하지 않다. 연장자인 경우에는 단순동사의 **ましょう**형이 적절하다.

練習 13. Make sentences.

1. ひろう → _____   2. とる → _____

3. 開ける → _____   4. 拭く L wipe → _____

せんもんか	しょうせつか	がか	おんがくか	しゃしんか	ぎんこうか	せいじか	あいけんか	らくてんか	どりょくか
専門家	小説家	画家	音楽家	写真家	銀行家	政治家	愛犬家	楽天家	努力家
expert	novelist	painter	musician	photographer	banker	politician	dog lover	optimist	hard worker

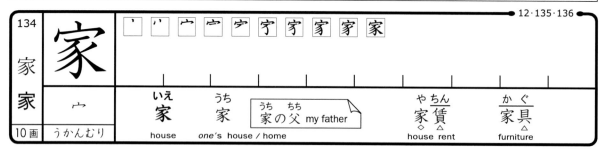
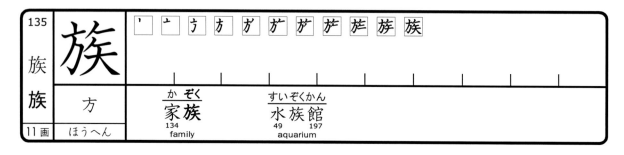

第 15 課

▷ 話し手の「内」の人物と聞き手の「内」の人物は表し分けられる。
▶ People belonging to the in-group of the speaker and people belonging to the in-group of the listener are distinguished.
▶ 属于说话人"内"（说话人一方）的人物和听话人"内"（听话人一方）的人物要区分使用。
▶ 화자의 '우치(안쪽)' 사람과 청자의 '우치(안쪽)' 사람은 구별하여 표현한다.

内 うち ingroup
外 そと outgroup

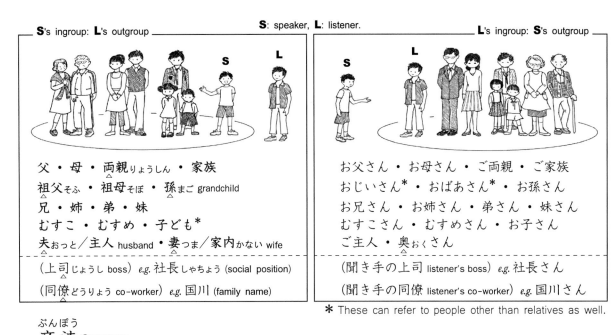

S: speaker, L: listener.

S's ingroup: L's outgroup
父・母・両親りょうしん・家族
祖父そふ・祖母そぼ・孫まご grandchild
兄・姉・弟・妹
むすこ・むすめ・子ども*
夫おっと／主人 husband・妻つま／家内かない wife

（上司じょうし boss）e.g. 社長しゃちょう (social position)
（同僚どうりょう co-worker）e.g. 国川 (family name)

L's ingroup: S's outgroup
お父さん・お母さん・ご両親・ご家族
おじいさん*・おばあさん*・お孫さん
お兄さん・お姉さん・弟さん・妹さん
むすこさん・むすめさん・お子さん
ご主人・奥おくさん

（聞き手の上司 listener's boss）e.g. 社長さん
（聞き手の同僚 listener's co-worker）e.g. 国川さん

＊ These can refer to people other than relatives as well.

文法 Grammar

- ⓜ ACTs as favors in honorifics: ACT: verb ⓖ て-form + G-R three verbs
- ⓜ honorifics: { information about the speaker (*humble verbs*) / information about others (*respectful verbs*) }
- ⓜ dual sentences:
  - separate: Ⓐ / Ⓐ' が、ⒶⒷⒸ / Ⓐ'Ⓑ'。
  - arbitrary linkage: Ⓐ / Ⓐ' から、ⒶⒷⒸ / Ⓐ'Ⓑ'。
  - set linkage: Ⓐ と、Ⓐ / Ⓐ'。

単語

- n. はれ（晴れ）Ⓢ sunny
- n. くもり（曇り）Ⓢ gray <weather>
- v. でかける（出かける）Ⓐ go out (1r)
- v. おす（押す）Ⓛ push
- v. ひく（引く）Ⓛ pull
- v. しらべる・しらべて Ⓛ look up <a word> (1r)
- v. こむ Ⓢ be crowded
- v. こまる Ⓢ be troubled
- v. いらっしゃる Ⓐ go, come, Ⓒ there is a person (*respectful v*)
- v. めしあがる Ⓛ eat, drink (*respectful v*)
- v. おっしゃる Ⓔ say (*respectful v*)
- v. ごらんになる（ご覧になる）Ⓛ look (*respectful v*)
- v. ○○なさる do an ACT (*respectful v*)
- n. なふだ（名札）one's name tag
- n. いしゃ（医者）medical doctor (common name) ⇒ p.295
- n. くすり（薬）medicine
- a. あまい sweet
- a. にがい・にがく bitter
- v. もうしあげる（申しあげる）Ⓘ say (1r) (*humble v*) <to someone of higher position>
- v. はいけん（拝見）する Ⓛ look (*humble v*) <at someone of higher position's work>

漢字

| 136 内 | 137 外 | 138 手 | 139 足 | 140 直 | 141 引 | 142 作 | 143 食 | 144 飲 | 145 飯 |

Lexical **honorifics**

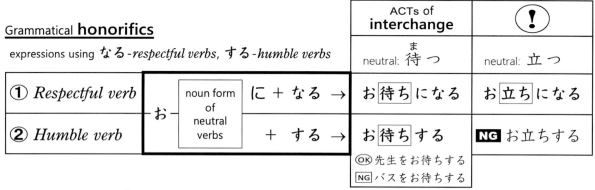

		Review Giving-Receiving verbs			言う ACT E	見る
Neutral verb		あげる	くれる	もらう		
① *Respectful verb* (information about a person in a higher position ☆)		—	くださる	—	おっしゃる ACT E	ご覧になる
② *Humble verb* (ACTs to/for a person in a higher position)		さしあげる	—	いただく	もうしあげる ACT I	拝見する <works of a person in a higher position>
(!) Sensible **polite** style **not** honorifics ⇒ p.132		—	—	—	もうします ACT E	—

ACT E: no listener is possible
ACT I: no listener is impossible

☆ The speaker's acquaintances who are treated as having higher rank

Grammatical **honorifics**

expressions using なる-*respectful verbs*, する-*humble verbs*

				ACTs of interchange	(!)
				neutral: 待つ	neutral: 立つ
① *Respectful verb*	お	noun form of neutral verbs	に + なる →	お待ちになる	お立ちになる
② *Humble verb*			+ する →	お待ちする OK 先生をお待ちする NG バスをお待ちする	NG お立ちする

▷ 敬語動詞（honorific verb）①（尊敬動詞）は他者（高位）の情報を表す。
▷ 敬語動詞②（謙譲動詞）は話し手（低位）の、高位の人物に許容された<u>交流の＜うごき＞</u>を表す。交流の＜うごき＞は語彙的に決まっている。例：OK お答えする おとりする (!) NG お走りする お買いする
▷ 分別丁寧体は高低ではなく、水平的な距離感を表す。高位の人物との交流は表さない。
▷「なさる」型の動詞（p.143-※）のます族は「り」の子音が発音されない。また、この型の動詞には終結形 2 3 がない。

▶ Honorific verbs ① (respectful verbs) express information about others (in a higher position).
▶ Honorific verbs ② (humble verbs) express a speaker (in a lower position)'s <u>**ACTs of interchange**</u> with a person in a higher position that were permitted by him/her. Whether an ACT acts as an interchange with others or not is decided lexically.   OK *e.g.* お答えする, おとりする, (!) NG *e.g.* お走りする, お買いする
▶ The sensible polite style expresses a horizontal sense of distance. It does not express an interchange with a person in a higher position.
▶ In the ます-family of the なさる **type** verbs (*p.143-※*), the consonant of り is not pronounced. In addition, verbs of this type do not have the end forms 2 and 3.

▶ 敬语动词（honorific verb）①（尊敬动词）表示他人（位于上方）的信息。
▶ 敬语动词②（谦让动词）表示说话人（位于下方）在位于上方的人允许的情况下所进行的<u>交流的＜动作＞</u>。交流的＜动作＞在词汇上是固定的。OK 例：お答えする，おとりする (!) NG 例：お走りする，お買いする
▶ 分别敬体表示的不是高低之分，而是水平方向的距离感。不用于跟位于上方的人的交流中。
▶ "なさる" 型的动词（*p.143-※*）的ます族不发 "り" 这个子音。另外，该类动词没有终结形 2 和 3。

▶ 경어동사（honorific verb）①（존경동사）는 타자（높은 위치）의 정보를 나타낸다.
▶ 경어동사②（겸양동사）는 화자（낮은 위치）가 높은 위치에 있는 사람의 허용을 받고 행하는 <u>교류의 ＜움직임＞</u>을 나타낸다. 교류의 ＜움직임＞은 어휘적으로 정해져 있다. 예：OK お答えする おとりする　(!) NG お走りする お買いする
▶ 분별정중체는 높고 낮음이 아닌 수평적인 거리감을 나타낸다. 높은 위치에 있는 사람과의 교류는 나타내지 않는다.
▶ 'なさる' 타입의 동사（*p.143-※*）의 ます족은 자음 'り'로 발음하지 않는다. 또한 이 유형의 동사에는 종결형 2 3 이 없다.

honorifics ⇒ *p.131*

sensible polite style ⇒ *p.132*

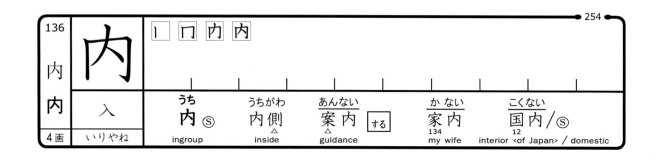

行く・来る	いる	ている-verb　e.g. 住んでいる	食べる・飲む	する　○○（を）する
いらっしゃる おいでになる		住んでいらっしゃる 住んでおいでになる	めしあがる	○○（を）なさる
—	—	—	—	—
まいります	おります	住んでおります	いただきます	○○（を）いたします

※ **Verbs of なさる type (5r)**

	End form 1		NG
	Ⓐ plain style	Ⓐ' polite style	(in living language)
Respectful verbs	○○なさる いらっしゃる おっしゃる くださる	○○なさいます いらっしゃいます おっしゃいます くださいます	なさります いらっしゃります おっしゃります くださります
Sensible polite style	—	ございます	ござります

練習 1. Complete sentences with the **ました**-form of a lexical respectful verb.
1. 先生は映画を _____。
2. 先生はケーキを _____。
3. 先生は中国へ _____。
4. 先生は「おはよう」と _____。
5. 先生は食堂に _____。
6. 先生は手にけがを _____。
⇒ p.117 (ACT E)

練習 2. Make **ます**-form predicates using grammatical (する-) humble verbs.
1. 実験を見せる → _____
2. 質問に答える → _____
3. かぎを返す → _____
4. 資料 data を配る → _____
5. 書類をわたす → _____
6. かばんを持つ → _____
7. あした訪ねる → _____　visit
8. お茶を出す → _____　give tea (to a visitor)

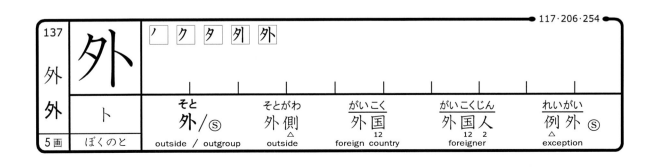

Pattern 1 — B cannot use honorifics.

A: ピカソの絵をご覧になりますか。
Picasso

B: はい、見ます。 (Picasso is not an acquaintance of theirs.)

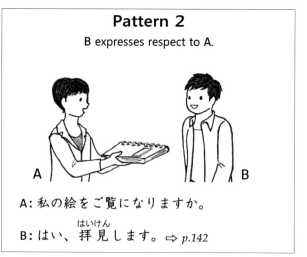

Pattern 2 — B expresses respect to A.

A: 私の絵をご覧になりますか。

B: はい、拝見します。 ⇨ p.142

練習3. Make yes/no questions. Which pattern (from 1 to 5) is the question? B answers with はい.

Example A: 万年筆 fountain pen をお使いになりますか。　　Pattern (1)

　　　　B: はい、　使います。

1. A: 来年の予定はもうおきめになりましたか。　　Pattern (　)

　　B: はい、_____

2. A: あまいジャム jam を作りました。めしあがりますか。　　Pattern (　)

　　B: はい、_____

3. A: 白川先生に英語の辞書をお借りになりましたか。　　Pattern (　)

　　B: はい、_____

4. A: アフリカの地図は図書館でお借りになりますか。　　Pattern (　)

　　B: はい、図書館で_____

5. A: 南米でとった写真です。ご覧になりますか。　　Pattern (　)

　　B: はい、_____

6. A: お兄さん (your) older brother はもうお出かけになりましたか。　　Pattern (　)

　　B: はい、_____

7. A: お荷物は兄におあずけになりましたか。　　Pattern (　)

　　B: はい、_____

話し手 speaker　聞き手 listener

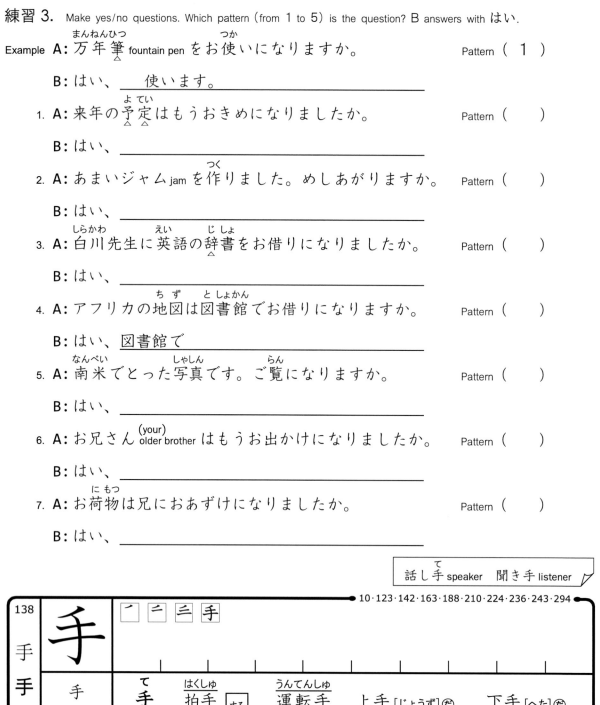

138 手	手	一 二 三 手					
手 4画	て	手 hand	はくしゅ 拍手 clapping	する	うんてんしゅ 運転手 232 233 driver	上手 [じょうず] だ 44 good at ⇨ p.77	下手 [へた] だ 45 not good at ⇨ p.77

10・123・142・163・188・210・224・236・243・294

Pattern 3
B does not have to use honorifics.

A: 弟さんに
　お会いになりますか。
B: はい、会います。

Pattern 4
B expresses respect to a member of A's ingroup.

A: 弟に
　お会いになりますか。
B: はい、お会いします。

Pattern 5
B expresses respect to a person in the conversation.

A: 先生に
　お会いになりますか。
B: はい、お会いします。

Requesting ACTs
in a **polite** manner ＋ in a **respectful** manner: お／ご ＋ noun(form) ＋ ください

polite	respectful
見てください。	ご覧（らん）ください。
食べてください。	おめしあがりください。
着てください。	おめしください。
来てください。	おいでください。／おこしください。
持（も）ってください。 Please hold it / lift it up.	⚠ お持ちください。 Please take it.
出かけてください。 Please go out.	⚠ お出かけください。 Please visit my home.
⚠ しおをとってください。 Please pass me the salt.	⚠ カードをおとりください。 Please take your card.
注意（ちゅうい）してください。	ご注意ください。 [NG] ご注意してください。

You can attach どうぞ at the beginning of these sentences when you request an ACT in a very polite manner.
e.g. どうぞ、見てください。　*e.g.* どうぞ、ご覧ください。

練習 4. Request ACTs in a polite and a respectful manner.

Example つける ACT [L] → 名札（なふだ）をおつけください。

1. 閉（し）める [L]　　2. 来（く）る [A]　　3. 使（つか）う [L]　　4. えらぶ [L]　　5. 通（とお）る [B]
6. つづける [L]　　7. しらべる [L]　　8. 安心（あんしん）する [E]　　9. 出席（しゅっせき）する [G]　　10. 急（いそ）ぐ [E]

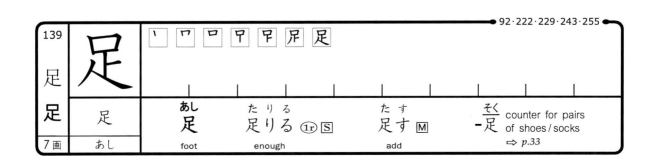

Review ⇨ *p.134, p.138*

Giving: あげる → *humble verb* さしあげる
くれる → *respectful verb* くださる

Receiving: もらう → *humble verb* いただく

▷ 恩恵の敬語は授受動詞の敬語の連結した動詞(連結動詞)で表す。
▶ Favors in an honorific manner are expressed by a verb connected to a humble/respectful G-R verb.
▶ 恩恵的敬语由连结授受动词的敬语的动词(连结动词)来表示。
▶ 은혜의 경어는 수수동사의 경어를 연결한 동사(연결동사)로 나타낸다.

練習 5. Make sentences using verbs connected to humble/respectful **G-R** verbs. ⇨ p.138-p.139: favor

Example ⓐ 私が先生の写真をとった。(→ connect さしあげる)
ⓜ 先生の写真をとってさしあげました。 ❗ 私が is unnecessary.

Example ⓐ 先生が私の作文 composition を直した。(→ connect くださる)
ⓜ <u>先生が作文を直してくださいました。</u> ❗ 私の is unnecessary.

Example ⓐ 先生が私の作文を直した。(→ connect いただく)
ⓜ <u>先生に作文を直していただきました。</u>

1. ⓐ 先生が私たちにむずかしい漢字をたくさん教えた。
   ⓜ 先生が＿＿＿＿＿＿＿＿＿＿＿＿＿＿＿＿＿＿＿＿ ❗ 私たちに is unnecessary.

2. ⓐ 先生が私たちにむずかしい漢字をたくさん教えた。
   ⓜ 先生に＿＿＿＿＿＿＿＿＿＿＿＿＿＿＿＿＿＿＿＿

3. ⓐ 私が先生に時間を教えた。
   ⓜ ＿＿＿＿＿＿＿＿＿＿＿＿＿＿＿＿＿＿＿＿

4. ⓐ 赤川さんのお姉さん older sister が(私の)妹に映画のＤＶＤを貸した。
   ⓜ 赤川さんのお姉さんが＿＿＿＿＿＿＿＿＿＿＿＿ ❗ 妹に is necessary.

5. ⓐ 山元さんが姉をパーティーに招待した。
   ⓜ 山元さんが＿＿＿＿＿＿＿＿＿＿＿＿＿＿＿＿

6. ⓐ ＿＿＿＿＿＿＿＿＿＿＿＿＿＿＿＿＿＿＿＿
   ⓜ ＿＿＿＿＿＿＿＿＿＿＿＿＿＿＿＿＿＿＿＿

◆ You will review honorifics in *lesson 26*.

書き直す rewrite <a report> ⇨ *p.178*

---

140 直 / 直
目 め
8画

一 十 ナ 冇 肯 肯 直 直

なお
直す [L] mend, correct

なお
直る [F] be mended, be corrected

ちょくせん
直線 straight line

ちょっかく
直角 ⓢ right angle

Three ways to combine two sentences X and Y — Pay attention to the **way of speaking**.

① ⓜ: Separate ② ⓜ: Personal judgment ③ ⓜ: Set pair

⇨ *see* the inside of the front cover **7**-3

▷ 独立の文XとYを、態度表明の印「が/から/と」でつないだ文が併文(dual sentence)である。XとYを①別々の(separate)情報とする述べ方には「が」、②話し手の一存(personal judgment)による関連づけとする述べ方には「から」、③設定された(set)関連づけとする述べ方には「と」が現れる。<X＋が/から/と>の部分を準文(quasi-sentence)という。

▸ A sentence where two independent sentences (X and Y) are combined by the manner marker が, から or と is known as a 'dual sentence'. Which manner marker appears depends on the way of speaking. ① Where X and Y contain **separate information** が appears. ② Where X and Y are linked by **a personal judgment** から appears. ③ Where X and Y are linked as **a set pair** と appears. The part <X ＋ が/から/と> is called a 'quasi-sentence'.

▸ 独立的X句和Y句用态度表明的标记"が/から/と"连接而成的句子叫重句(dual sentence)。根据X句和Y句之间的叙述方式分为如下三种情况：①表示不同(separate)信息的叙述方式使用"が"，②表示与说话人的**主观判断**(personal judgment)有关的叙述方式使用"から"，③表示**既定**(set)关联叙述方式使用"と"。<X＋が/から/と>的部分叫准句(quasi-sentence)。

▸ 독립적인 문장 X와 Y를 태도표명의 표기 'が/から/と'로 연결시킨 문장이 병렬문(dual sentence)이다. X와 Y를 ①서로 다른 정보라고 하는 말하기 방식에는 'が', ②화자의 **개인적인 판단**(personal judgment)으로 관련짓는 말하기 방식에는 'から', ③**설정된**(set) 관련이라는 말하기 방식에는 'と'가 나타난다. <X＋が/から/と>의 부분을 준문(quasi-sentence)이라고 한다.

Dual sentence ①

sentence X	Separate	sentence Y
が-quasi-sentence: ⓜ Other information follows.		(other information)
End form ①	Quasi-sentence marker	End form ①/②/③
弟は教師(きょうし)teacher です	が、	妹は医者(いしゃ)です。
四国(しこく)は晴れでした	が、	九州(きゅうしゅう)はくもりでした。
ひも cord を引(ひ)きました	が、	カーテン curtain が開(あ)きません。
このはこは大きいです	が、	軽(かる)いです。
その薬(くすり)はにがいです	が、	飲(の)んでください。
Ⓞ plain style	spoken: けれど、 shorter: けど、	Ⓞ all ways of speaking

練習 **6.** Make sentences following the pattern of dual sentence ①. **NG** 弟は<u>教師</u>が、妹は医者です。

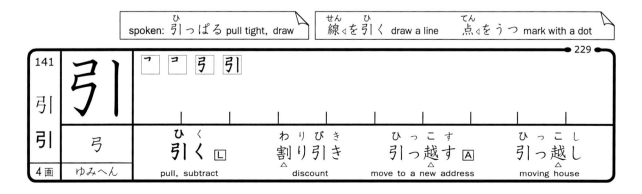

spoken: 引(ひ)っぱる pull tight, draw　　線(せん)を引(ひ)く draw a line　　点(てん)をうつ mark with a dot

141 引	引
引	弓
4画	ゆみへん

7 コ 弓 引

引(ひ)く ― pull, subtract　　割(わり)引(びき) discount　　引(ひ)っ越(こ)す Ⓐ move to a new address　　引(ひ)っ越(こ)し moving house

▷併文②のXは恣意的な理屈(logic)を表す。Yとの関連づけが話し手の一存によるという述べ方である。
▷から準文は「なぜ」の問いへの答えとして、だ型の述語文になる。
例：雨だ(普通体のみ)から＋です。

▶ In dual sentence ② X expresses the speaker's arbitrary logic. This way of speaking expresses that X and Y are linked by the speaker's personal judgment.
▶ In answer to the question "why?" a から-quasi-sentence becomes a だ type predicate.   e.g. 雨だ (plain style only) から＋です。

▶ 重句②的X表示主观性的逻辑(logic)。这种叙述方式表示与Y的关联是由说话人的主观判断而定的。
▶ から准句作为对疑问"为什么"的回答，做だ型的谓语句。
例：雨だ(仅限于简体)から＋です。

▶ 병렬문②의 X는 자의적인 이치(logic)를 나타낸다. Y와의 관련성이 화자의 개인적인 판단에 따른 것이라는 말하기 방식이다.
▶ から준문은 '왜'의 물음에 대한 대답으로 だ타입의 술어문이 된다.
예：雨だ(보통체에 한함)から＋です。

雨ですから、かさをさします。
OK 雨だから、かさをさします。
NG 雨から、かさをさします。

A：かさをさします。
B：どうしてですか。
　('Why?' in a polite manner)
A：雨だからです。

練習 9

Dual sentence ②

sentence X	Personal judgment	sentence Y
から-quasi-sentence: ⓜ This is **my logic**.		(the information that is linked)
End form ①	Quasi-sentence marker (Postpositional noun)	End form ①／②／③
1. きょうは日曜日です	から、	勉強しません。
2. きょうは日曜日です	から、	勉強できます。
3. レモンはすっぱい sour です	から、	きらいです。
4. レモンはすっぱいです	から、	大好きです。
5. 朝は電車がこみます	から、	乗りません。
6. 早起き early rising できませんでした	から、	出かけませんでした。
7. 土田さんが来ません	から、	(私は)こまっています。
OK plain style OK ⊕ た group		OK all ways of speaking OK てください-predicate

練習 7. Change X into the plain style and read the dual sentences in the table aloud.

練習 8. Make sentences following the pattern of dual sentence ②.

To **make** a joke: 冗談を言う
To **make** coffee: コーヒーをいれる

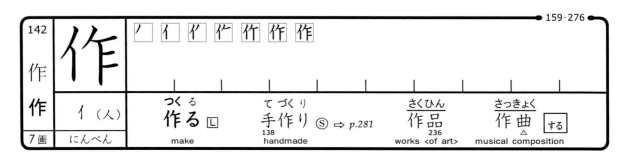

第15課

練習9. どうしてですか。

A answers with X from dual sentence ②: ～からです.

[NG] 雨からです。　　[NG] 雨ですからです。　　[NG] ～からでした。

Example　A: 私はあの男の人を知っています。

　　　　B: どうしてですか。

　　　　A: 友だちの白木[しらき]さんのご主人husbandだからです。

Example　A: 日本の田舎[いなか] countryside へ行きたいです。

　　　　B: どうしてですか。

　　　　A: まだ行ったことがないからです。[NG] 行ったことがないだからです。

1. A: きのうは午前の授業[じゅぎょう]に間に合いませんでした。　　間に合う be in time

　B: どうしてですか。[NG] どうしてでしたか。

　A: ＿＿＿＿＿＿＿＿＿＿＿＿＿＿＿＿＿＿＿＿＿＿＿＿＿＿＿＿＿＿＿＿＿

2. A: きょうは昼ご飯[ひる はん]を食[た]べていません。

　B: どうしてですか。

　A: ＿＿＿＿＿＿＿＿＿＿＿＿＿＿＿＿＿＿＿＿＿＿＿＿＿＿＿＿＿＿＿＿＿

3. A: 右の足[あし]が痛[いた]いです。 I have a pain in my right foot.

　B: どうしてですか。

　A: ＿＿＿＿＿＿＿＿＿＿＿＿＿＿＿＿＿＿＿＿＿＿＿＿＿＿＿＿＿＿＿＿＿

4. A: ＿＿＿＿＿＿＿＿＿＿＿＿＿＿＿＿＿＿＿＿＿＿＿＿＿＿＿＿＿＿＿＿＿

　B: どうしてですか。

　A: ＿＿＿＿＿＿＿＿＿＿＿＿＿＿＿＿＿＿＿＿＿＿＿＿＿＿＿＿＿＿＿＿＿

These are similar lexically, but different in use.

飲[の]み物[もの] drink　　[OK] お飲み物　[OK] 飲み物を買[か]います。 I'm going to buy a drink.

食[た]べ物[もの] edible item　[NG] お食べ物　[!] 食[た]べる物[もの]を買います。 I'm going to buy some food.

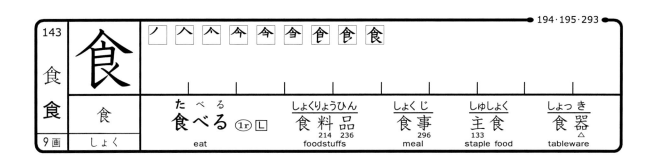

▷併文③のXはYのために設定された(set)情報を表す。Xには⊕た群が現れず、Yには直前ムード、一任ムード、要求などが現れない。両者の関連づけは設定された一対であり、話し手個人の言い分ではないという述べ方である。

▶ In dual sentence ③ X expresses information that is set for Y. The ⊕た group does not appear in X, and the 'soon' mood, 'entrust' mood, requests, *etc.* do not appear in Y. This way of speaking expresses that X and Y are linked as a set pair. Dual sentence ③ does not include any personal comment from the speaker.

▶ 重句③的X表示为Y而既定的(set)信息。在X中不出现⊕た群，在Y中不出现即将要发生的情况、付托的情况、要求等。两者间的关联是既定的对应关系，是一种表示非说话人个人主张的叙述方式。

▶ 병렬문③의 X는 Y를 위해 설정된(set) 정보를 나타낸다. X에는 ⊕た군이 나타나지 않고, Y에는 직전무드, 일임무드, 요구 등이 나타나지 않는다. 양자의 관련성은 설정된 한쌍이며 화자 개인의 주장이 아니라는 말하기 방식이다.

蛇口(じゃぐち)をひねると、水が出ます。
[NG] 蛇口をひねったと、水が出ます。

Dual sentence ③

sentence X	Set pair	sentence Y
と-quasi-sentence: ⓜ This is **set**.		(X and Y make a set pair)
End form ①(Ⓐ) ⊖た group only	Quasi-sentence marker	End form ①
部屋(へや)がきれいだ	と、	気持(きも)ちがいいです。 I feel good.
部屋が暗(くら)い	と、	食事(しょくじ)ができません。
この道(みち)をまっすぐ straight 行く	と、	私(わたし)の家(いえ) my house です。
ボタン button をおさない	と、	水(みず)は止(と)まりません。 ⚠ non-ACTing Limited topic
元木(もとき)さんが来ない	と、	(私は)こまります。

⚠ This is **not** a condition (if) clause.
You must not confuse this と with "noun と noun" of *p.44*.

[NG] end forms ② and ③
[NG] てください-predicate

練習10. Make sentences following the pattern of dual sentence ③.

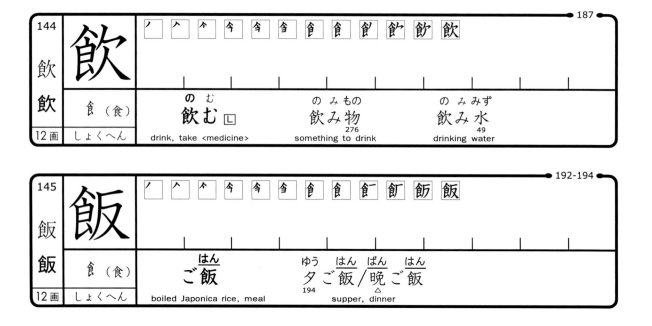

第16課

▷ ⒟⒠⒡（中断形 non-end form）には⊖た群と⊕た群の区別、丁寧さの区別はない。
▶ With ⒟⒠⒡ (**non-end forms**) there is no distinction between the ⊖た group and ⊕た group, and there is no plain style or polite style.
▶ ⒟⒠⒡（中断形 non-end form）没有⊖た群和⊕た群的区别，也不存在语气是否恭敬的问题。
▶ ⒟⒠⒡（중단형 non-end form）에는 ⊖た군과 ⊕た군의 구별과 정중함의 구별이 없다.

⒟ ⇒ L.18
⒠ ⇒ L.17

文法 Grammar

Predicate type		Review: end form ①		New
		⒜' polite style	⒜ plain style	⒡ non-end form
だ type	⊖た	…です	…だ	…で
	⊕た	…でした	…だった	
い type (Adj.)	⊖た	い-form ＋ です	い-form	くて-form
	⊕た	かった-form ＋ です	かった-form	
い type (Verb)	⊖た	ません-form	ない-form	なくて-form
	⊕た	ません-form ＋ でした	なかった-form	
う-row type	⊖た	ます-form	basic form	て-form
	⊕た	ました-form	た-form	

- ⓐ consisting of some predicates: ⒡ non-end form 、 end form 。
- ⓐ consisting of some pre-nouns: ⒡ non-end form 、 ⒣ pre-noun form 、 MATERIAL: *noun*
- ⓜ complex sentence with a **reason**: ⒡ non-end form 、 main sentence 。
- ⓜ complex sentence with a **condition** 1: { ⒡ non-end form ＋ も (accepted) 、 main sentence 。
  ⒡ non-end form ＋ は (limited) 、 main sentence 。 }

単語

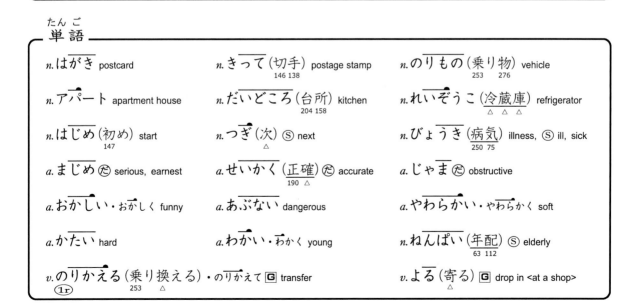

漢字

146 切　147 初　148 力　149 勉　150 強　151 弱　152 便　153 利　154 漢　155 字

Compound sentence ① **Two or more predicates** are expressed in one sentence

この花は チューリップ tulip です。 あの花は ゆり lily です。	MATERIAL, polite style, ⊖た	この花はチューリップで Ⓕ、 あの花は ゆりです。
ハム ham が 安かったです。 チーズ cheese も 安かったです。	STATE, polite style, ⊕た	ハムが安くて Ⓕ、 チーズも 安かったです。
エレベーター elevator で 上った。 エスカレーター escalator で 下りた。	ACT, plain style, ⊕た	エレベーターで上って Ⓕ、 エスカレーターで 下りた。

▷語彙的にも文法的にも等価の二つ以上の述語を持つ文を**重文**（compound sentence）という。最後の述語が終結形をとり、それ以外の述語はⒻ（中断形）で並列節（parallel clause）として現れる。

▶ A sentence containing two or more predicates that are lexically and grammatically equal is called a **compound sentence**. The last predicate takes the end form, while the other predicates appear as parallel clauses with the Ⓕ non-end form.

▶ 在词汇层面以及语法上有两个以上相同价值的谓语的句子叫**并列句**（compound sentence）。最后一个谓语为终结形，其他的谓语以Ⓕ（中断形）作为并列分句（parallel clause）出现。

▶ 어휘적으로도 문법적으로도 등가인 2개 이상의 술어가 있는 문장을 **중문**（compound sentence）이라고 한다. 마지막 술어가 종결형이 되며, 그 외의 술어는 Ⓕ（중단형）로 병렬절（parallel clause）로 나타난다.

練習 1. Make sentences that follow the pattern of compound sentence ①.

1. 大下さんは一人で来ました。 大月さんは友だちと来ました。
   → _____

2. たまねぎ onion は焼きます grill。 かぼちゃ pumpkin は煮ます boil。
   → _____

3. 姉のブラウス blouse は白だった。 妹のスカート skirt は青だった。
   → _____

4. 先週はフランス France の詩 poem を読んだ。 今週は日本の小説を読んだ。
   → _____

5. 日本からは、ブラジル Brazil は遠いです。 韓国は近いです。
   → _____

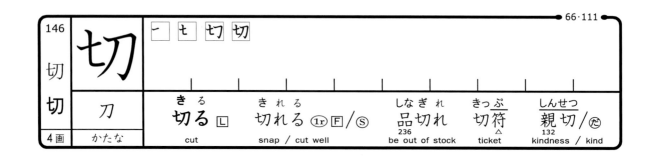

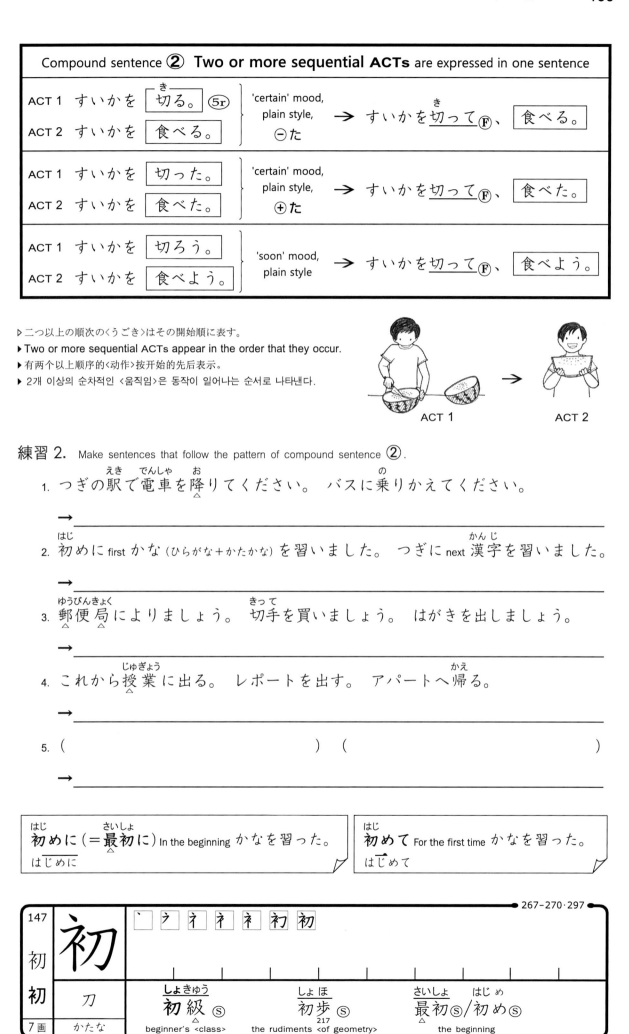

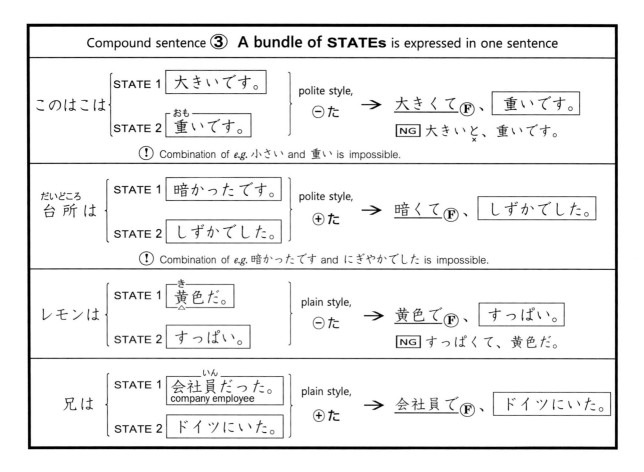

▷〈ありさま〉は外観、あるいは、身分や年齢など、具体的な情報の優先順位が高い。
▶ In the case of STATEs, concrete information such as appearance, social position or age come first.
▶〈状态〉的顺序以具体程度高的信息为优先。如外观或身份、年龄等。
▶〈상태〉는 외관, 혹은 신분 및 연령 등 구체적인 정보의 우선순위가 높다.

練習 3. Make sentences that follow the pattern of compound sentence ③.

1. 雪は　　　　　＿＿＿＿＿＿＿＿＿＿＿＿＿＿＿＿＿＿＿＿＿
2. この時計は　　＿＿＿＿＿＿＿＿＿＿＿＿＿＿＿＿＿＿＿＿＿
3. ○○さん(your friend)は　＿＿＿＿＿＿＿＿＿＿＿＿＿＿＿
4. ＿＿＿＿＿＿＿＿　＿＿＿＿＿＿＿＿＿＿＿＿＿＿＿＿＿＿＿

―STATEs―
白い　正確(せいかく)　冷たい cold　まじめ　やわらかい　かたい　元気　親切(しんせつ)　軽い(かるい)
わかい　私より年上　音楽(おんがく)が好き　日本語が上手　力(ちから)が強い(つよい) powerful

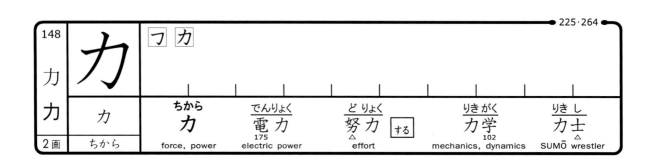

Modifiers Ⓗ pre-noun form	MATERIAL noun	Noun phrase		MATERIAL
		Modifiers: compound pre-nouns		
		Not last: Ⓕ	Last: Ⓗ	
1st STATE 年配(Ⓢ noun)の	店員	年配で、 [NG] 年配と ✗ [OK] 年配の	親切な	店員
last STATE 親切(だ-adj)な	店員			
1st STATE 大きい	パン bread	大きくて、 安くて、	おいしい	パン
2nd STATE 安い	パン			
last STATE おいしい	パン			
1st ACT 作文を書いた	人	作文を書いて、	出した	人
last ACT 作文を出した	人			

▷ 一つの〈もの〉に複数の修飾語（modifier）がある場合、名詞の直前以外に位置する修飾語はⒻ（中断形）をとる。

▶ When a MATERIAL has multiple modifiers, modifers that are not positioned immediately before the noun take the Ⓕ non-end form.

▶ 当一个〈物〉具有多个修饰语（modifier）时，除紧接在名词前的修饰语，其他的都以Ⓕ（中断形）表示。

▶ 하나의 〈사물〉에 두개 이상의 수식어（modifier）가 있는 경우 명사 바로 앞 이외에 위치하는 수식어는 Ⓕ（중단형）로 표현한다.

練習 4. Make WH questions using compound pre-nouns.

Example A: 年下で、まじめな友だちはだれですか。　　B: ○○さんです。

Example A: 安くて、おいしいパンどれですか。　　B: これです。

Example A: 作文を書いて、出した人はだれですか。　　B: 私です。

1. A: まどを　　　　　　人は　　　　　　　　　　B:

2. A: サラダ salad を　　　　　　　　　　　　　　B:

3. A: 　　　　　　　　くだものは何ですか。　　　　B:

4. A: 　　　　　　　　乗り物は　　　　　　　　　B: 新幹線です。

5. A: 　　　　　　　　　　　　　　　　　　　　　B:

─ STATEs ─
速い　あまい　便利　小さい

◀── Refer to the last page.

─ ACTs ─
まどを開けた　食べる
サラダを作る　外を見た

だれ ＝ どなた
(neutral)　(polite)

149 勉　力 ちから　10画

ノ ク ク 名 争 色 угу 免 勉 勉

べんきょう
勉強 する
study, doing one's lessons

ふ べんきょう
不勉強 だ
inattentive to one's studies

ⓜ Way of speaking	⒡ non-end form	Complex sentence = **Dependent clause** ＋		
This is **a reason**. (fact)	① ⒡ (で／て)		だ type	日曜日で、
			い type	ねむくて、
			う-row type	雨がふって、
		psychological reason: e.g. ほしい, 好き, 食べたい		おかしくて、 冷蔵庫が必要 necessary で、
This is an accepted **condition**.	②-a ⒡ ＋ も (でも／ても)	(even if)	だ type	日曜日でも、
			い type	ねむくても、
			う-row type	雨がふっても、
		(no matter WH)		どんなにねむくても、 no matter how sleepy I am いくら考えても、 no matter how much I think
		'unknown' + -でも/-ても		
		(any...) ⇨ p.89 ＊		いつでも、 anytime 何でも、 anything
This is a limited **condition**.	②-b ⒡ ＋ は (では／ては)	if bad information	だ type	日曜日では、
			い type	ねむくては、
			う-row type	雨がふっては、

▷ 複文 (complex sentence) は従属節 (dependent clause) と主文 (main sentence) から成る。従属節は、① 特定の (particular) 情報であれば主文の理由 (reason: fact) を、② 一般あつかいの (general) 情報であれば主文の条件 (condition: "if") を表す。

▶ A **complex sentence** consists of a dependent clause and a main sentence. The dependent clause expresses ① a reason for the main sentence: a particular piece of information that is a fact for the speaker, or ② a condition of the main sentence: general information in an "if" clause.

▶ 复合句 (complex sentence) 由从句 (dependent clause) 及主句 (main sentence) 构成。如果从句 ① 为特定 (particular) 信息则表示主句的理由 (reason: fact)；② 为一般 (general) 信息则表示主句的条件 (condition: "if")。

▶ 복문 (complex sentence) 은 종속절 (dependent clause) 과 주문 (main sentence) 으로 구성된다. 종속절은 ①특정 (particular) 정보인 경우 주문의 이유 (reason: fact) 를, ②일반 (general) 정보 정보인 경우 주문의 조건 (condition: "if") 을 나타낸다.

| in the case of ① Compare ○○が with ○○は. | 妻は美人で、しあわせです。 My wife is happy, because she is a beautiful woman. 妻が美人で、しあわせです。 I am happy, because my wife is a beautiful woman. |

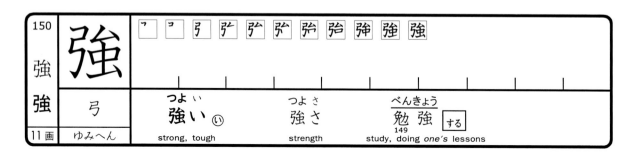

150 強 / 強 / 弓 / 11画 / ゆみへん

つよい 強い (い) strong, tough

つよさ 強さ strength

べんきょう 勉強 する 149 study, doing one's lessons

第 16 課

Main sentence	(limits of use) Lexical meaning	㊉た
ひまだ。 勉強できない。 うれしい。	STATE or non-active ACT e.g. 止まる, 休む	㊗
わらった。 買った。	no limit	
いそがしい。 勉強する。 安全 safe だ。	no limit	㊗
勉強する。 わからない。		
いい。 NG だめだ。 見る。 NG 見ない。	STATE or ACTing **positive** information	
だめだ。 NG いい。 読めない。 NG 読める。 あぶない。 NG 安全だ。	**undesirable** STATE	NG

練習 5. Complete the following sentences so that they follow the pattern of complex sentence ①.

Example 手のけがで、_____
　　　　仕事を休みました。

Example 風が強くて、_____
　　　　前へすすめません。
　　　　[すすむ ACT Ⓐ Ⓑ go foward]

1. _____
　　大変です。

2. _____
　　こまりました。

3. _____
　　うれしいです。

4. _____
　　つかれました。

5. _____
　　不便です。

練習 6. Make sentences that express apology or thanks following the pattern of complex sentence ①.

| **Apology**, polite: すみません。 | more polite: どうもすみません。 |
| **Thanks**, polite: ありがとうございます。 | more polite: どうもありがとうございます。 |

❗ すみません and ありがとうございます express the speaker's psychological STATE not his/her ACTs.

Example 遅刻した (I did.) → 遅刻して、すみません。

Example 私の自転車を直した → 自転車を直してくれて、ありがとうございます。
　　　　　　(You did it.)　　　⇨ p.138 (favor)

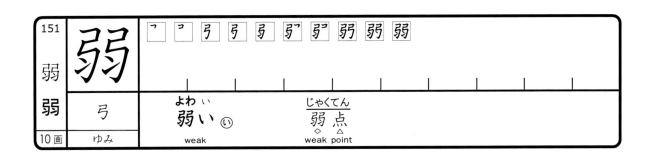

練習7. Complete the following sentences so that they follow the pattern of complex sentence ②-a.

Example 病気でも、　　　　　　　学校へ行きます。

1. 値段が高くても、
2. 値段が高くなくても、
3. 力 power が (弱い weak →) 弱くても、
4. バスを利用 use しなくても、

練習8. Complete the following sentences so that they follow the pattern of complex sentence ②-a.

Example 漢字が多くても、　　　　　　　読めます。

1. ＿＿＿＿＿＿＿＿＿　食べられます。
2. ＿＿＿＿＿＿＿＿＿　さびしくありません。
3. ＿＿＿＿＿＿＿＿＿　間に合います。
4. ＿＿＿＿＿＿＿＿＿　間に合いません。

練習9. Complete the following conversations.
A asks B てもいいですか (②-a) and B answers in an honorific polite manner.

Ex. 見る　　1. 開ける　　2. 使う　　3. 入る　　4. 食べる

お/ご + noun (form) + ください ⇨ p.145

Example A: 見てもいいですか。May I see...?　B: どうぞ、ご覧ください。

1. A: ＿＿＿＿＿＿＿＿＿　B: どうぞ、お開けください。
2. A: ＿＿＿＿＿＿＿＿＿　B: どうぞ、
3. A: ＿＿＿＿＿＿＿＿＿　B: どうぞ、
4. A: ＿＿＿＿＿＿＿＿＿　B: どうぞ、

152	便	ノ イ イ' イ' イ㇉ 伊 伊 便	255
便 便 9画	イ (人) にんべん	べんり 便利 convenient / ゆうびんきょく 郵便局 post office / こうくうびん 航空便 airmail / びん -便 counter for flights	

練習 10. Complete the following sentences so that they follow the pattern of complex sentence ②-b.

Example 病気（びょうき）では、_____(STATE only) 学校へ行けません。 NG 行きません。

1. 一人では、_____
2. 値段（ねだん）が安くなくては、_____
3. 重（おも）くては、_____
4. バスを利用（りよう）しなくては、_____

練習 11. Complete the following sentences so that they follow the pattern of complex sentence ②-b.

Example 漢字（かんじ）が多くては、 (STATE only) 読めません。

1. _____ 食べられません。
2. _____ こまります。
3. _____ わかりません。
4. _____ じゃまです。

練習 12. Complete the following conversations.

A child (**A**) asks an adult (**B**) てもいい？ and B answers てはいけない in a polite manner.

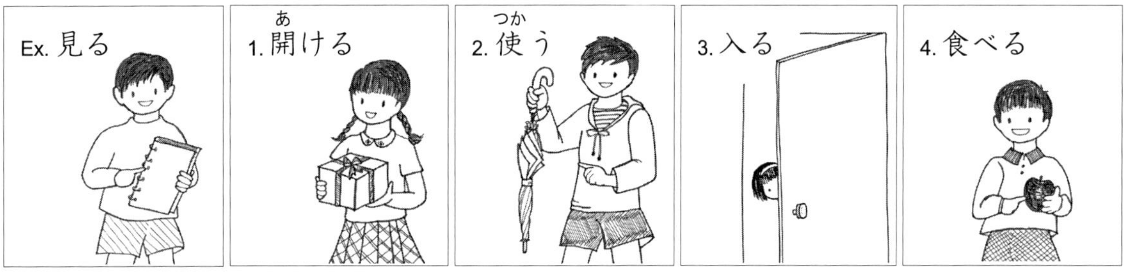

Ex. 見る　　1. 開（あ）ける　　2. 使（つか）う　　3. 入る　　4. 食べる

spoken: 見ちゃだめ。 ⇒ *next page*

Example　A: 見てもいい。↗ (rising intonation)　　B: 見てはだめです。 You cannot look at it.

1. A: _____　B: _____
2. A: _____　B: _____
3. A: _____　B: _____
4. A: _____　B: _____

153	利	ノ ニ 千 禾 禾 利 利			152
利	刂(刀)	りよう 利用 する	ゆうり 有利 だ	ふり 不利 だ	
利		227	291	255	
7画	りっとう	use, utilization	advantageous	disadvantageous	

▷練習12のBは「見てはいけません」とも言える。これは複文であるが、実際はない形の動詞述語の一形態である。「いけない」「ならない」はこの種の述語を作るための文法的な印である。 ⇒ *p.171*

▶ B in 練習12 can also be said as 見てはいけません. This appears to be a complex sentence, but is actually a form of the verb predicate of the ない-form. いけない(いけません) and ならない(なりません) are grammatical markers of this kind of predicate.

▶ 練習12B也可以说成 "见てはいけません"。这是一个复合句形式，但实际上是ない形动词谓语的一个形态。"いけない" "ならない" 是为组成此类谓语而存在的语法性标记。

▶ 練習12의 B는 '見てはいけません'이라고도 할 수 있다. 이 형태는 복문이지만 실제로는 ない형 동사술어의 한 형태이다. 'いけない' 'ならない'는 이러한 종류의 술어를 만들기 위한 문법적인 표기이다.

Pronunciation (spoken language)
often heard in the 東京(とうきょう) area:

見ては → 見ちゃ

読んでは → 読んじゃ

見なくては → 見なくちゃ
↓
見なきゃ

	ⓜ	⒡ + は	いけない-／ならない-predicate 1, plain style
Non-ACTing	禁止 prohibition / 抑制 restraint	て-form＋は	読んではいけない。 読んではならない。 ANIMAL must **not** read.
ACTing	強制 compulsion / 義務 duty	なくて-form＋は	読まなくてはいけない。 読まなくてはならない。 ANIMAL must read.

練習 13. Make ならない-predicate sentences that express 'duty' as in the example.

Example 住所(じゅうしょ)を漢字(かんじ)で書く → 住所を漢字で書かなくてはなりません。

1. すぐ出発(しゅっぱつ)する → _____
2. 会社に書類(しょるい)をとどける → _____
3. 4時にここを出る → _____
4. 歯医者(はいしゃ)*に行く go to the dental clinic → _____

* Original meaning: dentist

5. _____ → _____

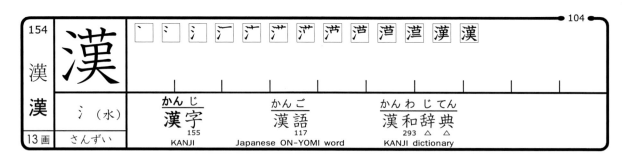

154 漢 | 丶冫氵汁汁汁汁汁汁漢漢漢 | 104
漢 | 氵(水) | かんじ 漢字 155 KANJI | かんご 漢語 117 Japanese ON-YOMI word | かんわじてん 漢和辞典 293 KANJI dictionary
13画 | さんずい | | |

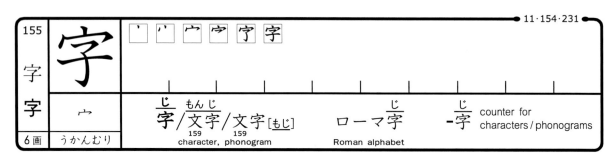

155 字 | 丶丶宀宀字字 | 11・154・231
字 | 宀 | じ もんじ 字／文字／文字[もじ] 159 159 character, phonogram | ローマ字 Roman alphabet | -字 counter for characters / phonograms
6画 | うかんむり | | |

第 17 課

▷ ① 非独立の名詞、② 後置名詞はひらがなで表記する。どちらも単独でははたらかない。
▷ ① は連体部に後続して名詞句を作る。② は単語に後置して複合名詞を作る。

▸ ① non-independent nouns and ② postpositional nouns are transcribed in ひらがな. Neither functions alone.
▸ ① follows a pre-noun part and makes a noun phrase. ② postposes a word and makes a compound noun.

▸ ① 非独立名词、② 后置名词以平假名标注。这两类名词都不能单独使用。
▸ ① 接在连体部后组成名词短语。② 接在单词后组成复合名词。

▸ ① 비독립명사, ② 후치명사는 히라가나로 표기한다. 둘 다 단독으로는 기능하지 않는다.
▸ ① 은 연체부 뒤에 붙어서 명사구를 만든다. ② 는 단어 뒤에 붙어서 복합명사를 만든다.

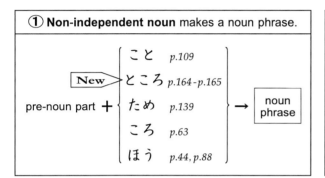

① **Non-independent noun** makes a noun phrase.

pre-noun part + { こと *p.109* / ところ *p.164-p.165* (New) / ため *p.139* / ころ *p.63* / ほう *p.44, p.88* } → noun phrase

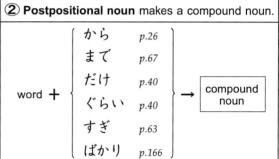

② **Postpositional noun** makes a compound noun.

word + { から *p.26* / まで *p.67* / だけ *p.40* / ぐらい *p.40* / すぎ *p.63* / ばかり *p.166* } → compound noun

ぶんぽう 文法 Grammar

- ⓜ QUANTITY (at least): QUANTITY:*noun* は / (large QUANTITY): QUANTITY:*noun* も
- ⓜ TIME (at the latest): TIME:*noun* には / (at the earliest): TIME:*noun* にも
- ⓐ *noun* phrase to express a place:
- ⓜ *noun* phrase to express time to be monopolized: } Ⓗ pre-noun form *noun* ところ
- ⓜ clause to express **condition** 2: Ⓔ たら-form (non-end form) 、＿＿＿ main sentence ＿＿＿。
- ⓐ range of ACTs: ACT:*verb* たり-form + たり-form + する

たんご 単語

v. かかる Ⓕ cost \<money\>, take \<time\>	*v.* あく (空く) Ⓕ become vacant	*v.* つづく Ⓕ last, continue
v. あびる Ⓛ bathe \<in water, light\> ①r	*v.* ぬぐ Ⓛ take off \<one's clothes, shoes\>	*v.* ふる (振る) Ⓛ shake
n. シャワー shower	*n.* せんぷうき (扇風機) electric fan	*n.* せんたくき (洗濯機) washing machine
n. ちかてつ (地下鉄) subway	*n.* かいさつぐち (改札口) wicket	*n.* げんかん (玄関) entrance \<of a house\>
n. さんぽ (散歩) walk, stroll する	*n.* こんや (今夜) tonight	*n.* こんばん (今晩) tonight \<about meals\>
o. また again	*o.* もっと more (+ STATE)	*o.* ちょうど just/exactly (+ QUANTITY)

漢字

156 発　157 表　158 所　159 文　160 石　161 研　162 究　163 空　164 部　165 屋

QUANTITY and TIME

		ⓐ	ⓜ		Limited: +は	Accepted: +も
Noun	MATERIAL	つくえ	→ topic (Review)		つくえは	つくえも
	TIME span	あした			あしたは	あしたも
	End TIME point ⇨ ✱✱	あしたまで 四日まで			あしたまでは 四日までは	
	QUANTITY	五つ	→ **at least**		五つは **not** the actual QUANTITY	
			→ It is a large QUANTITY.			五つも the actual QUANTITY
	TIME span	あした [NG] あしたに	→ at the latest		あしたには	
			→ at the earliest			あしたにも
*Noun*に	TIME point	四日に	→ at the latest		四日には✱	
			→ at the earliest			四日にも✱
	TIME limit ⇨ ✱✱	あしたまでに 四日までに	→ It is a deadline.		あしたまでには 四日までには	

✱ These forms and the forms on *p.50* are the same form, but with a different function.

▷ 量(QUANTITY)は〈もの〉ではないため、トピックにも成因にもならない。
▷ 時間の一点(名詞＋に，例：四月に)は量に似ている。時間の一点は量的である。
▷ 終了時点は〈○○まで〉(*p.67*)、ある〈うごき〉の終了期限(TIME limit)は〈○○までに〉と表す。

▶ Because QUANTITY is not a MATERIAL, QUANTITY becomes neither a topic nor a COMPONENT.
▶ A TIME point (noun に, *e.g.* 四月に) resembles QUANTITY. A TIME point is quantitative.
▶ An end TIME point is expressed by 〈○○まで〉 (*p.67*), and a TIME limit for the end of an ACT is expressed by 〈○○までに〉.

▶ 因为**数量**(QUANTITY)不是〈物〉，所以它既不能作主题也不能作成因。
▶ 时间的点(名词＋に，例如：四月に)与数量相似。时间的点具有量的性质。
▶ 结束时间以〈○○まで〉表示(*p.67*)，某个〈动作〉的终止期限(TIME limit)以〈○○までに〉表示。

▶ **양**(QUANTITY)은 〈사물〉이 아니기 때문에, 화제도 형성요인(成因)도 되지 못한다.
▶ 시점(명사＋に, 예：四月に)은 양과 비슷하다. 시점은 양적이다.
▶ 종료시점은 〈○○まで〉(*p.67*), 어떤 〈움직임〉의 종료 기한(TIME limit)은 〈○○までに〉로 나타낸다.

QUANTITY
⇨ *p.32 - p.33*
⇨ *p.62 - p.63*
⇨ *p.107*
⇨ *p.39* 練習 12
⇨ *p.40* 練習 14

✱✱	End of a **STATE**		End of an **ACT** (continuous ACT)	(momentary ACT)
○○まで	三月まで学生だ。	三月までひまだ。	三時まで読む。 (until three o'clock)	[NG] 三時まで着く。
○○までに	end of an ACT only ⟹		三時までに読む。	三時までに着く。 (not later than three o'clock)

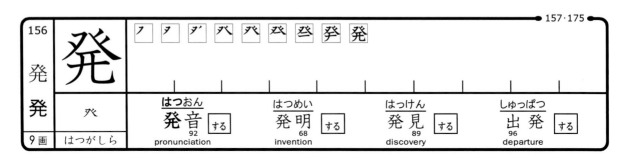

第 17 課   163

練習 1. Make sentences using "QUANTITY + は" as in the examples.

Example 毎日、三時間は日本語を勉強しています。
Example 新しい歯ブラシ toothbrush が二本はほしいです。
Example 映画が好きで、一か月に二回*twice a month は見ます。
Example ここから駅まで、歩いて十五分はかかります。
Example このじゃがいも potato は四百グラム gram はあります★。

* Frequency: QUANTITY
一日に三回 食事する
three times a day
四年に一度 会う
once every four years

★ Weight / length + ある

練習 2. Make sentences using "QUANTITY + も" to show wonder at large QUANTITies as in the examples.

Example この宝石 gem は小さいですが、六百万円もします★。
Example 学生たちの発表 presentation は二時間もつづきました。
Example 山内さんがオペラ opera のチケット ticket を十枚もくれました。
Example 大内さんの部屋には洗濯機が二台もあるそうです。

★ Price + する

練習 3. With a partner take turns asking about a TIME point (A) and answering with は (B) as in the examples.

Example A: 今夜のパーティーは何時ごろ*終わるでしょうか。   *ごろ（←ころ）⇒ p.63
B: 九時半には終わると思いますよ。
Example A: レポートはいつ出します submit (to your teacher) か。
B: 来週の初めには出そうと思っています。

練習 4. Take turns giving a TIME limit (A) and answering using a limited/accepted TIME point (B).

Example A: このノートはあさってまでに返してくださいね。
B1: はい、あしたには返せると思います。 OK あした (neutral) NG あしたに
B2: はい、きょうにも返せると思います。 OK きょう (neutral) NG きょうに

———— Words ———— front and back ————

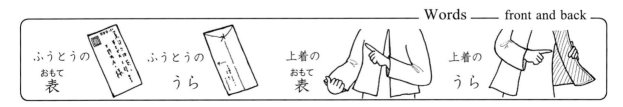

ふうとうの おもて 表　　ふうとうの うら　　上着の おもて 表　　上着の うら

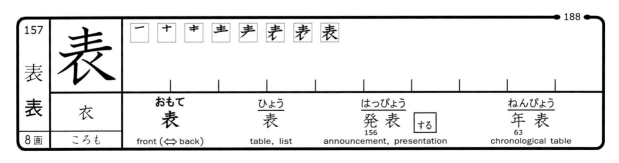

157 表
表 衣
8画 ころも

一十キ圭声耂耒表

おもて 表 front (⇔ back)
ひょう 表 table, list
はっぴょう 発表 する announcement, presentation
ねんぴょう 年表 chronological table

 高いところ
 花がきれいなところ
 海が見えるところ
 温泉があるところ

▷ <Ⓗ (連体形) + ところ (非独立の名詞)> という名詞句は、①(ⓐ) 場所の範囲、②(ⓜ) 独占された時間の範囲を表す。ただし、「お所」は聞き手の現住所を丁寧に表す独立名詞である。

▶ Noun phrase <Ⓗ (pre-noun form) + ところ (non-independent noun)> expresses: ① (ⓐ) a PLACE range, or ② (ⓜ) a monopolized TIME range. However, the independent noun お所 is a polite way of referring to a listener's address.

▶ 名词短语 <Ⓗ (連体形) + ところ (非独立名词)> 表示 ①(ⓐ) 场所范围、②(ⓜ) 被占用的时间的范围。另，"お所" 是以恭敬的语气表示听话人现住所的独立名词。

▶ <Ⓗ (연체형) + ところ (비독립명사)> 라는 명사구는 ①(ⓐ) 장소의 범위, ②(ⓜ) 독점된 시간의 범위를 나타낸다. 단, 'お所'는 청자의 현주소를 공손하게 표현하는 독립명사이다.

> noun が + Ⓗ + noun
> ↓
> noun の + Ⓗ + noun
>
> e.g. 温泉のあるところ
> ⇨ p.84, p.86

> Non-independent nouns are transcribed in ひらがな.

Answer the following question using answers that follow the pattern of ①:

練習 5. どんなところへ行きたいですか。

Example 魚 fish が／魚の おいしい (STATE, Ⓗ pre-noun form) ところへ行きたいです。

練習 6. Make sentences with a noun phrase: <MATERIAL, Ⓗ pre-noun form + ところ ①>.

 ポストのところ
 口 mouth のところ — place in the area of a MATERIAL
 私のところ — place where a person is/resides

Example ポストのところに男の人が二人立っています。NG ポストに

Example 口のところにケチャップ ketchup が付いていますよ。NG 口に

Example 急いで*私のところへ来てください。NG 私へ　＊Ⓖ pre-ACT form ⇨ p.114

Example いつものところでお茶を飲みましょう。NG いつもで

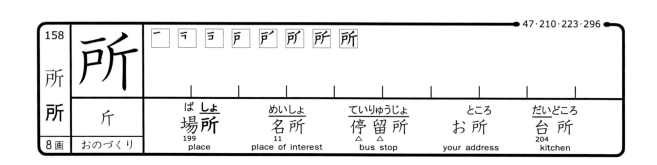

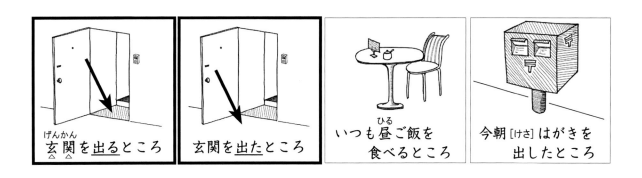

練習 7. Answer the following question using answers that follow the pattern of ①: 今、どこにいますか。

Example 地下鉄の改札口を出た (ACT, Ⓗ pre-noun form) ところにいます。

練習 8. Make sentences using the noun phrase: <verb, Ⓗ pre-noun form + ところ ②>.

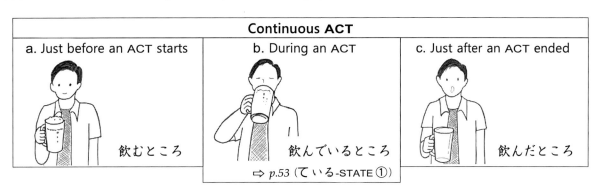

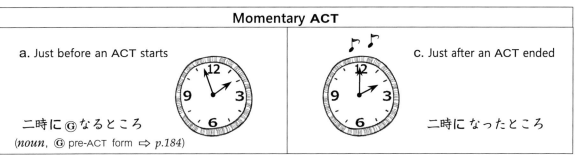

Example (a) 今から作文の宿題をする(⇨ p.111)ところです。 Ⓜ Another ACT is not possible.

Example (b) 今、今晩のメニュー menu を考えているところです。 Ⓜ Do not disturb me.

Example (c) 今、シャワーをあびたところです。 Ⓜ I will not do the same ACT for a while.

Example (c) ちょうど四時になったところです。 Ⓜ It is closing time.

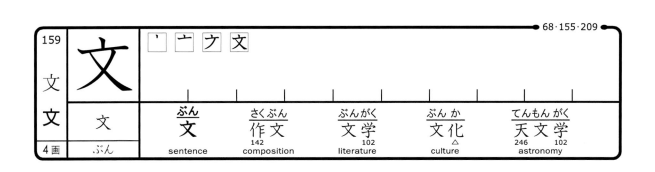

ばかり-STATE

ACT verb, ⊕ た group (た-form)
Ⓗ pre-noun form + ばかり

ばかり: postpositional noun

この本は読んだばかりです。 [NG] 読んでばかり
ⓜ The STATE of the actor now is almost equal to the actor's STATE just after the ACT ended.

この自転車は買ったばかりです。 [NG] 買ってばかり
ⓜ The STATE of the object (自転車) now is almost equal to the object's STATE just after the ACT ended.

練習 9. Make sentences.

Example 中内(なかうち)さんは今来たばかりです。 ⓜ 中内さん is not ready yet.

Example この扇風機(せんぷうき)は買(か)ったばかりです。 ⓜ I do not need a new electric fan.

練習 10. Make dual sentences ② (⇨ p.148).

Example 去年引っこしたばかりですから、今年は引っこしません。

Example この漢字は練習(れんしゅう)したばかりですから、書けます。

練習 11. Make dual sentences ① (⇨ p.147).

Example 去年引っこしたばかりですが、今年もまた引っこします。

Example この漢字は練習したばかりですが、まだ書けません。

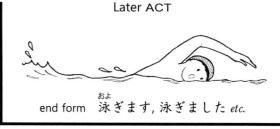

Earlier and later ACTs

Earlier ACT
国友(くにとも)さんと別(わか)れた後で [NG] 別れる後で
verb ⊕ た Ⓗ pre-noun form + 後 + で : TIME point

Later ACT
end form 泳(およ)ぎます, 泳ぎました etc.

⚠ Two ACTs are interchangeable.

練習 12. Make sentences.

Example Two ACTs are in the speaker's imagination: 国友さんと別(わか)れた後で、泳(およ)ぎます。

Example Two ACTs are in the speaker's memory: 国友さんと別れた後で、泳ぎました。

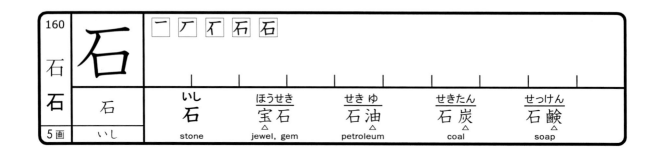

160 石	一 ア ア 石 石					
石 5画	石 いし	いし 石 stone	ほうせき 宝石 jewel, gem	せきゆ 石油 petroleum	せきたん 石炭 coal	せっけん 石鹸 soap

Series of two ACTs

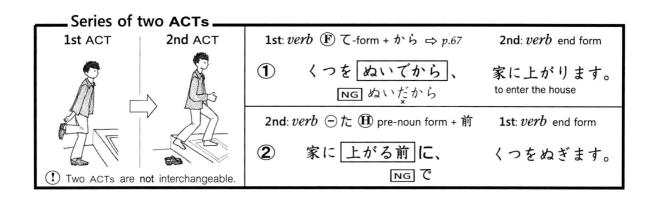

練習 13. Make sentences that follow the pattern ① and ② in the table above.

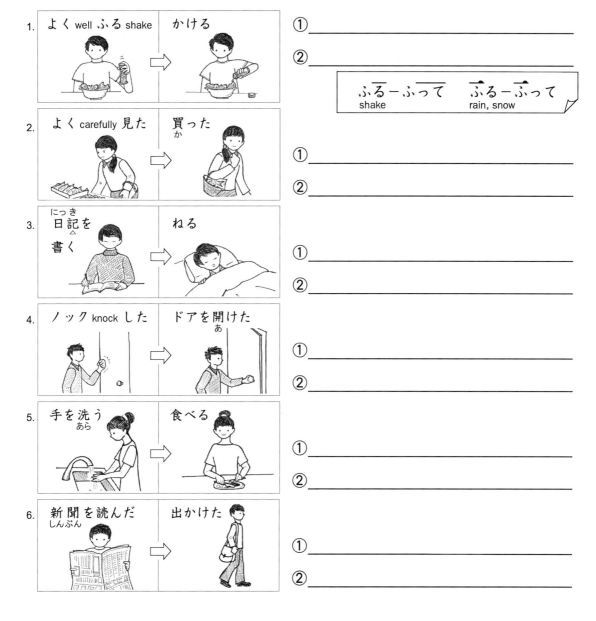

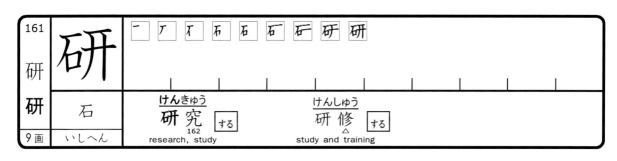

	Review: End form ①			New	
	Ⓐ'	Ⓐ		たり-form	Ⓔ たら-form Non-end form →
だ type	雨です ひまです	雨だ ひまだ	⊕た→	雨だったり ひまだったり	雨だったら ひまだったら
い type	安いです 考えません	安い 考えない		安かったり 考えなかったり	安かったら 考えなかったら
う-row type	見ます	見る		見たり	見たら

▷ 同じ要素 (element) の二つの述語を並べるときはたり形を二つ用いて表す。
▶ When you line up two predicates with the same elements you use two たり-forms.
▶ 相同要素 (element) 的两个谓语并列时，以两个たり形表示。
▶ 같은 요소 (element) 의 술어 2개를 나열할 때는 たり형을 2개 사용하여 나타낸다.

> [Review]
> Three **elements** of actuality:
> **MATERIAL**, **STATE** and **ACT**
> ⇨ *see* the inside of the front cover

(in the case of an ACT)	Two たり-forms	One たり-form
たり-form as a *verb* predicate:	行ったり来たり＋する	[OK] 行ったり＋する
たり-form as a *noun* predicate:	行ったり来たり＋だ	[NG] 行ったり＋だ

紅茶を飲んだり、本を読んだりします。

Review ⇨ p.115

紅茶を飲みながら本を読みます。

練習 14. Make sentences with two たり-forms as a verb predicate.

Example きのうは家で荷物をかたづけたり、町を散歩したりしました。
Example あしたは洗濯したり、台所をそうじ cleaning したりしようと思います。

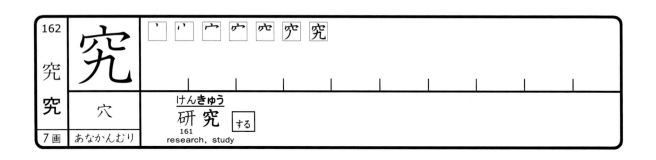

Complex sentence

ⓜ たら-dependent clause lexical meaning: no limit	Main sentence = ⊖ た group lexical meaning: no limit
あした雨だったら、 友だちもひまだったら、	1. _____ 2. いっしょに _____
もっと安かったら、 何も (⇨p.107) 考えなかったら、	3. _____ 4. 何も _____
よく見たら、	5. _____

▷ たら従属節は容認的でも限定的でもない、中立の条件を表す。
▶ たら-dependent clauses express a neutral (not accepted/limited) condition.
▶ たら从句既不表示接受也不表示限定，它表示中立的条件。
▶ たら종속절은 용인적이지도 한정적이지도 않은 중립적인 조건을 나타낸다.

> Compare this clause with the "conditions" on *p.156 - p.157*.

練習 15. Referring to the examples, complete the complex sentences in the table above.

Example あした雨(あめ)だったら、家(うち)で一人で勉強しよう。 OK ACTing, all end forms

Example あした雨だったら、どこへも出かけません。 OK non-ACTing, all end forms

Example あした雨だったら、山へは行けません。 OK STATE

▷ 主文の〈うごき〉開始の条件が従属節の〈うごき〉の終了である場合、従属節はたら節である。
▶ When the condition for the start of the ACT in the main sentence is the end of the ACT in the dependent clause, the たら-clause is used in the dependent clause.
▶ 主句〈动作〉开始的条件为从句〈动作〉的结束时，从句为たら从句。
▶ 주문의 〈움직임〉의 개시 조건이 종속절의 〈움직임〉의 종료인 경우 종속절은 たら절이다.

練習 16. Make complex sentences with a たら-dependent clause.

Example テレビを見たら (After watching TV)、勉強します。
　　　　ⓜ While I'm watching, I won't study.

Example この本は、読んだら、返してください。
　　　　ⓜ You do not need to return this book before finishing reading it.

Example 席(せき)が空(あ)いたら、すわりましょう。 NG 席は空いたら ×
　　　　ⓜ (e.g. In a train) We are standing now.

> かん → 空きかん empty can　びん bottle → 空きびん empty bottle　はこ → 空きばこ empty box

163 空 空 8画	空	丶 丷 宀 宀 穴 空 空 空						● 87・152・164・203 ●
	穴 あなかんむり	そら 空 sky	あおぞら 青空 80 blue sky	くうこう 空港 △ airport	くうき 空気 75 air	あく 空く Ⓕ become vacant	からて 空手 ◇ 138 KARATE	

Complex sentence

ⓜ たら-dependent clause ACTing (or STATE based on an ACT = ている-verb)	ⓐ Main sentence = ⊕た group ACTing / STATE in the speaker's **memory**
公園(こうえん)を散歩(さんぽ)していたら、	内山さんに会いました。
この辞書(じしょ)でしらべたら、	すぐわかりました。
研究室(けんきゅうしつ)に入ったら、	コーヒーのにおいがしました。 ⇨ p.87
朝(あさ)、部屋(へや)のまどを開(あ)けたら、	雪(ゆき)がふっていました。
北海道(ほっかいどう)で牛乳(ぎゅうにゅう) milk を飲んだら、	とてもおいしかったです。 It was really delicious.
角(かど)を曲(ま)がったら、	くつ屋(や) shoe shop がありました。

▷ ⊕た群で表す主文は、たら節の表す〈うごき〉が条件となって思いがけず実現した〈うごき〉の記憶、思いがけず出現した〈ありさま〉の記憶の現実表現である。

▶ The main sentence expressed by a ⊕た group is an actuality of a memory of an ACT that was unexpectedly realized or a STATE that unexpectedly appeared on the condition of an ACT expressed by a たら-dependent clause.

▶ 以⊕た群所表示的主句是由たら从句所表示的〈动作〉为条件，在不意间所实现的一种〈动作〉的记忆、在不意间所出现的一种〈状态〉的记忆的现实描述。

▶ ⊕た군으로 표현하는 주문은 たら절이 나타내는 〈움직임〉이 조건이 되어 뜻밖에 실현된 〈움직임〉의 기억, 뜻밖에 출현한 〈상태〉의 기억에 대한 현실표현이다.

練習 17. Make complex sentences with a たら-dependent clause.

1. たら-clause: _____   ⊕た: 間に合いました。_____
2. たら-clause: _____   ⊕た: _____

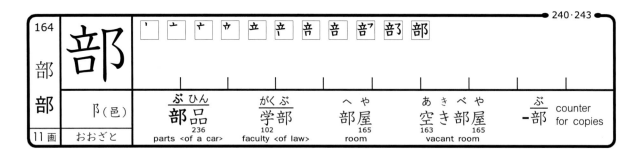

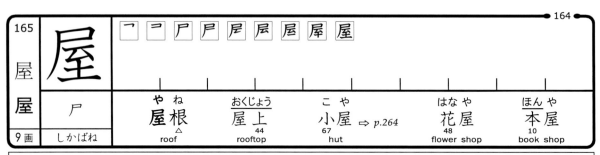

第 18 課

▷「いけない」「ならない」の形の動詞述語は以下のような述べ方を表す。
▶ The verb predicates formed using いけない and ならない express the following way of speaking.
▶ "いけない"、"ならない" 形的动词谓语所表示的叙述方式如下。
▶ 'いけない' 'ならない' 형태의 동사술어는 아래와 같은 말하기 방식을 나타낸다.

ⓜ					
	Non-ACTing	禁止 prohibition 抑制 restraint	Ⓕ て-form ＋ は	見てはいけない。 見てはならない。	Review ⇨ p.160
	ACTing	強制 compulsion 義務 duty	Ⓕ なくて-form ＋ は	見なくてはいけない。 見なくてはならない。	
		当然の行動 proper action 当然の義務 proper duty	Ⓓ なければ-form	見なければいけない。 見なければならない。	**New** p.178

ぶんぽう
文法 Grammar

- ⓐ ACT Ⓐ with belongings = thing: Ⓖ 持って ＋ ACT Ⓐ : *verb* (connected verb)
- ⓐ ACT Ⓐ with an attendant = person/animal: Ⓖ つれて ＋ ACT Ⓐ : *verb* (connected verb)
- ⓐ ACT Ⓐ after an ACT: before ACT Ⓐ : *verb* Ⓖ て-form ＋ ACT Ⓐ : *verb* (quasi-connected verb)
- ⓐ ACT Ⓐ with an aim: noun form of ACT *verb* Ⓖ に ＋ ACT Ⓐ : *verb* (connected verb)
- ⓜ clause that expresses **condition** 3: Ⓓ ば-form (non-end form) 、 ___main sentence___ 。

たんご
単語

- v. もっていく (持って行く) Ⓐ take <thing>
- v. つれていく (連れて行く) Ⓐ take <person/animal>
- v. みおくる (見送る) Ⓛ see *sb* off
- v. むかえる Ⓛ go to meet (1r)
- v. もどる Ⓐ come back, return
- v. やむ (止む) Ⓕ stop <rain/wind/sound>
- v. さがす Ⓛ look for ⇨ p.178
- n. かいもの (買い物) shopping
- n. うんどう (運動) physical exercise
- n. りょうがえ (両替) exchange of money
- n. バッグ bag, handbag
- n. けいじばん (掲示板) bulletin board
- n. うけつけ (受付) reception
- n. こうばん (交番) KŌBAN
- n. がいこくご (外国語) foreign language
- n. ろんぶん (論文) thesis, paper
- n. けしき [景色] scenery
- a. だいじょうぶ (大丈夫) ㊣ all right, It's OK.
- a. すばらしい・すばらしく wonderful, splendid

ふくしゅう
復習

6. Complex sentences

漢字

166 持 167 待 168 買 169 送 170 止 171 回 172 英 173 米 174 雨 175 電

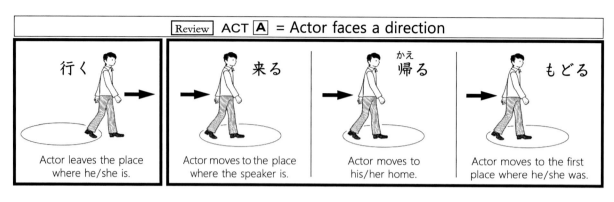

▷ ＜うごき＞Ａ はほかの＜うごき＞とともに、①連結動詞（connected verb）、②準連結動詞（quasi-connected verb）を作る。

▶ ACT Ａ together with another ACT forms: ① a connected verb or ② a quasi-connected verb.

▶ ＜动作＞Ａ 与其他＜动作＞一起组成①连结动词（connected verb）、②准连结动词（quasi-connected verb）。

▶ ＜움직임＞Ａ 는 다른 ＜움직임＞과 함께 ①연결동사（connected verb），②준연결동사（quasi-connected verb）를 만든다.

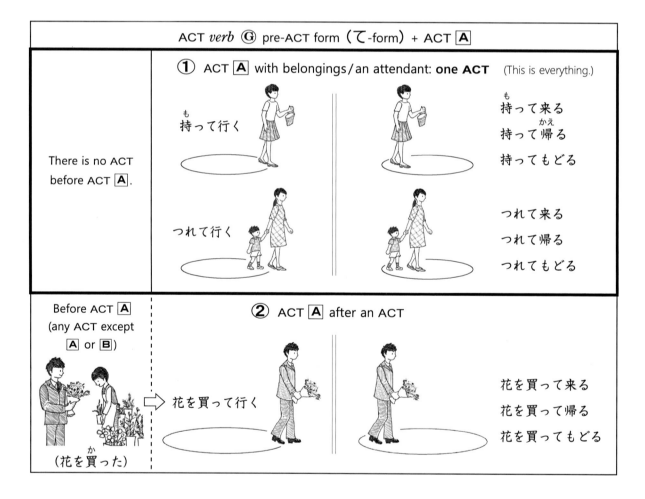

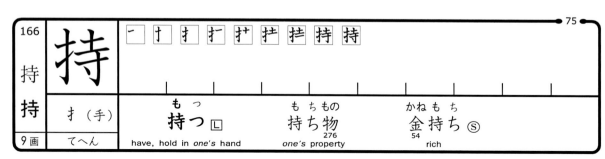

第 18 課

練習 1. Make sentences that follow the pattern of ① (て行きます or て来ます).

Example ____かさを持って行きます。____

1. _____

アルバム
photograph album

2. _____

小学生
pupil

3. _____

バッグ

4. _____

おみやげ
souvenir

5. _____

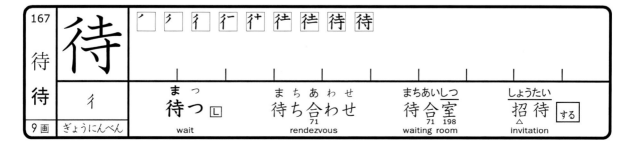

練習 2. Make sentences that follow the pattern of ② (て 行きます or て 来ました).

（ワイン wine を買った）

Example　ワインを買って来ました。

（空港で友だちを見送った）

1. _____

（図書館で古い old 本を借りる）

3. _____

（コピー copy をとった）

2. _____

（受付に荷物をあずける）

4. _____

▷ 連結動詞「行って来る」は目的地へ行って出発地に帰る〈うごき〉Ａを表す。外出する演者の挨拶は「行って来ます」である。
▶ The connected verb 行って来る expresses ACT Ａ where an actor goes to a destination, and returns to the place of departure. The phrase used by an actor when he/she goes out is 行って来ます.
▶ 连结动词 "行って来る" 表示到达目的地后再返回出发地的〈动作〉Ａ。外出时的行为者套语为 "行って来ます"。
▶ 연결동사 '行って来る'는 목적지에 갔다가 출발지로 돌아오는 〈움직임〉Ａ를 나타낸다. 외출하는 행위자의 인사는 '行って来ます'이다.

行って来ます。

第 18 課

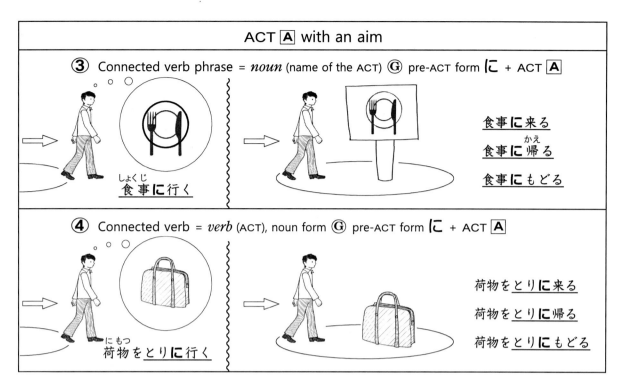

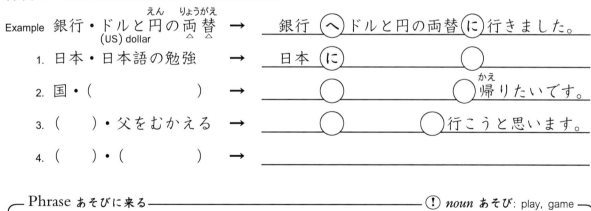

練習 3. Make sentences with a direction/destination.

Example 銀行・ドルと円の両替 → 銀行(へ)ドルと円の両替(に)行きました。
1. 日本・日本語の勉強 → 日本(に)◯_____
2. 国・(　　　) → ◯__(　)帰りたいです。
3. (　　) ・父をむかえる → ◯__(　)行こうと思います。
4. (　　) ・(　　　) → _____

― Phrase あそびに来る ――――――――――――――――― (!) noun あそび: play, game ―
あそびに来ました。 I came to see you.　　あそびに来てください。 Please come and see me.

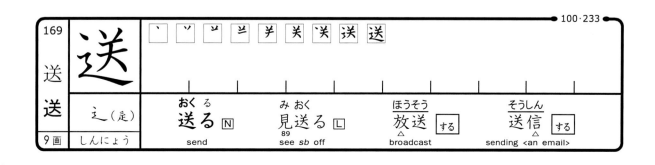

		Review: End form ① A'	A	New How to make the ば-form	Non-end form D ば-form
だ type		雨です ひまです	雨だ ひまだ	だ → なら（ば） This ば is usually omitted.	雨なら（ば） ひまなら（ば）
い type		安いです 聞きません	安い 聞かない	い → ければ	安ければ 聞かなければ
う-row type	⑤r	聞きます	聞く	え-row + ば	聞けば
	①r	見ます 食べます	見る 食べる	る → れば	見れば 食べれば
	ir	来ます ○○します	来る ○○する		来れば ○○すれば

(ACTing) (ACTing) (non-ACTing) (non-ACTing)
OK 見れば、いいです。 **NG** 見れば、だめです。 **OK** 見なければ、いいです。 **OK** 見なければ、だめです。

▷ ば従属節は〈ありさま〉か〈うごき〉を表す。〈もの〉を表す場合は第20課で学習する。
▷ ば従属節はおもに、期待（hope）が実現するための**条件**を表す。期待の中身は主文が表す。
▷〈うごき〉あり（ACTing）を表すば従属節は「だめだ」「いやだ」「こまる」のような主文を導かない。

▶ A ば-dependent clause expresses a STATE or an ACT. Expressing a MATERIAL will be learned in *lesson 20*.
▶ The ば-dependent clause mainly expresses the **condition** needed in order for a hope to come true. The contents of the hope are expressed in the main sentence.
▶ A ば-dependent clause that expresses ACTing cannot lead a main sentence of the だめだ, いやだ or こまる type.

▶ ば从句表示〈状态〉或〈动作〉。表示〈物〉的内容将在第20课中学习。
▶ ば从句主要表示为使期待（hope）得以实现的**条件**。期待的内容由主句表示。
▶ 表示伴随〈动作〉（ACTing）的ば从句不能引出"だめだ"、"いやだ"、"こまる"之类的主句。

▶ ば종속절은〈상태〉나〈움직임〉을 나타낸다.〈사물〉을 나타내는 용법은 제20과에서 학습한다.
▶ ば종속절은 주로 기대（hope）를 실현하기 위한 **조건**을 나타낸다. 기대의 내용은 주문에서 나타낸다.
▶〈움직임〉이 있음（ACTing）을 나타내는 ば종속절은 'だめだ' 'いやだ' 'こまる'와 같은 주문을 도출하지 않는다.

練習 4. Make Ⓐ (plain style) and Ⓓ (non-end ば-form) forms.

1. 始まります 2. ひらがなです 3. 待ちません 4. 遠くありません
5. 早いです 6. 風が止みます 7. 送信します (send an email) 8. 料理が上手です

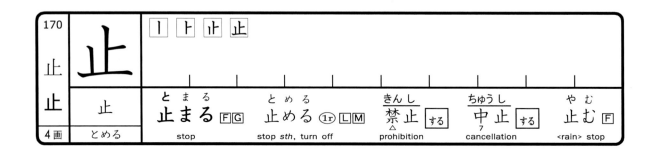

Complex sentence

ば-dependent clause	Main sentence = た group
雨なら(ば)、 ひまなら(ば)、	出かけません。／ 読書 reading をします。 運動をします。／ 買い物に行けます。
もっと安ければ、 交番で聞かなければ、	買います。／ 買えます。／ ほしいです。 わかりません。／ だめです。 NG わかります。
交番で聞けば、	わかります。 NG わかりません。／ だめです。
よく見れば、 野菜をたくさん食べれば、	わかります。／ 見えます。 NG 見えません。 病気が治ります get well。 NG 治りません。
木曜日に来れば、 毎日練習すれば、	石川さんに会えます。 NG 会えません。 おぼえられます。／ 大丈夫です。

練習 5. Complete the following sentences.

Example あした天気がよければ、大石さんたちとピクニック picnic に行きます。

1. 外国語がいくつも話せれば、＿＿＿＿＿＿＿＿＿＿＿＿＿＿＿＿＿＿
   ⇨ p.107
2. チャンス chance が一回あれば、＿＿＿＿＿＿＿＿＿＿＿＿＿＿＿＿＿＿
3. 掲示板を見れば、＿＿＿＿＿＿＿＿＿＿＿＿＿＿＿＿＿＿
4. ＿＿＿＿＿＿＿＿＿＿＿＿＿＿＿＿ すばらしいけしきが見られます。
5. ＿＿＿＿＿＿＿＿＿＿＿＿＿＿＿＿ こわくありません。

こわい・こわく
afraid

練習 6. Complete the following sentence. (!) A ば-dependent clause often leads to いい in the main sentence.

Example あした天気が（いい → よい →）よければ、いいですね。

Example あした雨がふらなければ、いいですね。

1. テストが＿＿＿＿＿＿＿＿＿＿＿＿＿＿＿＿、いいですね。
2. ＿＿＿＿＿＿＿＿＿＿＿＿＿＿＿＿＿＿、いいですね。

171	回	一 冂 冂 冂 回 回				
回	口	まわる 回る F turn around	まわす 回す L turn sth	かいすう 回数 231 number of times	いっかい 一回 1 once	かい -回 counter for number of times
6画	くにがまえ					

▷ 指示を求める形は、〈不明(unknown)＋〈うごき〉を表すば従属節＋主文：いいですか〉である。
▶ The sentence pattern <'unknown' + ば-dependent clause that expresses an ACT + main sentence いいですか>
is used to ask for instructions.
▶ 请求指示的形式为：〈疑问词(unknown)＋表示〈动作〉的ば从句＋主句：いいですか〉。
▶ 지시를 원하는 형태는 〈미지(unknown)＋〈움직임〉을 나타내는 ば종속절＋주문：いいですか〉이다.

練習7.　Ask your partner for instructions, as in the example below.

Example A: 寮には何時までに帰ればいいですか。

B: 九時までに帰ればいいです。

Example A: 宿題はいつ出せばいいですか。

B: 今、出してください。

Ⓜ	Ⓓ	いけない-／ならない-predicate 2, plain style
ACTing 当然の行動 proper action	なければ-form	読まなければいけない。 ———————— ANIMAL must read.
当然の義務 proper duty		読まなければならない。

▷〈なければ形＋「いけない」／「ならない」〉の形の動詞述語は当然の行動や当然の義務を表す。
▶ The verb predicate made of <なければ-form + いけない／ならない> expresses proper action or proper duty.
▶〈なければ形＋"いけない"／"ならない"〉形式的动词谓语表示理应的行动、义务等。
▶〈なければ형 ＋ 'いけない'／'ならない'〉 형태의 동사술어는 당연한 행동이나 당연한 의무를 나타낸다.

⇨ p.171

▷ なければ形は東京あたりでは、(読まなければ→)「読まなけりゃ」「読まなきゃ」と発音されることが多い。
▶ In 東京(とうきょう) area なければ is often pornounced as follows: e.g. 読まなければ → 読まなけりゃ → 読まなきゃ
▶ 在东京一带，なければ形(読まなければ→)往往说成 "読まなけりゃ" 或 "読まなきゃ"。
▶ なければ형은 도쿄 근방에서는 (読まなければ→) '読まなけりゃ' '読まなきゃ'로 발음하는 경우가 많다.

練習8.　Make ならない-predicate sentences as in the examples.

Example つぎの電車に乗らなければなりません。

Example 論文を書き直さなければなりません。

Example なくしたさいふを捜さなければなりません。

捜す look for <a lost thing>　　探す look for <new work>

Words — to redo
ACT verb, noun form ＋ 直す
見直す review <an answer>
作り直す remake <a model>
書き直す rewrite <a report>
— compound verbs —

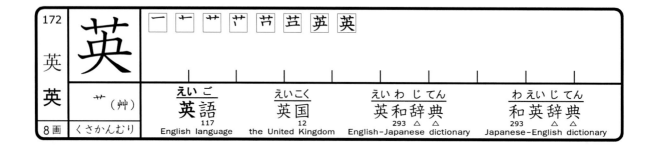

172 英／英　(艹)　くさかんむり　8画

一十艹艹艹艾英

えいご 英語 117 English language
えいこく 英国 12 the United Kingdom
えいわじてん 英和辞典 293 English-Japanese dictionary
わえいじてん 和英辞典 293 Japanese-English dictionary

復習(ふくしゅう) 6 Complex sentences

First half: **dependent clause**			Second half: main sentence					
Note this is **way of speaking**, not actuality. ⓜ			grammatical limits			てください	⊕た	Lexical meaning
			End form ① ② ③					
Reason ⇨ p.156	non-end form	Ⓕで／て	OK	NG	NG	NG	OK	STATE / non-active ACT
		(psychological reason)						no limit
Condition 1 ⇨ p.156		Ⓕで／て＋も	OK	OK	OK	OK	OK	no limit
		'unknown' + Ⓕで／て＋も						STATE / ACTing
		Ⓕで／て＋は	OK	NG	NG	NG	NG	undesirable information
Condition 2 ⇨ p.169		Ⓔたら	OK	OK	OK	OK	OK	no limit
Condition 3 ⇨ p.176		Ⓓば — STATE	OK	OK	OK	OK	NG	hopes
		Ⓓば — ACT	OK	NG	NG	NG	NG	

▷ **条件**を表す従属節の形は、Ⓕで／て中断形(＋も／は)(16課)、Ⓔたら中断形(17課)、Ⓓば中断形の3種類である。それぞれ条件の述べ方が異なるため、主文には文法的にも語彙的にも制約のある場合がある。

▶ There are three kinds of dependent clause that expresses a **condition**. Ⓕ: non-end form で／て (＋も or は) (*lesson 16*), Ⓔ: non-end form たら (*lesson 17*) and Ⓓ: non-end form ば. Because the way of speaking each dependent clause expresses is different, there are grammatical and lexical restrictions on what can appear in the main sentence.

▶ 表示**条件**的从句形式有三种。即Ⓕで／て中断形＋(も／は)(16课)、Ⓔたら中断形(17课)、Ⓓば中断形。由于条件的叙述方式各不相同，有时主句在语法及词汇上都会受到制约。

▶ **조건**을 나타내는 종속절의 형태에는 Ⓕで／て중단형(＋も／は)(16과), Ⓔたら중단형(17과), Ⓓば중단형의 3종류가 있다. 조건의 말하기 방식이 각기 다르기 때문에 주문은 문법적으로도 어휘적으로도 제약을 받는 경우가 있다.

First part of a set	end form, ⊖た	(quasi-sentence) Ⓐ ＋ と	OK	NG	NG	NG	OK	no limit

▷ と準文は条件を表さない。従属節と混同してはいけない。
▶ The と-quasi-sentence does not express a condition. You must not confuse it with a dependent clause.
▶ と准句不表示条件。不可与从句混同。
▶ と준문은 조건을 나타내지 않는다. 종속절과 혼동해서는 안 된다.

と-quasi-sentence ⇨ p.150

えい 英◁U.K.	べい 米◁U.S.A.	どく 独◁Germany	ふつ 仏◁France
い 伊◁Italy	せい 西◁Spain	ろ 露◁Russia	ごう 豪◁Australia
いん 印◁India	えつ 越◁Vietnam	ひ 比◁The Philippines	

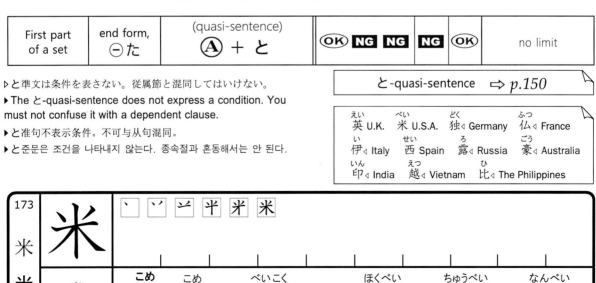

173 米 / 6画 こめ

` ヽ ゛ 亠 半 米 米

| こめ 米／お米 rice | べいこく 米国 12 the United States of America | ほくべい 北米 43 North America | ちゅうべい 中米 7 Central America | なんべい 南米 42 South America |

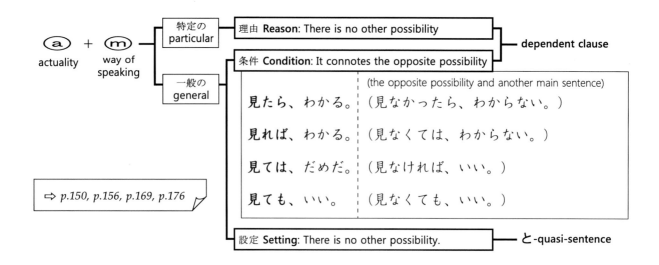

▷ 条件(condition)はその中身以外の、ほかの可能性を含意する。理由(reason)と設定(setting)はほかの可能性を含意しない。日本語ではこのような表し分けが、語彙的にではなく文法的になされることが多い。

▶ A **condition** connotes that there is another possibility apart from the contents expressed. A **reason** and a **setting** do not connote that there is another possibility. In Japanese, such a distinction is often expressed grammatically, not lexically.

▶ 条件(condition)包含除该内容以外的其他的可能性。理由(reason)及设定(setting)不包含其他的可能性。在日语中，这种表达方式的区别多属于语法性质的而非词汇性质的。

▶ 조건(condition)은 내용 이외의 다른 가능성을 내포한다. 이유(reason)와 설정(setting)은 다른 가능성을 내포하지 않는다. 일본어에서는 이러한 구분 표현을 어휘적이 아닌 문법적으로 나타내는 경우가 많다.

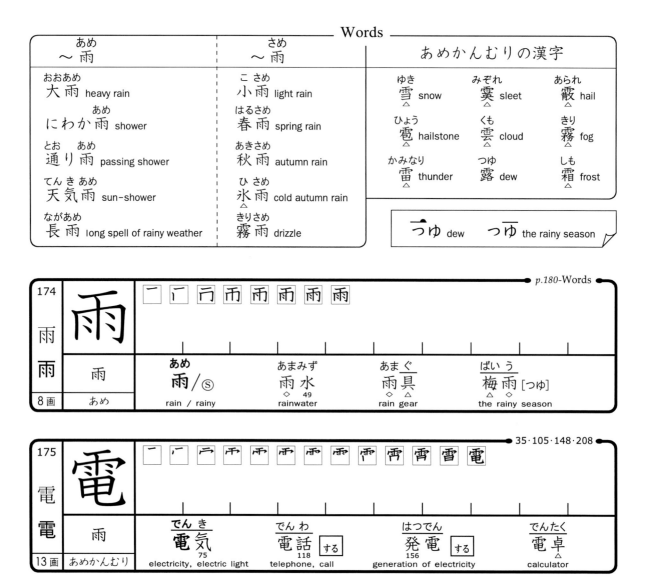

第 19 課

▷ 意図的な(intentional)〈うごき〉と自動的な(automatic)〈うごき〉を表す派生的な動詞の組み合わせがある。

▸ In Japanese there are pairs of derivative verbs that express intentional ACTs and automatic ACTs.

▸ 表示派生性动词的组合有两种。一种表示有意图的(intentional)〈动作〉，一种表示自动性的(autoamtic)〈动作〉。

▸ 의도적인(intentional) 〈움직임〉과 자동적인(automatic) 〈움직임〉을 나타내는 파생적인 동사의 조합이 있다.

Intentional ACT ♥ ANIMAL's ACT **with an object**	**Automatic ACT** ◆ NON-ANIMAL's ACT **without an object**
ACT L, M, N *e.g.* 下げる, 直す, とどける ←Pairs of derivative verbs→	ACT F, H, D *e.g.* 下がる, 直る, とどく
する group	なる group
(connected verbs or verb phrases made by the grammatical verbs する/なる)	
transitive *verbs* = *tv.*	intransitive *verbs* = *iv.*

文法 Grammar (ぶんぽう)

ⓐ ACT with an object: ANIMAL actor: *noun* が object: *noun* を ANIMAL's ACT: *verb*
　 ACT without an object: NON-ANIMAL actor: *noun* が NON-ANIMAL's ACT: *verb*

ⓐ ANIMAL's ACT L: STATE: い-*adjective*, ⒼくーForm / だ-*adjective*, Ⓖに ＋ する
　 NON-ANIMAL's ACT F: STATE: い-*adjective*, ⒼくーForm / だ-*adjective*, Ⓖに ＋ なる

ⓐ ANIMAL's ACT L: STATE: *noun* Ⓖに する
　 NON-ANIMAL's ACT F: STATE: *noun* Ⓖに なる

ⓐ to make an effort to (not) do an ACT: (non-)ACTing: *verb* Ⓗ ＋ よう Ⓖに する
　 (not) to come to do an ACT: (non-)ACTing: *verb* Ⓗ ＋ よう Ⓖに なる

ⓜ clause that expresses *one's* goal: *verb* Ⓗ ＋ よう Ⓖに、
　　　　　　　　　　　　　　　　　　　　 ___main sentence that expresses ACTing___ 。

単語 (たんご)

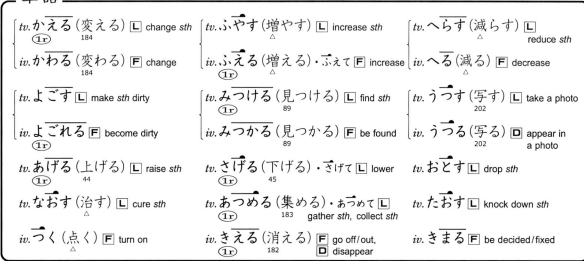

tv. かえる (変える) L change *sth* ①r 184	*tv.* ふやす (増やす) L increase *sth* △	*tv.* へらす (減らす) L reduce *sth*
iv. かわる (変わる) F change 184	*iv.* ふえる (増える)・ふえて F increase ①r △	*iv.* へる (減る) F decrease △
tv. よごす L make *sth* dirty	*tv.* みつける (見つける) L find *sth* ①r 89	*tv.* うつす (写す) L take a photo 202
iv. よごれる F become dirty ①r	*iv.* みつかる (見つかる) F be found 89	*iv.* うつる (写る) D appear in a photo 202
tv. あげる (上げる) L raise *sth* ①r 44	*tv.* さげる (下げる)・さげて L lower ①r 45	*tv.* おとす L drop *sth*
tv. なおす (治す) L cure *sth* △	*tv.* あつめる (集める)・あつめて L gather *sth*, collect *sth* ①r 183	*tv.* たおす L knock down *sth*
iv. つく (点く) F turn on △	*iv.* きえる (消える) F go off/out, D disappear ①r 182	*iv.* きまる F be decided/fixed

漢字

176 開　177 閉　178 暑　179 寒　180 長　181 短　182 消　183 集　184 変　185 帰

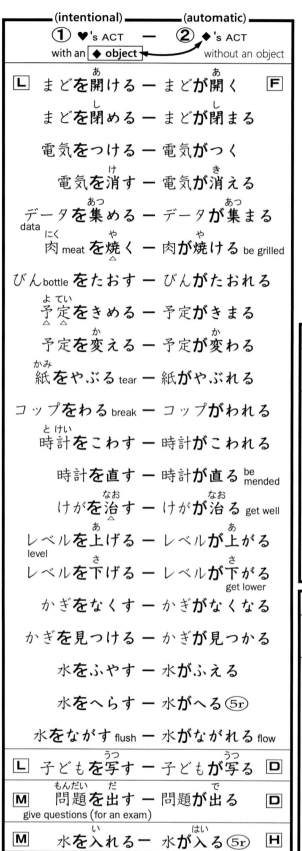

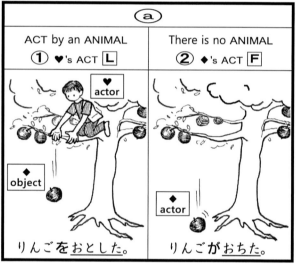

▷左表①の対象物と②の演者は同一の〈もの〉である。その場の〈うごき〉の責任が、①は生き物の演者にあること、②はだれにもないことを表す。このちがいは述べ方の表明にも有効である。

▶ In the table on the left the object in ① and the actor in ② are the same MATERIALs. ① expresses that the ANIMAL actor is responsible for the ACT, while ② expresses that no one is responsible for the ACT. This difference is useful for expressing different ways of speaking.

▶ 左表①的动作/行为对象与②的行为者为同一〈物〉。表示该场合的〈动作〉①责任在于动态的行为者；②任何人都没有责任。此种差异在叙述方式的选择上也同样有效。

▶ 왼쪽 표 ①의 대상물과 ②의 행위자는 동일한 〈사물〉이다. 〈움직임〉의 책임이 ①은 생물체인 행위자에게 있다는 것, ②는 누구에게도 없다는 것을 나타내며, 이 차이는 말하기 방식에도 유효하다.

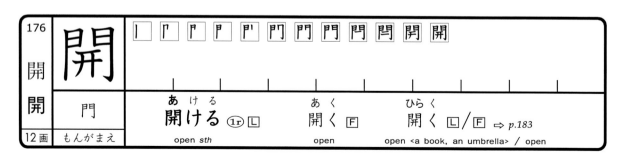

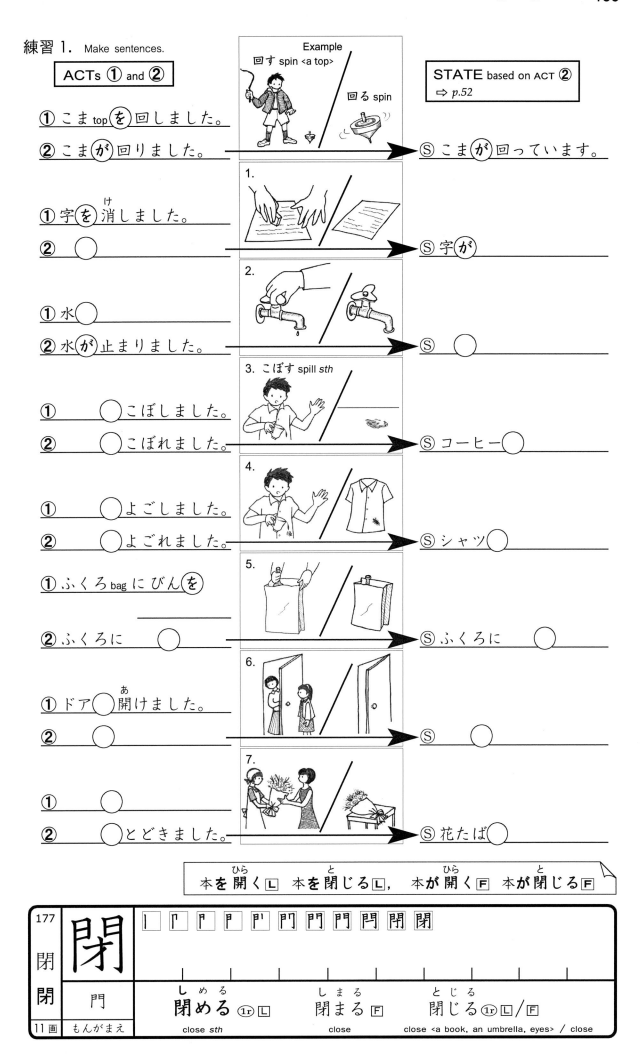

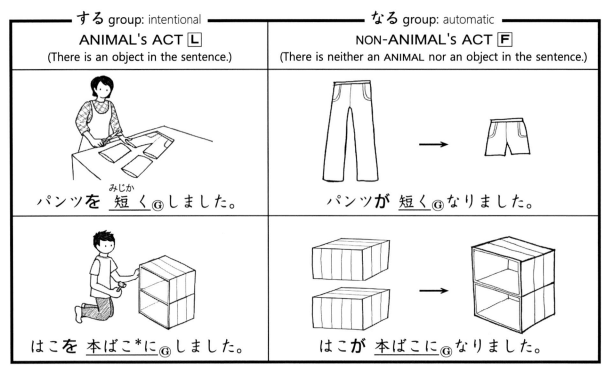

*はこ box → 本ばこ　たな shelf → 本だな book shelf

▷ Ⓖ(連用形)は、だ型はに、い型はく形である。＜連用形＋文法動詞「する／なる」＞で一つの〈うごき〉を表す。

▶ The Ⓖ pre-ACT form of the だ type predicate is に, and that of the い type predicate is the く-form. ＜Ⓖ + grammatical verb する or なる＞ expresses **one ACT**.

▶ Ⓖ(连用形)だ型时为に、い型时为く形。＜连用形＋语法动词"なる／する"＞表示一个〈动作〉。

▶ Ⓖ(연용형)는 だ타입이 に, い타입이 く형이다. ＜연용형＋문법동사 'なる／する'＞로 하나의〈움직임〉을 나타낸다.

one ACT that a verb phrase expresses ⇨ *p.114*

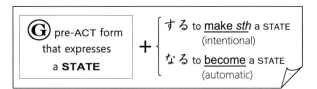

Ⓖ pre-ACT form that expresses **a STATE** + { する to **make** *sth* a STATE (intentional) / なる to **become** a STATE (automatic) }

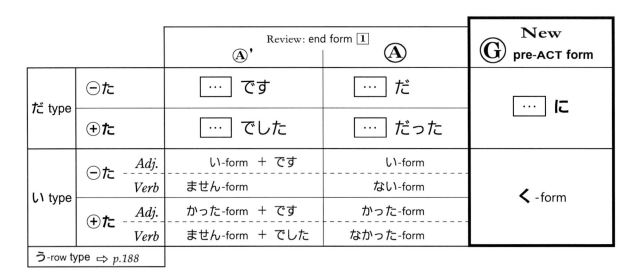

う-row type ⇨ *p.188*

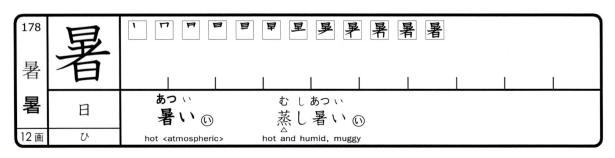

第 19 課

練習 2. Make pairs of sentences using しました- and なりました-predicates.

1. 教室・明るい
   ___教室を___ → ___教室が___

2. トイレ toilet・きれい
   _____○_____ → _____○_____

3. テレビの音・小さい low, quiet
   _____○_____ → _____○_____

4. 実験の結果 result・論文
   _____○_____ → _____○_____

5. 水・氷 ice
   _____○_____ → _____○_____

6. (   )・(   )
   _____○_____ → _____○_____

練習 3. Make ACTs that are expressed with a なる-group: < Ⓖ + なる >.

Example 大人 [おとな] → ___大人になる___

Example 明るい → ___明るくなる___

1. 友だち → _____
2. 上手 → _____
3. 病気 → _____ get sick
4. 元気 → _____
5. よい → _____
6. 暑い → _____
7. 寒い → _____
8. 真っ白 → _____
   pure white

大きくⒼなる

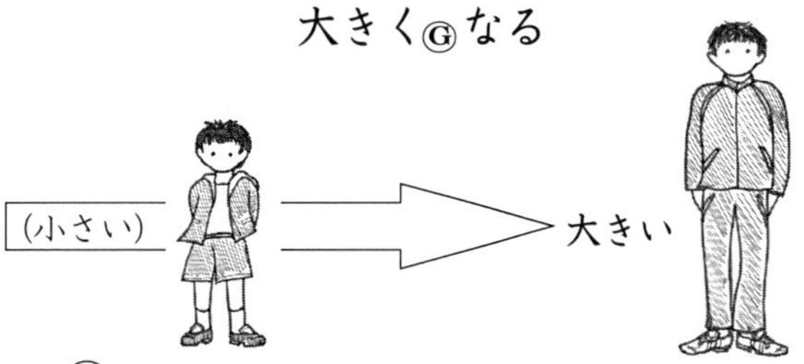

(小さい) → 大きい

Ⓖ expresses a STATE which appears: a result

Phrase

❗ かぜを引く catch a cold　NG かぜになる ×××

Words	Hot	Warm	Cool	Cold
Atmospheric:	あつ 暑い	あたた 暖かい *	すず 涼しい *	さむ 寒い
Sense of touch:	あつ 熱い	あたた 温かい *	ぬるい (Tepid)	つめ 冷たい

* These include the meaning 'to be comfortable'.

---

179 寒 寒
ミ(冫) にすい
12画
さむい
寒い Ⓘ
cold <atmospheric>

` ´ 宀 宀 宀 宀 宯 宯 寍 寒 寒 寒

練習 4. Make sentences using the なりました-predicate. ⊕ た expresses confirmation. ⇨ p.24

Example	しずか	→ Ⓖ しずかに	外がしずかになりました。
Example	弱い	→ Ⓖ 弱く	風が弱くなりました。
1.	古い（ふる）	→ Ⓖ _____	建物（たてもの）が _____
2.	熱い（あつ）	→ Ⓖ _____	_____が _____
3.	冷たい（つめ）	→ Ⓖ _____	_____が _____
4.	要らない	→ Ⓖ _____	_____が _____
5.	好き	→ Ⓖ _____	_____が _____
6.	便利	→ Ⓖ _____	_____が _____
7.	少ない	→ Ⓖ _____	_____が _____
8.	ぬるい	→ Ⓖ _____	_____が _____
9.	食べたい	→ Ⓖ _____	_____が _____
10.	行けない	→ Ⓖ _____	_____へ _____

練習 5. Make sentences using noun に Ⓖ なります-predicate.

Example　東京は12月ごろ冬になります。

Example　ヨーロッパの国々は3月の最後 last の日曜日に夏時間 summer time になります。

1. 私の国は _____

2. _____

Phrases — Important **spoken** language using Ⓖ + なる

> noun : NON-ANIMAL actor　**が だめになる**　e.g. いすがだめになった。
> 　　　　　　　　　　　　　　　　　　　The chair got so that it could no longer be used.
>
> noun : MARK in taste　**が いやになる**　e.g. 勉強がいやになった。
> 　　　　　　　　　　　　　　　　　　　I got bored of studying.
>
> **よこになる** to lie down (person's ACT)　e.g. つかれたから、よこになりたい。
> 　　　　　　　　　　　　　　　　　　　Because I'm tired, I want to lie down.

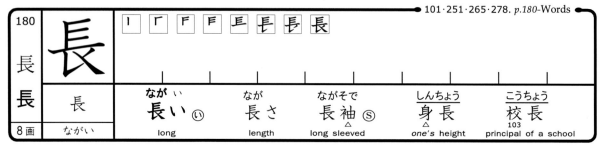

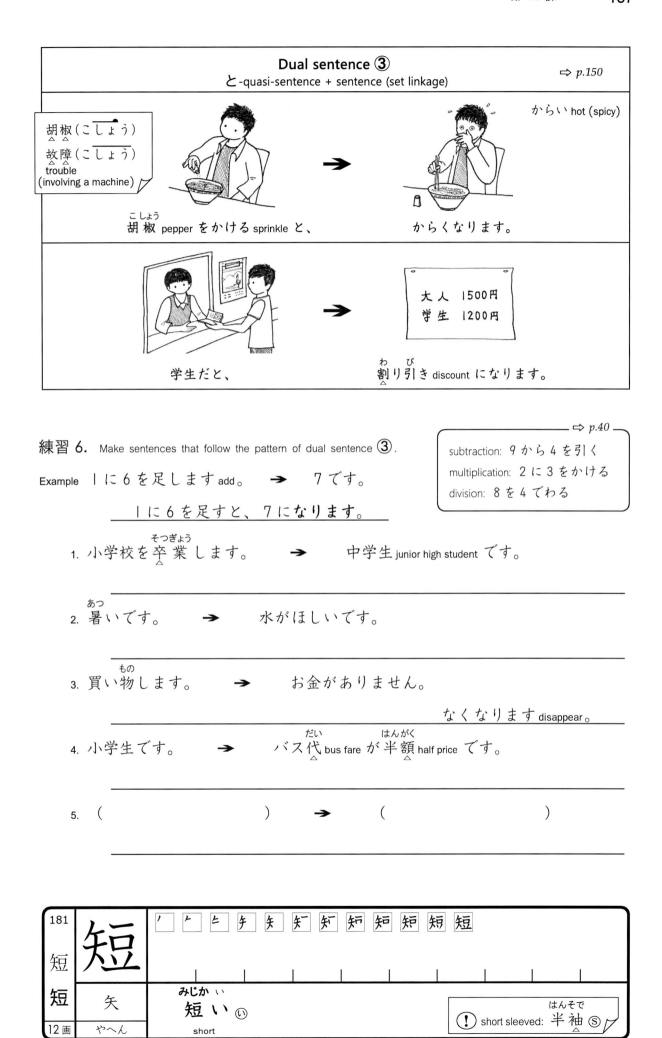

		Verb phrase		Potential STATE	日本語が話せません。 ⇨
		だ-adj unit ⊖た,Ⓗ	Ⓖ		
ACTing	①	話す	ようにする	日本語で話すようにします。 ⇨	
				I'll make an effort to speak in Japanese.	
Non-ACTing	②	話さない		英語で話さないようにします。 ⇨	
				I'll make an effort not to speak in English.	

練習7. Make sentences that follow the pattern of ① as in the examples.

Example 日本の住所は漢字で書くようにします。
Example 要らないデータは消すようにします。

― Verb phrases ―
日本語で 話す
　　Ⓖ + ACT verb ⇨ p.114
ゆっくり slowly + ACT verb
よく carefully, often + ACT verb

♥'s ACTs
漢字を使う	新聞を読む	友だちに相談する
自転車で通う	急いで帰る	ゆっくり食べる
日記を書く	よく考える	単語 word をもっとおぼえる

練習8. Make sentences that follow the pattern of ②.

Example　ねぼう oversleeping する　→　ねぼうしないようにします。
1. 遠く distant place へ行く　→　_____
2. お金をおとす　→　_____
3. パスポート passport をなくす　→　_____
4. かぜを引く　→　_____
5. 日本語の宿題をわすれる
　→　_____
6. 勉強しすぎる
　→　_____

― Words ― to do too much
| noun form of ACT verb | + すぎる |
飲む → 飲みすぎる
作る → 作りすぎる
― compound verbs ―

182 消 | 消 消 | 丶 丶 氵 氵 氵 氵 氵 消 消 消
氵(水) さんずい 10画
消す ⌊ switch off, put out <a fire>, erase
とり消す ⌊ cancel
消える 1r Ⓕ go out, disappear, be erased
消火器 51 fire extinguisher

		Verb phrase				
⇒	⑤	話せる				日本語が話せるようになりました。 I became able to speak Japanese.
⇒	③	話す	よう	に	なる	日本語で話すようになりました。 I came to speak in Japanese. / I started speaking in Japanese.
⇒	④	話さない				英語で話さないようになりました。 I came not to speak in English. / I stopped speaking in English.

練習 9. Make sentences that follow the pattern of ③ with て-form + から (start ⇒ p.67).

Example 日本に来てから、切手を集めるようになりました。

> ⇒ p.104
> 友だちになる ACT J

Example 山部(やまべ)さんと友だちになってから、テニスをするようになりました。

1. 日本に来てから、_____
2. 日本語の勉強を始めてから、_____

> 始める ACT L
> start / begin sth

3. _____ から、_____

練習 10. Make sentences that follow the pattern of ④.

Example 人見(ひとみ)さんは先月から、タバコをすわないようになりました。

Example 最近(さいきん) recently、徹夜(てつや) sitting up all night をしないようになりました。

1. 日本に来てから、_____
2. _____ から、_____

練習 11. Make sentences that follow the pattern of ⑤.

Example （ギターがひけない →）　　ギターがひけるようになりました。
1. （自転車(じてんしゃ)に乗れない →）_____
2. （百メートル meter 泳(およ)げない →）_____
3. （はしが使(つか)えない →）_____
4. （　　　　　　　　　 →）_____

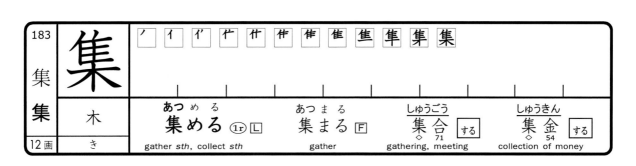

Complex sentence

ⓜ に-dependent clause: *one's goal*		Main sentence: ♥'s ACT
ⓐ One's goals (pre-noun part): ㊀た, Ⓗ	Ⓖ	All end forms are possible.
すぐ出かけられる (a potential STATE) 日本語が上手になる (a STATE) 寒くない (not a STATE) かぎをおとさない (STATE of non-ACTing)	ようこに、	支度 preparation of clothing しました。 練習してください。 手ぶくろをします put on gloves。 気をつけています*。

ⓄⓀ *STATE based on an ANIMAL's ACT

▷ ある〈ありさま〉が目標 (one's goal) の場合、その目標を連体部とする〈Ⓗ連体形 + ように〉という に従属節で表す。主文はその目標に到達するための生き物の〈うごき〉を表す。

▶ When a STATE is *one's* goal, the goal is expressed by a に-dependent clause 〈Ⓗ (pre-noun form) + ように〉. The mainsentence expresses an ANIMAL's ACT which achieves that goal.

▶ 当某种〈状态〉为目标 (one's goal) 时，由把目标作为连体部的〈Ⓗ连体形 + ように〉这一に从句表示。主句表示为达到这一目标的动态物体的〈动作〉。

▶ 어떤 〈상태〉가 목표 (one's goal) 인 경우, 그 목표를 연체부로 하는 〈Ⓗ연체형 + ように〉라는 に종속절로 표현한다. 주문은 그 목표에 도달하기 위한 생물체의 〈움직임〉을 나타낸다.

Different uses of よう ⇨ p.96

約束 promise, appointment

練習 12. Complete the following complex sentences.

1. 約束をわすれないように、_____ _____

2. _____ように、_____

Words — い-adjective → nouns that express the degree of a STATE

| 大きい → 大きさ size | ひろい → ひろさ area | 長い → 長さ length | 重い heavy → 重さ weight | 厚い thick <cloth> → 厚さ thickness |
| 高い high → 高さ height | ふかい deep → ふかさ depth | 強い → 強さ strength | 速い → 速さ speed | 明るい → 明るさ brightness |

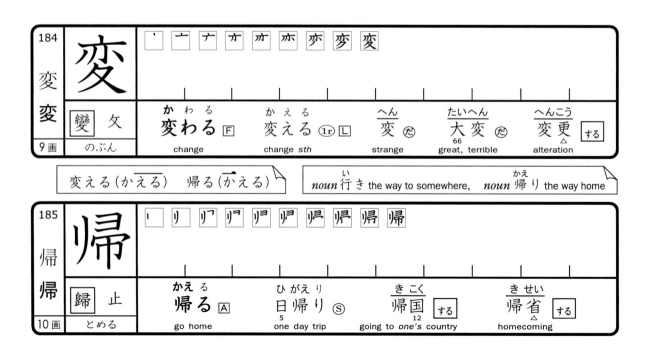

第 20 課

▷ 〈ありさま〉/量/〈もの〉が特定する〈うごき〉は Ⓖ (連用形) と動詞から成る動詞句で表す。

▶ An ACT that is modified by a STATE, QUANTITY or MATERIAL is expressed by a verb phrase composed of a Ⓖ pre-verb form and a verb.

▶ 〈状態〉/数量/〈物〉特定的〈动作〉由 Ⓖ (连用形) 和动词组成的动词短语表示。

▶ 〈상태〉/량/〈사물〉이 특정하는 〈움직임〉은 Ⓖ (연용형)와 동사로 구성되는 동사구로 나타낸다.

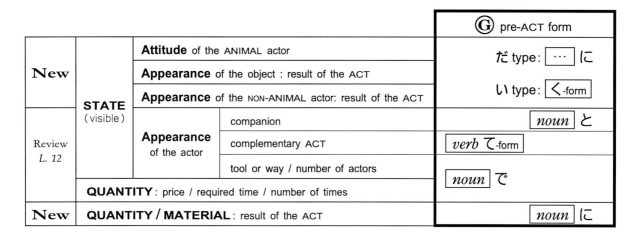

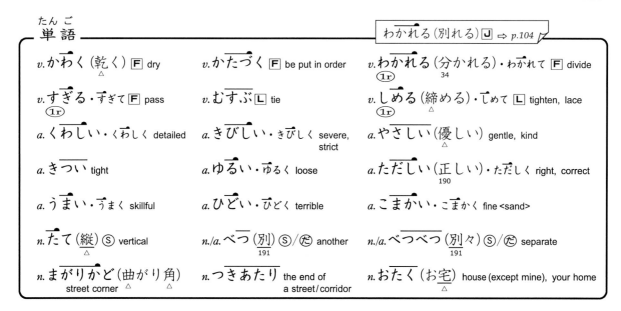

練習 1. Complete the table.

						Verb phrase expresses one ACT	
						Ⓖ pre-ACT form + ACT verb	
Result of an ACT	③ STATE **attitude** of the ANIMAL actor or **appearance** of the NON-ANIMAL actor	まじめ	だ type	…に	Ex.	まじめに	勉強する
		しずか			1.		止まる／止める
		早（はや）い	い type	く-form	Ex.	早く	起（お）きる／起こす wake sb
		うまい			2.		訳（やく）す translate
		優（やさ）しい			3.		話す
	④ STATE **appearance** of the NON-ANIMAL actor	きれい	だ type	…に	4.		かたづく
		二つ			5.		分（わ）かれる
		高い	い type	く-form	6.		上がる
		ひどい			7.		よごれる
		かたい			8.		こおる
	⑤ STATE **appearance** of the object	きれい	だ type	…に	9.		かたづける
		別々（べつべつ）			10.		しまう
		高い	い type	く-form	11.		上（あ）げる
		正（ただ）しい			12.		発音（pronunciation）する
		ゆるい			13.		むすぶ
	⑥ QUANTITY	三回	だ type (noun)	…に	14.		ふえる／へる ⑤r
	⑦ MATERIAL	これ			15.		きまる／きめる

①② ⇨ p.114

(!) The <u>pre-ACT part</u> is a part of the predicate.

▷ ③ 演者の心がけ (attitude) や外観、〈うごき〉の結果として現れる ④ 演者の外観、⑤ 対象物の外観、⑥ 量、⑦ 〈もの〉を表す名詞はⒼ (連用形) で〈うごき〉(動詞) の前に現れて<u>動詞句を作る</u>。

▶ Words that express ③ the attitude or appearance of the actor, ④ the appearance of the actor, ⑤ the appearance of the object, ⑥ QUANTITY, or ⑦ MATERIAL (noun) appear before an ACT (verb) as Ⓖ (pre-ACT form), and make a <u>verb phrase</u> with the verb. ④〜⑦ appear as a result of an ACT.

▶ ③ 行为者的态度 (attitude)、外表等，表示 ④ 行为者的外表、⑤ 动作/行为对象的外观、⑥ 数量、⑦ 〈物〉的名词，以Ⓖ (连用形) 置于〈动作〉(动词) 前组成<u>动词短语</u>，作为〈动作〉的结果出现。

▶ ③ 행위자의 태도 (attitude)나 외관, 또는 〈움직임〉의 결과로서 나타나는 ④ 행위자의 외관, ⑤ 대상물의 외관, ⑥ 양, ⑦ 〈사물〉을 나타내는 명사는 Ⓖ (연용형)으로 〈움직임〉(동사) 앞에 나타나 <u>동사구</u>를 만든다.

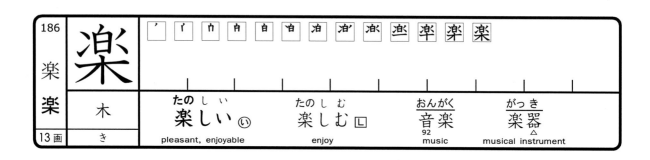

186 楽 楽 木 き 13画 — 楽（たの）しい ① pleasant, enjoyable — 楽（たの）しむ L enjoy — 音楽（おんがく） 92 music — 楽器（がっき） △ musical instrument

練習 2. Complete the sentences.

___ STATEs of ③ ___

くわしい　きびしい　(しずか)　大切　速い fast　楽しい　楽しそう

Example　ねこは　[しずかに]　歩きます。

1. 遅刻の理由を　[　　　]　説明しましょう。

2. 楽しい時間は　[　　　]　すぎます。

3. 米川先生は　[　　　]　チェックなさいます。

4. 子どもたちは　[　　　]　あそんでいます。

5. きょうも　[　　　]　食事をしています。

6. 水は　[　　　]　使わなければいけません。

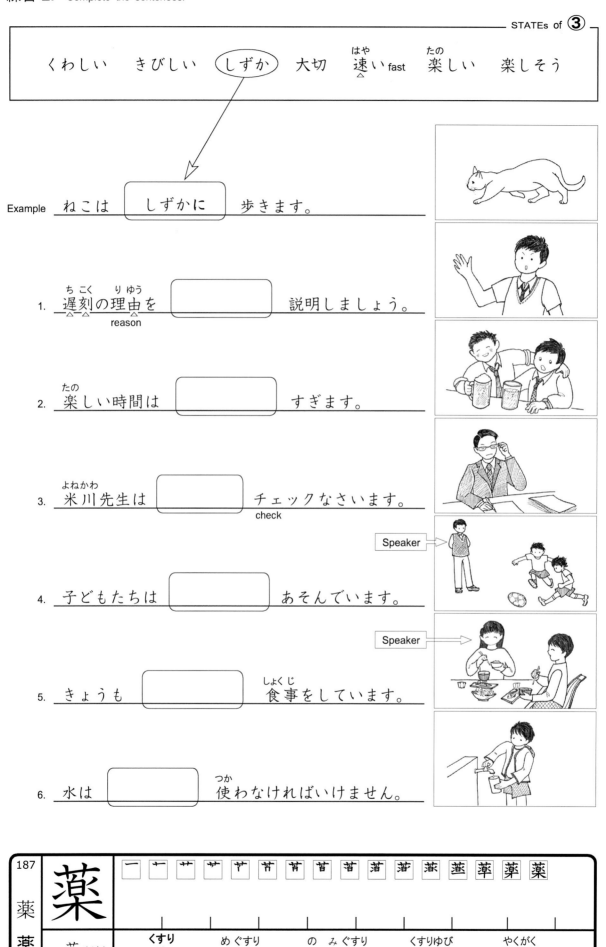

187 薬 薬 16画	薬	サ (艹) くさかんむり	一 十 艹 艹 艹 芍 芍 苩 苩 苩 渖 渖 渖 薬 薬 薬

くすり 薬 medicine　めぐすり 目薬 eye lotion　のみぐすり 飲み薬 oral medicine　くすりゆび 薬指 ring finger　やくがく 薬学 pharmacology

練習 3. Complete the sentences.

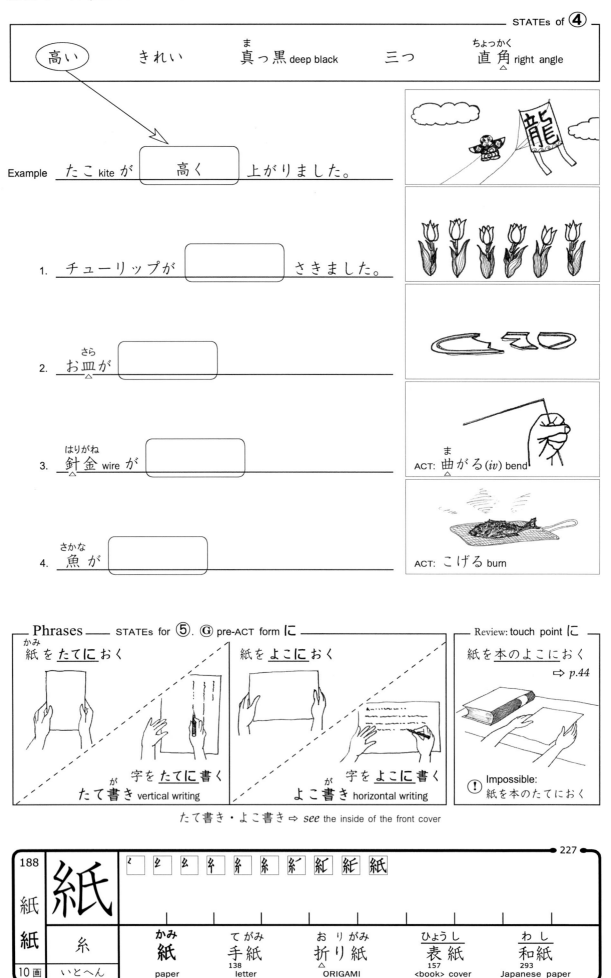

第 20 課　195

練習 4. Complete the sentences.

─ STATEs of ⑤ ─

　二つ　　きつい　　高い　　ほそい thin　　こまかい fine

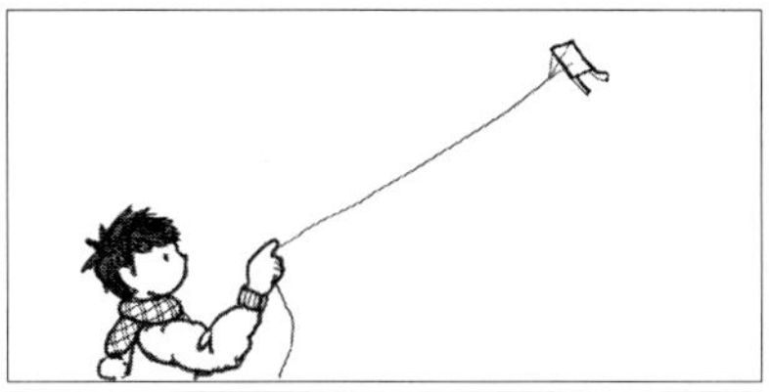

Example　たこを　高く　上げました。

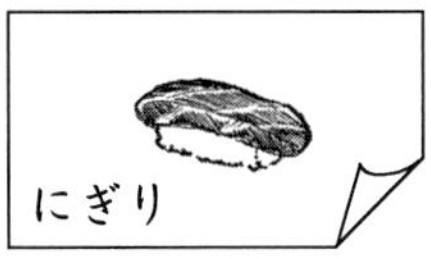

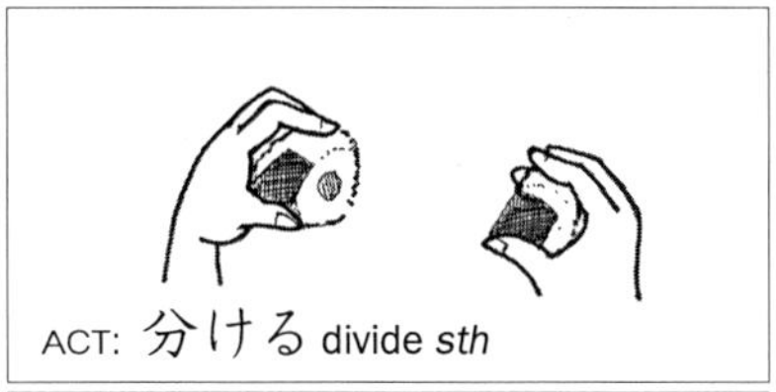

1. おにぎり rice ball を　　　　　　分けました。　（にぎり）　ACT: 分ける divide sth

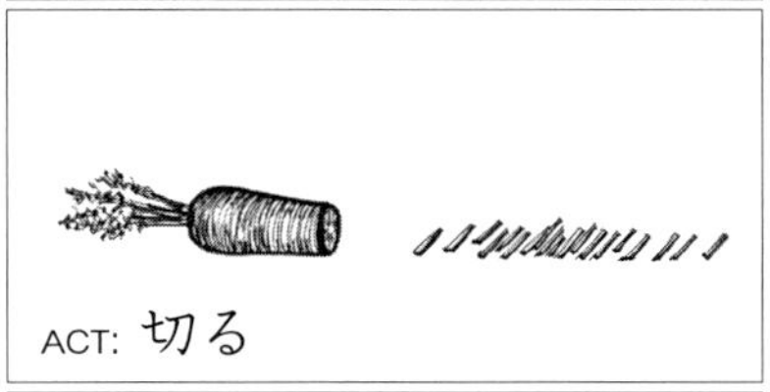

2. にんじん carrot を　　　　　　　　ACT: 切る

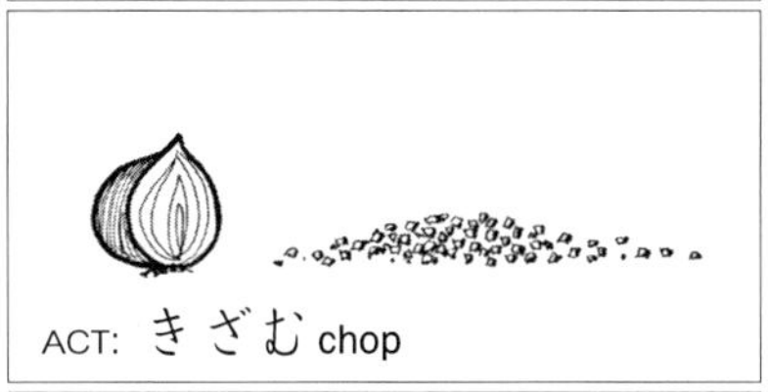

3. たまねぎを　　　　　　　　　　　ACT: きざむ chop

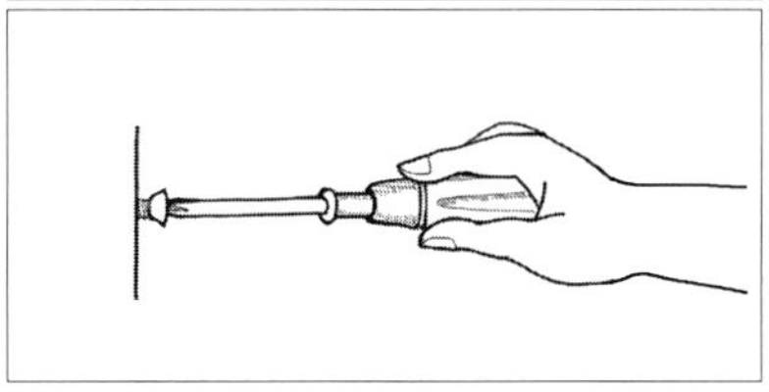

4. ねじ screw を　　　　　　

練習 5. Complete the following sentences.

Example　針金(はりがね)を 直角(ちょっかく)に　　☑ 曲(ま)げました(tv)。　□ 曲(ま)がりました。
1. 石黒(いしぐろ)さんが 一等(いっとう) the first prize に　□ きめました。　□ きまりました。
2. 出発を予定(よてい)より一週間早(はや)い日 day に　□ 変えます。　□ 変わります。
3. 漢字のテストが 5 回から 10 回に　□ ふやしました。　□ ふえました。
4. 旅行(りょこう)の回数(かいすう) number を一年に一回に　□ へらしました。　□ へりました。
　　　　　　　　of times　⇒ p.163 ＊

189 早　早　日　ひ　6画
｜ ｜ 「 日 旦 早
早(はや)い (い)　early
早起(はやお)き する ⇒ p.281　early rising　219
早口(はやくち) (S)/(た)　quick-tongued　4

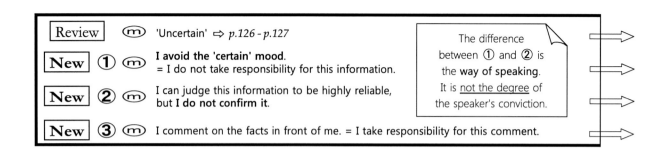

▷①情報を確信を避けて述べる場合、②未確認の情報をある程度の確信を持って述べる場合、③眼前の情報について解説する場合、その情報にはそれぞれの文法的な印が後続する。
▷①の印は「…かもしれない／かもしれません」である。その情報に確信があると言えない場合、あるいは、言いたくない場合の述語である。

▶ When you ① give information but avoid being 'certain', ② give unconfirmed information with some conviction, and ③ comment on information in front of your eyes, each type of information is folllowed by a different grammatical marker.
▶ The grammatical marker for ① is かもしれない (plain style) ／ かもしれません (polite style). It expresses that you cannot say or you do not want to say that the information is 'certain'.

▶ 在以下三种情况下，其信息后接相应的语法性标记。① 以非断定的语气叙述信息；② 在某种程度断定地叙述未经确认的信息；③ 就眼前的信息进行说明。
▶ ①的标记是 "…かもしれない／かもしれません"，用在表示对该信息不能说有把握或不想说的句中作谓语。

▶ ① 확신을 피하여 정보를 말할 경우, ② 미확인 정보를 어느 정도의 확신을 가지고 말할 경우, ③ 눈 앞의 정보를 해설할 경우, 그 정보들에는 각각 다른 문법적인 표기가 뒤따른다.
▶ ①의 표기는 '…かもしれない／かもしれません'이다. 그 정보에 확신이 있다고 말할 수 없는 경우, 또는 말하고 싶지 않은 경우에 사용하는 술어이다.

練習 6. Change the following sentences into sentences using かもしれません-predicates (polite style).

* noun A が noun B
⇨ see the inside of the front cover 7-11

1. これが＊正解 correct answer です。 → _____
2. この薬 は少し強いです。 → _____
3. 別の／別な 考え方があります。 → _____
4. 内川先生はいらっしゃいません。 → _____

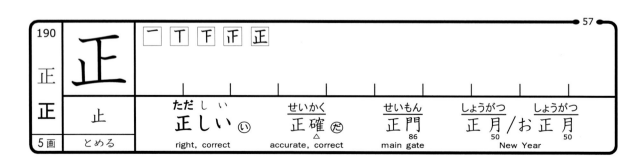

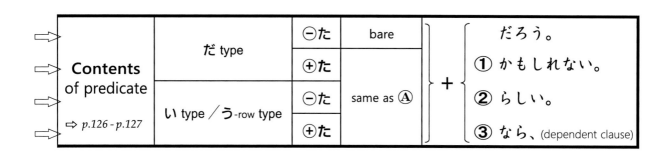

Contents of predicate ⇨ p.126 - p.127	だ type	⊖た	bare	+	だろう。 ① かもしれない。 ② らしい。 ③ なら、(dependent clause)
		⊕た			
	い type / う-row type	⊖た	same as Ⓐ		
		⊕た			

NG	OK
石山さんはこの映画が見たい。 米田(よねだ)さんは中国へ行こうと思う。	石山さんはこの映画が見たいかもしれない。 米田さんは中国へ行こうと思うかもしれない。

練習 7. Answer A with かもしれません-predicates.

> Manner markers
> よ and ね ⇨ p.61

Example A: 白石(しらいし)さんはかぜを引いたそうですよ。

B: かぜでは、学校には来られないかもしれませんね。
(limited condition) ⇨ p.156

Example A: 本川(もとかわ)さんから本がたくさんとどきましたね。

B: 本ですから、重(おも)いかもしれませんよ。
(personal judgment) ⇨ p.148

1. A: 急に suddenly 空が暗くなりましたね。

   B: _____

2. A: レポートはあしたまでに書けそうですか。

   B: _____

3. A: 雨ですが、洗(あら)ったタオルやシーツ bed sheet はかわくでしょうか。

   B: _____

191 別 別	別	ノ 冂 冖 号 号 別 別					
	リ(刀)	べつ 別 Ⓢ/だ another, other	べつべつ 別々 Ⓢ/だ separate	せいべつ 性別 sex △ ⇨ p.42	べっそう 別荘 holiday home △	わかれる 別れる ①r Ⓙ part from sb	
7画	りっとう						

100・277・279

(!) Compare らしい with みたい.

	らしい ⇨ p.196 ②	みたい ⇨ p.96
(m) Way of speaking	makes an い type predicate	makes a だ type predicate
I watched / heard / touched / tasted / smelled it **directly**.	impossible but I have some conviction	**possible** but I do not have conviction
I take responsibility for it.	impossible	impossible

▷ ②は「らしい」を述語の印とする文が表す。確かな情報だという確信はある程度あるが、中身を直接確認していないため責任は負えないという述べ方である。

▷ ② is expressed by a sentence with the predicate marker らしい. This way of speaking expresses that the speaker has some conviction that the information is certain, but he/she cannot take responsibility because he/she has not confirmed the information directly.

▷ ②由 "らしい" 作为谓语标记的句子来表示。这种叙述方式表示在某种程度上对信息的可靠性抱有自信，但由于没有直接对该内容进行确认，故不能承担责任。

▷ ② 는 'らしい'를 술어로 하는 문장으로 표현한다. 확실한 정보라는 확신은 어느 정도 있지만 내용을 직접 확인한것이 아니기 때문에 책임은 못진다 라는 말하기 방식이다.

OK りんごみたいだ。
NG りんごらしい。

(He touches it directly.)

練習 8. Answer A using が-(＝けど-) quasi-sentences (p.147) as in the examples.

Example A: この小説(しょうせつ)はどうですか。

B: 私は読んでいませんけど、おもしろいらしいですよ。

Example A: きのう、下山(しもやま)さんはここに来たでしょうか。

B: 私は会いませんでしたけど、夜(よる)の七時ごろ来たらしいですね。

1. A: 新(あたら)しい駅(えき)ビル station building はどうですか。

   B: まだ行っていませんけど、_____

2. A: 駅前(えきまえ)のホテルのレストランのランチ (set) lunch はおいしいですか。

   B: 食べたことはありませんけど、_____

3. A: 中国語 Chinese language はむずかしいですか。

   B: _____けど、_____

4. A: _____はどうですか。

   B: _____けど、_____

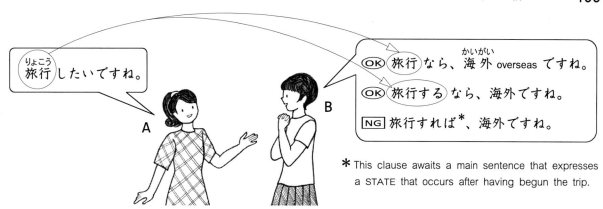

*This clause awaits a main sentence that expresses a STATE that occurs after having begun the trip.

▷ ③の中身はなら従属節が表す。この情報は、話し手の指さす〈もの〉や相手の直前の発言など、話し手の目の前にある。主文はこれについての解説である。
▷ ば従属節のなら(ならば)はだ型の述語の中断形で、〈ありさま〉を条件として表す。なら従属節は眼前の情報を条件とする形で、すべての述語に可能である。

ば-dependent clause ⇨ p.176

▶ ③ is expressed by a sentence with a なら-dependent clause. This information is something that is in front of the speaker's eyes: either MATERIAL that is pointed at by the speaker or something that has just been said by the person the speaker is talking to.
▶ The ば-dependent clause なら／ならば is the non-end form of a だ type predicate that expresses a STATE as a condition. The なら-dependent clause is a form that makes information in front of the speaker's eyes a condition, and can appear in all predicate types.

▶ ③的内容由なら从句表示。该信息存在于说话人眼前。如：说话人手所指的〈物〉、对方此前的发言等。主句是就此信息所进行的解说。
▶ ば从句的なら(ならば)是だ型谓语的中断形，以〈状态〉为条件来表示。なら从句在形式上以眼前的信息作为条件，它可以出现在所有的谓语中。

▶ ③ 의 내용은 なら종속절로 나타낸다. 이 정보는 화자가 가리키는 〈사물〉이나 상대방의 직전 발언 등 화자의 눈 앞에 있다. 주문은 이에 대한 해설이다.
▶ ば종속절의 なら(ならば)는 だ타입 술어의 중단형으로서 〈상태〉를 조건으로 나타낸다. なら종속절은 눈 앞의 정보를 조건으로 하는 형태이며 모든 술어에 사용 가능하다.

練習 9. Complete the dialogues as in the examples.

Example A: お手洗い lavatory はどこでしょうか。
B: お手洗いなら、この廊下のつきあたりです。

Example A: 来週の土曜日の夕方 evening はおたくにいらっしゃいますか。
B: ええ、その日なら、一日中 all day います。 NG その日なら、いません。

1. A: 昼休みは何時からでしょうか。
   B: ＿＿＿＿＿＿なら、＿＿＿＿＿＿

2. A: ○○さんは＿＿＿＿＿＿
   A: ＿＿＿＿＿＿なら、あそこの曲がり角で会いましたよ。

193 昼 昼 9画	昼	日	ひ	一 ㇌ 尸 尺 尺 䀰 昼 昼 昼				
				ひる 昼/昼間 87 daytime	お昼 noon, lunch	ひる はん 昼ご飯 145 lunch	ひるやすみ 昼休み 113 lunch break	ひるね 昼寝 nap

MATERIAL + grammatical marker で/と = like one noun: だ type		なら-dependent clause	Main sentence usually expresses a positive STATE
で-PLACE:	ここで	ここでなら、	勉強できます。
Ⓖ tool/way:	ひらがなで	ひらがなでなら、	書けます。
Ⓖ number of actors:	二人で	二人でなら、	箱(はこ)運べると思います。
Ⓖ companion:	友だちと	友だちとなら、	大丈夫(だいじょうぶ) no problem です。

▷ なら従属節にはで場、あるいはⒼ(で／と連用形)を含むことができる。
▶ The なら-dependent clause can include で-PLACE or the で／と pre-ACT form of Ⓖ.
▶ なら从句中可包含で场所或Ⓖ(で／と连用形)。
▶ なら종속절에는 で장소, 또는 Ⓖ(で／と연용형)를 포함할 수 있다.

で／と pre-ACT form
⇨ p.114

練習 10. Complete the dialogues.

Example A: この飛行機(ひこうき)できょう中(じゅう) by the end of today モスクワ Moscow まで行けますか。

B: はい、この飛行機でなら行けます。 ❗ Repetition of モスクワまで is unnecessary.

1. A: あの動物園(どうぶつえん) zoo でパンダを見ることはできるでしょうか。

   B: はい、＿＿＿＿＿＿＿＿＿＿＿＿＿＿見られますよ。

2. A: その犬と、毎日10キロ*も走れますか。

   B: はい、＿＿＿＿＿＿＿＿＿＿＿＿＿＿＿＿
   NG その

*キロ Meaning varies according to context.
in the case of distance: kilometer(s)
in the case of weight: kilogram(s)

Words

昼(ひる) (daytime) — 夜(よる) (nighttime)

朝(あさ)	昼(ひる)	夕方(ゆうがた)	夜(よる)	夜中(よなか)
午前（午前中）		午後		午前

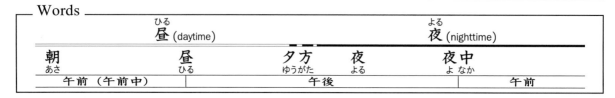

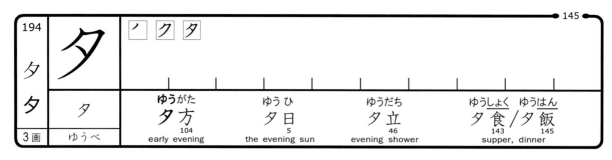

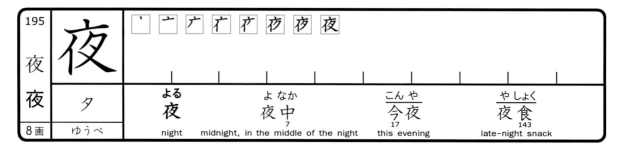

朝川(あさかわ) 紙屋(かみや) 千早(ちはや) 早川(はやかわ) 早田(はやた/そうだ) 早見(はやみ) 正木(まさき)

第 21 課

文法 Grammar

▷ て連用形（う段型の Ⓖ＝て形）と補助動詞は連結動詞(connected verb)を作る。
▶ A pre-ACT て-form (Ⓖ of the う-row type) and a subsidiary verb make a connected verb.
▶ て連用形（う段型的Ⓖ＝て形）与补助动词组成连结动词(connected verb)。
▶ て연용형（う단형의Ⓖ＝て형）과 보조동사는 연결동사(connected verb)를 만든다.

Connected *verb*

ACT of actuality			Subsidiary verbs and their typical lexical meaning		*e.g.*	
ACT *verb*, Ⓖ て-form	いる	ⓐ	STATE based on an ACTs		読んでいる	L. 5
	ある	ⓐ	existence STATE of a NON-ANIMAL (five ACTs)		書いてある	New
		ⓜ	STATE of completion: no more ACTs		読んである	
	みる	ⓜ	ACT	to try: no responsibility for the result	読んでみる	
	しまう			to end: no restoration of the original STATE	読んでしまう	
	おく			to leave a STATE: as a plan	読んでおく	
G-R	あげる	ⓜ	ACT of favor	for the weak	読んであげる	L. 14
	くれる			that the speaker did not ask the actor for.	読んでくれる	
	もらう			that someone / the speaker asked the actor for.	読んでもらう	
	ACT Ⓐ	ⓐ	ACT moving from point A to point B.		持って行く	L. 17

ⓜ a pair of *conjunctions* { ＿＿ sentence ＿＿。でも、＿＿ sentence (additional information) ＿＿。
＿＿ sentence ＿＿。では、＿＿ sentence (next information) ＿＿。

単語

tv. ひやす (冷やす) Ⓛ cool sth, chill sth
iv. ひえる (冷える)・ひえて Ⓕ (1r) become cold/chilly
v. しく (敷く) Ⓜ lay sth <on a floor>
v. かざる (飾る) Ⓛ display, decorate
n. てんきよほう (天気予報) weather forecast
n. じかんわり (時間割) class schedule
o. つい carelessly (+ ACTing)

tv. のこす (残す) Ⓛ leave sth
iv. のこる (残る) Ⓕ remain
v. はる (貼る) Ⓜ put sth <on a wall>
v. できる・できて Ⓕ (1r) be made, be completed
n. ちゃわん (茶碗) teabowl, rice bowl
n. はくぶつかん (博物館) museum
o. ぜんぶ (全部) all

tv. わかす Ⓛ boil <water>
iv. わく Ⓕ boil
v. つむ (積む) Ⓛ pile up
v. ねむる Ⓔ sleep
n. はた (旗) flag
n. むかし (昔) old days
o. ほとんど most

漢字

196 図　197 館　198 室　199 場　200 映　201 画　202 写　203 真　204 台　205 風

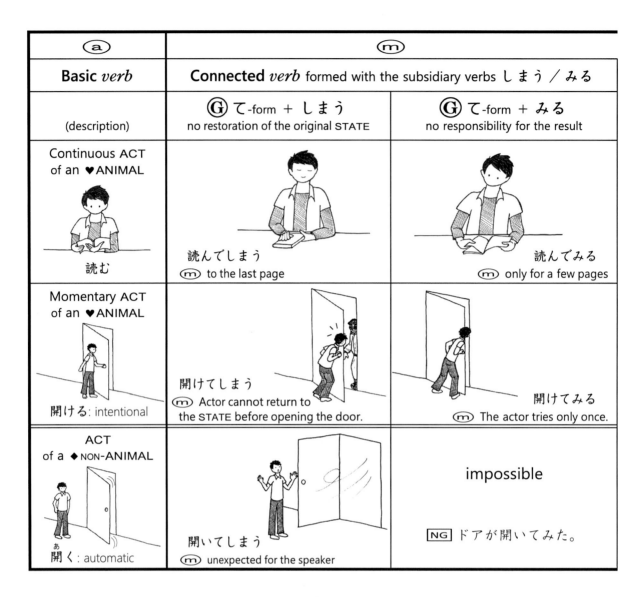

▷ 一定の述べ方による〈うごき〉は、連結動詞の「てしまう」動詞、「てみる」動詞、「ておく」動詞が表す。
▶ ACTs that are expressed in a certain way of speaking are expressed by connected verbs:
てしまう-, てみる- or ておく-verb.
▶ 按一定的叙述方式表示的〈动作〉由连结动词 "てしまう" 动词、"てみる" 动词、"ておく" 动词来表示。
▶ 일정한 말하기 방식으로 표현되는 〈움직임〉은 연결동사인 'てしまう'동사, 'てみる'동사, 'ておく'동사로 나타낸다.

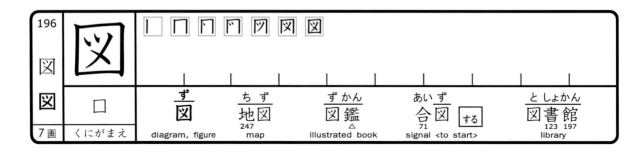

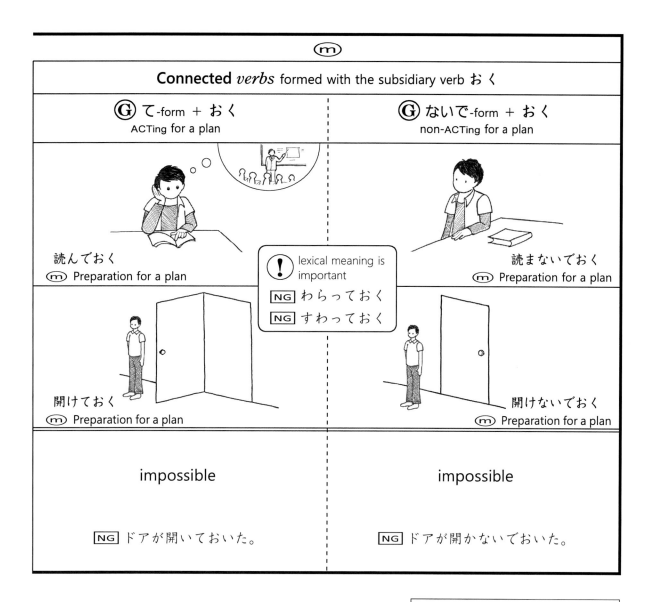

練習 1. Make sentences using てみる-verb predicates.

> ① てみる-verb and ちょっと often appear in the same sentence.

Example 長山さんにもらっためずらしい rare くだものです。皮をむいてみましょう。

> 皮をむく peel

Example At a shoe shop: (このくつを) ちょっとはいてみてもいいですか。

1. おいしそうなピザ pizza があります。ちょっと ＿＿＿＿＿＿＿＿＿＿
   ⇒ (そう) p.83
2. テレビでむかしの映画をやっています。＿＿＿＿＿＿＿＿＿＿
3. ずいぶん extremely りっぱな博物館ですね。(入る→) ＿＿＿＿＿＿＿＿＿＿

   NG とても りっぱな. When you are surprised at an unexpected STATE, use ずいぶん not とても.

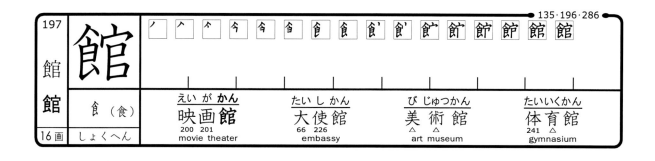

練習2. Make sentences using てしまう-verb predicates.

(宿題をやる ⇨ p.111)

Example 宿題はきょう中にやってしまおう。
ⓜ I have no homework afterwards.

~中 { きょう中, 一月中 : a period
     勉強中, 食事中 : during the ACT }

Example 一分で飲んでしまいました。
ⓜ It was unexpected. / I was surprised.

ACT ねむる Ⓔ sleep → STATE ねむい sleepy
ACT ねる { Ⓔ sleep / original meaning: Ⓒ lie }

Example つい、ねむってしまいました。
ⓜ I did not intend to.

⚠ In this case, てしまう-verb often appears with つい in the same sentence.

1. バスが（行く→）＿＿＿＿＿＿＿＿＿＿
   ⓜ I missed it.

2. 友だちに借りた本を
   （よごす→）＿＿＿＿＿＿＿＿＿＿

3. 宿題はあしたまでに　　　（　　→）＿＿＿＿＿＿
4. 妹が私のケーキを　　　　（ eat →）＿＿＿＿＿＿
5. 母がくれた大切な茶わんを（ break →）＿＿＿＿＿＿
6. おぼえたばかりの単語をほとんど（ forget →）＿＿＿＿＿＿
7. 弟が私の腕時計 wrist watch を（ lose →）＿＿＿＿＿＿
   うで arm

---

198 室 | 9画 うかんむり | 宀 | ＇ ＇ 宀 宀 宀 宀 宀 宰 室

167・250・293. p.331-Counters

| きょうしつ 教室 classroom, course of instruction | じっけんしつ 実験室 laboratory | じむしつ 事務室 school office | しちゃくしつ 試着室 fitting room |

練習 3. Make sentences using て おく -verb predicates.

Example 宿題はきょう中に全部
（やる →） やっておきます。

1. 古い辞書は図書室 book room に
   （運ぶ →）＿＿＿＿＿＿＿＿＿＿＿＿＿＿

2. ポスターは廊下のかべ ○
   （貼る →）＿＿＿＿＿＿＿＿＿＿＿＿＿＿

3. この写真はたな ○
   （かざる →）＿＿＿＿＿＿＿＿＿＿＿＿＿＿

4. かばんは ＿いすの＿ ○
   （　　 →）＿＿＿＿＿＿＿＿＿＿＿＿＿＿

5. 展覧会 exhibition の入場券 admission ticket を（ 買う →）＿＿＿＿＿＿＿＿＿＿
6. 今夜はパーティーですから、料理を（ 作る →）＿＿＿＿＿＿＿＿＿＿
7. 風が強いですから、台所のまどは（　　 →）＿＿＿＿＿＿＿＿＿＿
8. 暑いですから、この出入口 doorway は（　　 →）＿＿＿＿＿＿＿＿＿＿
9. 暗いですが、教室の電気は（ 消す →）＿＿＿＿＿＿＿＿＿＿

199 場	場	一 十 土 土 圹 圻 坦 坦 場 場 場 場	105・158・252・278. p.281
場 12画	土 つちへん	売り場 111 \<menswear\> department　タクシー乗り場 253 taxi stand　場合 71 in the case where　劇場 theater	

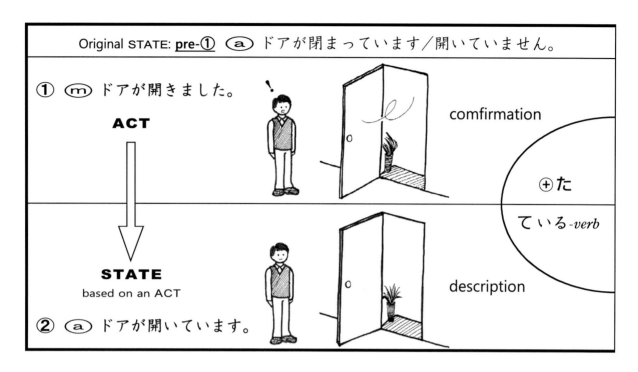

▷ ①は目の前の〈うごき〉の開始／終了に対する**確認**の表明、②は目の前の〈ありさま〉の**描出**である。
▷ ① expresses **confirmation** that an ACT started/ended in front of the speaker. ② is the **description** of a STATE in front of the speaker.
▷ ① 表示对眼前〈动作〉的开始／结束的**确认**。② 是对眼前〈状态〉的**描述**。
▷ ①은 눈 앞의 〈움직임〉이 개시 혹은 종료했음을 **확인**하였다는 표명이고, ②는 눈 앞의 〈상태〉에 대한 **묘사**이다.

練習 4. Make sentences using pre-① (ている-verb), ① (+た) and ② (ている-verb).

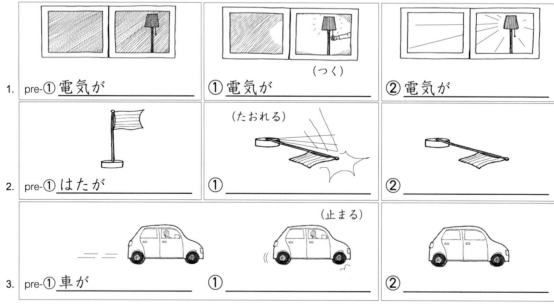

1. pre-① 電気が＿＿＿＿ ① 電気が＿＿＿＿ (つく) ② 電気が＿＿＿＿
2. pre-① はたが＿＿＿＿ (たおれる) ①＿＿＿＿ ②＿＿＿＿
3. pre-① 車が＿＿＿＿ (止まる) ①＿＿＿＿ ②＿＿＿＿

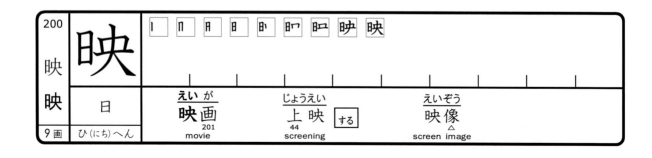

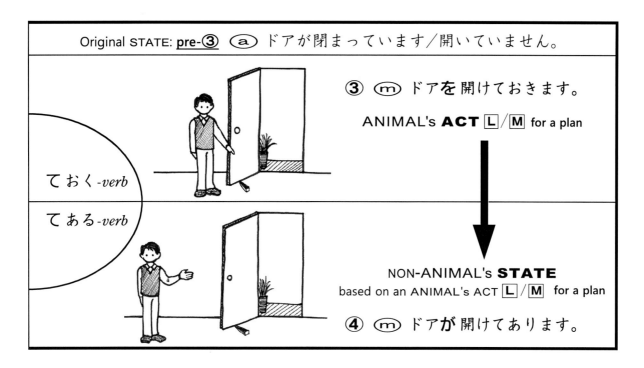

▷ ③<対象物を＋「ておく」動詞>は生き物の<うごき>L M を、④<生き物以外が＋「てある」動詞>は③の対象物の<ありさま>を表す。
▷ ②「開いている(←開く：生き物以外の<うごき>)」と④「開けてある(←開ける：生き物の<うごき>)」は同じ<ありさま>を表すが、述べ方が異なる。「開く－開ける」のような対は第19課で学習した。

▶ ③ <object を ＋ておく-verb> expresses an ANIMAL's ACT L M. ④ <NON-ANIMAL が ＋てある-verb> expresses the STATE of the object in ③.
▶ ② 開いている(←開く：NON-ANIMAL's ACT) and 開けてある(←開ける：ANIMAL's ACT) express the same STATE. However, they are different in terms of the way of speaking. Pairs like 開く－開ける are studied in *lesson 19*.

▶ ③ <動作/行为对象を ＋ "ておく" 动词> 表示动态物体的<动作> L M。④ <除动态物体以外が ＋ "てある" 动词> 表示③的动作/行为对象的<状态>。
▶ ② "开いている(←開く：动态物体以外的<动作>)" 与 ④ "開けてある(←開ける：动态物体的<动作>)" 都表示<状态>，但叙述方式各不相同。如 "開く－開ける" 一类的对应形式已在第19课中学习过。

▶ ③<대상물을 ＋'ておく'동사>는 생물체의 <움직임> L M 을 나타낸다. ④ <생물체 이외가 ＋'てある'동사>는 ③의 대상물의 <상태>를 나타낸다.
▶ ②'開いている(←開く：생물체 이외의 <움직임>)'과 ④'開けてある(←開ける：생물체의 <움직임>)'은 같은 <상태>를 나타내지만 말하기 방식이 다르다. '開く－開ける'와 같은 쌍은 제19과에서 학습하였다.

練習 5. が-quasi-sentences express pre-③. Complete the sentences.

Example　来月の予定がきまっていませんが、　③(きめる→)きめておきましょうか。

1.　教室の電気が消えていませんが、　③(　　→　　)

2.　コートにボタンがついていませんが、③(　　→　　)

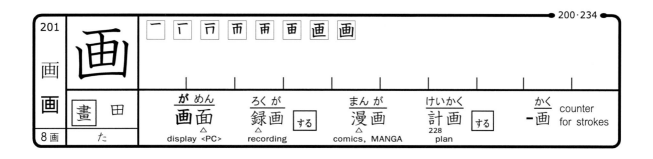

練習 6. Make sentences using ②(ている-verb) and ④(てある-verb) pairs.

ⓐ STATE in front of the speaker　　　　　　　　　ⓜ STATE as part of the actor's **plan**

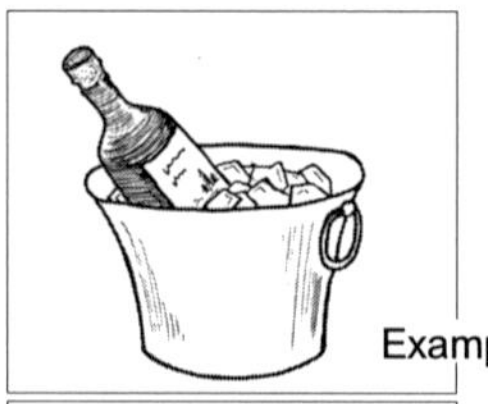

Example　ワイン(が)ひえています。　　　　　Example　ワイン(が)ひやしてあります。

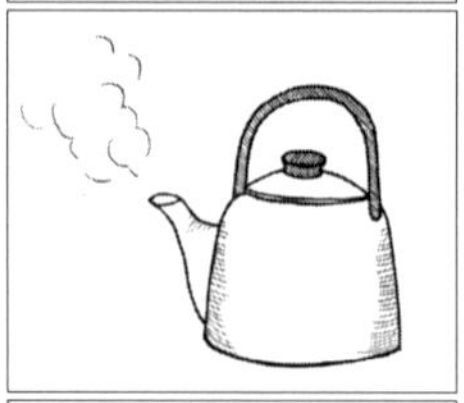

hot water: NG 熱い水

1. お湯 hot water (が) _____
2. _____○_____

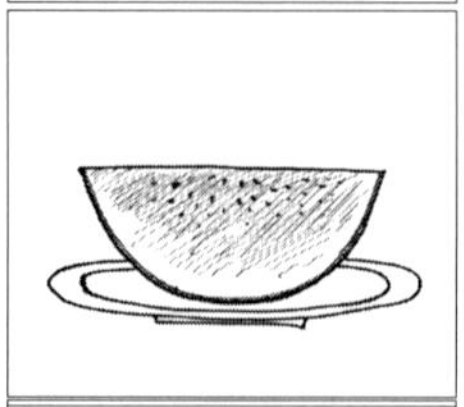

切れる F be cut into pieces

3. すいか○_____
4. _____○_____

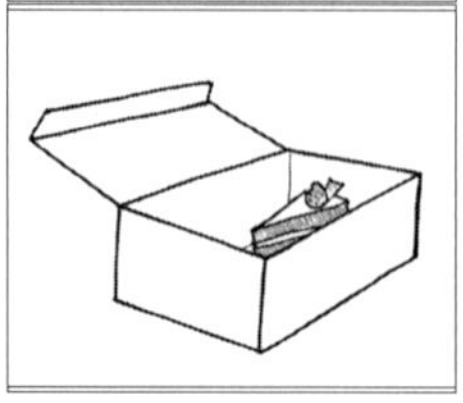

5. _____○ 残っています。
6. _____○_____

ておく-verb・ないでおく-verb

ACTing: 読む　　　　　　　　　　　　　　読んで　　　　　　　　　読んでおく
　　　　　　ⓖ　て-form　→　　　　　　　　→ connected verb →
non-ACTing: 読まない　　　　ないで-form　読まないで　　　　　　　読まないでおく

練習 7. Complete sentences using ないでおく-predicates.

Example　安長さんが来るまで、会議は　(non-ACTing of 始める) 始めないでおきます。

1. この写真はまだどこにも　　　(non-ACTing of かざる) _____
2. 少し安くなるまで、扇風機は　(non-ACTing of 買う) _____
3. パソコンの電源 power supply は　(non-ACTing of 切る switch off) _____
4. パソコンの電源は　　　　　　(non-ACTing of 入れる switch on) _____

202	写	丶　冖　写　写　写			
写写	寫　宀	うつす 写す L copy, take a photo	うつる 写る D appear in a photo	写真に 写る	しゃしん 写真 203 photograph	しゃせい 写生　する 56 sketch
5画	うかんむり					

▷ 練習 8 の「てある」動詞は、もくろみ(plan)の意識されない、生き物以外の存在の〈ありさま〉X を表す。
▶ The てある-verbs in 練習 8 express a STATE X of existence of a NON-ANIMAL where there is no plan.
▶ 練習 8 的"てある"动词表示一种察觉不到意图(plan)的、除动态物体以外的存在的〈状态〉X。
▶ 練習 8 의 'てある'동사는 의도(plan)를 의식할수 없는 생물체 이외의 존재의 〈상태〉X 를 나타낸다.

練習 8. Complete てある-verb sentences using the polite style.

Whereabouts of existence: に-PLACE

Example NG ここで
ここ(に) 時間割(が) 書いてあります。

と ⇒ p.122
1. ドア( )「ひく」と_____
　　NG「ひ」⇒ p.24, 漢字 No.13

　　ひょうし
2. 表紙 cover ( ) ( )_____

　　てんじょう　　　ちず
3. 天井 ceiling ( ) 地図( )_____

4. ゆか( ) じゅうたん carpet ( )_____

　　ろうか　　しょうかき
5. 廊下( ) 消火器 fire extinguisher ( )_____

　　NG となり ⇒ p.44
6. いすのよこ( ) ( )_____

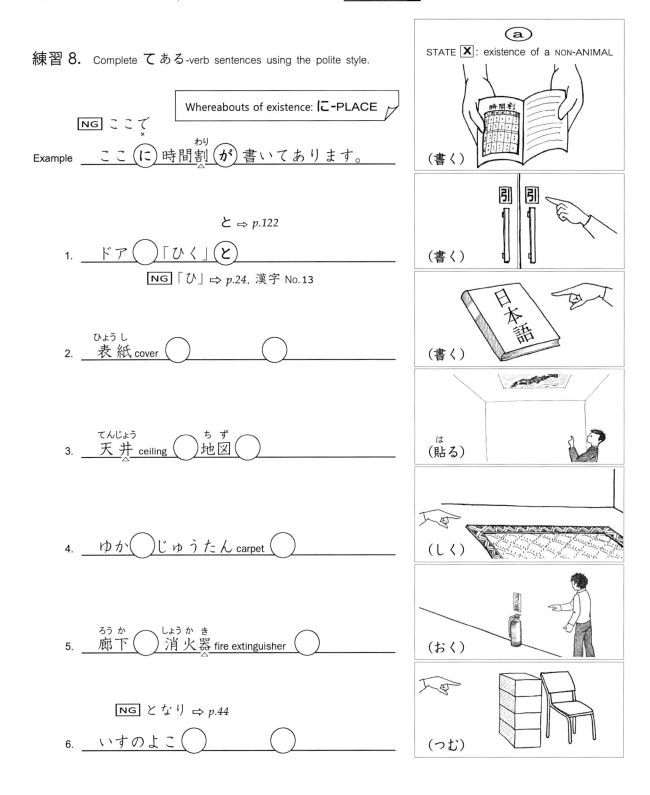

STATE X: existence of a NON-ANIMAL

(書く)
(書く)
(書く)
(貼る)
(しく)
(おく)
(つむ)

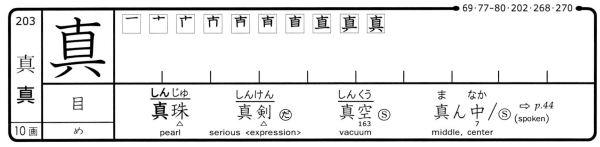

203 真
真
真
目
10画　め

一 十 ナ 亡 古 肯 肓 直 真 真
● 69·77-80·202·268·270 ●

しんじゅ　　　しんけん　　　しんくう　　　ま　なか
真珠　　　真剣(だ)　　真空(S)　　真ん中/(S) ⇒ p.44
pearl　serious 〈expression〉　vacuum　middle, center (spoken)

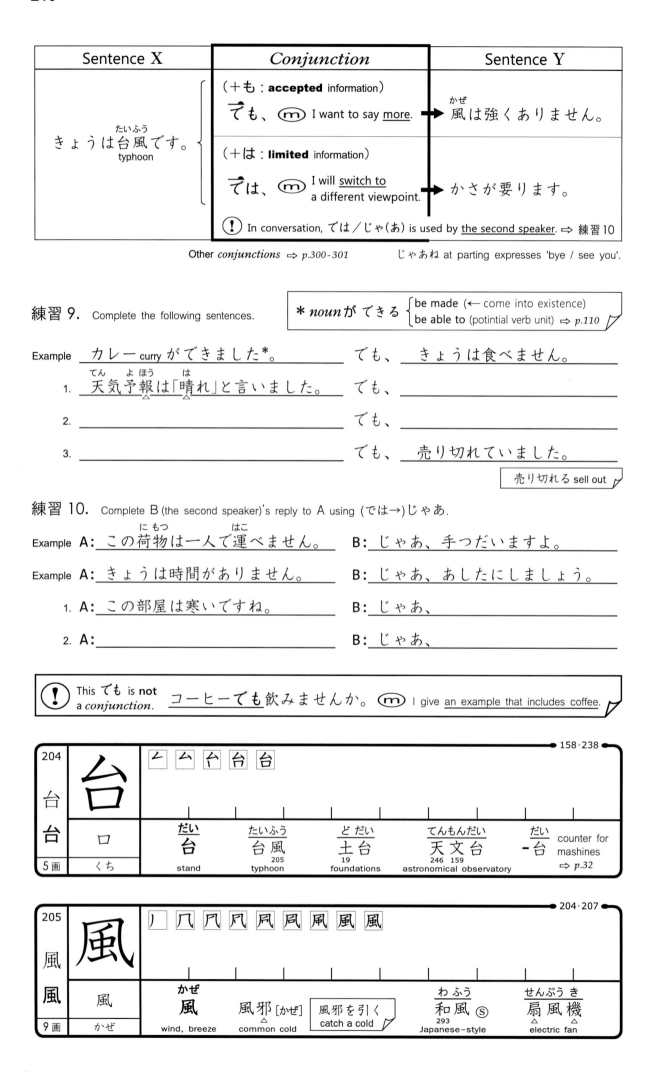

第22課

▷ 文法的な印「の」には、①連体のはたらき、②準体のはたらきがある。

▶ The grammatical marker の has two functions: ① making a pre-noun form, and ② making a MATERIAL.

▶ 语法性标记 "の" 具有以下两种功能：①连体功能、②准体功能。

▶ 문법적인 표기 'の'에는 ①연체(連體) 기능과 ②준체(準體) 기능이 있다.

①		②	
Review ⇨ p.20	**New**	Lesson 29	
ⓐ	ⓜ	ⓐ	
Ⓗ pre-noun form of noun	MATERIALization of the contents of an **assertion**	MATERIALization of a STATE / an ACT	substitution of a MATERIAL
の makes a pre-noun form.	の makes a *noun* predicate.	の makes a MATERIAL. ⚠ の does **not** make a noun predicate.	
e.g. 日本人の学生	のだ-predicate	p.286	p.285

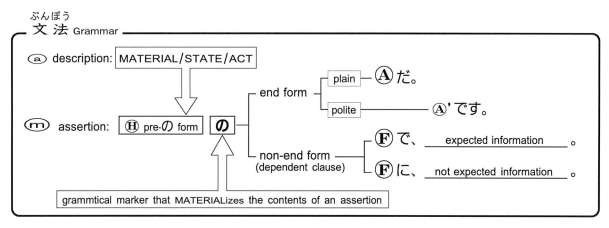

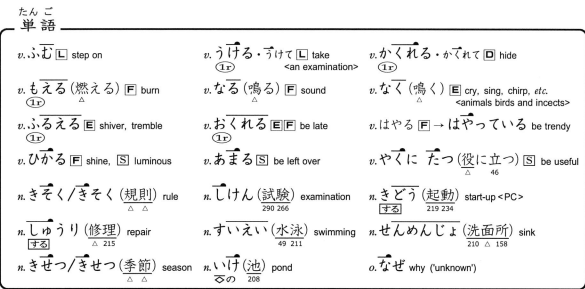

漢字

206 海　207 洋　208 池　209 注　210 洗　211 泳　212 酒　213 茶　214 料　215 理

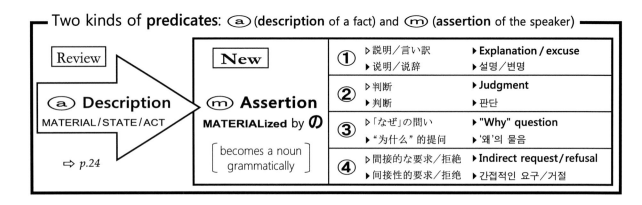

Two kinds of predicates: ⓐ (description of a fact) and ⓜ (assertion of the speaker)

①	▷説明／言い訳 ▷说明／说辞	▶ Explanation / excuse ▶ 설명／변명
②	▷判断 ▷判断	▶ Judgment ▶ 판단
③	▷「なぜ」の問い ▷"为什么"的提问	▶ "Why" question ▶ '왜'의 물음
④	▷間接的な要求／拒絶 ▷间接性的要求／拒绝	▶ Indirect request/refusal ▶ 간접적인 요구／거절

▷描出（description）でなく主張（assertion）するとき、その中身は「の」で〈もの〉化させた名詞述語で表す。
▷主張の中身が名詞の場合、連体形は〈名詞＋（のでなく）な〉である。
▷①と②の二択の問いには、すべて「そうです／そうではありません」と答えられる。

▶ When a speaker makes an <u>assertion</u>, rather than gives a description, the contents of the assertion are expressed by <u>a noun predicate</u> that is MATERIALized by の.
▶ When the contents of an assertion are expressed by a noun, the noun's pre-noun form is not <noun + の> but <noun + な>.
▶ All yes/no questions for ① and ② can be answered with そうです／そうではありません.

▶ 如果是主张（assertion）而非描述（description），该内容使用"の"经〈物〉化处理过的名词谓语表示。
▶ 所主张的内容如果是名词，连体形为〈名词＋な(不能用の)〉。
▶ 对①和②的二择一疑问句，都可用"そうです／そうではありません"来回答。

▶ 묘사（description）가 아닌 <u>주장</u>（assertion）일 때 그 내용은 'の'로 〈사물〉화시킨 <u>명사술어</u>로 나타낸다.
▶ 주장의 내용이 명사인 경우 연체형은 〈명사＋(の가 아닌)な〉이다.
▶ ①과 ②의 양자택일 질문에는 모두 'そうです／そうではありません'이라고 답할 수 있다.

「そうです。」
⇨ p.22, p.74

Q: 帰りますか。
A: [NG] そうです。

Q: 帰るのですか。
A: [OK] そうです。

Noun predicate of のだ-group

		ⓜ Contents of assertion			Noun predicate marker	
		Ⓗ pre-の form	(MATERIALize)			
だ type	⊖た	雨な [NG] 雨の×	+の+	です。*	Ⓐ'	end form, polite style
	⊕た	雨だった		だ。**	Ⓐ	end form, plain style
い type	⊖た	暑い		で、	Ⓕ	non-end form which waits for expected information
	⊕た	暑かった				
	⊖た	聞かない		に、	Ⓕ	non-end form which waits for information that is not expected
	⊕た	聞かなかった				
う-row type	⊖た	聞く		⇨ see the inside of the back cover		
	⊕た	聞いた				

*, ** Here the end form の is pronounced ん. e.g. 暑いの[no]です。→ 暑いん[n]です。

* In spoken language, polite style 〜のです→〜んです。 〜のですか→〜んですか。
** In spoken language, plain style 〜のだ→〜んだ／〜の。 〜のか→〜の。

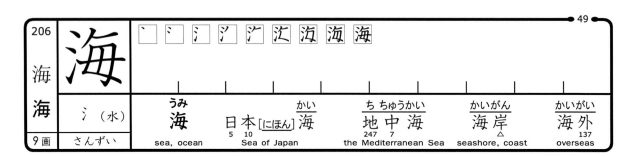

練習1. Make sentences using assertion ①.

試験をする ⇔ 試験をうける
give an exam   take an exam

Description: 大学院の試験をうけます。
↓
1. Assertion: _____

Description: このシャツは弟がふみました。
↓
2. Assertion: _____

Description: 急いでいます。
↓
3. Assertion: _____

Description: 規則です。
↓
4. Assertion: _____

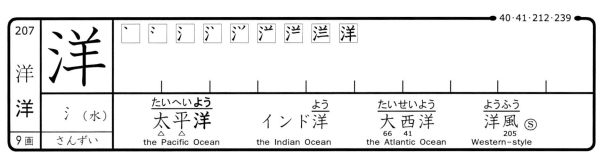

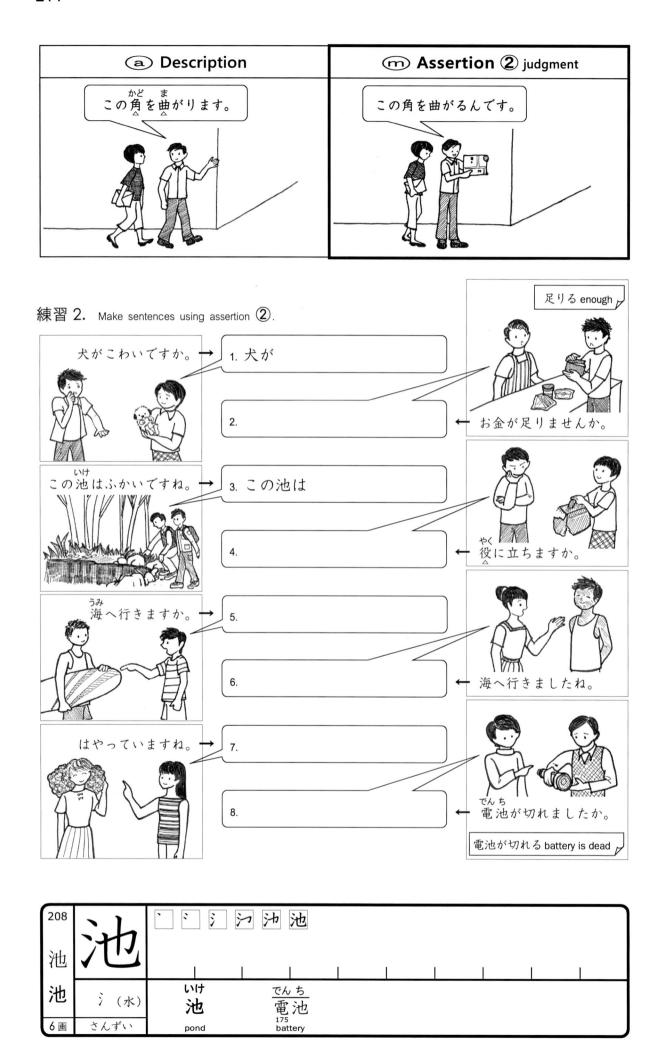

▷右図の場面では「重いんですが/重いんですけど」と言うことが多い。
▶ For the situation in the picture on the right, the request is often expressed using 重いんですが/重いんですけど.
▶ 如右图这样的场合，往往说"重いんですが/重いんですけど"。
▶ 오른쪽 그림과 같은 장면에서는 '重いんですが/重いんですけど' 라고 말하는 경우가 많다.

練習 4. Ask your partner to do something (indirect request) using a が-quasi-sentence.

Description: 寒いです。
↓
1. A: Assertion: _____
   B: じゃあ、まどを閉めましょう。

Description: 水がほしいです。
↓
2. A: Assertion: _____
   B: はい、どうぞ。

Description: 手を洗いたいです。
↓
3. A: Assertion: _____
   B: 洗面所はこちらです。

210 洗 洗	洗	丶 冫 氵 氵 汁 泮 泮 洗			
9画	氵（水）さんずい	あら 洗う L wash	てあらい お手洗い 138 lavatory	せんたく 洗濯 する △ washing (of clothes)	せんめんじょ 洗面所 △ 158 sink / wash room

▷「お酒は飲めません」「いそがしいです」のような直接的な拒絶を避ける述べ方である。
▶ This is a way of speaking where you avoid refusing things directly, *e.g.* お酒は飲めません, *e.g.* いそがしいです.
▶ "お酒は飲めません"、"いそがしいです" 是为避免过于直接的拒绝而使用的叙述方式。
▶ 'お酒は飲めません' 'いそがしいです'와 같은 직접적인 거절을 피하기 위한 말하기 방식이다.

練習 5.　Answer A (indirect refusal).

A：花の季節に旅行しましょう。
　　　きせつ　　りょこう
　　① In this sentence 花 means cherry blossoms.

　Description: 帰国 return home (*one's* country) to します。
　　　　　　↓
1. B：Assertion: その季節には＿＿＿＿＿＿＿＿＿＿

A：あした、ひまですか。

　Description: テストです。
　　　　　　↓
2. B：Assertion: いいえ、あしたは＿＿＿＿＿＿＿＿

A：泳ぎに行きませんか。
　　およ
　　　　　　ACT A with an aim ⇨ *p.175*

　Description: にがてです。
　　　　　　↓
3. B：Assertion: いいえ、水泳は＿＿＿＿＿＿＿＿
　　　　　　　　　　　すいえい

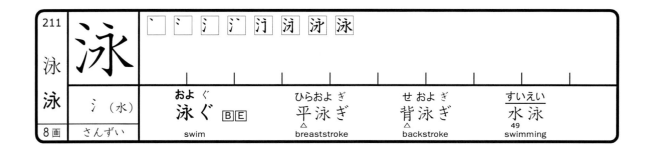

```
pre-の form + の(ん)だⒶ。
pre-の form + の(ん)ですⒶ'。
```
→ a reason for the main sentence → pre-の form + のでⒻ、 → main sentence: expected information (no grammatical limit)

── のでーdependent clause ──

▷ のではで／て従属節の形であり、主文の理由を表す。
▸ ので is a form of the で／て-dependent clause and expresses a reason for the main sentence.
▸ ので是で／て从句的形式，表示主句的理由。
▸ のでと で／て종속절 형태로 주문의 이유를 나타낸다.

で／て-dependent clause ⇨ p.156 ①

練習 6. Complete the following complex sentences.

Example 練習した漢字なので、書けます。OK 書きましょう。OK 書いてください。

Example 部屋がせまい small ので、そうじ機 vacuum cleaner は要りません。

Example 着物 KIMONO を着たので、見てください。

酔う get drunk

1. お酒を飲んだので、_____

2. 宿題ができたので、_____

3. _____ おなかがすきました。

4. 二時間 _____ つかれました。 (立っている)

212 酒 酉 10画 ひよみのとり
さけ 酒/お酒 alcoholic drink
さかや 酒屋 165 liquor shop
日本[にほん]酒 5 10 SAKE: rice wine
ようしゅ 洋酒 207 foreign liquor

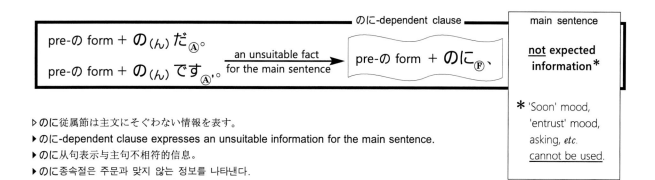

▷ のに従属節は主文にそぐわない情報を表す。
▶ のに-dependent clause expresses an unsuitable information for the main sentence.
▶ のに从句表示与主句不相符的信息。
▶ のに종속절은 주문과 맞지 않는 정보를 나타낸다.

練習 7. Complete the following complex sentences.

Example 練習した漢字<u>な</u>のに、書けません。 [NG] 書きましょう。 [NG] 書いてください。

Example 部屋がせまいのに、エアコンが2台もあります。

Example 注意していたのに、
　　　　　　　かさをなくしてしまいました。

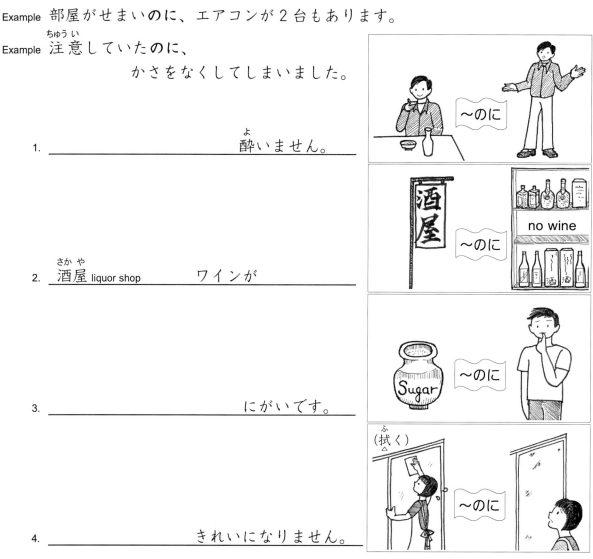

1. ＿＿＿＿＿＿＿＿＿＿＿酔いません。

2. 酒屋 liquor shop ＿＿＿ワインが＿＿＿＿＿＿

3. ＿＿＿＿＿＿＿＿＿＿＿にがいです。

4. ＿＿＿＿＿＿＿＿＿＿＿きれいになりません。

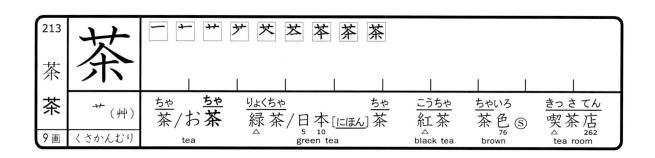

練習8. Make complex sentences with ので- or のに-dependent clauses.

Example:
電源を入れました。 ＋ パソコンが起動しません。
→ 電源を入れたのに、パソコンが起動しません。

1. この車は修理したばかりです。 ＋ また故障してしまいました。
(ばかり) ⇒ p.166
→ _____

2. 洋風 Western-style の料理です。 ＋ ナイフ knife とフォーク fork を使います。
→ _____

3. 紅茶をたくさん飲みました。 ＋ ねむくありません。
→ _____

4. 早川さんは答え answer を知っています。 ＋ （私に）教えてくれません。
→ _____

練習9. Read the following sentences and compare the differences in the way of speaking.

1-a. 簡単なので、わかります。　⇒ p.218　(m) An assertion of a reason for the main sentence

1-b. 簡単ですから、わかります。　⇒ p.148　(m) Personal judgment

1-c. 簡単だと、わかります。　⇒ p.150　(m) Two pieces of information that are part of a set pair

2-a. 簡単なのに、わかりません。　⇒ p.219　(m) An assertion of an unsuitable information for the main sentence

2-b. 簡単ですが、わかりません。　⇒ p.147　(m) Two separate sentences

2-c. 簡単でも、わかりません。　⇒ p.156　(m) An accepted condition and a fact

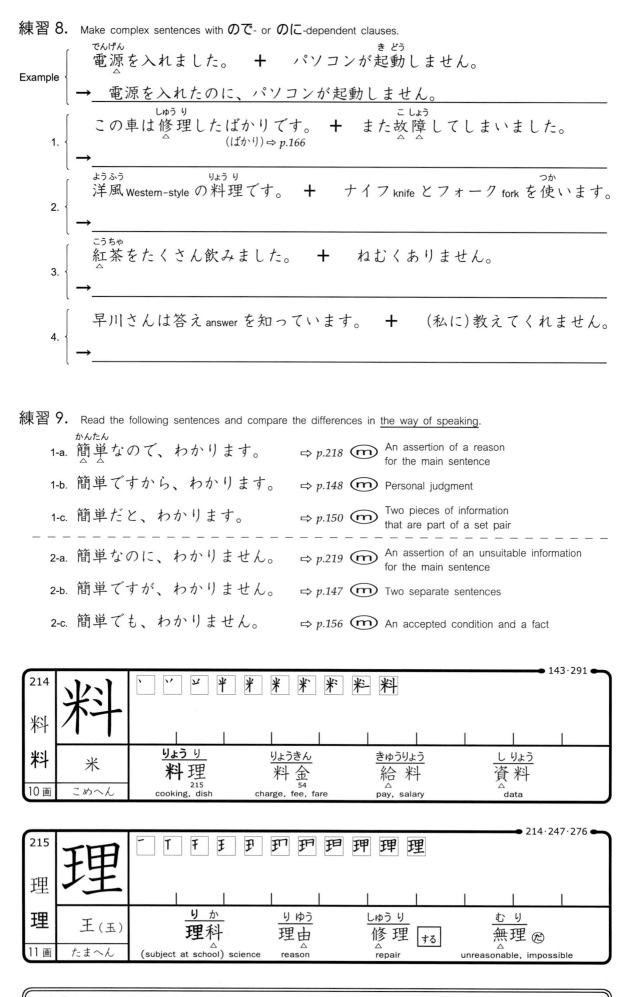

214 料 / 料 — 米 / こめへん / 10画 — ` ゛ ゛ ⺧ ⺧ ⺧ ⺧ ⺧ 料 料 — 143·291
- りょうり 料理 (cooking, dish) 215
- りょうきん 料金 (charge, fee, fare) 54
- きゅうりょう 給料 (pay, salary)
- しりょう 資料 (data)

215 理 / 理 — 王(玉) / たまへん / 11画 — ` T F 王 刃 玑 玾 珅 珅 理 理 — 214·247·276
- りか 理科 (subject at school) science
- りゆう 理由 (reason)
- しゅうり 修理する (repair)
- むり 無理だ (unreasonable, impossible)

池内(いけうち)　池上(いけがみ)　池田(いけだ)　池山(いけやま)　内海(うつみ)　小池(こいけ)　酒田(さかた)

第 23 課

▷ ⟨うごき⟩を表す動詞の**た**形は、①目の前で開始／終了が<u>確認</u>された⟨うごき⟩、②想像の中で<u>終了</u>した⟨うごき⟩、③<u>記憶</u>の中の⟨うごき⟩を表す。

▶ There are three types of *た*-form verbs that express ACTs: ① ACTs whose start/end has been <u>confirmed</u> in front of the speaker, ② ACTs that have <u>ended</u> in the speaker's imagination, and ③ ACTs in the speaker's <u>memory</u>.

▶ 表示⟨动作⟩的动词**た**形：①表示开始／结束已在眼前得到<u>确认</u>的⟨动作⟩；②表示在想象中<u>结束</u>的⟨动作⟩；③表示<u>记忆</u>中的⟨动作⟩。

▶ ⟨움직임⟩을 나타내는 동사의 **た**형은 ① 눈 앞에서 개시／종료가 <u>확인</u>된 ⟨움직임⟩, ② 상상 속에서 <u>종료</u>된 ⟨움직임⟩, ③ <u>기억</u> 속의 ⟨움직임⟩을 나타낸다.

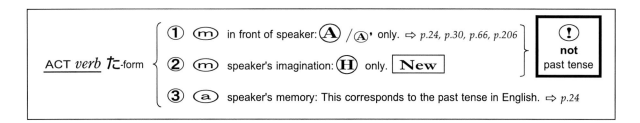

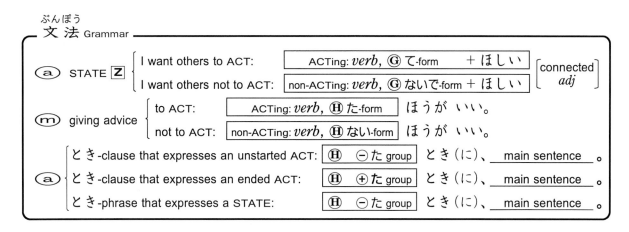

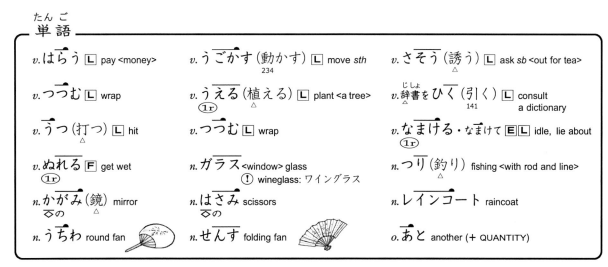

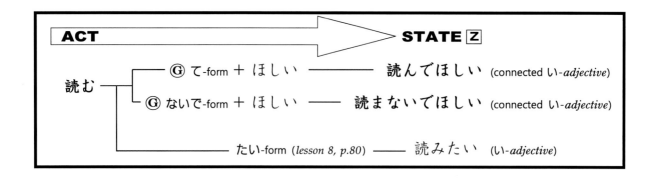

▷ 第8課で学習したとおり、〈ありさま〉Zは自覚による情報であるため、他者について述べることはできない。
▷ 聞き手の〈うごき〉を欲する〈ありさま〉Zは〈動詞Gて形＋ほしい〉という連結形容詞が表し、聞き手の〈うごき〉を欲しない〈ありさま〉Zは〈動詞Gないで形＋ほしい〉という連結形容詞が表す。

▸ As you learned in *lesson 8*, STATE Z is information from the speaker's (never others') senses/feelings.
▸ The STATE Z of wanting the listener to ACT is expressed by the connected adjective ⟨verb G て-form + ほしい⟩. The STATE Z of not wanting the listener to ACT is expressed by the connected adjective ⟨verb G ないで-form + ほしい⟩.

▸〈状态〉Z是在自我意识中获得的信息, 故不能就他人的信息进行叙述。这一点已在第8课学过。
▸ 希望听话人进行某个〈动作〉时的〈状态〉Z由〈动词Gて形＋ほしい〉这一连接形容词表示，不希望听话人进行某个〈动作〉时的〈状态〉Z由〈动词Gないで形＋ほしい〉这一连接形容词表示。

▸ 제8과에서 학습한대로 〈상태〉Z는 자각에 의한 정보이기 때문에 다른 사람에 대해 말할 때는 사용할수 없다.
▸ 청자의 〈움직임〉을 원하는 〈상태〉Z는 〈동사Gて형＋ほしい〉라는 연결형용사로 나타내고, 청자의 〈움직임〉을 바라지 않는 〈상태〉Z는 〈동사Gないで형＋ほしい〉라는 연결형용사로 나타낸다.

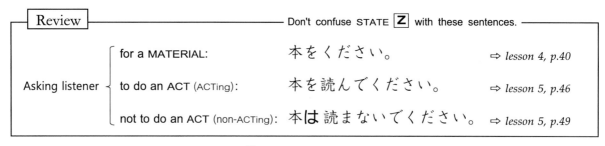

(!) Predicates including non-ACTing usually go with limited information.

練習1. Make sentences.

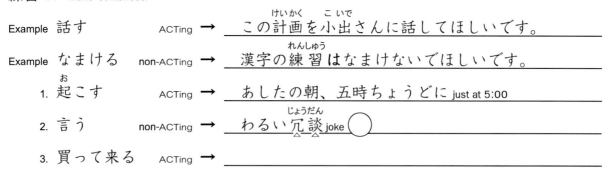

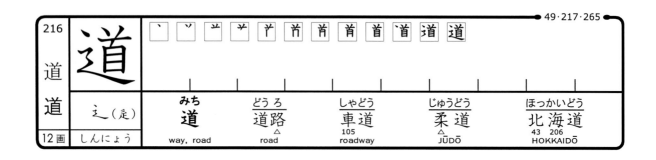

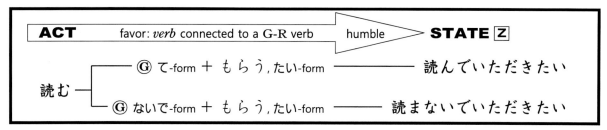

これを見てほしいんですが。
これを見ていただきたいんですが。

それは見ないでほしいんですが。
それは見ないでいただきたいんですが。

(!) limited informaton

練習 2. Make sentences that express an indirect request to do an ACT using 〜んですが. ⇨ p.216

1. このはさみを使（つか）う → このはさみを＿＿＿＿＿＿＿＿＿＿
2. あと三分ここで待っている → ＿＿＿＿＿＿＿＿＿＿＿＿＿＿
3. 小学校までの道（みち）を教える → ＿＿＿＿＿＿＿＿＿＿＿＿＿＿
4. 車につむ load 荷物（にもつ）を軽（かる）くする → ＿＿＿＿＿＿＿＿＿＿＿＿＿＿
5. (　　　　　　　) → ＿＿＿＿＿＿＿＿＿＿＿＿＿＿

練習 3. Make sentences that express an indirect request not to do an ACT using 〜んですが.

(!) Limited information

1. そのはさみを使（つか）う → そのはさみは＿＿＿＿＿＿＿＿＿＿
2. 姉と妹の写真をとる → ＿＿＿＿＿＿は＿＿＿＿＿＿
3. ドアの前にかばんをおく → ＿＿＿＿＿＿に○＿＿＿＿＿
4. この道（みち）を歌（うた）いながら歩（ある）く → ＿＿＿＿＿＿＿＿＿＿＿＿＿＿
5. (　　　　　　　) → ＿＿＿＿＿＿＿＿＿＿＿＿＿＿

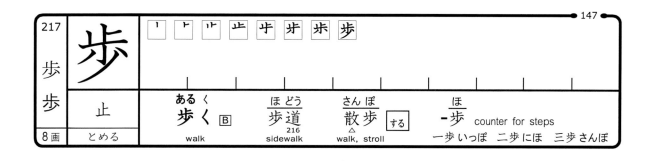

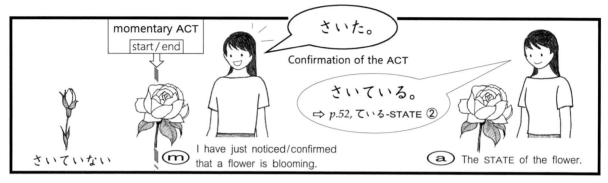
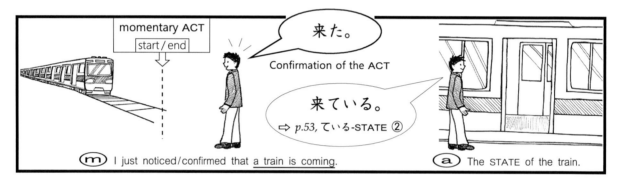
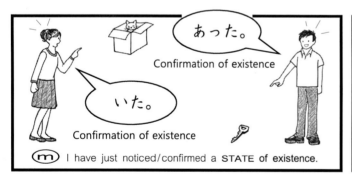

▷ 動詞の⊕た群は目の前の〈うごき〉の確認、〈ありさま〉の確認という述べ方を表明する。
▶ The ⊕た group of **verbs** expresses the way of speaking involving **confirmation** of an ACT that has occurred in front of the speaker, or a STATE that has appeared in front of the speaker.
▶ 动词的⊕た群这一叙述方式表示眼前的〈动作〉的**确认**、〈状态〉的**确认**。
▶ 동사 ⊕た군은 눈 앞의 〈움직임〉을 **확인**, 〈상태〉를 **확인**했다는 말하기 방식을 표명한다.

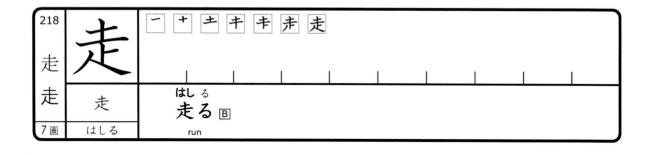

第23課 225

練習 4. Make sentences where one person is talking alone (using the plain style).

The Japanese STATE verbs corresponding to 'similar', 'superior' and 'common'

Dictionary form	た-form is used in the pre-noun part	ている-verb is used as a predicate
にる (似る)	とらに にた ねこ a cat similar to a tiger	このねこはとらに にている。 This cat is similar to a tiger.
すぐれる	すぐれた 嗅覚(きゅうかく) a superior sense of smell	犬は嗅覚がすぐれている。 Dogs have a superior sense of smell.
ありふれる	ありふれた 名前 a common name	私の名前はありふれている。 My name is common.

219 起 一 十 土 キ キ 走 走 起 起 起
起 走 おきる 起きる ①r E get up, wake up
起 そうにょう おこす 起こす L wake sb, pick sb up, raise sth
10画 きどう 起動 234 する start-up <PC>

Giving advice to ACT
(contents of advice) < *verb*, た-form, Ⓗ pre-noun form + ほうがいい>: You should...

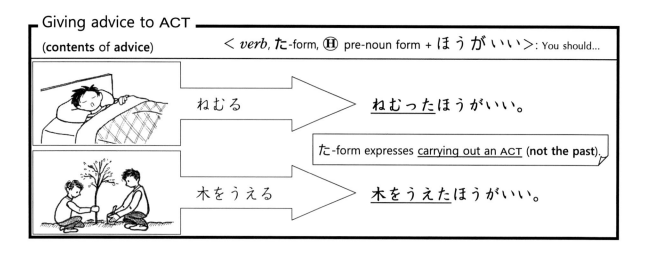

ねむる → <u>ねむった</u>ほうがいい。

た-form expresses <u>carrying out an ACT</u> (not the past).

木をうえる → <u>木をうえた</u>ほうがいい。

▷「ほう」は非独立の名詞で、二つ（この場合、〈うごき〉の実行と不実行）のうちの一方を表す。
▶ ほう is a non-independent noun. It means one of two (in this case, carrying out or not carrying out an ACT).
▶ "ほう" 为非独立名词，表示两者(在这种情况下表示〈动作〉实现与否)中的一方。
▶ 'ほう'는 비독립명사로 2가지(이 경우 〈움직임〉의 실행과 불실행) 중 어느 한 쪽을 나타낸다.

ほう ⇨ p.88

練習 5. Give advice to the people in the pictures.

end form + よ ⇨ p.23, p.61

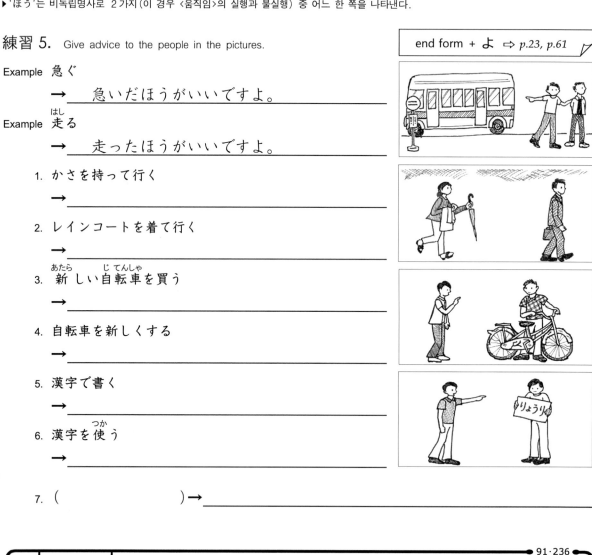

Example 急ぐ
→ 急いだほうがいいですよ。

Example 走る
→ 走ったほうがいいですよ。

1. かさを持って行く
→ _____

2. レインコートを着て行く
→ _____

3. 新しい自転車を買う
→ _____

4. 自転車を新しくする
→ _____

5. 漢字で書く
→ _____

6. 漢字を使う
→ _____

7. (   ) → _____

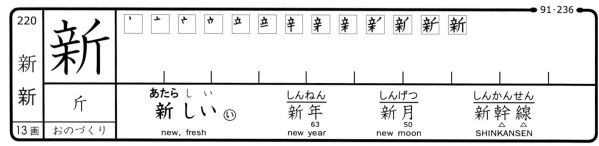

220 新 | 斤 | 13画 | おのづくり

91・236

' ㅗ ㅗ ㅗ 立 立 辛 辛 辛 辛 新 新 新

あたらしい 新しい (い) — new, fresh
しんねん 新年 63 — new year
しんげつ 新月 50 — new moon
しんかんせん 新幹線 △△ — SHINKANSEN

Giving advice not to ACT

(contents of advice) < *verb*, ない-form, Ⓗ pre-noun form + ほうがいい>: You shouldn't...

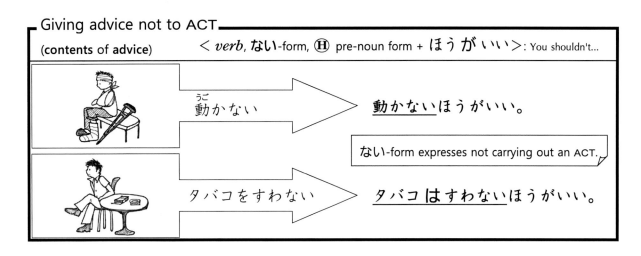

ない-form expresses not carrying out an ACT.

▷ 不実行の情報は限定的な情報とともに現れることが多い。
▶ Information about ACTs that are not carried out often appears with limited information.
▶ 不实现的信息往往与限定性的信息一起出现。
▶ 실행하지 않은 정보는 한정적인 정보와 함께 나타나는 경우가 많다.

⇨ **Limited** information
p.37, p.49, p.50, p.54, p.59, p.79, p.108, p.119, p.125, p.150, p.222, p.223, p.239, p.286

練習 6. Give advice to the people in the pictures (**not** to carry out an ACT).

Example シャワーをあびる
→ シャワーはあびないほうがいいですよ。

Example おふろに入る
→ おふろには入らないほうがいいですよ。

1. 車を使う
→ ＿＿＿＿は＿＿＿＿＿＿＿＿＿＿＿＿＿＿＿＿

2. 車で行く
→ ＿＿＿＿で○＿＿＿＿＿＿＿＿＿＿＿＿＿＿

(渋滞 traffic jam)

3. その古いはこを開ける
→ ＿＿＿＿＿＿＿＿＿＿＿＿＿＿＿＿＿＿＿＿

4. その古いはこの中を見る
→ ＿＿＿＿＿＿＿＿＿＿＿＿＿＿＿＿＿＿＿＿

5. そのガラスの花びんにさわる
→ ＿＿＿＿＿＿＿＿＿＿＿＿＿＿＿＿＿＿＿＿

6. そのガラスの花びんを動かす
→ ＿＿＿＿＿＿＿＿＿＿＿＿＿＿＿＿＿＿＿＿

7. (　　　　　　　　) → ＿＿＿＿＿＿＿＿＿＿＿＿＿＿＿＿＿＿

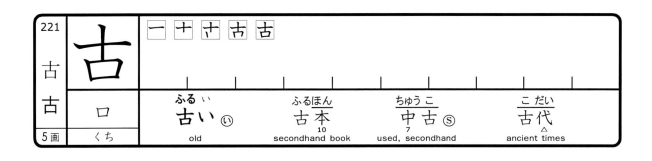

221	古	一 十 古 古 古				
古 古	口		ふる 古い ⓘ	ふるほん 古本 10	ちゅうこ 中古 Ⓢ	こだい 古代 △
5画	くち		old	secondhand book	used, secondhand	ancient times

ⓐ *Noun* clause that expresses TIME ①			ⓐ Predicate unit: ACT	
⊖た, Ⓗ pre-noun form (ACT that has not started yet)		Non-independent *noun*	a: imagination = ⊖た (every time) / (intend to do)	b: memory = ⊕た (one fact)
新幹線 SHINKANSEN に乗る		とき(に)、	切符 ticket を買います。	切符を買いました。
海へ行く		とき(に)、	弟をさそいます。	弟をさそいました。

①-a: speaker's imagination

①-b: speaker's memory

ⓐ *Noun* clause that expresses TIME ②			ⓐ Predicate unit: ACT	
⊕た, Ⓗ pre-noun form (ACT that has ended)		Non-independent *noun*	a: imagination = ⊖た (every time) / (intend to do)	b: memory = ⊕た (one fact)
バスに乗った		とき(に)、	お金をはらいます。	お金をはらいました。
海へ行った		とき(に)、	つりをします。	つりをしました。

②-a: speaker's imagination

②-b: speaker's memory

▷ ①未開始の〈うごき〉、②終了後の〈うごき〉が特定する「時 TIME」は〈動詞Ⓗ(連体形)＋「とき」〉が表す。この「とき」は非独立の名詞で、ひらがなで表記したほうがよい。

▶ TIME that is determined by an ACT which: ① has not started yet, or ② has already finished, is expressed by ＜verb, Ⓗ (pre-noun form) + とき＞. This とき(時) is a non-independent noun and should be written in ひらがな.

▶ ①未开始的〈动作〉，②结束后的〈动作〉所特指的"时 TIME"由〈动词Ⓗ(连体形)＋"とき"〉表示。该"とき(時)"为非独立名词，用平假名写更为恰当。

▶ ①미개시의 〈움직임〉, ②종료 후의 〈움직임〉이 특정하는 '때 TIME'는 〈동사Ⓗ(연체형)＋'とき'〉로 나타낸다. 이 'とき(時)'는 비독립명사이며 히라가나로 표기하는 것이 좋다.

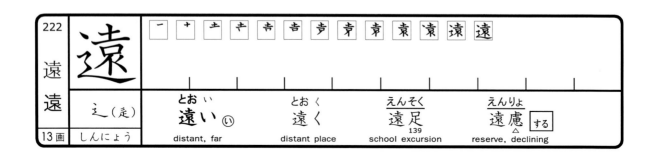

練習 7. Complete the following sentences using ①-a or ②-a.

1. 本を □つつむ □つつんだ とき、
   _____ふろしき FUROSHIKI: wrapping cloth を使います。

2. 朝、□起(お)きる □起きた とき、
   _____洗います。

3. 国に □帰る □帰った とき、
   _____会います。

4. 辞書(じしょ)を □引く □引いた とき、
   _____かけます。

練習 8. Complete the following sentences using ①-b or ②-b.

1. 酒田(さかた)さんに □会う □会った とき、
   おすしを食べました。   すし/おすし
                           It is easier to hear おすし.

2. バスに □乗(の)る □乗った とき、
   池内(いけうち)さんを見ました。

3. マフラー muffler を □買う □買った とき、
   デパートへ _____

4. 京都(きょうと)へ □行く □行った とき、
   _____買いました。

223	近	ノ ノ ノ 斤 斤 沂 近					
近	辶(走)	**ちか**い 近い (い) near	**ちか**く 近く near place	**ちか**づく 近づく G approach	**きんじょ** 近所 158 neighborhood	**きんだい** 近代 modern times	
近	7画 しんにょう						

ⓐ *Noun* phrase that expresses TIME ③		ⓐ Predicate unit: ACT	
⊖た, Ⓗ pre-noun form (STATE)	Non-independent *noun*	a: imagination = ⊖た (every time) / (intend to do)	b: memory = ⊕た (one fact)
休みの ひまな 天気がいい	とき(に)、	遠くまで散歩します。	
(age) 四歳の	とき(に)、		弟が生まれました。

▷ ③〈ありさま〉の特定する「時」は〈⊖た群Ⓗ(連体形)+「とき」〉が表す。
▷ ③ TIME that is determined by a STATE is expressed by ⟨⊖た group, Ⓗ (pre-noun form) + とき⟩.
▷ ③〈状态〉所特指 "时" 由⟨⊖た群Ⓗ(连体形)+ "とき"⟩表示。
▷ ③〈상태〉가 특정하는 '때'는 ⟨⊖た군(연체형)+'とき'⟩로 나타낸다.

練習 9. Make sentences using limited information and ③-a.

Example 荷物が多くて重いとき(に)は、タクシーに乗ります。

Example ねむれないとき(に)は、短い小説を読みます。

_____とき(に)は、_____

練習 10. Make sentences using ③-b.

Example 子どものとき、フィリピンのマニラの近くに住んでいました。

Example 十八歳のとき、日本語(の勉強)を始めました。

_____ のとき、_____

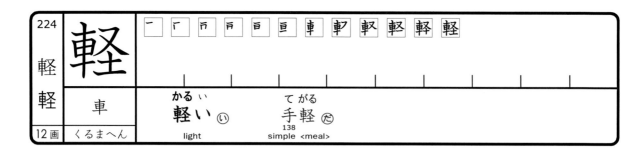

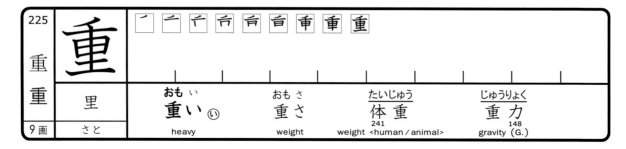

大道(おおみち) 重田(しげた) 新川(しんかわ/にいかわ) 遠山(とおやま) 新山(にいやま) 新田(にった) 古田(ふるた)

第 24 課

[ ]: These are omitted in casual situations.
Other greetings ⇨ p.10

挨拶 (あいさつ) Greetings / 寒暄 / 인사

出かける	when you go out	外出时	외출할 때	行ってきます ⇨ p.132, p.174 sensible polite style: 行ってまいります
送り出す	when you see someone off	送行时	배웅할 때	行って[い]らっしゃい
帰った	when you come home	归来时	돌아왔을 때	ただいま polite: ただいま かえりました
帰着者を迎える	when you welcome someone home	迎接归来者	돌아오는 사람을 맞이할 때	おかえり[なさい]
到着者を迎える	when you welcome a visitor who has just arrived	迎接来访者时	방문자를 환영할 때	ようこそ／いらっしゃい[ませ]
訪問／別れる	when you visit someone / go home after visiting someone	访问／道别时	방문／헤어질 때	ごめんください
飲食を始める	when you start eating/drinking	饮食开始前	먹고 마시기를 시작할 때	いただきます
飲食を終わる	when you finish eating/drinking	饮食结束时	먹고 마시기를 끝낼 때	ごちそうさま
謝る（親しく）	when you apologize in a familiar manner	在轻松随意的场合致歉时	가볍게 사과할 때	ごめんなさい
（正式に）	when you apologize formally	以正式的语气致歉时	정식으로 사과할 때	もうしわけ ありません
聞き手の場所に出入りする	when you enter/leave the place where the listener is	进出听话人的场所时	청자가 있는 장소에 출입할 때	しつれい(失礼)します
先に帰宅する	when you go home earlier than other people	先回家时	먼저 귀가할 때	おさきに[失礼します]
就寝する	when you go to bed	就寝时	취침할 때	おやすみ[なさい]

文法 (ぶんぽう) Grammar

- ⓜ show and point at a MATERIAL: MATERIAL: *noun*   No actuality marker: bare
- ⓜ contrast between そ family and あ family
- ⓐ *adjectives* expressing STATE Z *etc.* → がる-ACT

単語 (たんご)

- a. たいくつ (退屈) だ boring
- a. ざんねん (残念) だ regrettable
- a. めいわく (迷惑) だ annoying
- a. ふあん (不安) だ uneasy 255 81
- a. なつかしい・なつかしく nostalgic
- a. うらやましい・うらやましく enviable
- a. くやしい・くやしく vexing
- a. はずかしい・はずかしく embarrassing, be ashamed
- v. かなしむ L grieve
- n. けいさつ (警察) the police
- n. けいさん (計算) calculation する 228 229
- n. きかい (機械) machine
- n. おもちゃ toy
- n. おみまい visiting <a sick person>
- n. さっき a little while ago (spoken language)
- n. このあいだ the other day (spoken language)
- n. かれ (彼): male ／ かのじょ (彼女): female 37
he/she (someone both speaker and listener know who is being referred to)

復習 (ふくしゅう)

7. How to express 'I-sentence only' about others

漢字

| 226 使 | 227 用 | 228 計 | 229 算 | 230 円 | 231 数 | 232 運 | 233 転 | 234 動 | 235 働 |

▷〈もの〉は名詞が表す。会話において、話し手が〈もの〉を明示して (show and point) 聞き手の注意を喚起するとき、その名詞は文頭に、文法的な印なしで現れる。

▶ MATERIAL is expressed by a noun. In conversation, when a speaker shows and points at a MATERIAL and rouses the attention of the listener, the noun appears at the beginning of the sentence without a grammatical marker (bare).

▶〈物〉由名词表示。在交谈中，说话人指出 (show and point) 某〈物〉以引起听话人的注意时，该名词置于句前，不带语法性标记。

▶〈사물〉은 명사로 나타낸다. 회화에서 화자가〈사물〉을 명시하여 (show and point) 청자의 주의를 환기시킬 때, 그 명사는 문법적인 표기가 생략되어 문두에 나타난다.

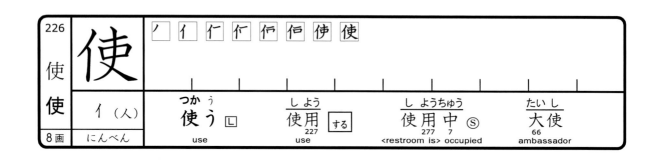

練習 1. Make sentences including the meaning 'watch/remember this'!

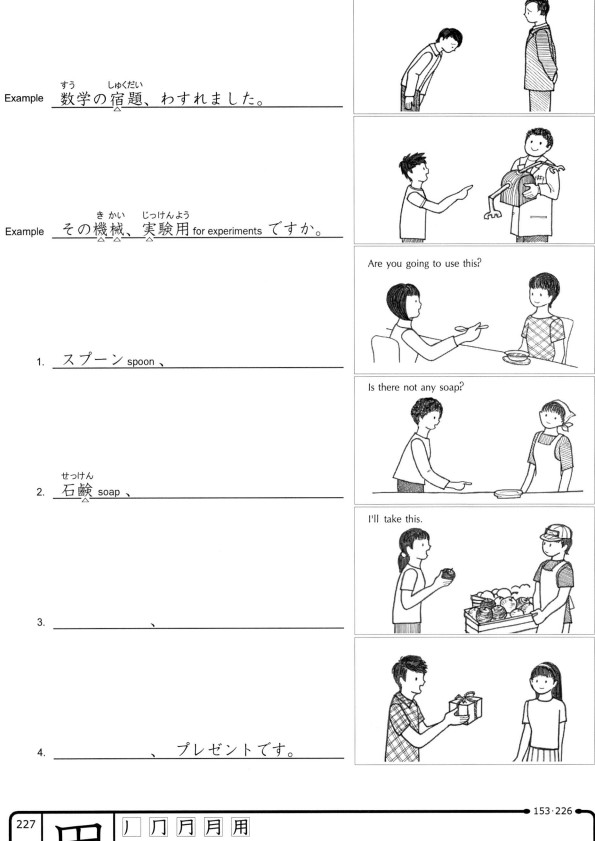

Example　<u>数学の宿題、わすれました。</u>

Example　<u>その機械、実験用</u> for experiments <u>ですか。</u>

1. <u>スプーン</u> spoon 、_____

2. <u>石鹸</u> soap 、_____

3. _____、_____

4. _____、プレゼントです。

227　用　ノ 冂 月 月 用　153・226
用　5画　もちいる
よう 用 something to do
ようじ 用事 296 business
ようい 用意 124 する preparation <for sth>
ようし コピー用紙 188 photocopier paper
こ よう 子ども用 35 Ⓢ <a desk> for children

▷ ① ⓐ :「こ・そ・あ」の対立では、「こ」は話し手のなわばり内、「そ」は「こ」の周辺、「あ」は遠方を指示する。
▷ ① ⓐ : In the こ-, そ- and あ-family, こ expresses the speaker's territory, そ expresses the area surrounding こ, and あ expresses a distant area.
▷ ① ⓐ : 在"こ・そ・あ"的对立关系中,"こ"指说话人的势力范围内,"そ"指"こ"的周边,"あ"指远处。
▷ ① ⓐ :'こ・そ・あ'의 대립에서 'こ'는 화자의 영역 내, 'そ'는 'こ'의 주변, 'あ'는 먼 곳을 지시한다.

こ・そ・あ
⇨ p.9, p.51

▷ ② ⓜ :「そ・あ」の対立は、「こ」の外のある情報を聞き手は ⓐ(そ) 知らないはず、ⓑ(あ) 知っているはずを区別する。
▷ ② ⓜ : In the そ- and あ-family, information outside of こ is divided into: ⓐ information the listener does not know (そ), and ⓑ information that the listener should know (あ).
▷ ② ⓜ :"そ・あ"的对立关系,用以区别以下两种情况。听话人对"こ"外围的某个信息 ⓐ(そ) 应该是不知道的;ⓑ(あ) 应该是知道的。
▷ ② ⓜ :'そ・あ'의 대립은 'こ'의 밖에 있는 정보를 청자가 ⓐ(そ) 모를 것이다, ⓑ(あ) 알고 있을 것이다 로 구별한다.

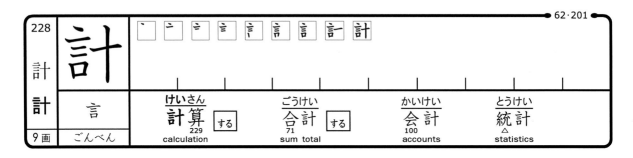

練習2. Answer A as in the examples in ②.

Example A: 大道さんの腕時計、すてき wonderful ですね。

B: 私も**あれと同じ**時計がほしいです。
　　　（と）⇒ p.76,（同じ）⇒ p.76（漢字 No.70）, p.84
　　NG あの時計がほしい
　　NG あれがほしい

Words that mean **salty**
Written: しおからい
Spoken: しょっぱい

Example A: 学食のラーメン ramen、しおからいですね。
　　　　　school cafeteria

B: **その**ラーメンは食べたことがないんです。
　　OK それは

1. A: このあいだの料理、おいしかったですね。

   B: ＿＿＿＿＿＿は 私が作ったんです。

2. A: 旅費 traveling expenses の計算はできましたか。

   B: ＿＿＿＿＿＿、初めて聞きますが。

3. A: 古田さんのおみまいに行ってください。

   B: 私、＿＿＿＿＿＿人を 知らないんですが。
   　　NG それを／あれを

Words
Written: さきほど
Spoken: さっき

4. A: さっき帰った女の人はだれですか。

   B: ＿＿＿＿＿＿人なら 重田さんです。
   　　〜なら ⇒ p.199

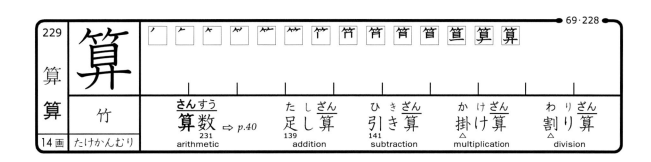

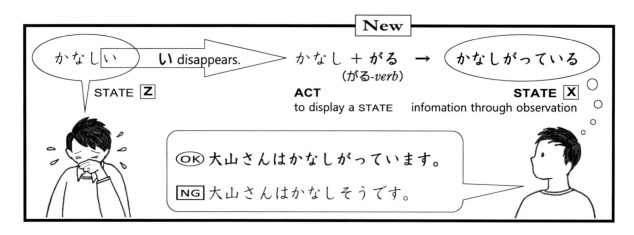

- 生き物の演者が感じた〈ありさま〉(おもに Z)を見せつける〈うごき〉は、がる動詞の表す「がる」の〈うごき〉(がる-ACT)である。
- An ACT that displays a STATE that an ANIMAL actor feels (Z mainly) is a がる-ACT that is expressed by a がる-verb.
- 炫示动态的行为者所感受到的〈状态〉(主要为 Z)时的〈动作〉是以がる动词所表示的 "がる" 的〈动作〉(がる-ACT)。
- 생물체인 행위자가 느낀 〈상태〉(주로 Z)를 과시하는 〈움직임〉은 がる동사가 나타내는 'がる'의 〈움직임〉(がる-ACT)이다.

STATE Z mainly (some adjectives only)		How to make がる-verb		ACT displaying a STATE がる-ACT
い-adj	はずかし(い) 痛(い) ほし(い) 会いた(い)*	い disappears * All たい-forms can change to a がる-verb.	はずかし いた ほし 会いた	+ がる →	はずかしがる E いたがる E ほしがる L 会いたがる I
だ-adj	いや 不安	bare	いや 不安		いやがる L ふあんがる E (不安)

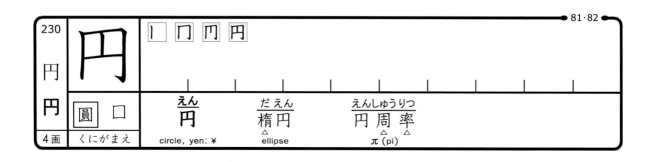

---

230 円 | 一 冂 円 円

圓 口 | 4画 くにがまえ

- えん 円 circle, yen: ¥
- だえん 楕円 ellipse
- えんしゅうりつ 円周率 π (pi)

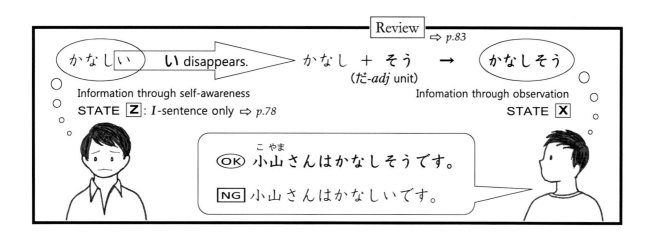

練習 3. Make sentences as in the examples.

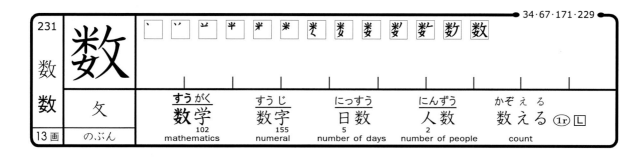

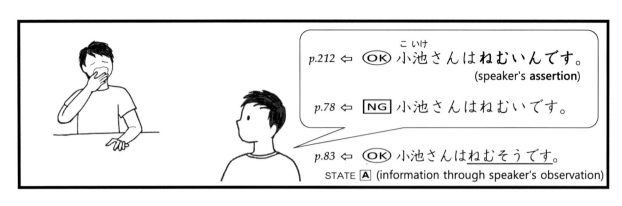

▷ 話し手以外の人物の〈ありさま〉Z は、話し手の主張として述べることができる。
▶ STATE Z of people other than the speaker can be expressed as an assertion by the speaker.
▶ 说话人以外的人物的〈状态〉Z 可作为说话人的主张进行叙述。
▶ 화자 이외의 사람의 〈상태〉Z 는 화자의 주장으로 말할 수 있다.

～んです。(assertion)
⇨ p.213

練習 4. Make assertions about the people in the pictures.

― STATEs Z ―
くやしい　　たいくつ　　耳がかゆい itchy　　プレゼントがめいわく
母校 one's old school がなつかしい　　かえる frog がこわい　　かえる（帰る）v. go home

1. 池山さんは _____
2. あの人は _____
3. 水川さんは _____
4. 大下さんは _____
5. 彼（かれ）は _____
6. 彼女（かのじょ）は _____

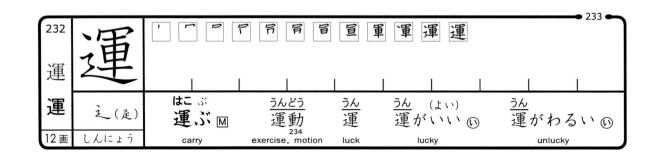

Verbs that express STATE Z

こまる → **NG** こまりたい   要る ⑤r ⇨ p.78, p.79 → **NG** 要りたい

▸ 動詞「こまる」も「要る」も話し手の〈ありさま〉Z を表す。どちらの動詞にもたい形はない。
▸ Both the verbs こまる and いる(要る) express the speaker's STATE Z. These verbs have no たい-form.
▸ 动词 "こまる" "いる(要る)" 都表示说话人的〈状态〉Z。这两个动词都没有たい形。
▸ 동사 'こまる'도 'いる(要る)'도 화자의 〈상태〉Z 를 나타낸다. 두 동사 모두 たい형은 없다.

練習 5. Make complex sentences like those in the above pictures.

1. ① _____ こまりました。

2. ②-b _____ こまります。

練習 6. Make 要ります- and 要りません-predicate sentences.

! ません-predicate usually goes with limited information.

Example 自動車(car)を運転(うんてん)するときは、めがねが要ります。(＝必要(ひつよう)です。)

Example タバコをすわないので、灰皿(はいざら) ashtray は要りません。(＝必要ありません。)

1. _____ ○ 要ります。

2. _____ ○ 要りません。

ドライブ going for a drive

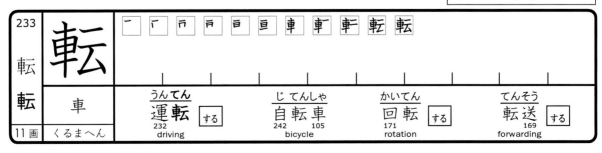

復習（ふくしゅう）7　How to express 'I-sentence only' about others (e.g. Aさん)

STATE Z　e.g. 帰りたい　★ Speaker does not take responsibility for Aさん's information.

Aさんは
- 帰りたそうだ。★ — (m) I saw Aさん's appearance. ⇨ p.83
- 帰りたいみたいだ。★ — (m) I have clear grounds for believing that Aさんは帰りたい. ⇨ p.96, p.198
- 帰りたいらしい。★ — (m) I do not confirm the information about Aさん. ⇨ p.198
- *帰りたいのだ。 — (m) I assert that Aさん thinks "帰りたい". ⇨ p.213
- 帰りたいそうだ。★ — (m) This is information from hearsay. ⇨ p.99
- 「帰りたい」と言っている。 — (m) I directly heard Aさん say "帰りたい". ⇨ p.123
- 帰りたがっている。 — (a) This is a STATE that Aさん displays. ⇨ p.236

＊I-sentence is possible.

ACT 思う　⇨ p.123

I-sentence only / NG Aさんは：　[contents] と思う。／ [contents] と思っている。

I-sentence only：
- Aさんは [contents] と思う　と思う／思っている。
- Aさんは [contents] と思っている　と思う／思っている。

'Soon' mood (う-form): My ACT only　⇨ p.124, p.126

I-sentence only / NG Aさんは：　毎日運動しよう。　日曜日も働こう。　カメラを用意しよう。

OK Aさんは　毎日運動する ／ 日曜日も働く ／ カメラを用意する　＋　だろう*。
＊ manner marker that expresses 'uncertainty' ⇨ p.126 - p.127

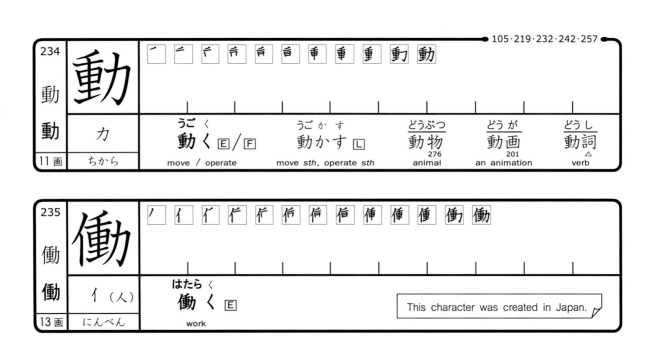

第 25 課

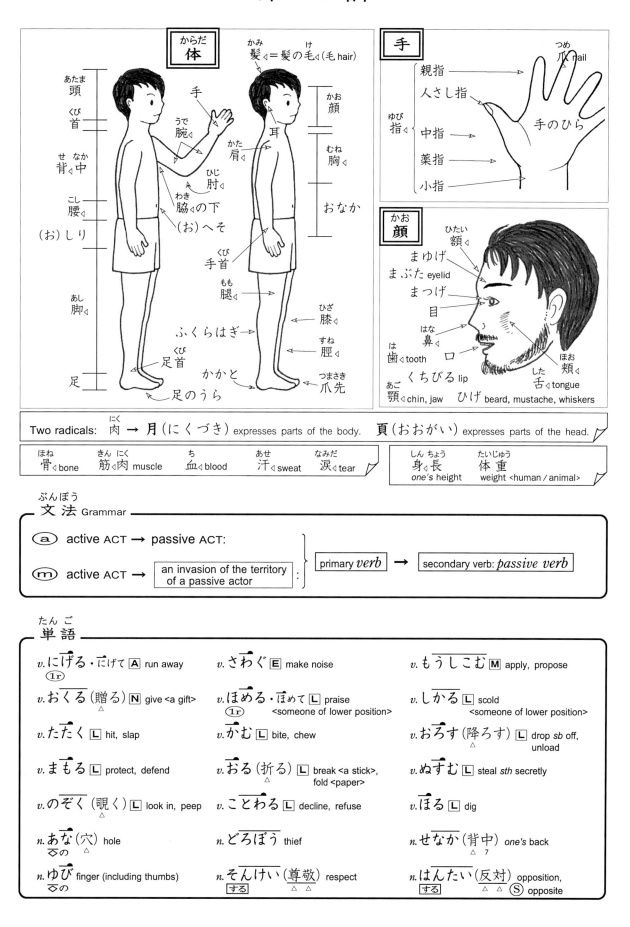

Inflection

Primary verb *active verb*	話す	書く	泳ぐ	使う	待つ	作る
	↓	↓	↓	↓	↓	↓
	あ-row ＋ れる					
	↓	↓	↓	↓	↓	↓
	1r					
Secondary verb *passive verb*	話される	書かれる	泳がれる	使われる	待たれる	作られる

立っている (STATE based on an ACT) → OK 立っていられる   あげる (Giving ACT) → NG あげられる

練習1. Make passive verb forms.

Example えらぶ → えらばれる／えらばれない／えらばれた／えらばれました

1. ほめる 2. しかる 3. 尊敬する 4. とり消す cancel 5. 案内 guidance する
6. のぞく 7. 招待する 8. にげる 9. 起こす 10. もうしこむ
11. まもる 12. 来る 13. 降ろす 14. 贈る 15. 挨拶 greeting する

下ろす take down　降ろす drop sb off, unload	送る send　贈る give a gift

▷〈うごき〉を表す動詞から二次的な動詞の**受動動詞**(passive verb, すべて 1r)が作られる。
▷受動動詞が述語である文(受動文 passive sentence)は通常、人物の〈うごき〉を、中でも特に話し手の〈うごき〉を表す。
▷話し手が能動の(active)演者である文は受動文にならない。
▷日本語の受動文の本来のはたらきは<u>態度表明</u>で、受動の演者は能動の〈うごき〉の責任を負う立場にないという態度を表明する。

▶ Secondary verb **passive verbs** (1r) are made from <u>ACT verbs</u>.
▶ Sentences with a passive verb as the predicate (passive sentences) usually express a person's ACT, in particular the speaker's ACT.
▶ Sentences where the speaker is an active actor do not become passive sentences.
▶ The original function of the passive in Japanese was to express a <u>speaker's manner of talking</u>. Passive sentences express that the passive actor is not in a position to take responsibility for the active ACT.

▶表示〈动作〉的动词可生成从属性动词的**被动动词**(passive verb, 都为 1r)。
▶被动动词作谓语的句子(被动句 passive sentence)一般表示人物的〈动作〉，尤其是说话人的〈动作〉。
▶说话人为能动(active)行为者的句子不能成为被动句。
▶日语被动句本来的功能是<u>态度表明</u>，它表明被动的行为者的行为者不处于承担能动〈动作〉责任的立场这么一种态度。

▶〈움직임〉을 나타내는 동사로 2차적인 동사인 **수동동사**(passive verb, 모두 1r)를 만든다.
▶수동동사가 술어인 문장(수동문 passive sentence)은 보통 사람의〈움직임〉을 나타내는데 그 중에서도 특히 화자의〈움직임〉을 나타낸다.
▶화자가 능동의(active) 행위자인 문장은 수동문이 될수 없다.
▶일본어 수동문의 본래 기능은 <u>태도표명</u>이다. 수동의 행위자는 능동의〈움직임〉에 책임을 질 입장이 아니라는 태도를 표명한다.

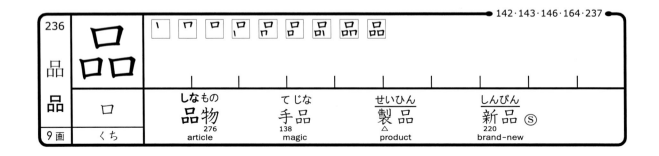

236 品	口				
品		しなもの 品物 276 article	てじな 手品 138 magic	せいひん 製品 product	しんぴん 新品 ⓢ 220 brand-new
9画	くち				

142・143・146・164・237

of Verbs, 8

(!) Passive verbs are not given in a dictionary.

死ぬ	運ぶ	読む	見る	食べる	来る	○○する
↓	↓	↓	↓	↓	↓	
あ-row ＋ れる			pre-ない-form ＋ られる			↓
↓	↓	↓	↓	↓	↓	
1r			1r			1r
死なれる	運ばれる	読まれる	見られる	食べられる	来られる	○○される

見える S → NG 見えられる   same form as potential verbs

練習 2. Form passive verbs and ＋た of てしまう-verbs. ⇨ p.202

Example 見る → 見られる → 見られてしまった

1. ことわる
2. わすれる
3. ける (5r) *kick*
4. 引っぱる *pull tight*
5. 閉める
6. たたく
7. たおす
8. こわす
9. 折る
10. 反対(はんたい)する
11. ぬすむ *steal sth secretly*
12. とる *steal sth openly*

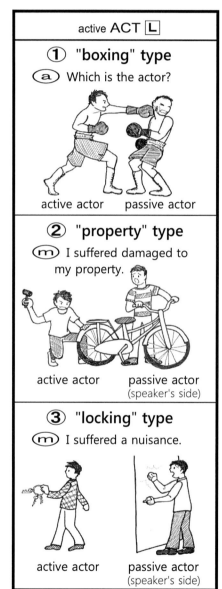

active ACT L

① "boxing" type
ⓐ Which is the actor?
active actor   passive actor

② "property" type
ⓜ I suffered damaged to my property.
active actor   passive actor (speaker's side)

③ "locking" type
ⓜ I suffered a nuisance.
active actor   passive actor (speaker's side)

▷〈うごき〉L の受動文には、能動の〈うごき〉が、① 受動の演者自身に向けられる拳闘(boxing)型、② 受動の演者の持ち物に向けられる持ち物(property)型(持ち物は、手足など体の一部や家族などの場合もある)、③ 受動の演者やその持ち物以外の成因に向けられる施錠(locking)型がある。

▶ There are three types of ACT L passive sentences: ① "boxing" type where the ACT is directed at a passive actor, ② "property" type where the ACT is directed at a passive actor's property (could be his/her family or a part of his/her body), ③ "locking" type where the ACT is directed at a COMPONENT other than the passive actor or his/her property.

▶〈动作〉L 被动句有以下三个类型。① 能动〈动作〉针对被动行为者自身的拳击(boxing)型；② 能动〈动作〉针对被动行为者所有物的所有物(property)型(所有物有时也包括手、脚等身体的一部分，或家人等)；③ 能动〈动作〉针对除被动行为者及其所有物以外的成因的上锁(locking)型。

▶〈움직임〉L 의 수동문에는 능동의 〈움직임〉이 ①수동의 행위자 자신에게 향해지는 권투(boxing)형, ②수동 행위자의 소지품에 향해지는 소유물(property)형 (소유물은 손발 등 신체의 일부이거나 가족인 경우도 있음), ③수동의 행위자나 그 소지품 이외의 형성요인에 향해지는 시정(locking)형이 있다.

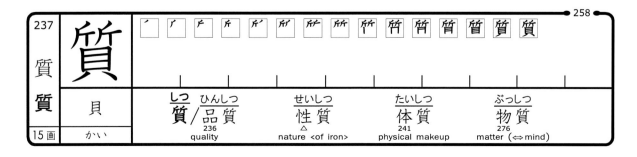

① "Boxing" type

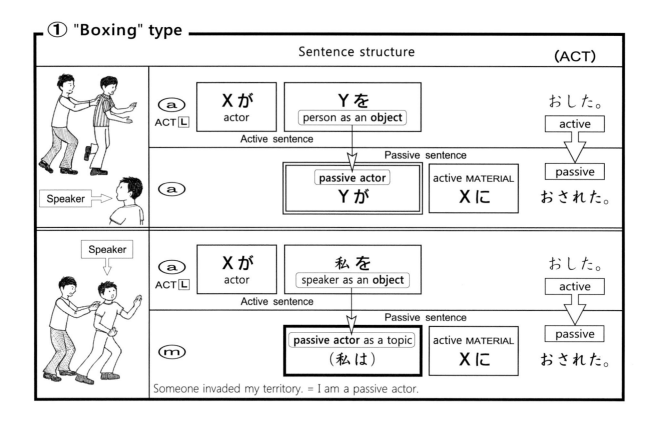

[NG] スイッチ switch は Xさんに／私に おされました。

[NG] Yさんは私にお茶にさそわれました。（← active: お茶にさそう ACT L with an aim）
⇨ p.175

練習 3. Make active and passive sentences in the polite style using the ⊕た group. **S**: speaker

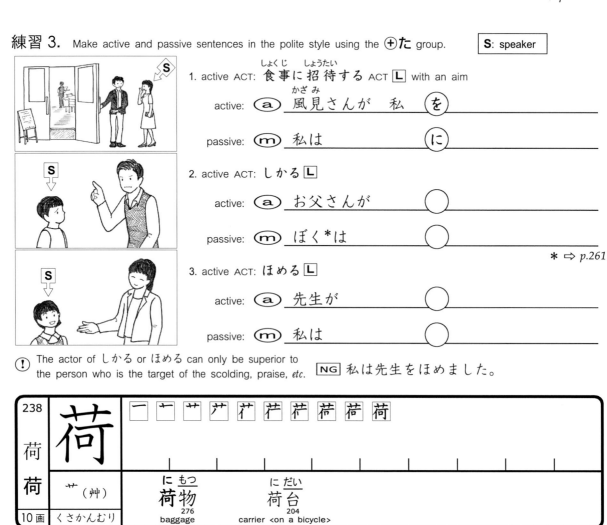

1. active ACT: 食事に招待する ACT L with an aim

    active: ⓐ 風見さんが 私 を _____

    passive: ⓜ 私は   に _____

2. active ACT: しかる L

    active: ⓐ お父さんが ○ _____

    passive: ⓜ ぼく*は ○ _____

    *⇨ p.261

3. active ACT: ほめる L

    active: ⓐ 先生が ○ _____

    passive: ⓜ 私は ○ _____

(!) The actor of しかる or ほめる can only be superior to the person who is the target of the scolding, praise, etc. [NG] 私は先生をほめました。

238	荷	一 十 艹 艹 丼 芢 芢 荷 荷 荷		
荷 荷	艹（艸）くさかんむり 10画	にもつ 荷物 276 baggage	にだい 荷台 204 carrier <on a bicycle>	

② "Property" type

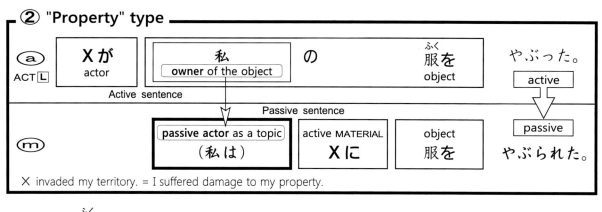

[NG] 私の服はXさんにやぶられました。
[NG] Yさんは私に荷物をすてられました。

練習 4. Make active and passive sentences in the polite style using the ⊕た group.

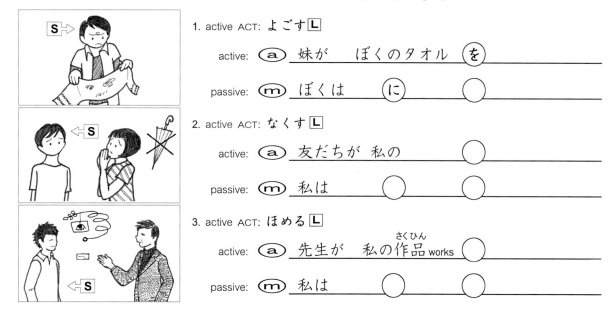

1. active ACT: よごす L
   active: ⓐ 妹が　ぼくのタオル を ＿＿＿＿
   passive: ⓜ ぼくは　　　に　〇 ＿＿＿＿

2. active ACT: なくす L
   active: ⓐ 友だちが 私の ＿＿＿＿
   passive: ⓜ 私は　〇　〇 ＿＿＿＿

3. active ACT: ほめる L
   active: ⓐ 先生が　私の作品 works 〇 ＿＿＿＿
   passive: ⓜ 私は　〇　〇 ＿＿＿＿

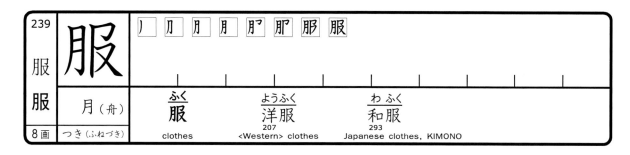

③ "Locking" type

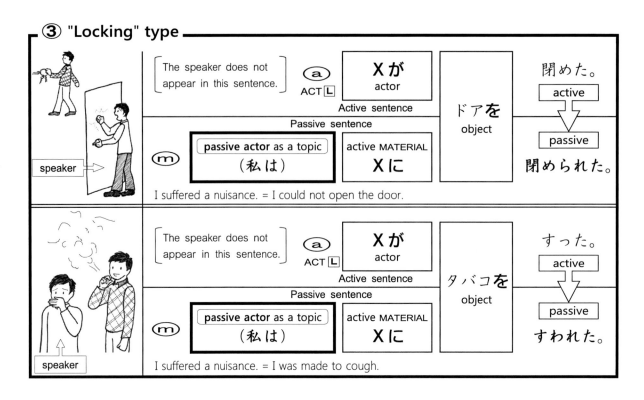

▷ 施錠型の能動文に話し手は登場しない。
▶ The speaker does not appear in active sentences of the **"locking"** type.
▶ 说话人不会在上锁型能动句中出现。
▶ 시정형 능동문에는 화자가 등장하지 않는다.

練習 5. Make active and passive てしまう-sentences. For example: ドアを閉められてしまいました。

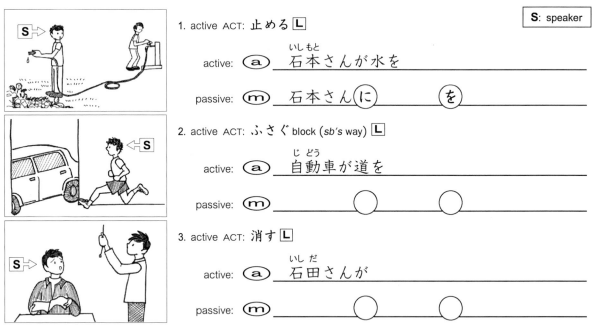

S: speaker

1. active ACT: 止める L
   active: ⓐ 石本さんが水を _____
   passive: ⓜ 石本さん(に) (を) _____

2. active ACT: ふさぐ block (sb's way) L
   active: ⓐ 自動車が道を _____
   passive: ⓜ ○ ○ _____

3. active ACT: 消す L
   active: ⓐ 石田さんが _____
   passive: ⓜ ○ ○ _____

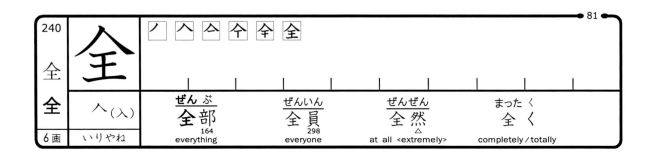

第 25 課　247

練習 6. Make active sentences, and passive sentences in which the speaker does not appear.

Example　active ACT: よぶ L

active: ⓐ 長木さんが私をよびました。
☑ "boxing"　☐ "property"　☐ "locking"
passive: ⓜ 長木さんにによばれました。

1. active ACT: 起こす L

active: ⓐ 母が私を_____
☐ "boxing"　☐ "property"　☐ "locking"
passive: ⓜ _____

2. active ACT: 見る L

active: ⓐ 遠山さんが私の顔を_____
☐ "boxing"　☐ "property"　☐ "locking"
passive: ⓜ _____

3. active ACT: ふむ L

active: ⓐ 黒くて大きい犬が私の足を_____
☐ "boxing"　☐ "property"　☐ "locking"
passive: ⓜ _____

4. active ACT: 買う L

active: ⓐ 小池さんがいちごを全部_____
☐ "boxing"　☐ "property"　☐ "locking"
passive: ⓜ _____

5. active ACT: とる L

active: ⓐ ねこが私の場所 place を_____
☐ "boxing"　☐ "property"　☐ "locking"
passive: ⓜ _____

6. active ACT: わすれる L

active: ⓐ 飯田さんが私の名前を_____
☐ "boxing"　☐ "property"　☐ "locking"
passive: ⓜ _____

7. active ACT: ほる L

active: ⓐ うさぎ rabbit が穴を_____
☐ "boxing"　☐ "property"　☐ "locking"
passive: ⓜ _____

241	体	ノ イ 亻 什 仕 休 体	46・53・225・237・266. p.331-Counters
体	イ (人)	からだ 体　one's body, health	たいいく 体育 physical education	ほんたい 本体 main part	だいたい 大体 on the whole
体					
7画	にんべん				

④ "Contact" type

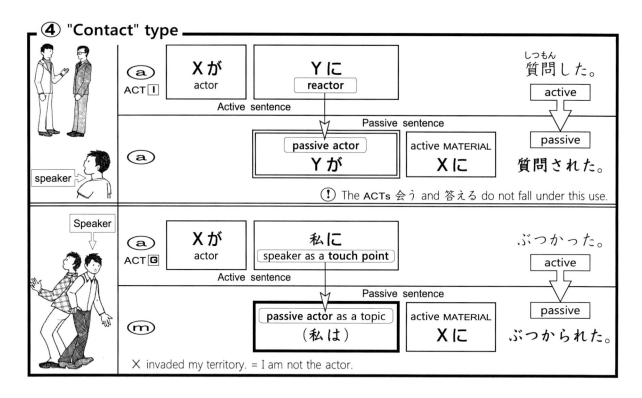

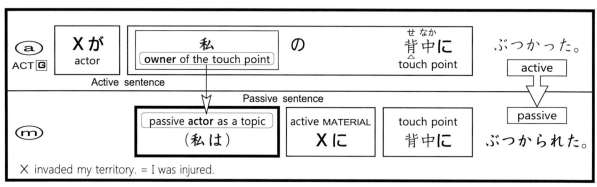

▷ ⟨うごき⟩ I G など、接触先か反応者に向けられる能動の⟨うごき⟩の一部も受動の⟨うごき⟩になる。 = 接触(contact)型
▶ Some active ACTs that are directed at a touch point or a reactor, such as I and G, can become passive ACTs. These are known as the **"contact" type**.
▶ ⟨动作⟩ I G 等针对接触点或反应者的能动⟨动作⟩的一部分也可以成为被动⟨动作⟩。 = 接触(contact)型
▶ ⟨움직임⟩ I G 등, 접점 또는 반응자에 향해지는 능동 ⟨움직임⟩의 일부도 수동 ⟨움직임⟩이 된다. = 접촉(contact)형

練習 7. Make passive sentences in which the speaker does not appear.

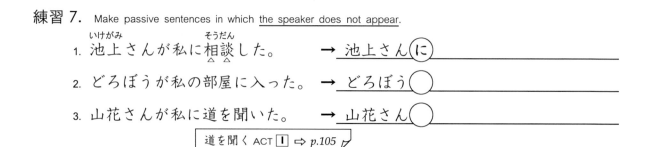

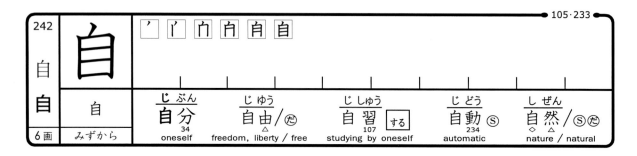

⑤ "Rainfall" type

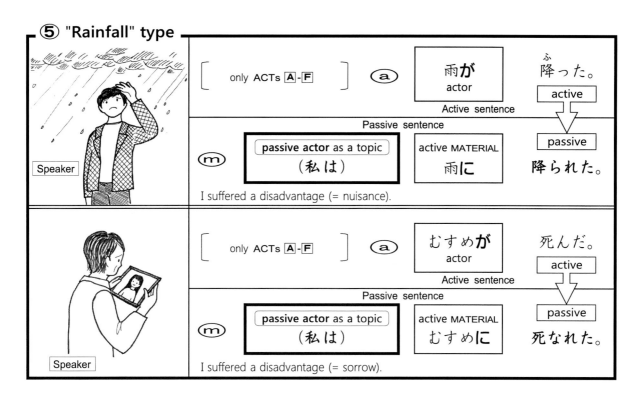

▷ ⟨うごき⟩ A〜F の受動文は、題目である人物(話し手)が不利益を被ったことを表明する。= 雨降り(rainfall)型
▶ Passive sentences using ACTs A-F express that the person who is the topic of the sentence suffered a disadvantage. These are known as the **"rainfall" type**.
▶ ⟨动作⟩ A〜F 的被动句表示作为主题的人物(说话人)蒙受了不利。= 降雨(rainfall)型
▶ ⟨움직임⟩ A〜F 의 수동문은 주제가 되는 사람(화자)이 불이익을 당했다 라는 뜻을 표명한다. = 강우(rainfall)형

練習 8. Make active and passive sentences in the polite style using the ⊕た group.

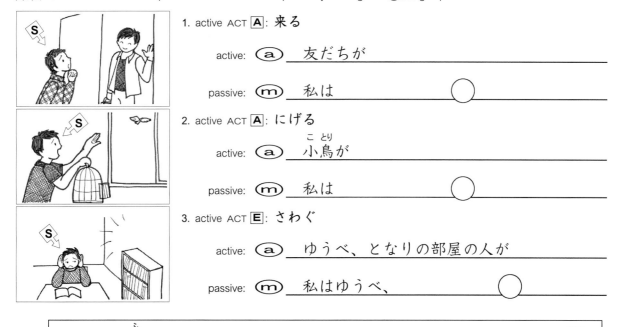

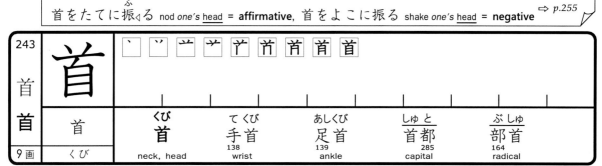

練習9. Make active sentences, and passive sentences in which the speaker does not appear.

1. active ACT: ふく (吹く)   ふく (拭く) wipe
   active: ⓐ 強い風がふきました。
      □ "contact"   □ "rainfall"
   passive: ⓜ _____ に _____

2. active ACT: たのむ
   active: ⓐ 高本さんが私に仕事を_____
      □ "contact"   □ "rainfall"
   passive: ⓜ _____ ○ _____

3. active ACT: おじぎ bow する
   active: ⓐ 知らない人が私に_____
      □ "contact"   □ "rainfall"
   passive: ⓜ _____ ○ _____

4. active ACT: わらう
   active: ⓐ 新山さんが_____
      □ "contact"   □ "rainfall"
   passive: ⓜ _____ ○ _____

5. active ACT: 泣く
   active: ⓐ 子どもが_____
      □ "contact"   □ "rainfall"
   passive: ⓜ _____ ○ _____

Phrases

あたま 頭	鼻の頭 tip of the nose	頭が痛い STATE Z have a headache	頭がいい STATE Y clever
かお 顔	まどから顔を出す put one's head out of the window パーティーに顔を出す show one's face at a party 月が顔を出す the moon breaks through (the clouds)	顔が赤い blushing 顔が青い pale, pallid 顔がひろい know a lot of people	

---

244 頭 頁 16画 おおがい
- あたま 頭 head
- ずつう 頭痛 ⇒ p.87 headache
- とう -頭 counter for large animals e.g. elephants, whales, horses and lions

245 顔 頁 18画 おおがい
- かお 顔 face
- よこがお 横顔 profile
- えがお 笑顔 smile

第 26 課

Speaker	Target person	How to address people		How to write the addressee's name on an envelope
		Female さとうはなこ example: 佐藤花子	**Male** すずきたろう example: 鈴木太郎	
Stranger		佐藤さん	鈴木さん	佐藤花子様 鈴木太郎様
Acquaintance				
Student	Teacher, professor	佐藤先生	鈴木先生	佐藤花子先生 鈴木太郎先生
Patient	Doctor			
Friend (younger)	Friend (older)	佐藤さん 花子さん	鈴木さん	佐藤花子様 鈴木太郎様
Friend (older)	Friend (younger)	佐藤さん 花子さん／花子	鈴木くん／鈴木 太郎くん／太郎	
Teacher	Student	佐藤さん	鈴木さん／鈴木くん	
Adult	Child	花子ちゃん	太郎ちゃん／太郎くん	

佐藤, 鈴木: The most common Japanese family names = 名字 (みょうじ).
太郎, 花子: These are the equivalent to Jack and Jill English.
Given name is often called 下の名前 (think of vertical writing).

様 (さま)

文法 Grammar

- ⓐ split verbs that express an ACT with an object: n.を [noun + する] = n.の noun をする
- ⓐ use of passive verbs as respectful verbs
- ⓜ answers to ない-group questions
- ⓜ answers that the speaker is 'uncertain' about:
  - to WH questions: 'unknown' + [noun unit] か
  - to yes/no questions: [noun unit] かどうか

単語

- v. すむ (済む) F be over, finish
- v. ならぶ C stand in line
- v. まよう (迷う) E waver
- v. あずかる L keep one's belongings
- v. うかがう I ask (humble v), G visit sb (humble v)
- v. はれる (晴れる)・はれて F 1r become fine
- v. くもる (曇る) F become cloudy
- n. みなと (港) harbor
- n. とこや (床屋) barbershop 165
- n. かんづめ canned food
- n. かたみち (片道) one way 216
- n. おうふく (往復) する going and returning
- n. にゅういん (入院) する hospitalization 97 251
- n. たいいん (退院) する leaving hospital 251
- n. よやく (予約) する reservation, appointment
- n. ちょきん (貯金) する saving money 54
- n. へんきゃく (返却) する return 110 <in a library>
- n. かんさつ (観察) する observation
- n. ほうりつ (法律) law
- n. こうさてん (交差点) intersection

漢字

246 天　247 地　248 森　249 林　250 病　251 院　252 工　253 乗　254 以　255 不

▷ 不明の問いに答えがない場合の応答の形は〈不明の中身＋か〉である。
▶ The response to a question where the answer is unknown takes the form <unknown contents + か>.
▶ 对疑问词疑问无明确答复时的回答方式为〈不明确的内容＋か〉。
▶ 의문사 의문문에 답이 없는 경우 그 응답형태는〈미지의 내용＋か〉이다.

> The grammatical form just before か is the <u>contents of the predicate</u>.
> ⇨ p.126, p.127

練習 1. Answer A's question in a way that shows you do not know the answer.

Example A: 夏休み summer holidays は | どこへ行きます | か。

B1: | どこへ行く | か、まだきめていません。 [NG] どこへ行くかどうか

B2: | どこへ行く | か、今、考えているところです。

B3: | どこへ行く | か、まよっています。

Example A: この小包 postal parcel、| いつとどいたんです | か。

> つつみ ← つつむ wrap
> (noun form, p.281)

B1: さあ。| いつとどいたの | か、知りません。

> ⚠ さあ ⇨ the next page

B2: さあ。| いつとどいたの | か、品川さんに聞いてみましょう。

1. A: 真山さんの誕生日には | 何をあげます | か。
   B: ＿＿＿＿＿＿＿＿＿＿＿＿＿＿＿＿＿＿＿＿＿

2. A: 真中さんは | だれと | 美術館 art museum へ | 行く | と思いますか。
   B: ＿＿＿＿＿＿＿＿＿＿＿＿＿＿＿＿＿＿＿＿＿

3. A: この建物の地下の工事 construction は今年中に | あと何回あります | か。
   B: ＿＿＿＿＿＿＿＿＿＿＿＿＿＿＿＿＿＿＿＿＿

4. A: 経済学 economics の授業のレポートは | 何日までに出すんです | か。
   B: ＿＿＿＿＿＿＿＿＿＿＿＿＿＿＿＿＿＿＿＿＿

5. A: 今朝[けさ]、目ざまし時計 alarm clock は | 何時に鳴ったんでしょう | か。
   B: ＿＿＿＿＿＿＿＿＿＿＿＿＿＿＿＿＿＿＿＿＿

6. A: 東京から北京 Beijing まで、飛行機で片道 | いくらかかります | か。
   B: ＿＿＿＿＿＿＿＿＿＿＿＿＿＿＿＿＿＿＿＿＿

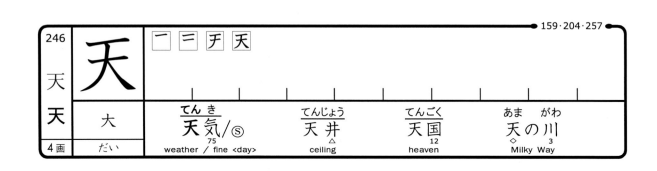

▷ 二択の問いに明確に答えられない場合は、〈答えの中身＋か＋どう＋か〉の形で答える。
▶ When there is not a clear answer to a yes/no question, it is answered using the form <contents of answer + か + どう + か>.
▶ 对二择一疑问句无法做出明确答复时，以〈回答的具体内容＋か＋どう＋か〉形式回答。
▶ 양자택일의 질문에 명확히 답할 수 없는 경우는〈답의 내용＋か＋どう＋か〉의 형태로 답한다.

練習 2. Answer A's yes/no questions in a way that show you are uncertain about the answer.

Example A: あした、天気がよかったら、[出かけます]か。
B: さあ。[出かける]かどうか、わかりません。

Example A: 風間(かざま)さんは[看護師(かんごし) nurse です]か。
B: さあ。[看護師]かどうか、知りません。

さあ: an interjection that expresses "I cannot say clearly", in this case
(!) alternative use: ⇒ p.125

1. A: この仕事、学生には[不利 disadvantageous です]か。
   B: ＿＿＿＿＿＿＿＿＿＿＿＿＿＿

2. A: 熊(くま) bear のいる森(もり) forest はここから[近い]ですか。
   の ⇒ p.84
   B: ＿＿＿＿＿＿＿＿＿＿＿＿＿＿

3. A: 子どもたちの食事(しょくじ)は[済(す)みました]か。
   B: ＿＿＿＿＿＿＿＿＿＿＿＿＿＿

4. A: インド India はおととい、[祝日(しゅくじつ)でした]か。
   B: ＿＿＿＿＿＿＿＿＿＿＿＿＿＿

5. A: 今度(こんど)の週末(しゅうまつ) weekend、[野球(やきゅう)をします]か。
   B: ＿＿＿＿＿＿＿＿＿＿＿＿＿＿

6. A: きのう、石川県(いしかわけん) (a prefecture) は[晴(は)れていました]か。
   B: ＿＿＿＿＿＿＿＿＿＿＿＿＿＿

STATEs

わかりません。
(I cannot answer.)
(I cannot judge/understand it.)

知りません。
(I have no information.)
(I am not interested.)

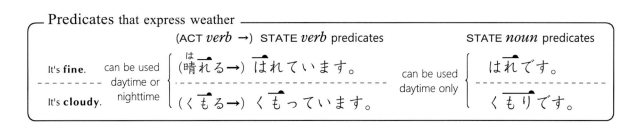

Predicates that express weather

	(ACT *verb* →) STATE *verb* predicates	STATE *noun* predicates
It's **fine**.	(晴れる→) はれています。	はれです。
	can be used daytime or nighttime	can be used daytime only
It's **cloudy**.	(くもる→) くもっています。	くもりです。

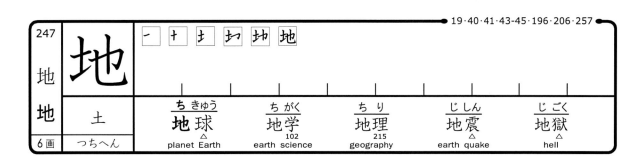

247 地
土
つちへん
6画

一 十 土 圵 地 地

19・40・41・43-45・196・206・257

ちきゅう 地球 planet Earth
ちがく 地学 102 earth science
ちり 地理 215 geography
じしん 地震 earth quake
じごく 地獄 hell

			Polite style	Plain style	
			*-んです and -んだ are spoken language.		In casual conversation
だ type	⊖た	'Certain'	雨です。	雨だ。	*雨。
		'Doubt'	雨ですか。	雨か。 [NG] 雨だか。	雨。⤴ rising intonation
	んです-predicate	'Certain'	雨なんです*。	雨なんだ*。	雨なの。
		'Doubt'	雨なんですか*。	雨なのか。	雨なの。⤴
	⊕た	'Certain'	雨でした。	雨だった。	—
		'Doubt'	雨でしたか。	雨だったか。	雨だった。⤴
い type	⊖た	'Certain'	寒いです。	寒い。	—
		'Doubt'	寒いですか。	寒いか。	寒い。⤴
	⊕た	'Certain'	寒かったです。	寒かった。	—
		'Doubt'	寒かったですか。	寒かったか。	寒かった。⤴
う-row type	⊖た	'Certain'	書きます。	書く。	—
		'Doubt'	書きますか。	書くか。	書く。⤴
	⊕た	'Certain'	書きました。	書いた。	—
		'Doubt'	書きましたか。	書いたか。	書いた。⤴

▷ 普通体の気軽な会話では、丁寧体のですに対応するだは消失することが多い。「疑問(doubt)」を表明する文末のかも消失し、「疑問」の態度表明は上昇調イントネーションで表される。

▶ In normal casual conversation だ, which corresponds to the polite form です, often disappears. Sentence final か, which expresses 'doubt', also disappears. In this case, 'doubt' is expressed by rising intonation.

*		(spoken by female)
雨。	雨だね。	雨ね。
	雨だよ。	雨よ。
⇨ p.61		

▶ 在简体的随意的交谈中，与敬体です对应的だ一般不出现。同时，句末表示"疑问(doubt)"的か也消失，"疑问"的态度表明以升调表示。

▶ 보통체의 격식을 차리지 않는 회화에서는 정중체의 です에 대응하는 だ가 없어지는 경우가 많다. '의문(doubt)'을 표명하는 문말의 か도 없어지며, '의문'의 태도표명은 상승조 억양으로 표현한다.

練習 3. Change A's sentences in 練習 1 and 練習 2 into the plain style.

Example A: 夏(なつ)休みはどこへ行く。⤴

B: どこへ行くか、まだきめてない(←きめていない)。

(!) い in ている-verbs is not often pronounced.

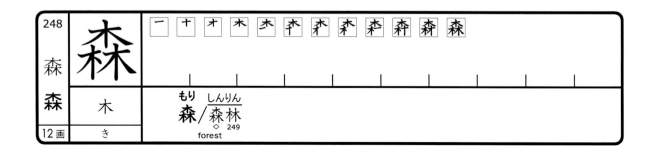

248 森 | 木 き | 一 十 才 木 木 朩 朩 森 森 森 森 森 | もり 森 / しんりん 森林 ◇ 249 forest | 12画

▶「はい／いいえ」という応答は、第二の話者(B)が第一の話者(A)の文を肯定するかどうかを表す。ない群を含む文への応答には注意が必要である。

▶ The reply of はい/いいえ expresses whether or not the second speaker (B) answers the first speaker (A) in the affirmative. Care is necessary when replying to sentences that include the ない group.

▶ "はい／いいえ" 表示第二个说话人(B)是否肯定第一个说话人(A)的意见。在回答包括ない群在内的句子时须注意。

▶ 'はい／いいえ'라는 응답은 제 2 화자(B)가 제 1 화자(A)의 말을 긍정하는지 안 하는지를 나타낸다. ない군을 포함한 문장에 응답할 때는 주의가 필요하다.

affirmative or negative
⇨ p.22, p.74

ない group
⇨ p.119

練習 4. Answer A's yes/no questions using はい or いいえ. (⇨ p.249)

Example A: それは おもちゃです か。 *same*
B: ☑ はい ☐ いいえ、 おもちゃです 。
⚠ B answers A in the affirmative.

Example A: それは おもちゃじゃありません ね。 *different*
B: ☐ はい ☑ いいえ、 おもちゃです 。
⚠ B answers A in the negative.

(Yes, it is a toy.)

Word
入(い)り口(ぐち)／入口(いりぐち) entrance

1. A: 出口 exit はここじゃないんですか。
   B: ☐ はい ☐ いいえ、＿＿ここです。

(Yes, it is here.)

2. A: 何か質問(しつもん)はありませんか。
   B: ☐ はい ☐ いいえ、＿＿＿＿＿＿＿＿＿

(No, I don't have any questions.)

3. A: ならばないんですか。
   B: ☐ はい ☐ いいえ、＿＿ならんでいます。

(Yes, I am queuing.)

4. A: わすれないでくださいね。
   B: ☐ はい ☐ いいえ、＿＿＿＿＿＿＿＿＿

(No, I won't forget you.)

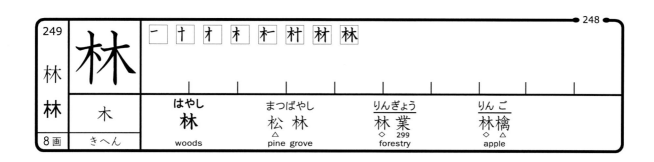

249	林	一 十 十 オ 木 村 材 林			
林	木	はやし 林	まつばやし 松林 △	りんぎょう 林業 ◇ 299	りんご 林檎 ◇
8画	きへん	woods	pine grove	forestry	apple

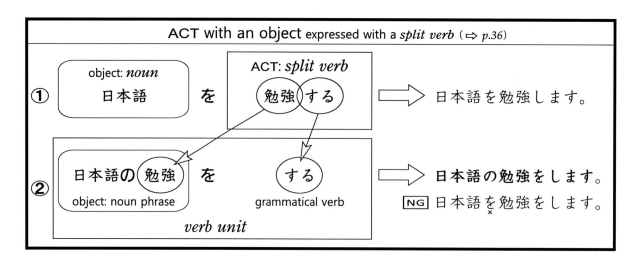

▷ 対象物のある〈うごき〉(L など)を表す**分裂動詞**の多くは〈名詞を＋する〉という動詞単位でも文に現れる。
▶ Many **split verbs** that express ACTs with an object (ACT L *etc.*) also appear in sentences as ⟨noun を＋する⟩ verb units.
▶ 表示有动作/行为对象的〈动作〉(L等)的**分裂动词**大多也能以〈名词を＋する〉这一动词单位在句中出现。
▶ 대상물이 있는 〈움직임〉(L 등)을 나타내는 **분열동사**의 대부분은 〈명사를＋する〉라는 동사단위로도 문장에 나타난다.

Split verb	Sentence containing ① a *split verb* predicate	② a *verb unit* predicate
ACT with an object		
運転する L	車を運転します。	車の運転をします。
よしゅう 予習する L	漢字を予習しましょう。	漢字の予習をしましょう。
かんさつ 観察する L	公園の林を観察しました。(woods)	公園の林の観察をしました。
へんきゃく 返却する N	図書館に本を返却します。	図書館に本の返却をします。
そんけい 尊敬する L	父を尊敬しています。	NG 父の尊敬をしています。
ACT without an object		
そつぎょう 卒業する B	大学を卒業しました。	NG 大学の卒業をしました。
たいいん 退院する B	病院(hospital)を退院しました。	NG 病院の退院をしました。
おうふく 往復する B	東京と大阪を往復します。	NG 東京と大阪の往復をします。
ちょきん 貯金する E	三千円貯金しました。	NG 三千円の貯金をしました。

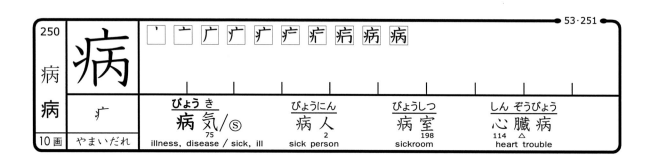

練習 5.
Make sentences using ACT L for: ① split verbs, and ② verb units.

Words: つぎの課 next

Example 復習（ふくしゅう）する
① 前の last 課 lesson を 復習しました。
② 前の課 の 復習 を しました。

1. 洗濯（せんたく）する
① ＿＿＿＿（を）＿＿＿＿
② ＿＿＿＿（の）＿＿＿＿（を）＿＿＿＿

2. 予約（よやく）する
① ＿＿＿＿○＿＿＿＿
② ＿＿＿＿○＿＿＿＿○＿＿＿＿

3. そうじする
① ＿＿＿＿○＿＿＿＿
② ＿＿＿＿○＿＿＿＿○＿＿＿＿

4. 修理（しゅうり）する
① ＿＿＿＿○＿＿＿＿
② ＿＿＿＿○＿＿＿＿○＿＿＿＿

5. 録音（ろくおん） sound recording する
① ＿＿＿＿○＿＿＿＿
② ＿＿＿＿○＿＿＿＿○＿＿＿＿

6. コピーする
① このページ page ○＿＿＿＿
② ＿＿＿＿○＿＿＿＿○＿＿＿＿

7. 輸入（ゆにゅう） import する
① ＿＿＿＿○＿＿＿＿
② ＿＿＿＿○＿＿＿＿○＿＿＿＿

練習 6.
Make sentences using ACT M for: ① split verbs, and ② verb units.

Example 転送 forwarding する
① 会社 に メール email を 転送します。
② 会社 に メール の 転送 を します。

1. 輸出（ゆしゅつ） export する
① ＿＿＿＿○＿＿＿＿○＿＿＿＿
② ＿＿＿＿○＿＿＿＿○＿＿＿＿○＿＿＿＿

2. 配達（はいたつ） delivery する
① ＿＿＿＿○＿＿＿＿○＿＿＿＿
② ＿＿＿＿○＿＿＿＿○＿＿＿＿○＿＿＿＿

---

251 院

阝（阜） こざとへん 10画

Stroke order: ｀ 3 阝 阝' 阝' 阝ﾞ 阡 阡 阮 院

- びょういん 病院 hospital (250)
- びよういん 美容院 hair salon
- いいん 医院 clinic (292)
- だいがくいん 大学院 graduate school (66 102)

	Review		**New**
	Lexical honorific verbs	Grammatical honorific verbs	Secondary verbs
①	lexical *respectful verbs*	なる-*respectful verbs*	**passive** *verbs* ⇨ *p.242*
②	lexical *humble verbs*	する-*humble verbs*	
	⚠ Humble verbs express a speaker's ACTs of interchange with a person in a higher position.		Honorifics ⇨ *p.142*

▷ 敬語は、① 聞き手や面識のある人物、その家族などを高位に(＝尊敬)、② 自身を低位に(＝謙譲)遇する態度表明である。尊敬していても、①以外の人物は敬語の対象にならない。⇨ ⚠

▸ **Honorifics** are manners of expression that belong to two types: ① Respectful honorifics where the listener, the speaker's acquaintances, *etc.*, and their families are placed in a higher position. ② Humble honorifics where the speaker places himself/herself in a lower position. Honorifics are not used with people other than those in ① even if you respect them. ⇨ ⚠

▸ 敬语 包括以下两种态度表明。① 将听话人、熟人，或其家人等置于高位(＝尊敬)，② 把自己置于低位(＝谦让)。即使抱有尊敬的心情，除①以外的人物不能成为敬语的对象。⇨ ⚠

▸ 경어는 ① 청자나 면식이 있는 사람, 그 가족 등을 높이 대우(＝존경)하거나, ② 자신을 낮게 대우(＝겸양)하는 태도표명이다. 존경하더라도 ①이외의 사람은 존경의 대상이 되지 않는다. ⇨ ⚠

⚠ NG ベートーベン Beethoven はここで、このピアノを<u>おひきになりました</u>。

▷ 受動動詞は尊敬動詞としても用いられる。ただし、尊敬表現には尊敬動詞の使用が望ましい。
▷ 尊敬動詞としての受動動詞を「てください」述語に用いるのは不適切である。⇨ ✱

▸ The **passive verb** is also used as a respectful verb. However, the use of respectful verbs is preferable for expressing respect.
▸ It is inappropriate to use a passive verb as a respectful verb with てください-predicates. ⇨ ✱

▸ 被动动词也可作为尊敬动词使用。但在尊敬表现还是以使用尊敬动词为妥。
▸ 作为尊敬动词的被动动词不适用于 "てください" 谓语。⇨ ✱

▸ 수동사는 존경동사로도 사용된다. 단, 존경표현에는 존경동사를 사용하는 것이 바람직하다.
▸ 존경동사로서의 수동사를 'てください' 술어에 사용하는 것은 부적절하다. ⇨ ✱

✱ NG
e.g. 立たれてください。

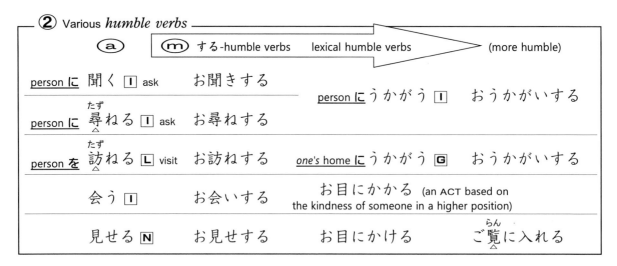

② Various *humble verbs*

ⓐ	ⓜ する-humble verbs	lexical humble verbs	→ (more humble)
person に 聞く Ⅰ ask	お聞きする		
person に 尋(たず)ねる Ⅰ ask	お尋ねする	person に うかがう Ⅰ	おうかがいする
person を 訪(たず)ねる L visit	お訪ねする	one's home に うかがう G	おうかがいする
会う Ⅰ	お会いする	お目にかかる (an ACT based on the kindness of someone in a higher position)	
見せる N	お見せする	お目にかける	ご覧(らん)に入れる

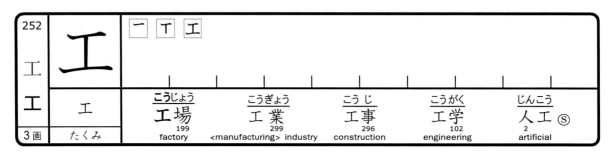

252	工	一 T 工				
工	工	こうじょう 工場 199 factory	こうぎょう 工業 299 \<manufacturing\> industry	こうじ 工事 296 construction	こうがく 工学 102 engineering	じんこう 人工 2 artificial ⓢ
3画	たくみ					

練習 7. [Review] Make sentences with する-humble verb predicate using the ⊕た group.

Example あずかる [L] → 安西(あんざい)先生のコートをおあずかりしました。

1. 借りる [N] → _____
2. わたす [N] → _____
3. 待つ [L] → 新宿(しんじゅく)駅の東口(ひがしぐち) the east exit で_____
4. 知らせる [N] → _____
5. 見送る [L] → 大学の正門 main gate で_____

練習 8.
Fill in the blanks.

	① Respectful verbs		
	Review		New
	Lexical *respectful verbs*	なる-*respectful verbs*	Passive *verbs* as *respectful verbs*
言う	おっしゃる	—	言われる
行く	1. (　　　　　)	—	2. (　　　　　)
来る		—	3. (　　　　　)
いる	おいでになる	—	（おる→）おられる
住んでいる	住んでいらっしゃる 住んでおいでになる	—	住んでおられる —
食べる	4. (　　　　　)	—	—
飲む	5. (　　　　　)	お飲みになる	6. (　　　　　)
入院(にゅういん)する	7. (　　　　　)	—	8. (　　　　　)
見る	ご覧(らん)になる	—	9. (　　　　　)
乗る	—	10. (　　　　　)	11. (　　　　　)
待つ	—	12. (　　　　　)	13. (　　　　　)
始める	—	14. (　　　　　)	15. (　　　　　)
歩く	—	16. (　　　　　)	17. (　　　　　)
くれる	くださる	—	[NG] くれられる

---

253 乗 乗 9画	乗	一 二 三 千 弁 乕 垂 乗 乗
	ノ の	の(る) 乗る [G] ride, take <a bus> 　　 のりもの 乗り物 276 vehicle 　　 のりか(える) 乗り換える [1r][G] transfer 　　 の(せる) 乗せる [1r][M] pick up <a child>

練習 9. Are these sentences passive or respectful?

Example ☑ passive ☐ respectful 北出さんに来られました。

*: 東京行き for 東京
〇〇行き is pronounced both
〇〇いき and 〇〇ゆき.

1. ☐ passive ☐ respectful 西出さんが来られました。
2. ☐ passive ☐ respectful 大場さんが起きられました。
3. ☐ passive ☐ respectful 東京行き*の急行は土屋さんが毎日利用されています。
4. ☐ passive ☐ respectful 水本さんに大切なかんづめを開けられました。
5. ☐ passive ☐ respectful 下部さんが病院を退院されました。
6. ☐ passive ☐ respectful 交差点で日高さんによばれました。
7. ☐ passive ☐ respectful 北海道へは品田さんが行かれました。
8. ☐ passive ☐ respectful 高部さんに肩 shoulder をたたかれました。
9. ☐ passive ☐ respectful 池本さんが朝の海岸 shore を港まで歩かれました。
10. ☐ passive ☐ respectful 大屋さんにバス停への行き方 ⇒p.110 を聞かれました。
11. ☐ passive ☐ respectful 日本の法律は古川さんが研究 research されています。
12. ☐ passive ☐ respectful 内田さんは床屋に行っておられます。

---- Words ----

— Numerical value + postpositional nouns —
100 以上 : 100, 101, 102, …
100 以下 : 100, 99, 98, …
100 未満 : 99, 98, 97, …

— Amount + postpositional noun —
1年以内 : 1年, 11か月, 10か月, …

— MATERIAL + postpositional noun —
火曜日以外　　私以外の人
except Tuesday　　a person other than me

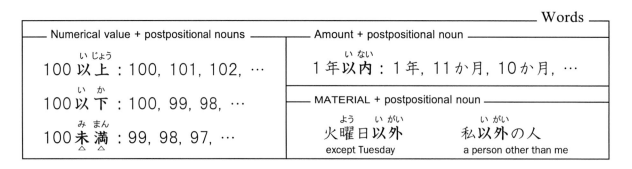

254 以 / 以
人 ひと 5画
～以上 44 same as or more
～以下 45 same as or less
～以内 136 within, same as or less
～以外 137 other than, except

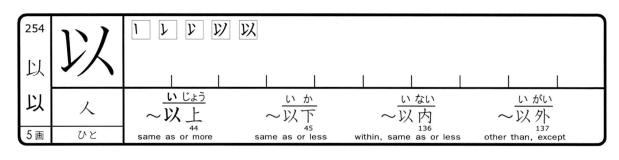

255 不 / 不
一 いち 4画　　　149・153
不便 だ 152 inconvenient
不安 だ 81 uneasy
不足 S する 139 shortage
水不足 S 49 139 shortage of water

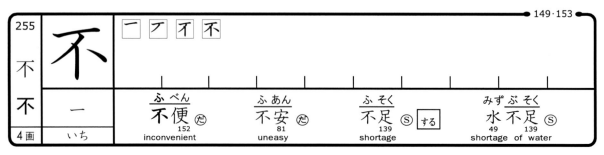

天知(あまち)　大林(おおばやし)　大森(おおもり)　小林(こばやし)　小森(こもり)　森口(もりぐち)　森下(もりした)

第 27 課

▷ 話し手が自身を呼ぶための名詞は、話し手の性別や年齢、発話の場面によって使い分けられている。

▸ The noun that a speaker uses to refer to himself/herself varies depending on the speaker's sex, age and the setting in which the utterance takes place.

▸ 说话人称呼自己时所使用的名词因说话人的性别、年龄、说话的场面而异。

▸ 화자가 자신을 지칭할 때 쓰이는 명사는 화자의 성별이나 연령, 발화 장면에 따라 다르게 사용한다.

	Age	Setting	Sex	
			男	女
Standard *nouns* equivalent to 'I'	大人	formal	わたくし私 /	わたし私
		informal	わたし私 / ぼく	わたし私
	子ども		ぼく	わたし私

(わたし is often pronounced あたし by women.)

文法 Grammar

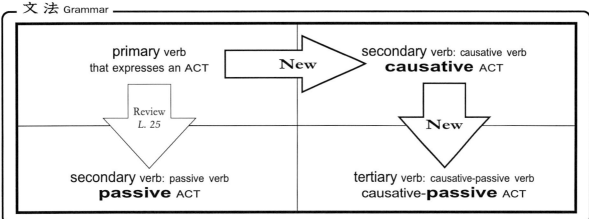

単語

- *v.* うつる (移る) G move <to another place>
- *v.* よろこぶ E rejoice
- *v.* むく (向く) E turn *one's* head
- *v.* けずる L sharpen <a pencil>
- *v.* ほす L dry, air
- *v.* たたむ L fold up <*one's* clothes>
- *v.* きがえる/きかえる (着替える)・きがえて/きかえて 1r L change clothes
- *v.* やめる (辞める) 1r L resign
- *n.* とりかえる 1r P exchange
- *n.* くらべる 1r P compare
- *n.* だい (題) title <of a book>
- *n.* きおん (気温) atmospheric temperature
- *n.* れんらく (連絡) する contact <sb>
- *n.* へんこう (変更) する alteration
- *n.* ちょうこう (聴講) する auditing <at a universitiy>
- *n.* しあい (試合) game, match
- *n.* うた (歌) の song
- *n.* ようふく (洋服) <Western> clothes
- *n.* と (戸) <sliding> door
- *n.* アルバイト part-time job (shorter: バイト)

漢字

256 練　257 説　258 問　259 題　260 席　261 度　262 店　263 鳥　264 馬　265 駅　266 験

Inflection

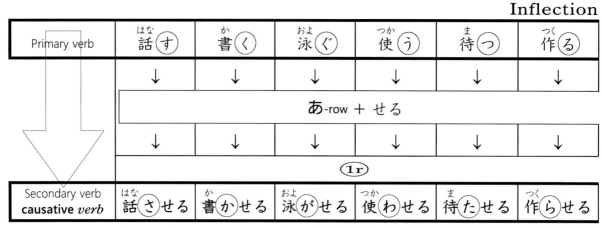

立っている (STATE based on an ACT) → [NG] 立っていさせる　　見える [S] → [NG] 見えさせる

練習 1.　Make causative verb forms.

Example　書く → 書かせる／書かせます／書かせた／書かせない／書かせよう

1. 手つだう　　2. 数える　　3. 質問する　　4. 習う　　5. とりかえる

6. 来る　　7. くらべる　　8. 泣く　　9. 安心する　　10. よろこぶ

▷ 〈うごき〉を表す動詞から二次的な動詞の**使役動詞**(causative verb, すべて ①r) が作られる。
▷ 使役動詞が述語である文(使役文 causative sentence)は通常、人物の〈うごき〉を表す。
▷ 使役文の構文は、〈うごき〉[B]と[L]〜[P] (ACT with を)、それ以外 (ACT without を)に分かれる。
▷ 前者は肉体の (physical) 〈うごき〉(練習 1 の 1〜7)の使役文＝**召使い** (servant) 型である。後者にはこの型と、情緒の (emotional) 〈うごき〉(同、8〜10) の使役文＝**情緒型**がある。召使い型の場合、使役の演者より高位の人物を演者にすることはできない。

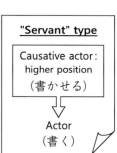

"Servant" type
Causative actor: higher position (書かせる)
↓
Actor (書く)

▶ Secondary verb **causative verbs** (①r) are made from ACT verbs.
▶ Sentences with a causative verb as the predicate (causative sentences) usually express a person's ACT.
▶ The sentence structure of the causative is divided into ACTs [B] and [L]–[P] (with を), and others (without を).
▶ The former (with を) consists of a **servant type** causative sentence involving a physical ACT (練習 1, 1 - 7). The latter (without を) consists of both this type and an **emotional type** causative sentence involving an emotional ACT (練習 1, 8 - 10). In the case of the servant type causative sentence, a person who occupies a higher position than the causative actor cannot be an actor.

▶ 表示〈动作〉的动词可生成从属性动词的**使役动词**(causative verb, 皆为 ①r)。
▶ 使役动词为谓语的句子(使役句 causative sentence)一般表示人物的〈动作〉。
▶ 使役句的句子结构分为〈动作〉[B]和[L]〜[P] (ACT with を) 以及 (ACT without を) 这两种。
▶ 前者是身体性(physical)〈动作〉(练习 1 的 1〜7) 的使役句＝**侍者** (servant) 型。后者是该侍者型和情绪性 (emotional)〈动作〉(同、8〜10) 的使役句＝**情绪型**。在侍者型句中，不能将地位高于使役行为者的人物作为行为者。

▶ 〈움직임〉을 나타내는 동사로 이차적인 동사인 **사역동사**(causative verb, 모두 ①r)를 만든다.
▶ 사역동사가 술어인 문장(사역문 causative sentence)은 보통 사람의 〈움직임〉을 나타낸다.
▶ 사역문의 구문은 〈움직임〉[B]와 [L]〜[P] (ACT with を), 그 외 (ACT without を)로 나뉜다.
▶ 전자는 육체의 (physical) 〈움직임〉(練習 1 의 1〜7)의 사역문＝**하인** (servant) 형이다. 후자에는 이 하인형과 정서의 (emotional) 〈움직임〉(練習 1 의 8〜10)의 사역문＝**정서형**이 있다. 하인형인 경우 사역의 행위자보다 높은 위치에 있는 사람은 행위자가 될 수 없다.

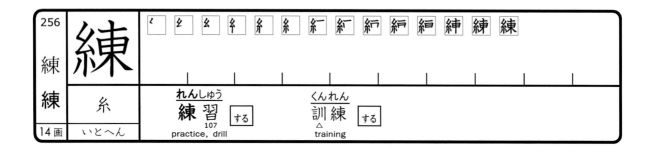

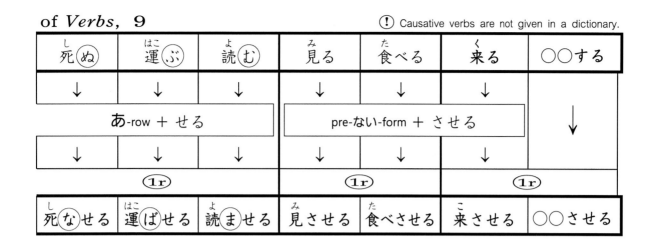

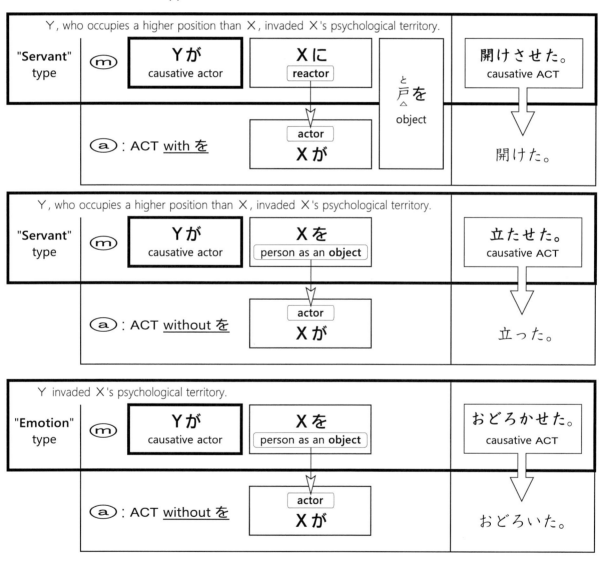

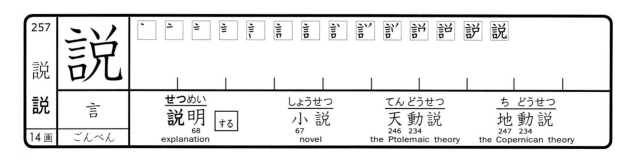

練習 2. Make sentences using **"servant"** type causative verbs with a limited topic.

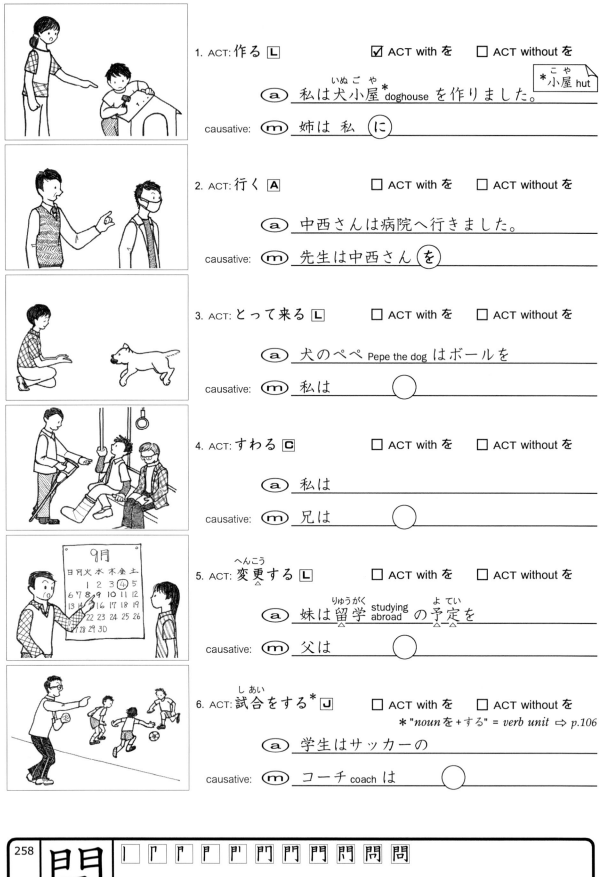

1. ACT: 作る [L]　　☑ ACT with を　　☐ ACT without を
   * こや hut
   ⓐ 私は犬小屋(いぬごや)* doghouse を作りました。
   causative: ⓜ 姉は 私 (に) _____

2. ACT: 行く [A]　　☐ ACT with を　　☐ ACT without を
   ⓐ 中西さんは病院へ行きました。
   causative: ⓜ 先生は中西さん (を) _____

3. ACT: とって来る [L]　　☐ ACT with を　　☐ ACT without を
   ⓐ 犬のぺぺ Pepe the dog はボールを _____
   causative: ⓜ 私は ◯ _____

4. ACT: すわる [C]　　☐ ACT with を　　☐ ACT without を
   ⓐ 私は _____
   causative: ⓜ 兄は ◯ _____

5. ACT: 変更(へんこう)する [L]　　☐ ACT with を　　☐ ACT without を
   ⓐ 妹は留学(りゅうがく) studying abroad の予定(よてい)を _____
   causative: ⓜ 父は ◯ _____

6. ACT: 試合(しあい)をする* [J]　　☐ ACT with を　　☐ ACT without を
   * "nounを+する" = verb unit ⇨ p.106
   ⓐ 学生はサッカーの _____
   causative: ⓜ コーチ coach は ◯ _____

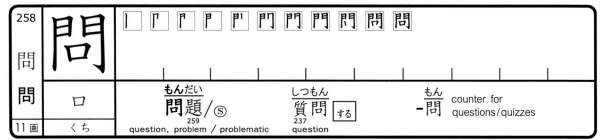

練習 3. Make sentences using "emotion" type causative verbs with a limited topic.

ACT E

1. ACT: よろこぶ E

   ⓐ 西川さんはよろこびました。

   causative: ⓜ 西山さんは西川さんを_____

2. ACT: かなしむ E

   ⓐ 北川(きたがわ)さんは_____

   causative: ⓜ 北山さんは ◯ _____

3. ACT: おこる E

   ⓐ 父は_____

   causative: ⓜ ぼくは ◯ _____

4. ACT: おどろく E

   ⓐ 先生は_____

   causative: ⓜ 子どもたちは ◯ _____

5. ACT: びっくりする E

   ⓐ 先生は_____

   causative: ⓜ 子どもたちは ◯ _____

6. ACT: わらう E

   ⓐ 私は_____

   causative: ⓜ 弟は ◯ _____

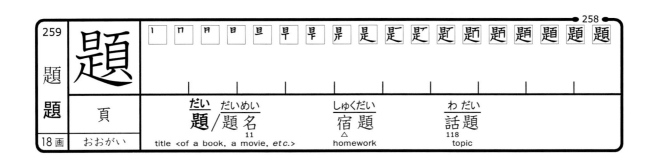

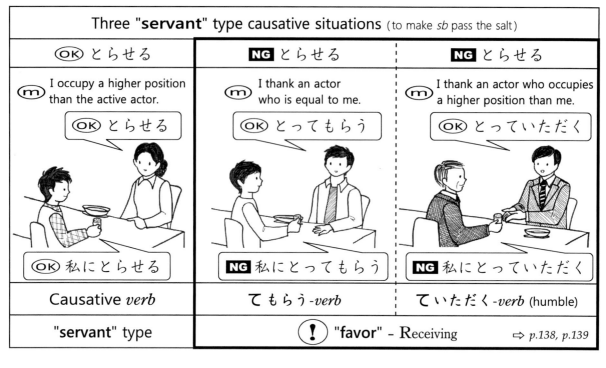

▷ 使役の演者と同等以上の人物は「召使い」ではなく、恩恵の授け手である。
▶ An actor who occupies a position equal to or higher than the causative actor is not a "servant" but a giver of a "favor".
▶ 处于使役行为者同等地位以上的人物不是"侍者"，而是恩惠的授予者。
▶ 사역의 행위자와 동등 이상의 사람은 '하인'이 아니라 은혜를 주는 쪽이다.

練習 4. Make sentences.

Example 西田さん・ゆかをふく (ACT with を)

→ 西田さん に ゆかをふいてもらいました。

Example 北田先生・来る (ACT without を)

→ 北田先生 に （NG 北田先生を） 来ていただきました。

1. 南田さん・えんぴつをけずる → _____に_____
2. 大西さん・気温を測る measure → _____○_____
3. 大北先生・となりの教室に移る → _____○_____
4. 東田先生・論文の題をきめる → _____○_____
5. 小西さん・アンテナを立てる → _____○_____
   set up an antenna
6. 西口さん・旅行の計画を立てる → _____○_____
   りょこう make a plan

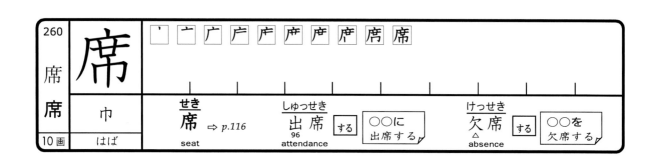

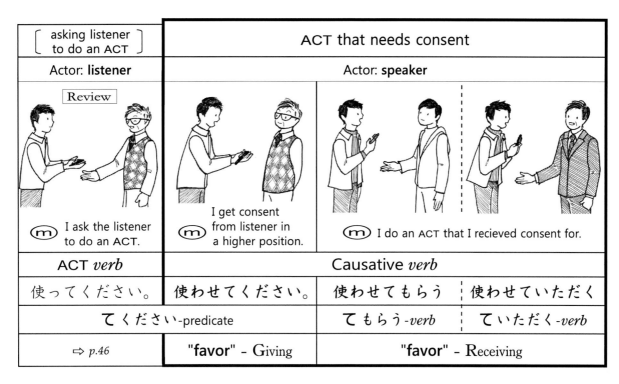

▷ 聞き手などの承諾を得て行う話し手の〈うごき〉(G, R)も使役動詞が表す。
▶ A speaker's ACT that takes place after receiving the consent of, for example, the listener ("favor" - G, R) is also expressed by a causative verb.
▶ 征得听话人等同意而进行的说话人的〈动作〉(G, R)也以使役动词表示。
▶ 청자 등의 승낙을 받고 행하는 화자의 〈움직임〉(G,R)도 사역동사로 나타낸다.

練習 5. Make sentences using Giving and Receiving.

〜んですが。(assertion)
⇨ p.216

Example 売店 stand, kiosk へ行く

G ↗ 売店へ行かせてください。
　↘ 売店へ行かせてほしい ⇨ p.222 んですが。

R → 売店へ行かせてもらいたい/行かせていただきたいんですが。

1. 黒い馬の写真を 1 枚とる → _____
2. 2時半までに家に帰る → _____
3. ちょっと休憩 break する → _____
4. ここにハンカチをほす → _____
5. 来週の授業、欠席する → _____
6. 今度の月曜まで考える → _____

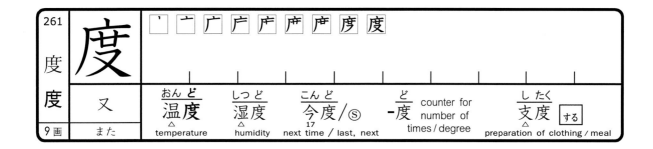

Review "Favor" - Receiving	聞かせてもらう	聞かせていただく
	use potential verb	
	聞かせてもらえる	聞かせていただける
Polite question	聞かせてもらえますか。	聞かせていただけますか。
More polite question	**聞かせてもらえませんか。**	**聞かせていただけませんか。**

練習6. Make Receiving questions as in the example.

Example 講義を聴講する → 講義を聴講させていただけませんか。

1. アンケートをとる → _____
   send out questionnaires
2. 初めから説明する → _____
3. 門の前に車を止める → _____
4. 道の駅へ研修に行く → _____
   rest area　study and training

"Favor" - Giving	! Giver of the "favor" is a superior. ⇨ p.139		
聞かせてくれる	聞かせてくださる	聞かせてあげる	(聞かせてさしあげる)*
てくれる-verb	てくださる-verb	てあげる-verb	(てさしあげる-verb)
聞かせる causative actor: person other than the speaker		聞かせる causative actor: speaker	
聞く actor: speaker		聞く actor: person other than the speaker	

* お聞きいただく is appropriate.

練習7. Make Giving sentences as in the example.

Example 私が(南さんの)歌を聞いた。 → 南さん**が**歌を聞かせてくれました。

Example 西さんが(私の)ギターを聞いた。 → 西さん**に**ギターを聞かせてあげました。

1. 私が(東さんの)カメラを使った。 → ___○_____
2. 北さんが(私の)カメラを使った。 → ___○_____
3. 私が(森先生の)論文を読んだ。 → ___○_____

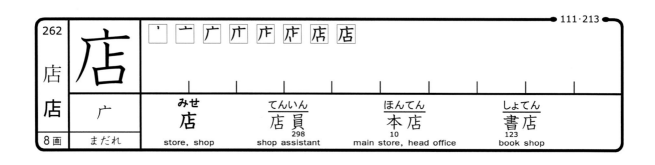

Inflection of *Verbs* (making causative-passive verbs)

Secondary verb causative	書かせる	食べさせる	来させる	○○させる
ANIMAL's ACT	↓	↓	↓	↓
	る → られる			
ANIMAL's ACT	↓	↓	↓	↓
Tertiary verb causative-passive	書かせられる	食べさせられる	来させられる	○○させられる

same meaning

Archaic causative-passive verb	書かされる
Archaic causative verb	書かす

▷ 一次動詞が ⑤r の場合、この受動動詞が用いられることが多い。
▶ This passive verb is often used when the primary verb is a ⑤r verb.
▶ 主动词为⑤r时，一般多使用此类被动动词。
▶ 1차동사가 ⑤r인 경우 이 수동동사가 사용되는 경우가 많다.

ⓐ 長い文を暗記しました。　　　　　　　　ⓐ 待ちました。

ⓜ I was not going to do the ACT, but had to do it.

先生に長い文を暗記させられました。　　友だちに30分待たせられました。

General expression: 友だちに30分待たされました。

練習 8.　Make causative-passive sentences.

1. ⓐ 服を着がえました。　　→ ⓜ 母に服を_____
　　　ⓞⓚ 着かえました
2. ⓐ アルバイトをやめました。→ ⓜ 父に_____
3. ⓐ 心配しました。　　　　　→ ⓜ むすこに_____

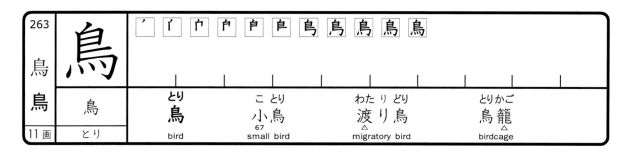

練習 9. What is the ACT? Who is the actor? (S: speaker L: listener 3rd: third party)

Example 実験が終わるまで待ってもらえますか。　　　(待つ)　□S　☑L　□3rd

1. その新聞、読ませてもらえますか。　　　　　　(　　　)　□S　□L　□3rd
2. この雑誌、読んでもいいですか。　　　　　　　(　　　)　□S　□L　□3rd
3. そこにある洋服をたたんでもらえますか。　　　(　　　)　□S　□L　□3rd
4. 家族に電話で連絡させてください。　　　　　　(　　　)　□S　□L　□3rd
5. 弟は母に鳥かごのそうじをさせられました。　　(　　　)　□S　□L　□3rd
6. 荷物を一つ持ってもらってもいいですか。　　　(　　　)　□S　□L　□3rd
7. 私の考え idea を言わせていただけませんか。　　(　　　)　□S　□L　□3rd
8. 森川さんのメールを私に転送してください。　　(　　　)　□S　□L　□3rd
9. 家の犬 my dog に上を向かせました。　　　　　　(　　　)　□S　□L　□3rd
10. もう*一度言っていただけませんか。　　　　　(　　　)　□S　□L　□3rd
11. あと*二枚コピーをとらせてもらいます。　　　(　　　)　□S　□L　□3rd

*ⓜ Words that precede QUANTITY: もう・あと ———— e.g. もう一つ, あと二人

もう + QUANTITY: adds the same one for the present.　あと + QUANTITY: adds the same one only once.

(!) Different accent, different word: もう + QUANTITY ／ もう + ACT ⇨ p.56

---

264 馬 (10画) うま

馬 うま horse ／ 子馬 こうま foal (35) ／ 馬車 ばしゃ carriage (105) ／ 馬力 ばりき horsepower (148)

265 駅 (14画) うまへん

駅 えき station ／ 駅員 えきいん station employee (298) ／ 駅長 えきちょう stationmaster (180) ／ 道の駅 みちのえき rest area (216)

266 験 (18画) うまへん

実験 じっけん experiment する ／ 経験 けいけん experience する ／ 体験 たいけん practical experience する (241)

第28課

話し言葉 spoken language These expressions can also be written.	書き言葉 written language These expressions are often used in academic writing.
★☆ Lexically: ★ formal / ☆ informal	★ formal
Grammatically: polite / plain	plain
これは 私の作品なんです／私の作品なんだ。	これは私の作品な<u>のだ</u>。
<u>くり</u>chestnut は くだものです／くだものだ。	ⓐ くりはくだもの<u>だ</u>。 (this is live information) ⓜ くりはくだもの<u>である</u>。 (this is prepared information)
くりは野菜じゃ ありません／ない。	くりは野菜<u>ではない</u>。
みな★／みんな☆ 教室に います／いる。	<u>全員</u>★教室にいる。
<u>玄関</u>のかぎを<u>とりかえます</u>／とりかえる。	玄関のかぎの<u>交換</u> exchange を 行う★ do。
水が たくさん★ あります／ある。 水が いっぱい☆ あります／ある。	水が<u>大量</u>★に ⓖ ある。　大量・不足： 　　　　　　　　　　　　　　　STATE noun
水が 少し★　　足りません／足りない。 水が ちょっと☆ 足りません／足りない。	水が<u>少々</u>★ <u>不足</u>★している。

文法 Grammar

- ⓐ verb phrase: [ⓖ pre-ACT form] [ACT: verb]　(Review)
- ⓐ verb phrase: [pre-ACT word] [ACT: verb]
- ⓜ expression of an ACT/STATE
  including way of speaking: [words that precede an ACT/STATE] [ACT/STATE] 1

単語

- o. はっきり clearly (+ ACT) (spoken language)
- o. しっかり firmly (+ ACT) (spoken language)
- o. うっかり carelessly (+ ACT) (spoken language)
- o. そっと carefully (+ ACT) (spoken language)
- o. きちんと properly (+ ACT) (spoken language)
- o. ちゃんと regularly (+ ACT) (spoken language)
- o. ひじょうに (非常に) very (+ STATE)
- v. おさえる (押さえる)・おさえて ①r L hold sth down
- v. ゆれる F shake ①r
- v. わくわくする S be excited/thrilled (spoken language)
- v. どきどきする S pound/thump (spoken language) <heart>
- v. いらいらする S get irritated (spoken language)
- n. とっきゅう (特急) limited express
- n. ばんぐみ (番組) <TV> program
- n. のり glue
- n. すずめ sparrow
- n. はと pigeon
- n. にわとり cock, hen
- n. うし (牛) cow/cattle
- n. しめきり deadline
- o. そろそろ soon, in a short time (spoken language)

漢字

春　夏　秋　冬　野　菜　魚　肉　牛　物　特

Review

Verb phrases express one ACT	う-row type *Verb*	だ type *Noun*
①, ② ⇨ p.114 ③〜⑦ ⇨ p.192　Ⓖ pre-ACT form:	て-form	…と
STATE ① appearance of an ANIMAL actor ③ attitude/appearance of the actor ④ ⑤ } result of the ACT	① based on a complemental ACT ならんで待つ 急いで書く ① way of doing the ACT Ⓐ 歩いて帰る	① companion 友だちと帰る

Review: Words that pre-ACT forms are derived form

- Ⓖ よく　often, well / carefully　← い-adj　よい = いい
- Ⓖ 早く (はやく) ⇨ p.192　← い-adj　早い (はやい)
- Ⓖ 急に (きゅうに) suddenly　← だ-adj　急 (きゅう) sudden

QUANTITY
② for an ACT
⑥ result of the ACT

MATERIAL
⑦ result of the ACT

練習 1. Complete the verb predicates below.

Example　ラベル label はノートの表紙に ＿＿のりで＿＿ 貼(は)ります。　のりで貼る paste
　　　　　　　　　　　　　　　　　　　　　　　　　　　　　　A different word:
　　　　　　　　　　　　　　　　　　　　　　　　　　　　　　のり <food> laver

1. 学校には (means)＿＿＿＿＿＿＿ 通っています。
2. 夕ご飯 supper は (companion)＿＿＿＿＿＿＿ 食べたいです。
3. 馬場(ばば)さんへの贈(おく)り物(もの) gift は (result: MATERIAL)＿＿＿＿＿＿＿ きめました。
4. 字はいつも (attitude)＿＿＿＿＿＿＿ 書こうと思っています。
5. 大変です。物理(ぶつり)のテストが (quantity)＿＿＿＿＿＿＿ ふえました。
6. このネクタイ necktie は駅の売店で (price)＿＿＿＿＿＿＿ 買いました。
7. 立たないでください。 (appearance)＿＿＿＿＿＿＿ 聞いてください。
8. 春(はる) spring が来たら、台所のかべを (appearance: color)＿＿＿＿＿＿＿ ぬります。
9. 森下さんはバイオリン violin をとても (technique)＿＿＿＿＿＿＿ ひきます。
10. お皿(さら)がテーブルからおちて、(result: STATE)＿＿＿＿＿＿＿ われてしまいました。

267　春　春　日　9画　ひ

一 二 三 声 夫 表 夆 春 春

はる　春　spring
しょしゅん　初春　147　early spring
しゅんぶん　春分　34　Vernal Equinox　This day is a holiday in Japan.

p.180-Words

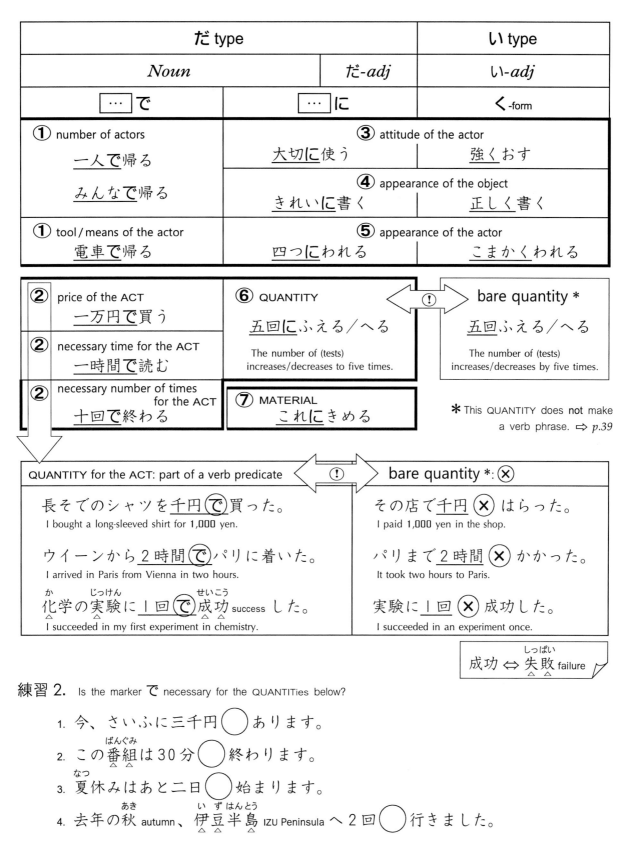

練習 2. Is the marker で necessary for the QUANTITies below?

1. 今、さいふに三千円（ ）あります。
2. この番組は30分（ ）終わります。
3. 夏休みはあと二日（ ）始まります。
4. 去年の秋 autumn、伊豆半島 IZU Peninsula へ２回（ ）行きました。

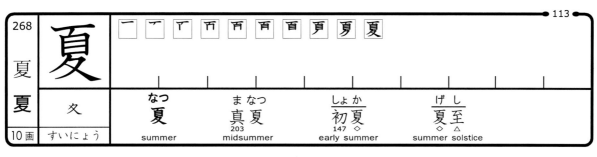

	ⓐ Pre-ACT word / pre-STATE word	Verb phrases that express ACTs (☆ verbs that express STATEs)
Review	どう* ⇨ p.51	A: 私は帰りますけど、どうしますか。 What are you going to do? ⇨ p.147
	そう*	B: 私もそうします。 I'm going to do so, too.　NG そうです。　NG そうします。
	ゆっくり	ゆっくり歩く to walk slowly ゆっくり休む to have a good rest
	まっすぐ as a pre-ACT	まっすぐ走る to run straight まっすぐ帰る to go straight home
New	まっすぐ as a だ-adj	まっすぐな Ⓗ pre-noun form 道 この道はまっすぐだ Ⓐ end form。
	はっきり	はっきり発音する to pronounce clearly はっきりことわる to decline / refuse pointblank はっきり見える☆ / 聞こえる☆ to be clearly visible / audible
	ぐっすり	ぐっすりねむる / ねる to sleep well　❗ only used with these verbs
	にっこり	にっこりわらう to smile ＜at the camera＞　❗ only used with this verb
	しっかり	しっかりおさえる to hold ＜a ladder＞ firmly しっかり勉強する to work hard 約束をしっかりまもる to keep a promise faithfully
	うっかり	約束をうっかりわすれていた。 I carelessly forgot a promise.
	そっと	カーテンをそっと閉めた。 I closed the curtain carefully (quietly).
	きちんと	パジャマをきちんとたたんだ。 I folded my pajamas properly.
	ちゃんと★	毎日ちゃんと学校に通っている。 I go to school regularly every day.

* These can be used in written language. Other words are all spoken language.　★ informal expression

▷ 連用形と同じように動詞句を作る単語が連用詞（pre-ACT / pre-STATE word）である。連用詞には擬態詞・擬音詞が含まれる。

▶ In the same way as pre-ACT / pre-STATE forms, words that constitute verb phrases are pre-ACT / pre-STATE words. Pre-ACT / pre-STATE words include mimetic and onomatopoeic words.

▶ 和连用形一样，组成动词短语的短语的单语是连用词（pre-ACT / pre-STATE word）。连用词包括拟态词、拟声词。

▶ 연용형과 마찬가지로 동사구를 만드는 단어를 연용사 (pre-ACT / pre-STATE word) 라고 한다. 연용사에는 의태어와 의음어가 포함된다.

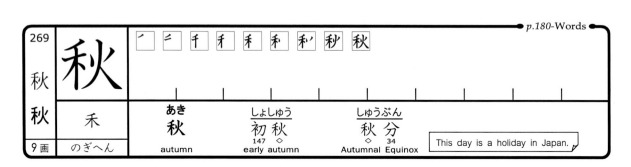

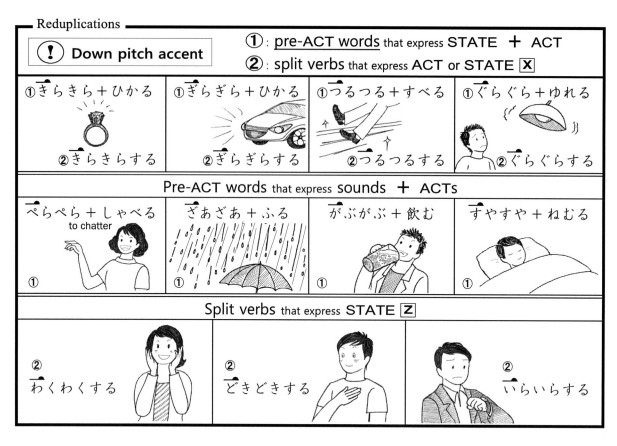

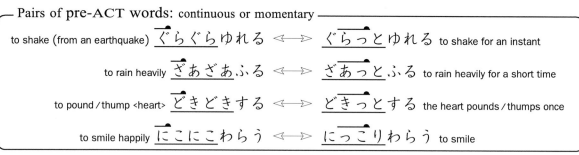

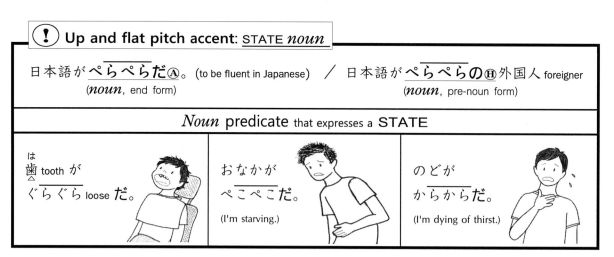

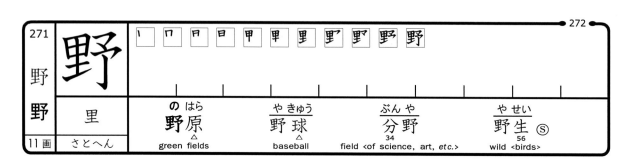

練習 4. Choose the correct pitch accent and read the following sentences aloud.

1. これから発表するので、a.どきどき b.どきどき しています。
2. これから発表するので、a.どきどき b.どきどき です。
3. a.いらいら b.いらいら は体にわるいと思います。
4. a.いらいら b.いらいら するのは体にわるいと思います。
5. 氷(こおり)の上は a.つるつる b.つるつる です。
6. 氷の上は a.つるつる b.つるつる で(F ⇒ p.156)、あぶないです。
7. 地震(じしん)で家が a.ぐらぐら b.ぐらぐら ゆれました。
8. さっき、雨が a.ざあっと b.ざあっと ふりました。
9. 小林(こばやし)さんはうれしそうです。a.にこにこ b.にこにこ です。

練習 5. What sounds do these animals make in your first language?

! Sounds are often written in かたかな.

Example 日本語では、犬は「ワン」と鳴(な)きます。

1. 日本語では、すずめは _____
2. ○○語では、_____

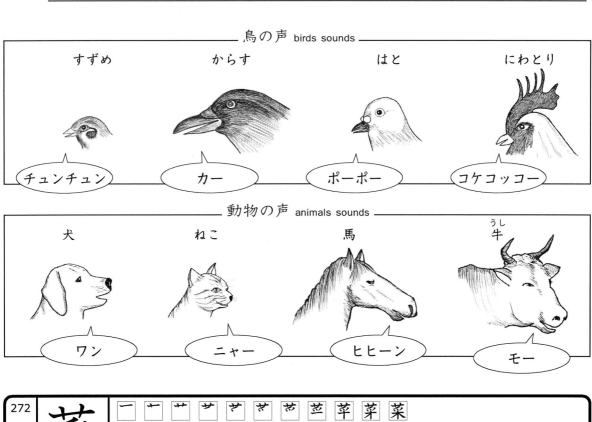

鳥の声 birds sounds: すずめ チュンチュン / からす カー / はと ポーポー / にわとり コケコッコー

動物の声 animals sounds: 犬 ワン / ねこ ニャー / 馬 ヒヒーン / 牛(うし) モー

272	菜		一 十 艹 艹 艹 艹 艾 莁 莁 莖 菜
菜 菜		サ (艹)	や さい 野菜 271 <green> vegetables
11画		くさかんむり	! A shop which sells vegetables: 八百屋(やおや) NG 野菜屋

	Words that precede ACTs/STATEs express ⓜ way of speaking	練習 6. Make sentences using the words on the left.
もう ⇒ p.56	ⓜ Already / It is enough.	Example この小説はもう読みました。
まだ* ⇒ p.56	ⓜ Not yet / It is not enough.	1.
とても	ⓜ The STATE stands out. とっても is often used in conversation.	2.
大変(に)	ⓜ The STATE stands out. This is written language.	3.
非常に	ⓜ The STATE is extreme. This is written language.	4.
よく	ⓜ The ACT is done carefully.	5.
いちばん ⇒ p.88	ⓜ The STATE is the most <expensive>.	6.
すぐ*(に)	ⓜ There is no postponement.	7.
まもなく*	ⓜ There is no interval.	8.
また	ⓜ The ACT/STATE is repeated.	9.
もっと★	ⓜ More/ Dissatisfaction with the STATE.	10.

★ informal expression　＊ Words that can form a だ type predicate.

練習 7. Answer A with a だ type predicate using the words marked with ＊ in the above table.

Example A: 京都行きの特急の到着はまだですか。

B1: はい、まだです。 NG はい、そうです。⇒ p.74

B2: いいえ、もうすぐ soon です。 Formal expression: まもなくです。

> もう is also precedes a QUANTITies. ⇒ p.270

Example A: 昼ご飯の支度 preparation <for a meal> はもうできましたか。

B1: いいえ、まだです。（＝まだできていません。）

B2: はい、もうすぐです。

1. A: レポートのしめきり deadline はまだですか。
2. A: きのうの漢字の宿題はもう終わりましたか。
3. A: そろそろ冬のコートが必要でしょうか。
4. A: そろそろ着陸 landing ですか。
   ❗ Because 着陸 is a *noun*, the answer はい、そうです is possible. ⇒ p.74

> もうすぐ
> ⓜ There is no interval.
> そろそろ
> ⓜ There is some interval.
> ❗ They cannot followed by a ⊕た-predicate.

> 着陸 ⇔ 離陸 takeoff

> にんぎょ（人魚）　にんぎょう（人形）

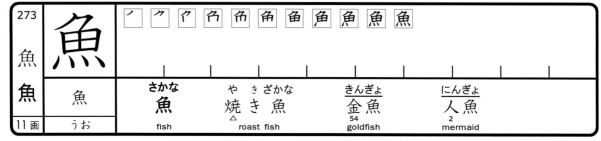

273 魚 魚 11画	魚 うお	ノ ク ク 甬 甬 角 角 魚 魚 魚 魚			
		さかな 魚 fish	やきざかな 焼き魚 roast fish	きんぎょ 金魚 54 goldfish	にんぎょ 人魚 2 mermaid

第28課

	Review	New	
Noun	Pre-MATERIAL words	Words that precede MATERIALs	Words that precede STATEs
	ⓐ I point out which MATERIAL I am referring to.	ⓜ I avoid directly pointing out which MATERIAL I referring to.	ⓜ The STATE is excessive.
こ　これ　ここ　こちら	この + MATERIAL	こんな + MATERIAL	こんなに + STATE
そ　それ　そこ　そちら	その + MATERIAL	そんな + MATERIAL	そんなに + STATE
あ　あれ　あそこ　あちら	あの + MATERIAL	あんな + MATERIAL	あんなに + STATE

こ-・そ-・あ-families ⇨ p.51, p.234　　　Parts of speech that express STATEs ⇨ p.71

練習 8. Complete the sentences using こんな, そんな or あんな.

Example: ＿そんな＿ ぼうしがほしいです。
1. ＿＿＿ 車に乗りたいですね。
2. ＿＿＿ ゆびわはどうですか。
3. ＿＿＿ 人は知りません。
4. ＿＿＿ ところで勉強ですか。
5. ＿＿＿ 時計は要りません。

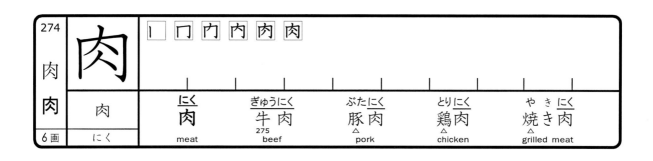

274	肉	一 冂 内 内 肉 肉				
肉	肉	にく 肉 meat	ぎゅうにく 牛肉 beef	ぶたにく 豚肉 pork	とりにく 鶏肉 chicken	やきにく 焼き肉 grilled meat
6画	にく					

練習 9. Complete the sentences using こんなに, そんなに or あんなに.

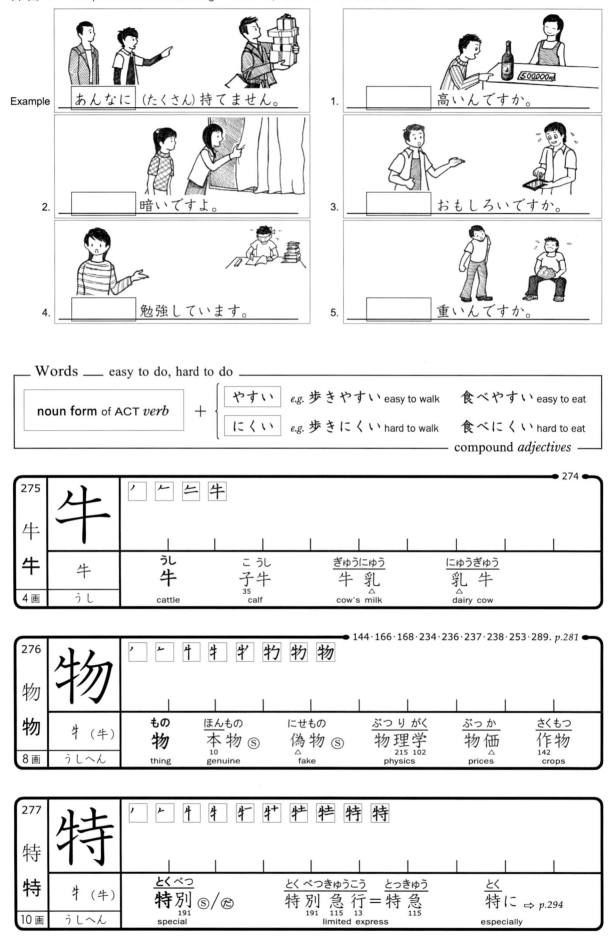

Example: あんなに (たくさん) 持てません。
1. ＿＿＿ 高いんですか。
2. ＿＿＿ 暗いですよ。
3. ＿＿＿ おもしろいですか。
4. ＿＿＿ 勉強しています。
5. ＿＿＿ 重いんですか。

― Words ― easy to do, hard to do ―

noun form of ACT verb + やすい e.g. 歩きやすい easy to walk 食べやすい easy to eat
                     にくい e.g. 歩きにくい hard to walk 食べにくい hard to eat
― compound adjectives ―

275 牛 — 牛 4画 うし
牛 うし cattle / 子牛 こうし calf / 牛乳 ぎゅうにゅう cow's milk / 乳牛 にゅうぎゅう dairy cow

276 物 — 物 8画 うしへん
物 もの thing / 本物 ほんもの genuine / 偽物 にせもの fake / 物理学 ぶつりがく physics / 物価 ぶっか prices / 作物 さくもつ crops

277 特 — 特 10画 うしへん
特別 とくべつ special / 特別急行 とくべつきゅうこう = 特急 とっきゅう limited express / 特に とくに especially

天野(あまの) 上野(うえの) 大野(おおの) 小野(おの) 川野(かわの) 日野(ひの) 水野(みずの) 山野(やまの)

第 29 課

Verb, noun form = noun

行く A → 行き the way to somewhere	東京へ行く A → 東京行き Ⓢ (train) for TŌKYŌ
帰る A → 帰り the way home	早く起きる E → 早起き early rising
上る B → 上り Ⓢ up <escalator>	山に登る E → 山登り mountain climbing
下る B → 下り Ⓢ down <escalator>	雨がふる F → 雨ふり rainy weather
おどる E → おどり dance	手で書く L → 手書き (てがき) Ⓢ handwriting
勝つ E → 勝ち victory	手で作る L → 手作り (てづくり) Ⓢ handmade
負ける E → 負け defeat, loss	安く売る L → 安売り sale
答える I → 答え an answer	花を見る L → 花見／お花見 cherry blossom viewing
(魚を)釣る L → 釣り fishing	歯をみがく L → 歯みがき brushing one's teeth, toothpaste
休む L → 休み absence	brush one's teeth
始まる F → 始まり start	
終わる F → 終わり end	
晴れる F → 晴れ sunny weather	
くもる F → くもり cloudy / overcast weather	
よごれる F → よごれ stain	
知り合う J → 知り合い acquaintance	
におう Ⓢ → におい smell, fragrance / smell, be fragrant	

ねがう E → ねがい wish / おねがい request　　手を洗う L → 手洗い hand-washing / お手洗い rest room

＋物：飲み物　乗り物　着物　贈り物　建物
＋方 ⇒ p.110：書き方　読み方　言い方　考え方
＋場：売り場　タクシー乗り場　立場 position

文法 Grammar

- ⓜ expression of an ACT / STATE including the way of speaking: words that precede an ACT / STATE　ACT / STATE　2
- ⓐ noun phrase formed with の：adjective/verb, Ⓗ　の: substitute for a MATERIAL
- ⓐ noun phrase formed with の：adjective/verb, Ⓗ　の: MATERIALizes a STATE / ACT

単語

pre-noun word おおきな (大きな) large (+ noun)　　pre-noun word ちいさな (小さな) small (+ noun)

o. かなり quite/fairly (+ STATE)　　o. だいぶ (大分) pretty (+ STATE)　　o. すっかり completely

o. たいてい mostly　　o. しばらく for a while　　o. だんだん gradually

o. ずっと by far, all the time (spoken language)　　o. まあまあ so-so (spoken language)　　o. けっこう pretty well

o. おおぜい (大勢) lots of people　　n. せいせき (成績) results　　n. ゆうとうせい (優等生) honor student

n. くべつ (区別) distinction　　n. pre-noun + へん (辺) ~ place/ place where ~　　n. pre-noun + まま ~ STATE/ STATE where ~

n. pre-noun + つもり intention to　　n. pre-noun + はず should ~　　n. pre-noun + わけ reason to ~

漢字

市　区　町　村　府　県　京　都　旅　世　界

Words that precede ACTs/STATEs express the ⓜ way of speaking		
かなり	ⓜ The degree is unexpectedly high/low.	この村(むら)はかなりひろい。
全然（ぜんぜん）	ⓜ The STATE is obvious (negative).	金 gold と銀 silver は全然ちがう。
全く（まったく）	ⓜ The STATE is complete.	文の意味が全くわからない。
すっかり	ⓜ The STATE appeared completely.	すっかり元気になった。
しばらく	ⓜ Time is not short.	しばらく考えさせてください。
だんだん	ⓜ A change adds to the degree of something.	空がだんだん暗くなる。
ずっと★	ⓜ The difference in degree is big.	八月は七月よりずっと暑い。
	ⓜ There is no interruption.	朝からずっと勉強している。
一日中 [Review] 一年中 ひとばんじゅう 一晩中	ⓜ Something does not change throughout the day/year/night.	一日中勉強している。 一年中同じ服を着ている。 一晩中起きていた。
ずいぶん ⇨ p.203	ⓜ The degree is unexpected.	このお茶はずいぶんにがい。
まあまあ**	ⓜ I evaluate something as ordinary.	この地図はまあまあ使える。
けっこう	ⓜ I evaluate something positively.	この地図はけっこう使える。
大分（だいぶ）	ⓜ I evaluate something based on a comparison.	発表が大分うまくなった。

★ informal expressions
＊ まあまあ can behave as a STATE noun. e.g. 成績(せいせき)はまあまあだⒶ。 e.g. まあまあのⒽ成績

練習 1. Make sentences using the given words.

1. だんだん: _____
2. ずっと: _____
3. 大分(だいぶ): _____
4. 全然(ぜんぜん) at all <extremely>: _____
5. 全く completely / totally: _____

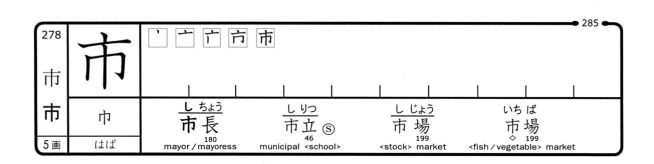

Words that precede ACTs/STATEs express the ⓜ way of speaking (with regard to QUANTITY)

Review みな／みんな★	ⓜ This is all: no exception.	1.
Review 全部*		2.
大勢*（おおぜい）	ⓜ There are a lot of people.	野球のファン fan が大勢集まった。
Review ほとんど*	ⓜ There are a few exceptions.	3.
いっぱい a lot = full *	ⓜ This is the maximum.	ゆうべはお酒をいっぱい飲んだ。
Review たくさん	ⓜ This is a large QUANTITY.	4.
Review 少し*	ⓜ This is a small QUANTITY.	5.
少々（しょうしょう）	ⓜ This is an extremely small QUANTITY.	こちらで少々お待ちください。
Review ちょっと**★		6.
ちょうど	ⓜ This is the only STATE.	このくつは私にちょうどいい。 These shoes fit me exactly. (idiomatic phrase)
色々（いろいろ） This is not だ-adj.	ⓜ There are many variations.	野菜の食べ方は色々ある。
たいてい	ⓜ In most cases, this is so.	毎朝、たいてい６時ごろ起きる。
大体（だいたい）	ⓜ Most of this.	習った漢字は大体書ける。
Review よく	ⓜ This is frequent.	7.
Review 時々*	ⓜ This is not frequent or always.	8.

The words marked with ✱ can behave as だ type predicates. *e.g.* おなかがいっぱいだ ⓐ 。 I am full.
★ informal expressions

いっぱい be full　　いっぱい a cup ‹of water›

練習 2. Fill the blanks (1-8) in the table above.

❗ 色々 can function as a だ-*adjective*. (Spoken language: pre-noun word)
　e.g. 野菜の食べ方は色々だ ⓐ 。　野菜の色々な ⓗ 食べ方 ／ いろんな食べ方

ちょうど and だいたい can function as words that precede QUANTITY.
　e.g. ちょうど５分, ちょうど２メートル, 大体５分, 大体２メートル

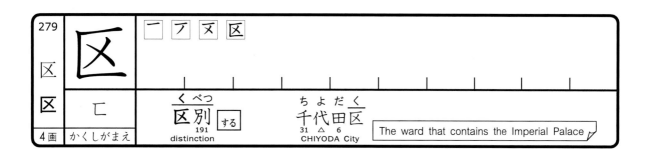

Review ⇒ p.84-p.85			Ⓗ pre-noun form	
			⊖ た	⊕ た
だ type	Noun	優等生(ゆうとう)	優等生の	優等生だった
	だ-adj	大好き	大好きな	大好きだった
	だ-adj unit	うれしそう	うれしそうな	うれしそうだった
only one exception:		同じ	同じ [NG] 同じな	同じだった
い type	い-adj	かわいい	かわいい	かわいかった
う-row type	Verb	聞かない	聞かない	聞かなかった
		聞く	聞く	聞いた
		聞いている	聞いている	聞いていた

▷ 連体形と同じように名詞句を作る単語が連体詞(pre-noun word)である。例：この・そんな・いろんな
▶ In the same way as pre-noun forms, the words that constitute noun phrases are pre-noun words. *e.g.* この・そんな・いろんな
▶ 和连体形一样，组成名词短语的单词叫连体词(pre-noun word)。例如：この・そんな・いろんな
▶ 연체형과 마찬가지로 명사구를 만드는 단어가 연체형(pre-noun word)이다. 예: この・そんな・いろんな

New: pre-noun words	Review: い-*adjectives*		
❗ These are **not** だ-*adjectives*.	Ⓗ pre-noun form	Ⓐ end form	Ⓖ pre-ACT form
大きな ＋ *noun*	大きい ＋ *noun*	大きい。	大きく ＋ *verb*
小さな ＋ *noun*	小さい ＋ *noun*	小さい。	小さく ＋ *verb*
Both are used equally.			
ⓄⓀ 大きな魚	ⓄⓀ 大きい魚		
[NG] この魚は大きだ。	ⓄⓀ この魚は大きい。		

練習 3. Make sentences using 大きな and 小さな.

1. (大きな) _____

2. (小さな) _____

---

280 町

町 / 町 / 田 / た / 7画

一 「 冂 冂 田 町 町

まち 町 — town
じょうか まち 城下町 — castle town △45
ながた ちょう 永田町 — NAGATA-CHŌ △6 — location of the National Diet Building

▷ 文法的な印「の」は、聞き手にも明らかで、かつ、述語でない〈もの〉(名詞)を代行する。
▶ The actuality marker の takes the part of a MATERIAL (noun) that is not in the predicate but is evident to the listener.
▶ 语法性标记 "の" 替代非谓语的〈物〉(名词)，且该〈物〉对听话人来说也是明了的。
▶ 문법적인 표기 'の'는 청자에게도 명백하며 또한 술어가 아닌 〈사물〉(명사)를 대행한다.

練習 4. Ask and answer だれですか about the picture above, or about your own class.

Example A: 花たばを持っている(人 →)のはだれですか。 NG 持っているの人 ×
          B: 川北さんです。

Example A: きょう、いちばん早く教室に来た(学生 →)のはだれですか。
          B: ○○さんです。

練習 5. Make sentences using 〜のがいいです with a limited topic.

Example カメラは軽い(カメラ →)のがいいです。 NG 軽いがいい
Example 宿題は簡単な(宿題 →)のがいいです。 NG 簡単がいい NG 簡単ながいい

練習 6. Imagine you are in a shop. Show something to the shop assistant and ask questions.

Example length: もう少し長いのはありませんか。   もう少し短いのはありませんか。

1. size: _____   _____
2. weight: _____   _____
3. price: _____   _____
4. thickness (of the board): _____   _____

▷ 文法的な印「の」は＜ありさま＞＜うごき＞を＜もの＞化して、「見る」の対象物、「見える」「好き」などの目印②とする。
▶ Actuality marker の MATERIALizes a STATE or ACT, which can become the object of 見る, or が-mark ② of 見える, 好き, etc.
▶ 语法性标记 "の" 将＜状态＞、＜动作＞＜物＞化，使其成为 "见る" 的动作/行为对象，"见える" "好き" 等的记号②。
▶ 문법적인 표기 'の'는 ＜상태＞＜움직임＞을 ＜사물＞화하여 '見る'의 대상물, '見える' '好き' 등의 표기 ②로 삼는다.

| が-MARK ② ⇨ p.76 |

練習 7. Make sentences that express information related to sight.

1. ＿＿＿＿＿＿＿＿＿＿＿＿＿＿＿＿＿＿＿＿＿見ました。
2. ＿＿＿＿＿＿＿＿＿＿＿＿＿＿＿＿＿＿＿＿＿見たいです。
3. ＿＿＿＿＿＿＿＿＿＿＿＿＿＿＿＿＿＿＿＿＿見えます。

練習 8. Make sentences about yourself.

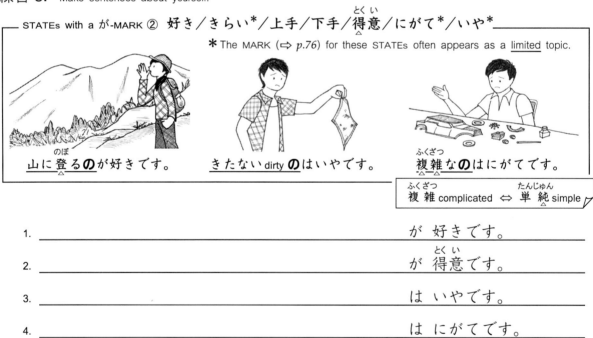

1. ＿＿＿＿＿＿＿＿＿＿＿＿＿＿＿＿＿が 好きです。
2. ＿＿＿＿＿＿＿＿＿＿＿＿＿＿＿＿＿が 得意です。
3. ＿＿＿＿＿＿＿＿＿＿＿＿＿＿＿＿＿は いやです。
4. ＿＿＿＿＿＿＿＿＿＿＿＿＿＿＿＿＿は にがてです。

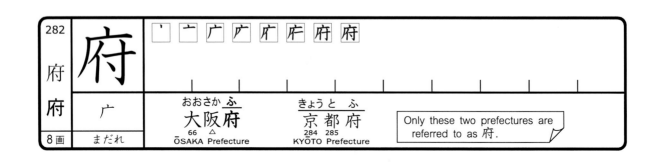

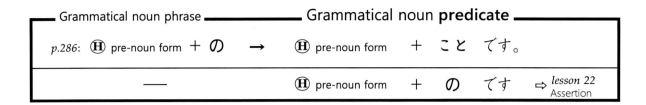

▶286ページの〈Ⓗ連体形＋の〉は述語にならない。述語の形は〈Ⓗ連体形＋非独立の名詞「こと」〉である。
▶The noun phrase 〈 Ⓗ pre-noun form ＋の〉 from *p.286* is not a predicate. The predicate form is
〈 Ⓗ pre-noun form ＋ non-independent noun こと〉.
▶286页的〈Ⓗ连体形＋の〉不能作谓语。谓语的形式为〈Ⓗ连体形＋非独立名词"こと"〉。
▶286페이지의 〈Ⓗ연체형＋の〉는 술어가 되지 않는다. 술어의 형태는 〈Ⓗ연체형＋비독립명사 '것'〉이다.

練習 9. Make sentences with a limited topic.

Example 趣味は山に登ることです。NG のぼるのです。NG のぼるのことです。

Example こまるのはとなりの部屋がとてもうるさいことです。

Example にがてなのは日本語のアクセント accent を区別することです。

1. 私の趣味は _____

2. _____

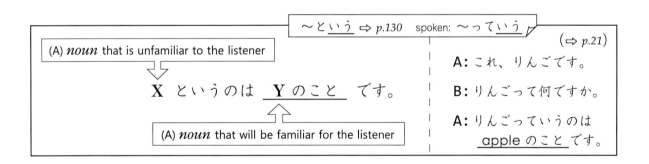

練習 10. Make sentences.

Example オランダというのは the Netherlands のことです。

Example スマホというのは smartphone のことです。

Example Prefecture というのは 県とか府 のことです。

X とか Y
X, Y (and Z...)

_____
_____

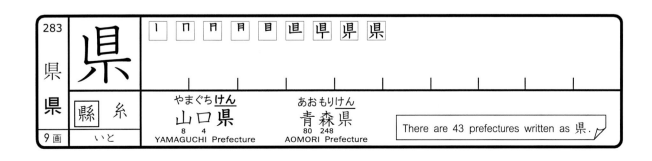

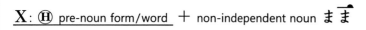

まどを開けたまま出かけました。

そのままにしておいてください。

練習 11. Read the following sentences.

1. この辺* this neighborhood の景色[けしき]はむかしのままです。　*non-independent noun
2. 一万円札 ¥10,000 bill を本にはさんだまま、わすれていました。
   〔N を本にはさむ to put N between the pages of a book〕

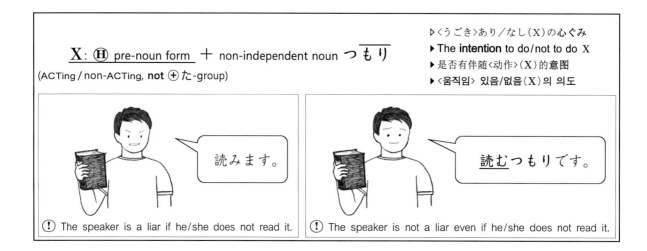

練習 12. Make sentences that follow the patterns in the examples.

Example　きのうの実習 practical training のレポートはあさってまでに書くつもりです。

1. _____

Example　この町にはしばらく来ないつもりです。

2. _____

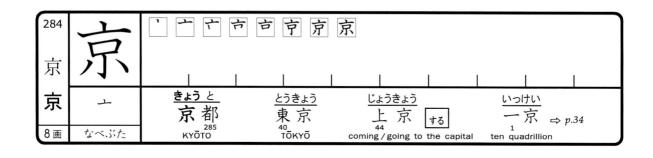

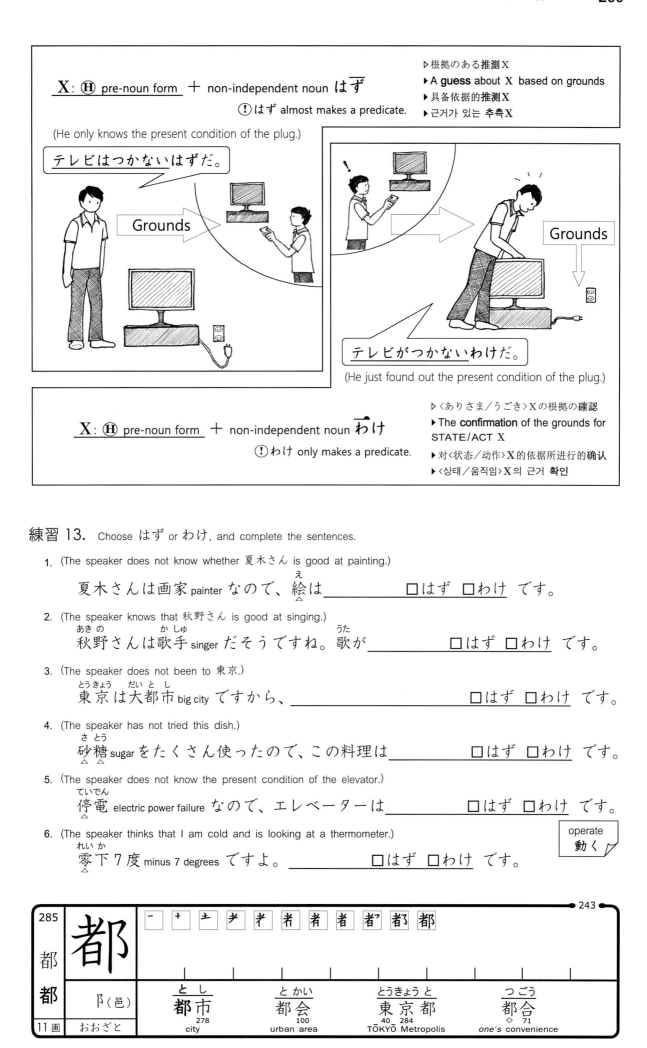

練習 13. Choose はず or わけ, and complete the sentences.

1. (The speaker does not know whether 夏木さん is good at painting.)
   夏木さんは画家 painter なので、絵は＿＿＿＿＿＿ □はず □わけ です。

2. (The speaker knows that 秋野さん is good at singing.)
   秋野さんは歌手 singer だそうですね。歌が＿＿＿＿＿＿ □はず □わけ です。

3. (The speaker does not been to 東京.)
   東京は大都市 big city ですから、＿＿＿＿＿＿ □はず □わけ です。

4. (The speaker has not tried this dish.)
   砂糖 sugar をたくさん使ったので、この料理は＿＿＿＿＿＿ □はず □わけ です。

5. (The speaker does not know the present condition of the elevator.)
   停電 electric power failure なので、エレベーターは＿＿＿＿＿＿ □はず □わけ です。

6. (The speaker thinks that I am cold and is looking at a thermometer.)
   零下7度 minus 7 degrees ですよ。＿＿＿＿＿＿ □はず □わけ です。

   operate
   動く

Review of L.19	する group expresses an intentional ACT	なる group expresses an automatic ACT
p.182 ⇐	りんごをおとす	りんごがおちる
p.184 ⇐	パンツを短く ⒢する	パンツが短く ⒢なる
New	長野県(ながのけん)に引っこすことに⒢する。 I have decided that I will move to NAGANO Prefecture.	長野県に引っこすことに⒢なる。 It has been decided that I will move to NAGANO Prefecture.

練習 14. Choose the correct option in the underlined section of the sentences below.

1. 来月から給料(きゅうりょう) salary が上がることに ☐しそうです／☐なりそうです。
2. 四国(しこく)が好きなので、春休みに旅行(りょこう)することに ☐しました／☐なりました。
3. 日本では、6歳(さい)で小学校に入ることに ☐しています／☐なっています。

練習 15. A and B are talking about a meal. Act out the conversation using noun に⒢する-predicate.

Example A: お昼 lunch にしましょう。　　　B: そう (pre-ACT word ⇒ p.51) しましょう。

Example A: 私はてんぷらにします。　　　B: 私もそうします。

Example A: 私は温(あたた)かいおそばにします。　B: 私は冷(つめ)たいおそばにします。

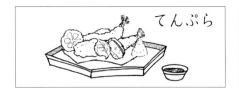
てんぷら

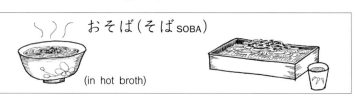
おそば（そば SOBA）
(in hot broth)

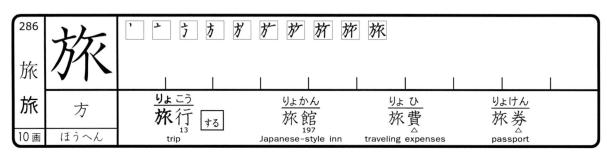

286 旅 / 旅 / 方 / 10画 / ほうへん
筆順: 一 亠 方 方 方' ガ ガ 扩 斿 旅
- 旅行(りょこう) する — trip
- 旅館(りょかん) — Japanese-style inn
- 旅費(りょひ) — traveling expenses
- 旅券(りょけん) — passport

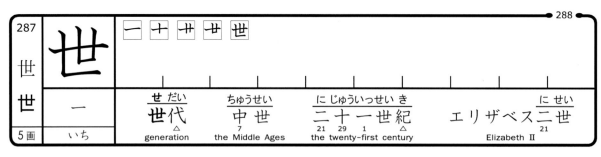

287 世 / 世 / 一 / 5画 / いち
筆順: 一 十 卅 丗 世
- 世代(せだい) — generation
- 中世(ちゅうせい) — the Middle Ages
- 二十一世紀(にじゅういっせいき) — the twenty-first century
- エリザベス二世(にせい) — Elizabeth II

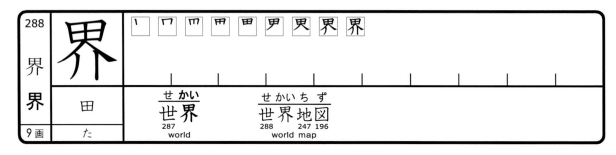

288 界 / 界 / 田 / 9画 / た
筆順: 丨 冂 冂 甲 田 田 甼 界 界
- 世界(せかい) — world
- 世界地図(せかいちず) — world map

第30課

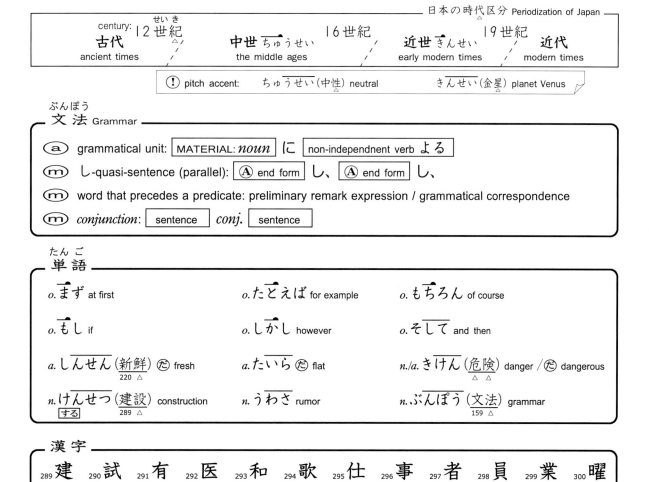

Review

する	Noun ＋ する	説明する	Split verb	p.36
	Reduplication ＋ する	どきどきする		p.276
	Noun が ＋ する	音/におい/味がする 頭痛がする	Sound, smell, taste Self-awareness	p.87
	Noun を ＋ する	サッカーをする	To play a game	p.106
		あくびをする	To do an ACT E	p.116-117
	お＋ verb (noun form) ＋ する	お待ちする	Humble verb	p.142
	Price ＋ する	一万円する	Price (verb predicate)	p.163
	たり-form ＋ たり-form ＋ する	行ったり来たりする	To line up two predicates	p.168
	Adjective Ⓖ ＋ する STATE noun に Ⓖ ＋ する	明るくする みどり色にする	To make sth a STATE	p.184
	ACT verb ⊖た Ⓗ ように Ⓖ ＋ する	見るようにする 見ないようにする	To make an effort to do To make an effort not to do	p.188
	ACT verb Ⓗ ことに Ⓖ ＋ する Noun に Ⓖ ＋ する	見ることにする てんぷらにする	To decide	p.290
ある	Noun が ＋ ある	つくえがある	Existence of NON-ANIMAL	p.42
	ACT verb ⊕た Ⓗ ことが ＋ ある	見たことがある	One's history	p.109
	Weight / length ＋ ある	百グラムある	Weight / length (verb predicate)	p.163

日本の時代区分 Periodization of Japan

古代	12世紀	中世 ちゅうせい	16世紀	近世 きんせい	19世紀	近代
ancient times		the middle ages		early modern times		modern times

century: せいき

(!) pitch accent:　ちゅうせい(中性) neutral　　きんせい(金星) planet Venus

文法 Grammar (ぶんぽう)

- ⓐ grammatical unit: [MATERIAL: *noun*] に [non-independnent verb よる]
- ⓜ し-quasi-sentence (parallel): [Ⓐ end form] し、 [Ⓐ end form] し、
- ⓜ word that precedes a predicate: preliminary remark expression / grammatical correspondence
- ⓜ conjunction: [sentence] *conj.* [sentence]

単語 (たんご)

- o. まず at first
- o. たとえば for example
- o. もちろん of course
- o. もし if
- o. しかし however
- o. そして and then
- a. しんせん (新鮮) ㊙ fresh　220
- a. たいら ㊙ flat
- n./a. きけん (危険) danger / ㊙ dangerous
- n. けんせつ (建設) construction　する　289
- n. うわさ rumor
- n. ぶんぽう (文法) grammar　159

漢字

289 建　290 試　291 有　292 医　293 和　294 歌　295 仕　296 事　297 者　298 員　299 業　300 曜

Noun + marker + non-independent word	→	grammatical unit	Example
MATERIAL に + ついて Review (incidental word) ⇨ p.105	→	ⓖ て-form: pre-ACT	和食について + ACT about Japanese-style food
MATERIAL に + よる (non-independent verb)	→	と-quasi-sentence ⇨ p.150 ⓓ ば-clause ⇨ p.176 ⓖ て-form: pre-ACT	新聞による + と、 According to the newspaper, 新聞によれば、 person によって + passive (be done) by the person ⚠ This passive verb can express a NON-PERSON's ACT.

練習 1. Make sentences using 'MATERIAL について'.

Example　私は日本の中世(⇨ p.291)の建物(たてもの)について研究しています。

1. 私は_____について研究しています。
2. これから_____発表します。
3. _____

練習 2. Make plain style sentences using 'MATERIAL によると' or 'MATERIAL によれば'.

Example　天気予報(よほう)によると、ⓂI show a source of information. あしたは大雨だそうだ。

Example　うわさによれば、ⓂI have doubts toward a source of information. 今度の試験(しけん)はむずかしいらしい。

_____
そう ⇨ p.99
らしい ⇨ p.198

練習 3. Make plain style sentences using 'person/people によって + passive'.

Example　木星(もくせい)Jupiter の衛星(えいせい)moon はガリレオ Galileo によって発見(はっけん)discovery された。

Example　『種の起源(しゅきげん)The Origin of Species』はダーウィン Darwin によって書かれた。

Example　ピラミッド the Pyramids は古代(こだい)のエジプト人 the Egyptians によって建設(けんせつ)された。

_____
_____

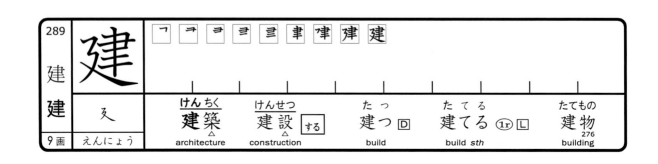

第30課

ⓜ し-quasi-sentence (end-form ① + grammatical marker し): a number of grounds

	⊖た		⊕た	
	Ⓐ + し	Ⓐ' + し	Ⓐ + し	Ⓐ' + し
だ type	雨だし、 NG雨し	雨ですし、	雨だったし、	雨でしたし、
い type	古いし、	古いですし、	古かったし、	古かったですし、
う-row type	読むし、	読みますし、	読んだし、	読みましたし、

▷ 類似の根拠がいくつかある場合はし準文で表す。し準文は列挙できる。容認を表明するもを含むことが多い。

▶ When there are a number of similar grounds for a statement, this can be expressed using し-quasi-sentences. し-quasi-sentences can be enumerated. The manner marker も (expressing 'accepted') is often used with し-quasi-sentences.

▶ 同时具有数个类似依据时，以し从句表示。し从句可列举。し从句中往往包含表示可接受的も。

▶ 유사한 근거가 몇 가지 있을 경우 し종속절로 나타낸다. し준문은 열거할 수 있다. 용인을 표명하는 も를 포함하는 경우가 많다.

練習 4. Match enumerated し-quasi-sentences 1-3 and endings a-c.

――― enumerated し-quasi-sentenses ―――
Similar grounds for a statement	→	ⓜ Grounds
ひろい。たいらだ。	→	1. この道はひろいし、たいらだし、
品物(しなもの)が多い。店員(てんいん)が親切だ。	→	2. この店は品物も多いし、店員も親切だし、
授業(じゅぎょう)がない。天気がいい。	→	3. 今週は授業もないし、天気もいいし、

――― Endings ―――
a. 買い物が楽しいと思います。　b. これから山へ行きます。　c. 歩きやすそうです。

練習 5. Make complex sentences using two し-quasi-sentences.

Example　このジュースは新鮮(しんせん)だし、ひえているし、とてもおいしいです。

_____

練習 6. Make complex sentences using one representative し-quasi-sentence.

Example　きょうは天気がよくないし、家(うち)にいることにします。ⓜ I have grounds other than the 天気 too.

_____

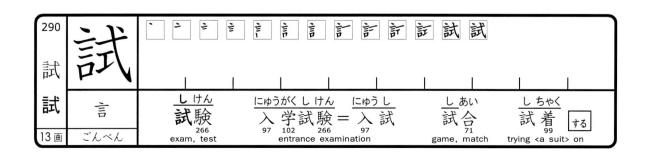

Words that precede predicates express ⓜ way of speaking			
ⓜ I make a **remark**:		I have a 'why' question.	どうして／なぜ [Review] ⇒ p.215
		This is natural.	もちろん
ⓜ I say something from the **viewpoint** of focusing on outstanding information.			特に (とくに) especially
ⓜ I make a **prediction**:		I give an example.	たとえば
		This is what was expected.	やはり spoken: やっぱり
		This is a careless ACT.	つい [Review] ⇒ p.204
		The ACT is going to be realized next.	そろそろ [Review] ⇒ p.278
		This is the first step.	まず
		This is an ACT that I hoped for.	やっと at last

▷ 導述詞 (words that precede predicates) はおもに文頭に位置して述べ方を表し、述語の内容を予告する。
▶ Words that precede predicates are mainly located at the beginning of sentences. These words express the way of speaking and introduce the coming predicate.
▶ 导述词 (words that precede predicates) 主要置于句首表示叙述方式，预先告知谓语内容。
▶ 도술사 (words that precede predicates) 는 주로 문두에 주로 문두에 위치하여 말하기 방식을 나타내며, 술어의 내용을 예고한다.

練習 7. Make sentences using どうして.

Example　どうして、富士山は有名なんですか。

練習 8. Make sentences using もちろん.

Example　ピアノが好きです。もちろん、ショパンの曲 Chopin's pieces も大好きです。

練習 9. Make sentences using 特に.

Example　私は動物が好きです。特に、馬が好きです。

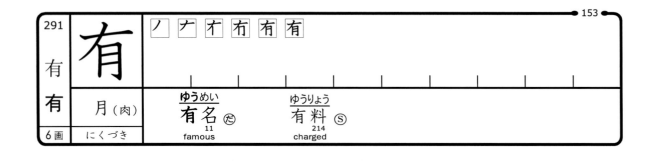

練習 10. Make sentences using たとえば．

Example 　東京以外で、たとえば、どこへ行きたいですか。

練習 11. Make sentences using やはり．

Example 　ねむれないんです。やはり、医者(いしゃ)に相談(そうだん)したほうがいいでしょうか。

練習 12. Make sentences using つい．

Example 　つかれていて、つい、ねぼうしてしまいました。

練習 13. Make sentences using そろそろ．

Example 　もう七時です。そろそろ、食事(しょくじ)にしませんか。

練習 14. Make sentences using まず．

Example 　やけどをしたら、まず、水でひやさなければなりません。

Example 　ドライブ going for a drive には、まず、車が要ります。

練習 15. Make sentences using やっと．

Example 　やっと、かぜがなおりました。

　　　三時間ならんで、やっと

Official names of occupation: 医師(いし), 歯科医師(しかいし), 獣医師(じゅういし)

292 医	医	一 ア ア 三 亍 デ 医			
医 7画	醫 酉 ひよみのとり	医学(いがく) medical science	医者(いしゃ) <medical> doctor	歯医者(はいしゃ) dentist	獣医(じゅうい) veterinarian

▷ 導述詞と述語には文法的に呼応する組み合わせがある。

▶ Predicates and words that precede predicates form a pair that correspond grammatically.

▶ 导述词和谓语在语法上具有相呼应的搭配词。

▶ 도술사와 술어에는 문법적으로 서로 호응하는 어구가 있다.

	Ⓜ Way of speaking	Word that precedes predicate
Ⓜ	I state a hypothetical condition.	もし(もしも*) →
Ⓜ	I give negative information.	あまり(あんまり*) →
Ⓜ	Something takes time to be realised. (negative information)	なかなか →
Ⓜ	This is not certain information.	多分(たぶん) →
Ⓜ	I strongly think so.	きっと* →
Ⓜ	There is no exception. There are no other choices.	かならず →
Ⓜ	I truly think so.	ほんとうに(ほんとに*) →
Ⓜ	This is my first experience.	Review 初めて ⇨ p.153. →
Ⓜ	I admire/welcome this ACT.	よく*/よくぞ* →
Ⓜ	This looks just like something else.	まるで* →
Ⓜ	I really expect/hope something will happen.	ぜひ* →
Ⓜ	I politely ask you to ACT.	Review どうぞ* ⇨ p.145. →

* spoken expression

よく

Review: pre-ACT word
よく行く to visit often
よく考える to think carefully
よくわかる to understand well

New:
word that precedes a predicate
よくいらっしゃいました。
Thank you for coming.

練習 16. Change Nos.1-14 in the table on the right into the plain style.

練習 17. Make sentences using もし、〜たら.

Example　もし、月から地球 planet Earth を見たら、おもしろいでしょうね。

Example　もし、この世界 world に水がなかったら、どうしますか。

1. もし、私が鳥だったら、_____

2. もし、_____うれしいです。

3. もし、_____

293	和	一 二 千 禾 禾 和 和	154・172・188・205・239
和 和 8画	口 くち	へいわ 平和/だ peace / peaceful	わしょく 和食 143 Japanese-style food	わしつ 和室 198 Japanese-style room	ちゅうわ 中和 7 する neutralization

Grammatical form of predicate	Example
← dependent clause { Ⓔ たら ⇨ p.168-p.169 / Ⓕ で/て + も ⇨ p.156-p.157 / contents of predicate + なら ⇨ p.197, p.199 }	1. もし、一億円あったら、どうしますか。 2. もし、間に合わなくても、大丈夫です。 3. もし、私が社長なら、工場を作ります。
← ない group	4. 車の運転はあまり好きではありません。
← ない-/ません-form	5. 料理がなかなか上手になりません。
← 'uncertain': だろう/でしょう ⇨ p.126	6. 多分、秋川さんは来ないでしょう。
← 'certain' mood mainly	7. きっと、春山さんは来てくれますよ。
← 'certain' mood 'entrust'/asking/instructions to ACT ⇨ p.128	8. 人はいつか sometime かならず死にます。 9. かならず、毎週金曜日に来てください。
← 'certain' mood only	10. きょうはほんとうに暑いです。
← ACTing, 'certain' mood only	11. 先月、初めて一人で旅行しました。
← ACTing, ⊕た mainly	12. 漢字の練習、 ⇨ p.232 よくがんばりましたね。
← STATE unit: 〜みたい/〜のよう ⇨ p.96	13. この雨と風はまるで台風のようです。
← たい-form / asking/instructions to ACT ⇨ p.128 / asking to ACT, polite style ⇨ p.128, p.145	14. ヨーロッパにはぜひ行ってみたいです。 ぜひ、１曲*歌ってください。 どうぞ、お入りください。

＊曲きょく : counter for pieces of music

練習 18. Make sentences using もし、〜ても/でも.

Example ___もし、病気になっても、勉強はつづけます。___

Example ___もし、ただ free of charge でも、こんな服はほしくありません。___

1. ___もし、_____こまりません。___
2. ___もし、_____
3. ___もし、_____

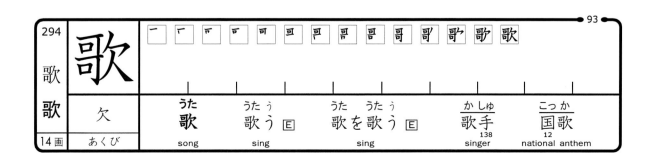

練習 19. Make sentences using あまり.

Example　シャツにアイロンをかける iron a shirt のはあまり得意(とくい)ではありません。

練習 20. Make sentences using なかなか.

Example　熱(ねつ) fever がなかなか下がりません。

練習 21. Make sentences using たぶん.

Example　多分、今夜は星(ほし)は見えないでしょう。

練習 22. Make sentences using きっと.

Example　きっと、あしたは楽しい一日になります。

練習 23. Make sentences using かならず and a 'certain' mood predicate.

Example　冬になると ⇨ p.150、この池はかならずこおります。

練習 24. Make sentences using かならず and 〜てください predicate.

Example　あしたはかならず、部屋のそうじをしてくださいね。

---

295 仕 仕　｜ノ　イ　仁　什　仕｜

仕　イ（人）にんべん　5画　　し ごと　仕事　296　work, job, occupation

練習 25. Make sentences using ほんとうに.

1. この仕事はほんとうに_____

2. きのうはほんとうに_____

3. _____

練習 26. Make sentences using 初めて.

1. 日本に来て、初めて_____

2. 初めて_____

3. _____

練習 27. Make sentences using よく.

1. 漢字を三百字も ⇨ p.162、よく_____

2. こんなに大きくて重い荷物を、よく_____

練習 28. Make sentences using まるで.

1. 村山さんは歌が上手ですね。まるで_____

2. _____

練習 29. Make sentences using ぜひ and たい-form predicate.

1. 来年はぜひ、_____

2. _____

練習 30. Make sentences using どうぞ.

1. 私が作った和風 Japanese-style の野菜サラダです。どうぞ、_____

2. _____

296	事	一 亅 亍 亘 亘 写 写 事	●51・66・110・143・198・227・252・295●
事 事	亅		
8画	はねぼう	ことがら 事柄 matter	できごと 出来事 96 14 occurrence	じこ 事故 △ accident	じむしょ 事務所 △ 158 office	ちじ 知事 52 prefectural governor

Conjunctions

⇨ p.210

	X しかし Y	ⓜ Y is incompatible with X. 漢字を練習しました。しかし、上手に書けません。
	X また Y	ⓜ Y is compatible with X. 漢字を習いました。また、文法も勉強しました。
そ-family そ takes X. ✻ on p.301 belongs to this group.	X それから Y	ⓜ Y is the next ACT after X. 映画を見ました。それから、買い物をしました。
	X それとも Y	ⓜ There are two choices. この実験は安全 safe ですか。それとも、危険ですか。
	X それに Y	ⓜ Y is additional information on top of X. きょうはテストです。それに、発表もあります。

▷ 接続詞（conjunction）はX・Y二つの文の間に現れ、両者を関連づける述べ方を表明する。
▶ Conjunctions appear between two sentences (X and Y), and express a way of speaking that connects them together.
▶ 连词（conjunction）位于X、Y两个句子之间，是说明两者关系的一种叙述方式。
▶ 접속사（conjunction）는 X・Y 두 문장 사이에 나타나, 양자을 연관짓는 말하기 방식이다.

練習 31. Complete the following sentences.

1. ＿＿＿＿＿＿＿＿＿＿＿＿＿＿＿しかし、＿＿＿＿＿＿＿＿＿＿＿＿＿＿＿
2. ＿＿＿＿＿＿＿＿＿＿＿＿＿＿＿また、＿＿＿＿＿＿＿＿＿＿＿＿＿＿＿
3. ＿＿＿＿＿＿＿＿＿＿＿＿＿＿＿それから、＿＿＿＿＿＿＿＿＿＿＿＿＿＿＿
4. その時計は日本製 made in Japan ですか。それとも、＿＿＿＿＿＿＿＿＿＿＿＿＿＿＿
5. ＿＿＿＿＿＿＿＿＿＿＿＿＿＿＿それとも、＿＿＿＿＿＿＿＿＿＿＿＿＿＿＿
6. ＿＿＿＿＿＿＿＿＿＿＿＿＿＿＿それに、＿＿＿＿＿＿＿＿＿＿＿＿＿＿＿

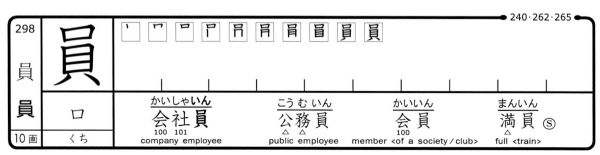

Quasi-sentence origin ⇨ p.147, p.148	X ところが Y	ⓜ Y is not expected as the result of X.	雨がふりました。ところが、気温が下がりません。
	X だから Y polite style: ですから	ⓜ X is the speaker's arbitrary logic for Y.	レポートを書いていました。だから、遅刻したんです。
Ⓕ Non-end form origin ⇨ p.156, p.210	X そして* Y original: そうして	ⓜ Y is information following X / information to add to X.	雨が止みました。そして、気温が上がりました。
	X ところで Y	ⓜ Y is unrelated to X.	寒いですね。ところで、中村さんに会いましたか。
	X それで* Y	ⓜ Y is a result of X.	外は雨ですか。それで、服がぬれているんですね。
	X それでは* Y spoken: それじゃ	ⓜ I have finished X and will do ACT Y.	勉強しましたね。それでは、初級 beginner's class を卒業しましょう。

* ⇨ p.300

練習 32. Complete the following sentences.

1. _____ ところが、_____
2. _____ だから、_____
3. _____ そして、_____
4. _____ ところで、_____
5. _____ それで、_____
6. _____ それでは、_____

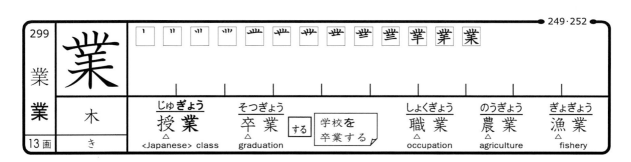

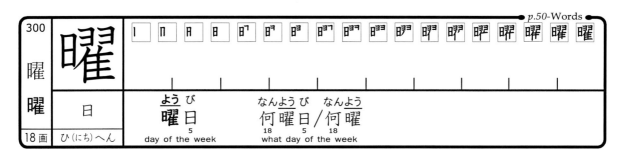

和－英
Japanese - English

p.123: reference page
(⇔): antonyms

n: nouns   Ⓢ: STATE nouns   (pre-*n*+): nouns that only follow a pre-noun part (non-independent nouns)
v: verbs   Ⓐ~Ⓟ: ACT verbs   Ⓢ: STATE verbs   Ⓛ: one-row regular verbs
As needed, *tv*: transitive verbs, *iv*: intransitive verbs
a: い-adjectives   *a-*だ: だ-adjectives
conj: conjunctions   *int*: interjections   *o*: other parts of speech
する: words that can form split verbs ⇨ *p.36*
-えん: counters, units, *etc.* (*suffix*)
…○○: postpositional nouns, verbs or adjectives. Some of these do not have a specific accent.

Pitch accent

あいだ upperlined: high-pitched morae
あい The marker on the upperline indicates the core. The following morae are low-pitched.

core: core of pitch accent

⚠ あした・ｏの: nouns with a core that turn into no core (up and flat) when they appear just before the pre-noun marker の
pre-*n*+うえ: nouns without the core that turn into nouns with a core when they appear just after the pre-noun part
おきる・おきて, たべる・たべて : verbs (Ⓛ) where the core moves forward for て/た-forms ⇨ *p.333* (Pattern 2)
ながい・ながく: い-adjectives that the core moves forward for く-forms ⇨ *p.332* (Pattern 2)

<human>: lexical supplement or explanation   (pre-ACT): grammatical explanation   /polite/: speaker's manner of talking
愛◁: KANJI not addressed in this book   あした [明日]: idiosyncratic reading   いい → よい: see "よい"

あ

ああ *o.* (pre-ACT/pre-STATE) *p.51*
ああ *o.* (pre-だ) *p.51*
あい 愛 *n.* love
あいさつ *n.* する greeting
あいず 合図 *n.* する signal <to start>
アイスクリーム/アイス *n.* ice cream
アイスコーヒー *n.* iced coffee
あいだ 間 *n.* space *p.44*, interval
アイロン *n.* iron
あう 合う *v.* Ⓢ fit, be correct
…あう 合う *v.* (to do an ACT to each other) *p.106*
あう 会う *v.* Ⓘ meet
あお 青 *n.* Ⓢ blue, <trafic light> green *p.82*
あおい・あおく 青い *a.* blue
あおじろい・あおじろく 青白い *a.* pale
あおぞら 青空 *n.* blue sky
あか 赤 *n.* Ⓢ red
あかい 赤い *a.* red
あかちゃん 赤ちゃん *n.* /spoken/ baby
あがる 上がる *iv.* Ⓕ <smoke, a price> rise
あかるい 明るい *a.* bright
あかるさ 明るさ *n.* brightness
あき 秋 *n.* autumn
あきさめ 秋雨 *n.* autumn rain
あく 空く *v.* Ⓕ become vacant
あく 開く *iv.* Ⓕ open
あくしゅ 握◁手 *n.* する shaking hands
あくび *n.* yawn *p.116*
あける 開ける *tv.* Ⓛ Ⓛ open *sth*
あげる *v.* Ⓛ Ⓝ give to someone *p.113*
あげる 上げる *tv.* Ⓛ Ⓛ raise
あご・ｏの 顎◁ *n.* jaws, chin
あさ 朝 *n.* morning *p.200*
あさい *a.* shallow
あさごはん 朝ご飯 *n.* /spoken/ breakfast
あさって *n.* the day after tomorrow
あさねぼう 朝寝◁坊◁ *n.* する → ねぼう
あさひ 朝日 *n.* the morning sun

あし・ｏの 足 *n.* foot, 脚◁ *n.* leg
あじ 味 *n.* taste
あしおと 足音 *n.* footstep
あしくび 足首 *n.* ankle
あした・ｏの [明日] *n.* tomorrow
あしのうら・ｏの 足の裏 *n.* sole
あす・ｏの [明日] *n.* /formal/ tomorrow
あずかる *v.* Ⓛ keep *one's* belongings
あずける・あずけて *v.* Ⓛ Ⓝ leave *sth* with *sb*
あせ 汗◁ *n.* sweat
あそこ *n.* <place of あ-family> *p.51*
あそび *n.* play, game
あそびにくる -来る *v.* Ⓐ come to see *sb*
あそぶ *v.* Ⓔ play <with a toy>
あたたかい・あたたかく 暖◁かい *a.* <atmospheric> warm, 温◁かい *a.* <sense of touch> warm *p.184*
あたま・ｏの 頭 *n.* head *p.250*
あたらしい・あたらしく 新しい *a.* new, fresh
あちら *n.* <direction of あ-family> *p.51*
あっ *int.* /surprising voice/
あつい 厚い *a.* thick <cloth/book>
あつい・あつく 暑い *a.* <atmospheric> hot, 熱い *a.* <sense of touch> hot *p.184*
あつさ 厚さ *n.* thickness <of a book/cloth>
あっち・ｏの *n.* /spoken/ → あちら *p.51*
あつまる 集まる *iv.* Ⓕ gather
あつめる・あつめて 集める *tv.* Ⓛ Ⓛ gather *sth*, collect *sth*
あてな 宛◁名 *n.* <envelope> one's name (and address)
あと 後 *n.* Ⓢ after
あと *o.* (pre-QUANTITY) *p.270*
あな・ｏの 穴 *n.* hole
あなた *n.* <you> *p.10*
あに 兄 *n.* older brother
あね 姉 *n.* older sister
あの *o.* (pre-*noun*) <that> *p.51*
あの(お) *int.* <Excuse me..., er...> *p.61*
アパート *n.* apartment house

あびる *v.* Ⓛ Ⓛ bathe <in water, light>
あぶない *a.* dangerous
あまい *a.* sweet
あまぐ 雨具 *n.* rain gear
あまのがわ 天の川 *n.* Milky Way
あまみず 雨水 *n.* rainwater
あまり *o.* <negative information> *p.296*
あまり・ｏの *n.* left overs
あまる *v.* Ⓢ be left over
あめ 飴◁ *n.* candy
あめ 雨 *n.* rain *p.180*, Ⓢ rainy
アメリカ *n.* the United States of America *p.179*
あやまる 謝◁る *v.* Ⓘ apologize
あらう 洗う *v.* Ⓛ wash
あられ 霰◁ *n.* <smaller> hail
ありがとう *o.* /spoken/ <thanks> *p.10*, *p.133*
ありふれる *v.* Ⓛ Ⓢ common *p.225*
ある *v.* Ⓢ <NON-ANIMALs> exist
あるく 歩く *v.* Ⓔ walk
アルバイト *n.* part-time job
アルバム *n.* photograph album
あれ *n.* <thing of あ-family> *p.9*, *p.51*, *p.234*
アレルギー *n.* allergy
あんき 暗記 *n.* する memorization
アンケート *n.* questionnaire
アンコール *n.* encore
あんしん 安心 *n.* する Ⓢ ease, *a-*だ relieved
あんぜん 安全 *a-*だ safe, secure
アンテナ *n.* antenna, aerial
あんな *o.* (pre-noun) /spoken/ <that kind of> *p.51*
あんない 案◁内 *n.* する guidance
あんなに *o.* (pre-STATE) /spoken/ *p.51*
あんまり *o.* /spoken/ → あまり *p.296*

い

いい *a.* /spoken/ → よい
いいえ *o.* <negation> *p.22*, *p.56*, *p.74*, *p.255*
いう 言う *v.* Ⓔ say
いえ・ｏの 家 *n.* house
いえ *o.* <negation> *p.22*

Japanese - English

…いか 以下 n. same as or less... p.260
…いがい 以外 n. other than..., except p.260
いがく 医学 n. medical science
いき 行き n. the way to somewhere
-いき e.g. パリ行き n. ⓢ for Paris p.260
いき 息 n. breath p.116
イギリス n. the United Kingdom p.179
いきる・いきて 生きる v. ⑫ Ⓔ live
いく 行く v. Ⓐ go <there> p.25, p.172
いくつ n. how many <things> p.107
いくつか n. some p.107
いくつも p.107
いくら n. how much p.107
いくらか／いくらか o. some p.107
いくらも／いくらも p.107
いけ・ⓢの 池 n. pond
いけん 意見 n. opinion
いし・ⓢの 石 n. stone
いし 医師 n. <one's occupation> medical doctor
いしゃ 医者 n. medical doctor p.295
…いじょう 以上 n. same as or more... p.260
いす n. chair
いそがしい・いそがしく a. busy
いそぐ 急ぐ v. Ⓔ hurry
いたい・いたく 痛い a. painful.
いたす v. /sensible/ → する p.132
いただきます /greeting/ p.231
いただく v. Ⓛ /sensible/ → たべる・のむ p.132
いただく v. Ⓝ /humble/ → もらう p.134
いち 一 n. one
いちおく 一億 n. a hundred million p.34
いちがつ・ⓢの 一月 n. January
いちご n. strawberry
いちじ 一時 n. one o'clock p.63
いちにち 一日 n. a day p.62, all day
いちにちじゅう 一日中 o. all day
いちば 市場 n. <fish/vegetable> market
いちばん 一番 o. <superlative> p.88
いちばん 一番 n. No.1 p.88
いつ n. when p.107
いつか n. sometime, at one time p.107
いつか 五日 n. the fifth, five days
いっしょう 一生 n. lifetime
いっしょに o. (pre-ACT) with <sb/sth>
いつつ 五つ n. five <things>
いって(い)らっしゃい 行って- /greeting/ p.231
いってきます 行って来ます /greeting/ p.231
いってまいります 行って- /greeting/ p.231
いっぱい o. full, a lot of p.271
いっぱい 一杯 n. a cup <of water>
いつも o. always, every time p.107
いと 糸 n. thread
いど 井戸 n. water well
いとこ n. cousin
…いない 以内 n. within, same as or less... p.260
いなか [田舎] n. countryside
いぬ・ⓢの 犬 n. dog p.277
いぬごや 犬小屋 n. doghouse
いねむり n. doze off p.116
いのる 祈る v. Ⓛ pray
いま 今 n. now, a moment ago p.24
いみ 意味 n. meaning

いもうと・ⓢの 妹 n. younger sister
いや a.だ unpleasant
イヤリング n. earrings
いらいら n. ⓢ <annoyance> p.277
いらいらする v. Ⓔ get annoyed p.276
いらっしゃい(ませ) /greeting/ p.231
いらっしゃる v. /respectful/ → いる⑫・いく・くる p.143
いりぐち 入り口／入口 n. entrance
いる 要る v. ⓢ need p.79, p.239
いる 居る v. ⑫ Ⓒ/ⓢ <ANIMALs> exist, stay
いれる 入れる tv. ⑫ Ⓜ put into, Ⓛ turn on <power supply>
いれる 淹れる v. ⑫ Ⓛ make <tea>
いろ 色 n. color
いろいろ 色々 a.だ various, o. (pre-verb) many kinds
いろんな o. (pre-noun) various p.283
インク n. ink
インド n. India
インドよう インド洋 n. the Indian Ocean
インフルエンザ n. influenza
インフレ n. inflation

う

ウイスキー n. whiskey
ウイルス n. virus
ウール n. wool
うえ (pre-n part+) うえ 上 n./ⓢ top
うえる 植える v. ⑫ Ⓛ plant <a tree>
うかがう v. ① /humble/ → きく p.258
うかがう v. Ⓖ /humble/ → たずねる p.258
うけつけ 受付 n. reception
うける・うけて v. ⑫ Ⓛ take <an examination>
うごかす 動かす tv. Ⓛ move sth, operate sth
うごく 動く iv. Ⓔ move, Ⓕ operate
うさぎ n. rabbit
うし 牛 n. cattle
うしろ 後ろ n. rear, ⓢ back
うすい a. thin <book>, light <color>, weak <tea>
うそ n. lie
うた・ⓢの 歌 n. song
うたう 歌う v. Ⓔ sing
うたごえ 歌声 n. singing voice
うち 内 n. ⓢ ingroup
うち (pre-n part+) うち 家 n. one's house / home
うちがわ 内側 n. inside
うちわ n. round fan
うつ 打つ v. Ⓛ hit <a nail, a ball>
うっかり o.する (pre-ACT) carelessly p.274
うつくしい・うつくしく a. beautiful
うつす 写す tv. Ⓛ copy, take a photo
うつる 移る v. Ⓐ move <to another place>
うつる 写る iv. Ⓕ appear in a photo
うで・ⓢの 腕 n. arm
うでどけい 腕[時計] n. wrist watch
うま・ⓢの 馬 n. horse p.277
うまい・うまく a. skillful
うまれる 生まれる v. ⑫ Ⓔ be born
うみ 海 n. sea, ocean
うら・ⓢの 裏 n. backside p.163
うらやましい・うらやましく a. enviable
うりきれ 売り切れ n. ⓢ be sold out

うりきれる・うりきれて 売り切れる v. ⑫ Ⓕ sell out
うりば 売り場 n. <menswear> department
うる 売る v. Ⓝ sell
うるさい・うるさく a. noisy
うれしい・うれしく a. glad
うわぎ 上着 n. jacket
うわさ n. rumor
うん 運 n. luck p.238
うんてん 運転 n.する driving
うんどう 運動 n.する physical exercise

え

え 絵 n. picture <drawing, painting>
エアコン n. air-conditioner
えいが／えいが 映画 n. movie
えいがかん 映画館 n. movie theater
えいご 英語 n. English language
えいこく 英国 n. the United Kingdom
えいせい 衛星 n. satellite, moon
えいわじてん 英和辞典 n. English-Japanese dictionary
ええ o. <affirmation> p.22
ええと int. /starting to speak/ p.61
えがお 笑顔 n. smile
えき 駅 n. <railway> station
えきいん 駅員 n. station employee
えきちょう 駅長 n. stationmaster
えきビル 駅ビル n. station building
えさ・ⓢの n. feed
エスカレーター n. escalator
エネルギー n. energy
えはがき 絵- n. picture postcard
えび n. shrimp, prawn
エプロン n. apron
えらぶ v. Ⓛ choose, select
えり・ⓢの n. collar
エレベーター n. elevator
えん 円 n./ⓢ circle
-えん 円 <Japanese currency unit> yen
えんそく 遠足 n. school excursion
えんだか 円高 n. ⓢ strong yen
えんぴつ n. pencil
えんやす 円安 n. ⓢ weak yen
えんりょ 遠慮 n.する <shyness> reserve, declining

お

お- prefix /polite/ p.91
おい 甥 n. nephew
おいしい a. delicious, tasty
おいでください /respectful/ Come here p.145
おいでになる v. Ⓐ /respectful/ → いる⑫・いく・くる p.143
おうだんほどう 横断歩道 n. pedestrian crossing
おうふく 往復 n.する going and returning
おおあめ 大雨 n. heavy rain
おおい 多い a. a lot p.86
おおきい・おおきく 大きい a. large <size>, loud <sound>
おおきさ 大きさ n. size
おおきな 大きな o. (pre-noun) large p.284
おおく 多く n. ⓢ a lot of, many p.86

おおごえ 大声 n. loud voice
おおぜい 大勢 ◁ o. lots of people
おおぜい 大勢 n. Ⓢ lots of <people>
おかあさん [お母さん] n. /polite/ mother
おかえり(なさい) /greeting/ p.231
おかし お菓子 n. /polite/ sweets
おかしい・おかしく a. funny
おかず n. dishes <accompanying rice>
おかね お金 n. /polite/ money
おかわり n. /spoken/ refill <of drink>
おきる・おきて 起きる iv. ①r Ⓔ get up, wake, wake up
おく 置く v. Ⓜ put <on a desk>
-おく 億 <一億 = 100 million>
おくさん 奥- n. /polite/ <your/his> wife
おくじょう 屋上 n. rooftop
おくりもの 贈り物 n. gift
おくる 送る v. Ⓜ send
おくる 贈る v. Ⓝ give <a gift>
おくれる 遅れる v. ①r Ⓔ Ⓕ be late
おこさん お子さん n. /polite/ <your/his/her> child
おこしください /respectful/ Come here p.145
おこす 起こす tv. Ⓛ wake sb
おこなう 行う v. Ⓛ do <a formal ACT> p.271
おこる 怒る v. Ⓔ get angry p.116
おさえる・おさえて 押さえる v. ①r Ⓛ hold <a ladder>
おさきに /greeting/ p.231
おさら お皿 n. /polite/ plate
おじ [伯父/叔父] n. uncle
おじいさん n. /polite/ grandfather, elderly man
おしいれ 押し入れ n. wall-cupboard
おしえる 教える v. ①r Ⓝ teach, tell <what time it is>
おじぎ n. <respect> bow
おしゃれ n. personal adornment, a-だ. stylish
おしょうがつ お正月 n. /polite/ New Year
おしり n. /polite/ buttocks
おす 押す v. Ⓛ push
おす・◯の 雄 n. Ⓢ <other than human> male p.42
おそい a. late
おたく お宅 n. /polite/ <your/his/her> house, home
おちゃ お茶 n. /polite/ tea, soft drink
おちる・おちて iv. ①r Ⓕ drop, fall
おっしゃる v. Ⓔ /respectful/ → いう p.142
おっと 夫 n. husband
おつり n. /polite/ <shopping> change
おてあらい お手洗い n. lavatory, rest room p.281
おと・◯の 音 n. sound
おとうさん [お父さん] n. /polite/ father
おとうと・◯の 弟 n. younger brother
おとこ・◯の 男 n. man, Ⓢ <human> male p.42
おとこのこ 男の子 n. boy p.42
おとこのひと 男の人 n. /polite/ man p.42
おところ お所 n. /polite/ your address p.164
おとす tv. Ⓛ drop sth
おととい・◯の n. the day before yesterday, (pre-sentence) おととい

おととし n. the year before last
おとな [大人] n./Ⓢ adult
おどり n. dance
おどる v. Ⓔ dance
おどろく v. Ⓔ be surprised
おなか n. belly
おなじ 同じ a. same p.76, p.84-85
おにいさん [お兄さん] n. /polite/ older brother
おにぎり n. rice bal.
おねえさん [お姉さん] n. /polite/ older sister
おねがい n. /polite/ request p.281
おば [伯母/叔母] n. aunt
おばあさん n. /polite/ grandmother, elderly woman
おはよう <Good morning!> p.10, p.133
おひる お昼 n. /polite/ noon, lunch
オペラ n. opera
おべんとう n. /polite/ boxed meal
おぼえる・おぼえて v. ①r Ⓛ commit to memory
おまつり お祭 n. /polite/ festival
おまわりさん n. /amicable/ police officer
おみまい n. /polite/ visiting <a sick person>
おみやげ n. /polite/ souvenir
おめでとう o. <Congratulations!> p.133
おめ(目)にかかる v. Ⓛ /humble/ → あう (会う) p.258
おめ(目)にかける・かけて v. ①r Ⓝ /humble/ → みせる p.258
おもい 重い a. heavy
おもいだす 思い出す v. Ⓛ remember
おもいで 思い出 n. memory
おもう 思う v. Ⓔ think, suppose
おもさ 重さ n. weight
おもしろい・おもしろく a. interesting
おもちゃ n. toy
おもて・◯の 表 n. front side p.163
おや・◯の 親 n. parent
おやすみ お休み n. /polite/ holiday, absence
おやすみ(なさい) <Good night!> p.231
おやゆび 親指 n. thumb
おゆ お湯 n. hot water
およぐ 泳ぐ v. Ⓑ Ⓔ swim
オランダ n. the Netherlands
おりがみ 折り紙 n. ORIGAMI
おりる・おりて 下りる iv. ①r Ⓑ go down <stairs, slope>
おりる・おりて 降りる iv. ①r Ⓑ get off
おる 折る v. Ⓛ break <a stick>, fold <paper>
おる 居る v. Ⓒ/Ⓢ /sensible/ → いる ①r p.132
おれい お礼 n. /polite/ thanks
おろす 下ろす tv. Ⓛ take down
おろす 降ろす v. Ⓛ drop sb off, unload
おわり 終わり n. end <of a story>
おわる 終わる v. Ⓛ end, finish
おんがく 音楽 n. music
おんせん 温泉 n. hot spring
おんど 温度 n. temperature
おんな・◯の 女 n. woman, Ⓢ <human> female p.42
おんなのこ 女の子 n. girl p.42

おんなのひと 女の人 n. /polite/ woman p.42
おんよみ 音読み n. ON-YOMI p.11

――――か

…か 課 n. lesson
-か 課 ◁ <counter for lessons>
-か 日 <date/counter for days> p.62
カー カー o. <sound of crows>
カーテン n. curtain
カード n. card
-かい 階 <floor of a building> p.43
-かい 回 <counter for times>
かいいん 会員 n. member <of a society/club>
かいがい 海外 n. overseas
かいがん 海岸 n. seashore, coast
かいぎ 会議 ◁ n. meeting
かいけい 会計 n. accounts, payment <of the bill>
がいこく 外国 n. foreign country
がいこくご 外国語 n. foreign language
がいこくじん 外国人 n. foreigner
かいさつぐち 改札口 n. wicket
かいしゃ 会社 n. company
かいしゃいん 会社員 n. company employee
かいすう 回数 n. number of times
かいだん 階段 n. stairs
かいてん 回転 n.する rotation
かいもの 買い物 n. shopping
がいらいご 外来語 n. loanword
かいわ 会話 n.する conversation
かう 買う v. Ⓛ buy
かえす 返す v. Ⓝ bring back, give back
かえり・◯の 帰り n. the way home
かえる 蛙 ◁ n. frog
かえる 変える tv. ①r Ⓛ change sth
かえる 帰る v. Ⓐ go home p.172
かお 顔 n. face, head p.241, p.250
がか 画家 n. painter
かがく 化学 n. chemistry
かがく 科学 n. science
かかと n. heel
かがみ・◯の n. mirror
かかる iv. Ⓗ hang
かかる iv. Ⓢ take <time>, cost <money>
かき 柿 ◁ n. Japanese persimmon
かき 牡蠣 ◁ n. oyster
かぎ・◯の n. key
-かく 画 <counter for strokes>
かく 書く v. Ⓛ write
かぐ 家具 ◁ n. furniture
がくしょく 学食 n. school cafeteria
がくせい 学生 n. university student p.86
がくぶ 学部 n. faculty <of law>
かくれる・かくれて v. ①r Ⓓ hide
かげ 影 n. shadow
かけざん 掛け算 n. multiplication p.40
-かげつ 箇月 <counter for months> p.63
かける・かけて tv. ①r Ⓛ hang, sprinkle, put on <eyeglasses>, Ⓜ <arithmetic> multiply p.40
かご n. basket
かさ n. umbrella
かざる v. Ⓛ display, decorate
かざん 火山 n. volcano
かじ 火事 n. a fire

Japanese - English

かしだす 貸し出す *v.* N <libraries> lend <books>
かしゅ 歌手 *n.* singer
かす 貸す *v.* N lend
ガス *n.* gas
かぜ 風 *n.* wind
かぜ [風邪] *n.* <disease> common cold
かせい 火星 *n.* <planet> Mars
かぞえる・かぞえて 数える *v.* ⑫ L count
かぞく 家族 *n.* family
ガソリン *n.* gasoline
(pre-*n*+) かた 方 *n.* /respectful/ person *p.136*
かた 肩 *n.* shoulder
-かた 方 *n.* <way to do> *p.110*
-がた 方 *n.* /people/respectful/ *p.112*
かたい *a.* hard
かたかな *n.* KATAKANA
かたち *n.* shape
かたづく *iv.* F be put in order
かたづける・かたづけて *tv.* ⑫ L put *sth* in order
かたみち 片道 *n.* S one way
かだん 花壇 *n.* flower bed
かち 勝ち *n.* victory
かつ 勝つ *v.* E win
-がつ 月 *n.* <month> *p.62*
がっき 楽器 *n.* musical instrument
がっこう 学校 *n.* school
かど 角 *n.* corner
かな *n.* KANA = ひらがな and かたかな
かない 家内 *n.* /spoken/ my wife
かなしい *a.* sad
かなしむ *v.* E grieve
かならず *o.* necessarily, by all means *p.296*
かなり *o.* considerably *p.282*
カナリア *n.* canary
かに *n.* crab
カヌー *n.* canoe
かね 金 *n.* money おかね
かねもち 金持ち *n.* S rich
かのじょ 彼女 *n.* that woman *p.231*, girlfriend
かばん *n.* bag
かびん 花瓶 *n.* vase
がぶがぶ *o.* (pre-ACT to drink) *p.276*
かぶる *v.* L put on <a hat>
かべ *n.* wall
かぼちゃ *n.* pumpkin
かみ・の 紙 *n.* paper
かみ・の 髪/かみのけ 髪の毛 *n.* hair <of one's head>
かみなり 雷 *n.* thunder
かむ *v.* L bite, chew
ガム *n.* chewing gum
カメラ *n.* camera
がめん 画面 *n.* <PC> display
〜かもしれない <avoiding the 'sure' mood> *p.196*
かゆい・かゆく *a.* itchy
かよう 通う *v.* G commute <to work>
かようび 火曜日 *n.* Tuesday
…から *n.* <starting point> *p.26, p.67*
からい・からく 辛い *a.* <spicy> hot
からから *n.* S <thirsty> *p.276*
からす *n.* crow *p.277*

ガラス *n.* glass
からだ 体 *n.* one's body, health
かりる 借りる *v.* ⑫ N borrow
かるい 軽い *a.* light
かれ 彼 *n.* that man *p.231*, boyfriend
カレー *n.* curry
カレンダー *n.* calendar
かわ・の 川 *n.* river, stream
かわ・の 皮 *n.* peel
かわいい・かわいく *a.* cute, pretty, small
かわいそう *a-だ.* pitiable
かわく 乾く *v.* F dry, 渇く *v.* F <のどが> feel thirsty
かわる *iv.* F change
かん 缶 *n.* <beer, cookie> can
かんがえ 考え *n.* idea
かんがえる・かんがえて 考える *v.* ⑫ E/L think, consider *p.127*
かんご 漢語 *n.* Japanese ON-YOMI word
かんごし 看護師 *n.* nurse
かんさつ 観察 *n.* する observation
かんじ 漢字 *n.* KANJI
がんじつ 元日 *n.* New Year's Day
かんじゃ 患者 *n.* patient
かんじる 感じる *v.* ⑫ E feel
かんたん 簡単 *a-だ.* easy, simple
がんたん 元旦 *n.* the morning of New Year's Day
かんづめ *n.* canned food
がんねん 元年 *n.* the first year <of SHŌWA, HEISEI, etc.> *p.65*
かんぱい *n.* する toast, *o.* <cheers>
がんばる *v.* E be tenacious of one's purpose, persist
かんぽう 漢方 *n.* Chinese medicine
かんわじてん 漢和辞典 *n.* KANJI dictionary <in Japanese>

━━━━━━━━━━━━━━━━━━ き ━━━

き 木 *n.* tree, wood
キーホルダー *n.* key ring, key case
きいろ 黄色 *n.* S yellow
きいろい 黄色い *a.* yellow *p.82*
きえる 消える *iv.* ⑫ F go off/out, D disappear
きおん 気温 *n.* atmospheric temperature
きか 幾何 *n.* geometry
きかい 機械 *n.* machine
ぎかい 議会 *n.* <city/prefectural> assembly
きがえる/きかえる・きがえて/きかえて 着替える *v.* ⑫ L change clothes
きく 聞く *v.* L listen to, I ask <a question>
きけん 危険 *n.* danger, *a-だ.* dangerous
きこえる 聞こえる *v.* ⑫ S audible *p.94*
きこく 帰国 *n.* する going to one's country
きざむ *v.* L chop <onion>
きず *n.* scratch, wound
きせつ/きせつ 季節 *n.* season
きせる 着せる *v.* ⑫ N put clothes on *sb*
きそく/きそく 規則 *n.* rule
きた 北 *n.* north, S northern
ギター *n.* guitar
きたない・きたなく *a.* dirty

きちんと *o.* (pre-ACT) properly *p.274*
きつい *a.* tight
きっさてん 喫茶店 *n.* tea room
きって 切手 *n.* postage stamp
きっと *o.* /spoken/ <thinking *sth* very strongly>
きっぷ 切符 *n.* ticket
きどう 起動 *n.* する start-up <PC>
きにいる 気に入る *v.* S be pleased, like *p.78*
きのう・の [昨日] *n.* yesterday, (pre-sentence) きのう
きびしい・きびしく *a.* severe, strict
きまる *iv.* F be decided, be fixed
ぎむ 義務 *n.* duty
きめる *tv.* ⑫ E L decide, make up one's mind
きもち 気持ち *n.* feeling
きもの 着物 *n.* KIMONO
キャベツ *n.* cabbage
きゅう 急 *n.* S / *a-だ.* sudden
きゅう 九 *n.* nine
きゅうきゅうしゃ 救急車 *n.* ambulance
きゅうけい 休憩 *n.* する break
きゅうこう 急行 *n.* express train
きゅうじつ 休日 *n.* holiday
きゅうに 急に *o.* (pre-ACT) suddenly *p.272*
ぎゅうにく 牛肉 *n.* beef
ぎゅうにゅう 牛乳 *n.* cow's milk
きゅうり *n.* cucumber
きゅうりょう 給料 *n.* pay, salary
きょう [今日] *n.* today
ぎょう 行 *n.* line <of writing>
きょういく 教育 *n.* する education
きょうかい 教会 *n.* church
きょうかしょ 教科書 *n.* textbook
きょうし 教師 *n.* <one's occupation> teacher
きょうしつ 教室 *n.* classroom
きょうだい 兄弟 *n.* brothers <and sisters>
きょうみ 興味 *n.* interest
きょか 許可 *n.* permission
ぎょぎょう 漁業 *n.* fishery
きょく 曲 *n.* piece of music
-きょく 曲 <counter for pieces of music>
きょねん 去年 *n.* last year
きらい *a.* <*sth* is> repugnant to <one>
きらきら *o.* する (pre-ACT to shine) *p.276*
ぎらぎら *o.* する (pre-ACT to shine) *p.276*
きり 霧 *n.* fog
きりさめ 霧雨 *n.* drizzle
きる 着る *v.* ⑫ L put on <a jacket>
きる 切る *tv.* L cut, switch off
きれい *a-だ.* beautiful, clean, pretty
きれる・きれて 切れる *iv.* ⑫ F snap, S cut well
-キロ kilogram, kilometer *p.200*
きをつける・-づけて 気を- *v.* ⑫ G be careful
きん 金 *n.* gold
ぎん 銀 *n.* silver
きんぎょ 金魚 *n.* goldfish
ぎんこう 銀行 *n.* bank
きんし 禁止 *n.* する prohibition0
きんじょ 近所 *n.* neighborhood
きんせい 金星 *n.* <planet> Venus
きんせい 近世 *n.* early modern times *p.291*

きんだい 近代 *n.* modern times
きんにく 筋肉 *n.* muscle
きんようび 金曜日 *n.* Friday

——く——

く 九 *n.* nine
-く 区 <ward>
クイズ *n.* quiz
ぐう *n.* <JANKEN> rock *p.106*
くうかん 空間 *n.* space
くうき 空気 *n.* air
くうこう 空港 *n.* airport
くがつ 九月 *n.* September
くさ・〜の 草 *n.* grass
くさり *n.* chain
くし・〜の *n.* comb
くじ 九時 *n.* nine o'clock *p.63*
くしゃみ *n.* sneeze *p.116*
くじら *n.* whale
くすり 薬 *n.* medicine
くすりゆび 薬指 *n.* ring finger
くだ 管 *n.* pipe, tube
ください *o.* /polite asking/ Give me *sth*
くださる *v.* [N] /respectful/ give me *p.134*
くだもの [果物] *n.* fruit
くだる 下る *v.* [B] go down <stairs, a slope>
くち 口 *n.* mouth
くちびる 唇 *n.* lip
くつ・〜の 靴 *n.* shoes
くつした 靴下 *n.* socks
ぐっすり *o.* (pre-ACT to sleep) *p.274*
くに 国 *n.* country
くばる 配る *v.* [N] distribute
くび 首 *n.* neck, head
くべつ 区別 *n.*[する] distinction
くま・〜の 熊 *n.* bear
くみたてる・くみたてて *v.* [1v] [L] construct
くも 雲 *n.* cloud
くもり・〜の *n.* [S] cloudy, gray *p.253*
くもる *v.* [F] become cloudy
くやしい・くやしく *a.* vexing
くらい 暗い *a.* dark
…くらい/ぐらい *n.* <not declare> *p.40*
ぐらぐら *n.* [S] <unstable> *p.276*
ぐらぐら *o.*[する] (pre-ACT to shake) *p.276*
クラス *n.* group of classmates
ぐらっと *o.*[する] (pre-ACT to shake) *p.276*
グラフ/グラフ *n.* graph
くらべる *v.* [1v] [P] compare
くり・〜の 栗 *n.* chestnut
くる 来る *v.* [A] come here *p.25, p.172*
くるしい・くるしく *a.* distressful
くるま 車 *n.* car, wheel
くれる *v.* [1v] [N] give me *p.113*
くろ 黒 *n.* [S] black
くろい・くろく 黒い *a.* black
くわしい・くわしく *a.* detailed
-くん 君 <lower than equal footing> *p.251*
くんよみ 訓読み *n.* KUN-YOMI *p.11*
くんれん 訓練 *n.*[する] training

——け——

け 毛 *n.* hair
-けい 京 <一京 = 10 quadrillion> *p.34*
けいかく 計画 *n.*[する] plan
けいけん 経験 *n.*[する] experience
けいご 敬語 *n.* honorific *p.131, p.142*
けいざいがく 経済学 *n.* economics
けいさつ 警察 *n.* police
けいさん 計算 *n.*[する] calculation
けいじばん 掲示板 *n.* bulletin board
ケーキ *n.* cake
ゲーテ *n.* Goethe
ゲーム *n.* game
けが *n.*[する] injury *p.117*
げきじょう 劇場 *n.* theater
けさ [今朝] *n.* this morning
げし 夏至 *n.* summer solstice
けしき 景色 *n.* scenery
けしゴム 消しゴム *n.* eraser
けす 消す *tv.* [L] erase, turn off <a light>
けずる *v.* [L] sharpen <a pencil>
ケチャップ *n.* ketchup
けっか 結果 *n.* result
けっこう *o.* <positive evaluation> *p.282*
けっこん 結婚 *n.*[する] marriage
けっせき 欠席 *n.*[する] absence <from class>
げつようび 月曜日 *n.* Monday
けむり *n.* smoke
ける 蹴る *v.* [L] kick
-けん 県 <prefecture>
けんか *n.*[する] quarrel
けんがく 見学 *n.*[する] <factory> tour
げんかん 玄関 *n.* entrance <of a house>
げんき 元気 *n.* vigor, *a-だ* lively, cheerful
けんきゅう 研究 *n.*[する] research, study
けんきゅうしつ 研究室 *n.* laboratory
けんきゅうしゃ 研究者 *n.* researcher
げんご 言語 *n.* language
けんさく 検索 *n.*[する] search
げんし 原子 *n.* atom
けんしゅう 研修 *n.*[する] study and training
けんせつ 建設 *n.*[する] construction
けんちく 建築 *n.* architecture

——こ——

こ 子 *n.* child
-こ 個 <counter for something ball-like> *p.32*
ご 五 *n.* five
ご- *prefix* /polite/ *p.91*
-ご 語 <language/counter for words>
こい 濃い *a.* deep <color>, strong <tea>
こいぬ 子犬 *n.* puppy
こいびと 恋人 *n.* lover
こう *o.* (pre-ACT/pre-STATE of こ-family) *p.51*
こう *o.* (pre-だ of こ-family) *p.51*
こうえん 公園 *n.* park
こうがく 工学 *n.* engineering
ごうかく 合格 *n.*[する] passing an examination
こうかん 交換 *n.*[する] exchange
こうき 後期 *n.* the second semester
こうぎ 講義 *n.*[する] lecture
こうぎょう 工業 *n.* industry
こうくうびん 航空便 *n.* airmail
ごうけい 合計 *n.*[する] sum total
こうこう 高校 *n.* → こうとうがっこう
こうざ 口座 *n.* <bank> account
こうさてん 交差点 *n.* intersection
こうし 子牛 *n.* calf
こうじ 工事 *n.*[する] construction
こうじょう 工場 *n.* factory
こうちゃ 紅茶 *n.* black tea
こうちょう 校長 *n.* principal of a school
こうとうがっこう 高等学校 *n.* high school
 shorter: こうこう 高校
こうはん 後半 *n.* the second half
こうばん 交番 *n.* KŌBAN
こうま 子馬 *n.* foal
こうむいん 公務員 *n.* public employee
こうもん 校門 *n.* school gate
こえ 声 *n.* voice, <animal/bird> sound *p.87*
コース *n.* course
コーチ *n.* <sports> coach
コート *n.* overcoat, <tennis> court
コーヒー *n.* coffee
コーラ *n.* cola
コーラス *n.* chorus
こおり 氷 *n.* ice
こおる 凍る *v.* [F] freeze
ごがつ 五月 *n.* May
こくせき 国籍 *n.* nationality
こくりつ 国立 *n.* [S] national <museum>
コケコッコー *o.* <sound of a cockerel>
こげる・こげて *v.* [1v] [F] burn, scorch
ここ *n.* <place of こ-family> *p.51*
ごご 午後 *n.* afternoon, p.m. *p.63, p.200*
ココア *n.* cocoa
こごえ 小声 *n.* [S] low voice
ここのか 九日 *n.* the ninth, nine days
ここのつ 九つ *n.* nine <things>
こころ/こころ 心 *n.* heart: mind
こさめ 小雨 *n.* light rain
ござる *v.* /sensible/ → ある *p.132*
こし 腰 *n.* lower back
ごじ 五時 *n.* five o'clock *p.63*
ごしゅじん ご主人 *n.* /polite/ <your/her> husband
こしょう 故障 *n.*[する] trouble <involving a machine>
こしょう 胡椒 *n.* pepper
ごぜん 午前 *n.* morning, a.m. *p63, p.200*
ごぜんちゅう 午前中 *n.* during the morning *p.200*
こだい 古代 *n.* ancient times
こたえ 答え/答 *n.* answer, response
こたえる・こたえて 答える *v.* [1v] [L] answer
ごちそう *n.* wonderful meal
ごちそうさま /greeting/ *p.231*
こちら *n.* <direction of こ-family> *p.19, p.51*
こっか 国家 *n.* state, nation
こっか 国歌 *n.* national anthem
こっち・〜の *n.* /spoken/ → こちら *p.51*
こづつみ 小包 *n.* postal parcel
コップ *n.* glass, tumbler
(pre-*n* +)こと *n.* *p.109, p.110, p.290*
ことがら 事柄 *n.* matter
ことし [今年] *n.* this year
ことば *n.* word, language
こども 子ども *n.* child *p.141*, [S] childish

ことり 小鳥 n. small bird
ことわる v. ① decline, refuse
こな・∅の n. powder
この o. (pre-noun of こ-family) <this> p.51
このあいだ n. a few days ago
ごはん ご飯 n. boiled rice, meal
コピー n.する copy, copying
こぼす tv. ① spill sth
こぼれる・こぼれて iv. ① F spill
こま n. spinning top
こまかい・こまかく a. fine <sand>
こまる v. S be troubled p.239
ごみ・∅の n. trash
ごみばこ n. trash box
こむ v. S be crowded
ゴム n. rubber
こめ・∅の 米 n. rice おこめ
ごめんください /greeting/ p.231
ごめんなさい /casual, polite/ I'm sorry p.231
こや・∅の 小屋 n. hut
こゆび 小指 n. little finger
ごらんください o. /respectful/ Please look at this / that p.145
ごらんにいれる v. /humble/ → みせる p.258
ごらんになる v. /respectful/ → みる p.142
ゴルフ n. golf
これ n. <thing of こ-family> p.9, p.51
(pre-n +) ころ/ごろ n. <approximate time> p.63
ころぶ 転ぶ v. E fall over
こわい・こわく a. 怖い afraid
こわす tv. ① break <a box>
こわれる・こわれて iv. ① F break <lose function>
こんげつ 今月 n. this month
コンサート n. concert
こんしゅう 今週 n. this week
こんど 今度 n. S recent, next
こんな o. /spoken/ (pre-noun of こ-family) <this kind of> p.51
こんなに o. /spoken/ (pre-STATE of こ-family) p.51
こんにちは 今日は <Good day!> p.10
コンパス n. compass
こんばん 今晩 n. <about meals> tonight
こんばんは 今晩は <Good evening!> p.10
コンビニ n. convenience store
こんや 今夜 n. tonight

――― さ ―――

-さ (making nouns from adjectives) p.190
さあ int. <C'mon/All right/Well> p.125, p.253
ざあざあ o. (pre-ACT to rain) p.276
ざあっと o. (pre-ACT to rain) p.276
サービス n. service
-さい 歳 <counter for age> p.62
さいきん 最近 n. recently
さいご 最後 n. S last, final
さいこう 最高 n. S highest, best
さいしょ 最初 n. S beginning
さいてい 最低 n. S lowest, worst
さいふ n. wallet
さか・∅の 坂 n. slope
さがす 捜す/探す v. ① look for p.178

さかな 魚 n. fish
さかや 酒屋 n. liquor shop
さがる 下がる iv. F <temperature, a price> fall
さき 先 n. tip, S ahead
さきほど o. a little while ago
さく 咲く v. F bloom
さくひん 作品 n. works <of art>
さくぶん 作文 n. composition
さくもつ 作物 n. crops
さくら n. cherry <tree/blossom>
さけ 酒 n. alcoholic drink おさけ
さけ 鮭 n. salmon
さげる・さげて 下げる tv. ① ① lower sth
さじ・∅の n. spoon
さしあげる v. ① N /humble/ → あげる p.134
さしみ n. SASHIMI おさしみ
さす 差す v. ① put up <an umbrella>
さそう 誘う v. ① ask sb <out for tea>
-さつ 冊 <counter for books> p.33
ざつおん 雑音 n. noise
サッカー n. soccer
さっき /spoken/ → さきほど
さっきょく 作曲 n.する musical composition
ざっし 雑誌 n. magazine
さとう 砂糖 n. sugar
さばく 砂漠 n. desert
さびしい・さびしく a. lonely
-さま 様 /person/respectful/ p.251
さむい・さむく 寒い a. <atmospheric> cold p.184
さむけ・∅の 寒気 n. chill p.87
さようなら <Good bye!> p.10
さら 皿 n. plate おさら
サラダ n. salad
さわぐ v. E make noise
さわる v. G ① touch
さん 三 n. three
-さん /person/polite/ p.251
さんかく 三角 n. triangle, S triangular p.82
さんがつ 三月 n. March
サングラス n. sunglasses
さんじ 三時 n. three o'clock p.63
さんすう 算数 n. arithmetic
サンドイッチ n. sandwich
ざんねん 残念 a-だ regrettable
さんぽ 散歩 n.する walk, stroll

――― し ―――

-し 市 <city>
し 詩 n. poem, poetry
し 四 n. four
し 死 n. death
じ 字 n. character, phonogram
-じ 字 <counter for characters/phonograms>
-じ 時 <o'clock> p.63
しあい 試合 n. game, match
しあわせ n. happiness, a-だ happy
シーツ n. bed sheet
ジーパン n. jeans
ジェットき -機 n. jet airplane
しお・∅の 塩 n. salt
しおからい・しおからく 塩辛い a. salty
しかく 四角 n./S square p.82
しかくい 四角い a. square p.82

しかし conj. /written/ <but, however> p.300
しかた し方 n. <way to do> p.110
しかたがない It cannot be helped.
しがつ・∅の 四月 n. April
しかる v. ① scold
じかん 時間 n. time, <math> lesson
-じかん 時間 <counter for hours> p.63
じかんわり 時間割 n. class schedule
しく 敷く v. M lay sth <on a floor>
しけん 試験 n. examination, test
じこ 事故 n. accident
じごく 地獄 n. hell
しごと 仕事 n. work, job, business
じしゅう 自習 n.する studying by oneself
じしょ 辞書 n. dictionary
しじょう 市場 n. <stock> market
じしん 地震 n. earthquake
しずか a-だ quiet
システム n. system
しぜん 自然 n. nature, S/ a-だ natural
した 下 n./S bottom
した・∅の 舌 n. tongue
したい 死体 n. dead body
じだい 時代 n. era, time
したぎ 下着 n. underwear
したく 支度 n.する preparation <of clothing, for a meal>
しち 七 n. seven
しちがつ・∅の 七月 n. July
しちじ 七時 n. seven o'clock p.63
しちゃく 試着 n.する trying <a suit> on
しちゃくしつ 試着室 n. fitting room
しちょう 市長 n. mayor/mayoress
しつ 質 n. quality
しっかり o. (pre-ACT) firmly, faithfully p.274
じっけん 実験 n.する experiment
じっけんしつ 実験室 n. laboratory
しっている 知っている v. ① S know p.58
しつど 湿度 n. humidity
しっぱい 失敗 n.する failure (⇔success)
しつもん 質問 n.する question
しつれいします 失礼します /greeting/ p.231
じてんしゃ/じてんしゃ 自転車 n. bicycle
じどうしゃ 自動車 n. motorcar
しなもの 品物 n. article
しぬ 死ぬ v. E <except plants> die
しばらく o. a while p.282
じぶん 自分 n. oneself
しま・∅の 島 n. island
しまい 姉妹 n. sisters
しまう v. M put away
しまる 閉まる iv. F close
じむしつ 事務室 n. school office
じむしょ 事務所 n. office
しめい 氏名 n. full name
しめきり 締め切り n. deadline
しめる・しめて 閉める tv. ① ① close sth
しめる・しめて 締める v. ① ① tighten, lace
しも・∅の 霜 n. frost
シャープペンシル n. mechanical pencil
しゃかい 社会 n. society
じゃがいも n. potato

じゃくてん 弱点 n. weak point
しゃしん 写真 n. photograph
ジャズ n. jazz
しゃせい 写生 n.する sketch
しゃちょう 社長 n. president of a company
シャツ n. shirt
しゃどう 車道 n. roadway
しゃべる v. C chat
じゃま a-だ obstructive
ジャム n. jam
シャワー n. shower
じゃんけん n. JANKEN p.106
ジャンル n. genre
しゅう 週 n. week
じゅう 十 n. ten
じゆう 自由 n. freedom, a-だ free
じゅうい 獣医 n. veterinarian p.295
じゅういちがつ・Øの 十一月 n. November
じゅういちじ 十一時 n. eleven o'clock p.63
じゅうがつ・Øの 十月 n. October
しゅうかん 習慣 n. habit, custom
-しゅうかん 週間 <counter for weeks> p.63
しゅうかんし 週刊誌 n. weekly magazine
しゅうきん 集金 n.する collection of money
しゅうごう 集合 n.する gathering, meeting
じゅうじ 十時 n. ten o'clock p.63
じゅうしょ 住所 n. one's address
ジュース n. juice
じゅうたん 絨毯 n. carpet
じゅうどう 柔道 n. JŪDŌ
じゅうにがつ・Øの 十二月 n. December
じゅうにじ 十二時 n. twelve o'clock p.63
しゅうぶん 秋分 n. autumnal equinox
しゅうまつ 週末 n. weekend
しゅうり 修理 n.する repair
じゅぎょう 授業 n. class
しゅくじつ 祝日 n. national holiday
しゅくだい 宿題 n. homework
しゅじん 主人 n. owner <of a shop/restaurant>, my husband
しゅっせき 出席 n.する attendance
しゅっぱつ 出発 n.する departure
しゅと 首都 n. capital
しゅふ 主婦 n. housewife
しゅみ 趣味 n. hobby
じゅんび 準備 n.する preparation <for an event>
しゅんぶん 春分 n. vernal equinox
しよう 使用 n.する use
じょうえい 上映 n.する <movie> screening
しょうかい 紹介 n.する introduction
しょうかき 消火器 n. fire extinguisher
しょうがくせい 小学生 n. pupil <of an elementary school>
しょうがつ 正月 n. New Year おしょうがつ
しょうがっこう 小学校 n. elementary school
しょうがない /spoken/ → しかたがない
じょうかまち 城下町 n. castle town
じょうきょう 上京 n.する coming/going to the capital
しょうご 正午 n. noon, midday
じょうし 上司 n. boss

しょうしょう 少々 o. a few, a little p.271
じょうず [上手] a-だ <in technique> good at p.77
しょうすう 小数 n. decimal fraction
しょうせつ 小説 n. novel
しょうせつか 小説家 n. novelist
しょうたい 招待 n.する invitation
じょうだん 冗談 n. joke
しようちゅう 使用中 n. S occupied
じょうぶ 丈夫 a-だ durable, robust
しょうぼうしゃ 消防車 n. fire engine
しょうゆ 醤油 n. soy sauce
しょうわ 昭和 n. the SHŌWA era (1926-89) p.65
しょか 初夏 n. early summer
しょきゅう 初級 n. S beginner's <class>
-しょく 色 <counter for colors>
しょくぎょう 職業 n. occupation
しょくじ 食事 n. meal
しょくどう 食堂 n. cafeteria, restaurant
しょくぶつ 植物 n. plant
しょくりょうひん 食料品 n. foodstuffs
じょし 女子 n. girl, S <human> female p.42
じょじ 女児 n. /written/ girl p.42
じょしこう 女子校 n. girls' school
しょしゅう 初秋 n. early autumn
しょしゅん 初春 n. early spring
しょしんしゃ 初心者 n. beginner
じょせい 女性 n. woman, S <human> femail p.42
しょっき 食器 n. tableware
ショック n. shock
しょっぱい・しょっぱく a. /spoken/ salty → しおからい n
しょてん 書店 n. book shop
しょとう 初冬 n. early winter
しょほ 初歩 n. S the rudiments <of geometry>
しょるい 書類 n. paper, document
しらせる 知らせる v. D N inform
しらべる・しらべて v. D L look up <a word>
しり・Øの 尻 n. buttocks おしり
しりあい 知り合い n. acquaintance p.281
しりつ 市立 n. S municipal <school>
しりつ 私立 n. S private <school>
しりょう 資料 n. data
しる 知る v. L know p.58
しろ 白 n. S whit
しろい・しろく 白い a. white
しろくろ 白黒 n. S black and white, monochrome
しんかんせん 新幹線 n. SHINKANSEN
しんげつ 新月 n. new moon
しんけん 真剣 a-だ serious <expression>
しんごう 信号 n. traffic light
じんこう 人口 n. population
じんこう 人工 n. S artificial
じんじゃ 神社 n. SHINTŌ shrine
しんじゅ 真珠 n. pearl
しんせき 親戚 n. relative
しんせつ 親切 n. kindness, a-だ kind
しんせん 新鮮 a-だ fresh
しんぞう 心臓 n. <organ> heart
しんねん 新年 n. new year

しんぱい 心配 n.する anxiety, a-だ anxious
しんぱいする 心配する v. E worry
しんぴん 新品 n. S brand-new
しんぶん 新聞 n. newspaper
シンポジウム n. symposium
しんゆう 親友 n. close friend

す

ず 図 n. diagram, figure
すいえい 水泳 n. swimming
すいか n. watermelon
すいぎん 水銀 n. mercury
すいせい 水星 n. <planet> Mercury
すいぞくかん 水族館 n. aquarium
スイッチ n. <electric appliance> switch
すいでん 水田 n. rice field
すいどう 水道 n. waterworks
ずいぶん o. extremely p.203, p.282
すいようび 水曜日 n. Wednesday
すう 吸う v. L breathe in, suck
すうがく 数学 n. mathematics
すうじ 数字 n. numeral
スーツ n. suit
スープ n. soup
スカート n. skirt
スカッシュ n. squash
ずかん 図鑑 n. illustrated book
すき 好き a-だ fond of
…すぎ n. <past, after> p.63
スキー n. skiing
すきやき n. SUKIYAKI
すぎる・すぎて v. D E pass
すく 空く v. E <おなかが> feel hungry
すぐ/すぐに o. (pre-ACT) immediately
すくない・すくなく 少ない a. not much/many p.86
すぐれる・すぐれて v. D S superior p.225
すこし 少し o. a little, a few
すし n. SUSHI おすし
すず 鈴 n. bell
すずしい・すずしく a. <atmospheric> cool p.184
すすむ 進む v. A B go forward
すずめ n. sparrow
-ずつ <equal QUANTITY> p.40
ずつう 頭痛 n. headache p.87
すっかり o. /spoken/ completely p.282
ずっと o. /spoken/ by far, all the time p.282
すっぱい・すっぱく a. /spoken/ sour
ステーキ n. steak
すてき a-だ wonderful, fine
すてる v. D L throw away
すな 砂 n. sand
すね・Øの 脛 n. shin
すばらしい・すばらしく a. wonderful, splendid
スピード n. speed
スプーン n. spoon
すべる v. E slip, skate, ski, S slippery
スポーツ n. sports
ズボン n. pants p.31
すみません o. <Excuse me, Hello> p.10
すむ 住む v. C <person> dwell, live p.53
すむ 済む v. E be over, finish
すもう 相撲 n. SUMŌ p.106

Japanese - English

すやすや o. /spoken/ (pre-ACT to sleep) p.276
スラッシュ n. slash mark
スリッパ n. slippers
する v. (making split verbs) do p.36, p.111
(pre-ACT part +)する v. make... p.184, p.186, p.188
すわる v. Ⓒ sit down
すんでいる 住んでいる(←すむ 住む) v. Ⓢ live in <Japan> p.53

せ

せ 背 n. one's height
せいかい 正解 n. correct answer
せいかく 正確 a-だ. accurate, correct
せいかつ 生活 n.する life
せいき 世紀 n. century
せいこう 成功 n.する success
せいしつ 性質 n. the nature, properties <of iron>
せいせき 成績 n. results, score
せいと 生徒 n. high school student p.86
せいなん 西南 n. southwest
せいひん 製品 n. product
せいほく 西北 n. northwest
せいもん 正門 n. main gate
せいよう 西洋 n. the West
セーター n. sweater
せおよぎ 背泳ぎ n. backstroke
せかい 世界 n. world
せかいちず 世界地図 n. world map
せき 咳 n. cough p.116
せき 席 n. seat
せきたん 石炭 n. coal
せきゆ 石油 n. petroleum
セザンヌ n. Cézanne
せだい/ぜだい 世代 n. generation
せっけん 石鹸 n. soap
せつめい 説明 n.する explanation
せなか 背中 n. back: from the neck to the waist
ぜひ o. <by all means> p.296
せまい・せまく a. small <room>, narrow <road>
ゼリー n. jelly
ゼロ n. zero
せん 千 n. thousand
せん 線 n. line p.147
-ぜん 膳 <counter for chopsticks>
ぜんいん 全員 n. everyone
ぜんき 前期 n. the first semester
せんげつ 先月 n. last month
せんしゅ 選手 n. <sports> player
せんしゅう 先週 n. last week
せんす 扇子 n. folding fan
せんせい 先生 n. /honorific/ teacher, doctor p.26, p.251
ぜんぜん 全然 o. <(not) at all, extremely> p.282
せんそう 戦争 n. war
せんたく 洗濯 n.する washing
せんたくき 洗濯機 n. washing machine
ぜんはん 前半 n. the first half
ぜんぶ 全部 o. everything
せんぷうき 扇風機 n. electric fan
せんめんじょ・–の洗面所 n. sink

せんもん 専門 n. specialized field　ごせんもん
せんもんか 専門家 n. expert

そ

そう o. (pre-ACT/pre-STATE of そ-family) p.51
そう o. (pre-だ of そ-family) p.22, p.51, p.74, p.212
-そう o. (making だ-type predicate) <hearsay> p.99
-そう o. (making だ-adjective unit) p.83
ぞう 象 n. elephant
そうこ 倉庫 n. warehouse
そうじ n.する <room> cleaning
そうじき 掃除機 n. vacuum cleaner
そうして conj. /spoken/ → そして p.301
そうしん 送信 n.する sending <an email>
そうだん 相談 n.する consultation
ソース n. worcester sauce
-そく 足 <counter for pair of shoes> p.33
そこ n. <place of そ-family> p.51
そして conj. and then p.301
そちら n. <direction of そ-family> p.51
そつぎょう 卒業 n.する graduation
そっち・–の n. /spoken/ → そちら p.51
そっと o. (pre-ACT) /spoken/ carefully, quietly
そで n. sleeve
そと 外 n. outside, Ⓢ outgroup
そとがわ 外側 n. outside
その o. (pre-noun of そ-family) <that> p.51
そば 傍 n. side p.44
そば [蕎麦] n. SOBA　おそば
そふ 祖父 n. grandfather
ソファー n. sofa
そぼ 祖母 n. grandmother
そら 空 n. sky
それ n. <thing of そ-family> p.9, p.51, p.234
それから conj. then, after that p.300
それで conj. therefore, that's why p.301
それでは conj. <I will do the next ACT.> p.301
それとも conj. or p.300
それに conj. moreover p.300
そろそろ o. in a short time p.294
そんけい 尊敬 n.する respect
そんな o. /spoken/ (pre-noun of そ-family) <that kind of> p.51
そんなに o. /spoken/ (pre-STATE of そ-family) p.51

た

～だい 代 n. charge, fare, bill
-だい 台 <counter for machines>
だい 台 n. stand
だい 題 n. title <of abook, a movie>
だい- 第 e.g. 第三 number three, the third
たいいく 体育 n. physical education
たいいくかん 体育館 n. gymnasium
たいいん 退院 n.する leaving hospital
だいがく 大学 n. university
だいがくいん 大学院 n. graduate school
だいがくせい 大学生 n. university student
たいくつ a-だ. boring
たいし 大使 n. ambassador
だいじ 大事 a-だ. important
たいしかん 大使館 n. embassy

たいしょう 大正 n. the TAISHŌ era (1912-26) p.65
だいじょうぶ o. /spoken/ all right, no problem, no thank you
だいすき 大好き a-だ. /spoken/ very fond of
たいせいよう 大西洋 n. the Atlantic Ocean
たいせつ 大切 a-だ. valued <friend>
だいたい 大体 o. on the whole p.283
だいたい o. <in most cases this is so> p.283
だいどころ 台所 n. kitchen
だいぶ 大分 o. /spoken/ <positive evaluation> p.282
たいふう 台風 n. typhoon
たいへいよう 太平洋 n. the Pacific Ocean
たいへん 大変 a-だ. great, terrible, o. very
だいめい 題名 n. title <of a book, a movie>
タイヤ n. tire
たいら a-だ. flat
たいりく 大陸 n. continent
たいりょう 大量 n. Ⓢ a lot of, massive p.271
だえん 楕円 n./Ⓢ ellipse
たおす tv. Ⓛ knock down
タオル n. towel
たおれる・たおれて iv. ⓘ Ⓕ fall down
たかい・たかく 高い a. high, expensive
たかさ 高さ n. height
だから conj. /plain/ so, so that's why p.301
だく v. Ⓛ hold <in one's arms>, embrace
たくさん o. /spoken/ a lot, lots p.271
タクシー n. taxi
たけ 竹 n. bamboo
…だけ(・–の) n. <only> p.40
たこ 凧 n. kite
たこ 蛸 n. octopus
たしざん 足し算 n. addition p.40
たしょう 多少 o. to some extent, a bit
たす 足す v. Ⓜ add p.40
だす 出す tv. Ⓛ put/take out, <a letter> mail
たすける・たすけて v. ⓘ Ⓛ save, assist
たずねる・たずねて 訪ねる v. ⓘ Ⓛ visit, 尋ねる v. ⓘ Ⓛ ask p.258
ただ n. Ⓢ <charge> free
ただいま /greeting/ p.231
たたく v. Ⓛ hit, slap
ただしい・ただしく 正しい a. right, correct
たたみ n. TATAMI
たたむ v. Ⓛ fold up <one's clothes>
…たち n. <person two or more> p.112
たちば・–の/たちば 立場 n. position
たつ 立つ iv. Ⓒ stand up
たつ 建つ iv. Ⓓ build
たっきゅう 卓球 n. table tennis
たて 縦 n. Ⓢ (⇔lateral) longitudinal p.194
たてがき 縦書き n. Ⓢ vertical writing
たてもの 建物 n. building
たてる・たてて 立てる tv. ⓘ Ⓛ erect sth
たてる・たてて 建てる tv. ⓘ Ⓛ build sth
たとえば for example p.294
たな 棚 n. shelf
たなだ 棚田 n. terraced rice fields
たね 種 n. seed
たのしい・たのしく 楽しい a. enjoyable
たのしむ 楽しむ v. Ⓛ enjoy

たのむ v. ① ask <help>, ② order <coffee>
タバコ n. cigarette
たぶん 多分 o. probably p.296
たべもの 食べ物 n. edible item p.149
たべる・たべて 食べる v. ① ② eat
たまご 卵 n. egg
たまねぎ n. onion
ダム n. dam
…ため (・るの) n. <for sb> p.139
だめ a-だ /spoken/ no way
たりる 足りる v. ① ⑤ enough
だれ n. who
だれか n. somebody p.101, p.107
だれも p.107
たんい 単位 n. unit, credit <registration for study>
たんご 単語 n. word
だんし 男子 n. boy, ⑤ <human> male p.42
だんじ 男児 n. /written/ boy p.42
だんしこう 男子校 n. boys' school
たんじゅん 単純 a-だ (⇔complicated) simple
たんじょうび 誕生日 n. birthday
ダンス n. dance
だんせい 男性 n. man, ⑤ <human> male p.42
だんだん o. gradually p.282
たんぼ [田圃] n. rice field

ち

ち 血 n. blood
ちいさい・ちいさく 小さい a. small, low <sound>
ちいさな 小さな o. (pre-noun) small, little p.284
チーズ n. cheese
チーム n. team
チェス n. chess
チェック n. する check
チェロ n. cello
ちか 地下 n. underground
ちかい・ちかく 近い a. near
ちがう v. ⑤ different, wrong <answer>
ちかく 近く n. near place p.44
ちかづく 近づく v. ⑥ approach
ちかてつ 地下鉄 n. subway
ちから・のちから n. force, power
ちきゅう 地球 n. <planet> Earth
チケット/チケット n. <theater, stadium> ticket
ちこく 遅刻 n. する <to school> lateness
ちじょう 地上 n. overground
ちじん 知人 n. acquaintance
ちず 地図 n. map
ちち 父 n. father
ちちゅうかい 地中海 n. the Mediterranean Sea
ちゃ 茶 n. tea, soft drink おちゃ
ちゃいろ 茶色 n. ⑤ brown
ちゃいろい 茶色い a. brown p.82
ちゃくりく 着陸 n. する landing
チャック n. zipper
ちゃわん 茶碗 n. teabowl, rice bowl
-ちゃん /spoken/ <children, close> p.251
チャンス n. chance of doing
ちゃんと o. (pre-ACT) /spoken/ regularly p.274
…ちゅう/じゅう 中 n. <during an ACT> p.204
ちゅうい 注意 n. する attention
ちゅうがく 中学 n. → ちゅうがっこう

ちゅうがくせい 中学生 n. junior high school student
ちゅうがっこう 中学校 n. junior high school
 shorter: ちゅうがく 中学
ちゅうきゅう 中級 n. ⑤ intermediate
ちゅうこ 中古 n. ⑤ used, secondhand
ちゅうし 中止 n. する cancellation
ちゅうしゃ 注射 n. する injection
ちゅうしゃじょう 駐車場 n. parking lot
ちゅうしん 中心 n. center, ⑤ central
ちゅうせい 中性 n. ⑤ neutral
ちゅうせい 中世 n. the middle ages
ちゅうとう 中東 n. the Middle East
ちゅうべい 中米 n. Central America
ちゅうもん 注文 n. する order
チューリップ n. tulip
ちゅうわ 中和 n. する neutralization
チュン チュン o. <sound of sparrows>
-ちょう 兆 <一兆 = 1 trillion>
ちょうこう 聴講 n. する auditing <at a university>
ちょうど o. (pre-STATE) <exactly> p.283
ちょうど o. (pre-QUANTITY) <just, exactly>
チョーク n. chalk
ちょき n. <JANKEN> scissors p.106
ちょきん 貯金 n. する saving money
ちょくせん 直線 n. straight line
チョコレート n. chocolate
ちょしゃ 著者 n. author
ちょっかく 直角 n. ⑤ right angle
ちょっと o. /spoken/ a little p.271, p.283
ちり 地理 n. geography
ちる 散る v. ⑥ <leaves> fall

つ

つい o. carelessly p.204, p.294
ついたち・るの [一日] n. the first day of a month
ついて o. → ～について
-つう 通 <counter for correspondence>
つうがく 通学 n. する commuting to school
つうきん 通勤 n. する commuting to work
つうやく 通訳 n. interpreter, する interpretation
つかう 使う v. ② use
つかれる・つかれて v. ① ⑤ tire p.116
つき 月 n. moon, month p.62-63
つぎ n. ⑤ next
つきあたり n. the end of a street/corridor
つく 付く iv. ⑥ stick <to clothes>
つく 着く v. ⑥ arrive
つく 点く iv. ⑥ turn on
つくえ n. desk
つくる 作る v. ② make
つける・つけて 付ける tv. ① ② attach
つける・つけて 点ける tv. ① ② turn on <a light>
つごう 都合 n. one's convenience
つたえる v. ① ⑩ tell, convey
つち・るの 土 n. soil
つづく 続く iv. ⑥ last, continue
つづける 続ける tv. ① continue sth
つつむ v. ① ② wrap

つとめる・つとめて 勤める v. ① ⑥ be employed
つなひき 綱引き n. tug of war
つの・るの 角 n. horn, <insect> antenna
つま 妻 n. wife
つまさき 爪先 n. toe
つまらない a. dull
つむ 積む v. ② pile up, load into/onto
つめ 爪 n. nail
つめたい 冷たい a. <sense of touch> cold p.184
(pre-n +) つもり n. <intention> p.288
つもる 積もる v. ⑥ lie, accumulate
つゆ [梅雨] n. the rainy season <in Japan>
つゆ 露 n. dew
つよい・つよく 強い a. strong
つよさ 強さ n. strength
つり 釣り n. fishing <with rod and line> p.281
つるつる n. ⑤ <slippery> p.277
つるつる o. (pre-ACT to slip) p.276
つれていく -行く v. ⑥ take <person/animal> p.172

て

て 手 n. hand p.241
てあらい 手洗い n. hand-washing
ていき n. → ていきけん
ていきけん 定期券 n. commuter pass
 shorter: ていき 定期
ていしゃ 停車 n. する <cars/trains> stop
ていでん 停電 n. electric power failure
ていねい a-だ polite
でいりぐち 出入口 n. doorway
ていりゅうじょ 停留所 n. <bus> stop
データ/データ n. data
デート n. する date <with a lover>
テーブル n. table
てがき 手書き n. ⑤ handwriting
でかける 出かける v. ① ⑥ go out
てがみ 手紙 n. letter おてがみ
てがる 手軽 a-だ simple <meal>
できごと 出来事 n. occurrence
できる・できて v. ① ⑥ be made/completed, ⑤ be able to
でぐち 出口 n. exit
てくび 手首 n. wrist
デザート n. dessert
デザイン n. する design
てじな 手品 n. magic
ですから conj. /polite/ so, so that's why p.301
テスト n. する test
てちょう 手帳 n. pocket notebook
てつ 鉄 n. iron, steel
てづくり 手作り n. ⑤ handmade
てつだう 手伝う v. ① ② help
てつや 徹夜 n. sitting up all night
テニス n. tennis
てのひら n. palm
では conj. <well, right> p.210
デパート n. department store
てぶくろ 手袋 n. glove, mitten
てほん 手本 n. model <handwriting> おてほん
でも conj. <but> p.210
n + でも <I give an example.> p.210

てら・⊙の 寺 ⊲ n. temple　おてら
でる 出る iv. ① Ⓑ leave, Ⓓ appear, <the sun/the moon> rise, <questions> be given
テレビ n. television
てん 点 n. point p.147
-てん 点 ⊲ <counter for grades in tests> p.33
てんいん 店員 n. shop asistant
てんき 天気 n. weather　おてんき
でんき 電気 n. electricity, electric light
てんきあめ 天気雨 n. sun-shower
てんきよほう 天気予⊲報 n. weather forecast
でんげん 電源 n. power supply
てんごく 天国 n. heaven
でんごん 伝言 n. する verbal message
でんし 電子 n. electron
でんしゃ/でんしゃ 電車 n. electric train
てんじょう 天井 n. ceiling
てんそう 転送 n. する Ⓛ forwarding
でんたく 電卓 n. calculator
でんち 電池 n. battery
テント n. tent
てんぷら n. TENPURA
てんもんがく 天文学 n. astronomy
でんりょく 電力 n. electric power
でんわ 電話 n. する telephone, call　おでんわ

━━━━━ と ━━━━━

と 戸 ⊲ n. <sliding> door
-ど 度 <counter for times/temperature/angles>
ドア n. door
トイレ n. toilet
-とう 頭 <counter for large animals>
どう o. (pre-ACT/pre-だ of ど-family) how p.51
どう いたしまして <You're welcome.> p.10
とうけい 統計 n. statistics
とうざい 東西 n. east and west
とうじ 冬至 n. winter solstice
どうし 動詞 n. verb
どうして o. /spoken/ why p.149, p.215
どうぞ o. /spoken/ please p.145
とうちゃく 到⊲着 n. する arrival
とうなん 東南 n. southeast
とうなんアジア 東南- n. Southeast Asia
とうふ n. TŌFU　おとうふ
どうぶつ 動物 n. animal
どうぶつえん 動物園 ⊲ n. zoo
とうほく 東北 n. northeast
どうも o. /spoken/ <thanks/apology> p.157
どうよう 東洋 n. the East
どうりょう 同僚 ⊲ n. co-worker
どうろ 道路 ⊲ n. road
とお 十 o. (pre-ACT) ten
とお 十 n. ten <things>
とおい 遠い a. distant, far
とおか 十日 n. the tenth, ten days
とおく・⊙の 遠く n. distant place
ドーナツ n. doughnut
とおり・⊙の 通り n. street
とおりあめ 通り雨 n. passing shower
とおる 通る iv. Ⓑ pass
とかい 都会 n. urban area
とき 時 n. time
…とき n. time when p.228

どきっとする v. Ⓔ /spoken/ <heart beats> p.276
ときどき 時々 o. sometimes
どきどき n. Ⓢ /spoken/ <heart beats> p.277
どきどきする v. Ⓔ /spoken/ go pit-a-pat p.276
とくい 得意 a-だ <for talent> good at p.77
どくしょ 読書 n. する reading
どくしん 独身 n. Ⓢ unmarried
とくに 特に o. especially p.294
とくべつ 特別 n. Ⓢ/ a-だ special
とくべつきゅうこう 特別急行 n. limited express shorter: とっきゅう 特急
とけい [時計] n. clock, watch
どこ n. where p.51, which <institutions> p.90
どこか n. somewhere p.107
とこや 床⊲屋 n. barbershop
…ところ n. <place> p.164
ところが conj. but, however p.301
ところで conj. by the way p.301
とし 年 n. year, age <human>
とし 都市 n. city
としうえ 年上 n. Ⓢ older <person>
としした 年下 n. Ⓢ younger <person>
としょかん 図書館 n. library
としょしつ 図書室 n. book room
とじる・とじて 閉じる v. ① Ⓕ Ⓛ close p.183
どせい 土星 n. <planet> Saturn
とち 土地 n. <piece of> land
どちら n. which <either of the two> p.51, p.88
どちらか n. either of them p.101, p.107
どっかい 読解 n. reading comprehension
とっきゅう 特急 n. → とくべつきゅうこう
どっち n. /spoken/ → どちら
とても o. <very> p.278
とどく iv. Ⓗ reach, be delivered
とどける・とどけて tv. ① Ⓝ deliver
どなた n. /polite/ who
となり n. Ⓢ next to p.44
どの o. (pre-noun of ど-family) <which> p.51
とぶ 飛⊲ぶ v. Ⓑ fly
トマト n. tomato
とまる 泊⊲まる v. Ⓒ stay <overnight>
とまる 止まる iv. Ⓕ Ⓖ stop
とめる 止める tv. ① Ⓛ stop sth, turn off
とも 友 n. friend, ともだち 友- n. friend(s)
どようび 土曜日 n. Saturday
とら n. tiger
ドライブ n. する going for a drive
トランプ n. cards
とり 鳥 n. bird
とりかえる v. ① Ⓟ exchange
とりかご 鳥かご n. birdcage
とりけす とり消す v. Ⓛ cancel, retract
とりにく 鶏⊲肉 n. chicken
どりょく 努⊲力 n. する effort
とる 取⊲る tv. Ⓛ take
とる 撮⊲る v. Ⓛ take <a photograph>
とる 盗⊲る v. Ⓛ steal openly
ドル <currency unit> dollar
どれ n. which p.51, p.88
どれか n. one <of them> p.101, p.107
とれる・とれて 取⊲れる iv. ① Ⓕ come off
どろぼう n. thief

どんな o. /spoken/ (pre-noun of ど-family) <what kind of> p.51
どんなに o. /spoken/ (pre-STATE of ど-family) <how, however> p.51
トンネル n. tunnel
とんぼ n. dragonfly

━━━━━ な ━━━━━

ない a. <nothing> p.70, p.72
ナイフ n. knife
ナイロン n. nylon
なおす 直す tv. Ⓛ mend, correct, 治す tv. Ⓛ cure <disease/injury>
なおる 直る iv. Ⓕ be mended, corrected, 治る iv. Ⓕ get well
なか 中 n./Ⓢ inside
ながあめ 長雨 n. long spell of rainy weather
ながい・ながく 長い a. long
ながさ 長さ n. length
ながす tv. Ⓛ flush <water>
ながそで 長袖 n. Ⓢ long sleeved
なかなか o. <not easily/readily> p.296
なかゆび 中指 n. middle finger
〜ながら (making pre-ACT) p.115
ながれる・ながれて iv. ① Ⓑ Ⓕ flow
なく 泣⊲く v. Ⓔ <human> cry, weep
なく 鳴⊲く v. Ⓔ <animal> cry, <bird> sing
なくす tv. Ⓛ lose
なくなる 亡⊲くなる v. Ⓔ <human> die
なくなる 無⊲くなる iv. Ⓕ disappear
なぐる v. Ⓛ punch
なげる・なげて v. ① Ⓛ throw
なさる v. /respectful/ → する p.143
なす n. eggplant
なぜ o. why p.215, p.294
なつ・⊙の 夏 n. summer
なつかしい・なつかしく a. nostalgic
なつやすみ 夏休み n. summer holidays
…など n. <examples> p.44
なな 七 n. seven
ななつ 七つ n. seven <things>
なに 何 n. what
なにか 何か n. something p.101, p.107
なにご 何語 n. which language
なのか 七日 n. the seventh, seven days
なふだ 名札 ⊲ n. one's name tag
なべ n. pan
なまえ 名前 n. name　おなまえ
なまける・なまけて v. ① Ⓛ idle, lie about
なみだ 涙 ⊲ n. tear
ならう 習う v. Ⓝ learn
ならぶ iv. Ⓒ stand in line
ならべる tv. ① Ⓜ set <chairs, tableware>
なる 鳴⊲る v. Ⓕ sound
なる 生る v. Ⓓ <fruit> grow
(pre-ACT part +) なる become… p.184-187, p.189
なれる・なれて v. ① Ⓔ become familiar
なんおう 南欧 ⊲ n. Southern Europe
なんかげつ 何か月 n. how many months
なんがつ 何月 n. what month
なんきょく 南極 n. the South Pole
なんじ 何時 n. what time p.63
なんせい 南西 n. southwest

なんで o. /spoken/ → なぜ
なんとう 南東 n. southeast
なんにち 何日 n. what day, how many days
なんにん 何人 n. how many people
なんべい 南米 n. South America
なんぼく 南北 n. north and south
なんようび 何曜日 n. what day of the week

に

に 二 n. two
におい n. smell
におう v. ⓢ smell, be fragrant
にがい・にがく a. bitter
にがつ・⑤の 二月 n. February
にがて a-だ <for talent> not good at p.77
にぎやか a-だ lively <town>
にぎり n. SUSHI shaped by hand p.195
にく・⑤の 肉 n. meat　おにく
…にくい・…にくく a. <hard to do> p.280
にくりょうり 肉料理 n. meat dishes
にげる・にげて v. ⓛ ⒶA run away
にこにこ n. ⓢ <smile> p.277
にこにこ o.する (pre-ACT to smile) p.276
にし 西 n. west, ⓢ western
にじ 虹 n. rainbow
にじ 二時 n. two o'clock p.63
にせもの 偽物 n. ⓢ fake
にだい 荷台 n. carrier <of a bicycle>
-にち 日 <counter for days> p.62
にちようび 日曜日 n. Sunday
〜について <on a topic> p.105
にっき 日記 n. diary
にっこり o. /spoken/ (pre-ACT to smile) p.276
ニット n. knit
にっぽん・⑤の 日本 n. Japan
にている 似ている (← にる 似る) v. ⓛ ⓢ similar p.225
にほん・⑤の [日本] n. Japan
にほんかい [日本]海 n. the Sea of Japan
にほんご [日本]語 n. Japanese language
にほんしゅ [日本]酒 n. SAKE: rice wine
にほんじん [日本]人 n. Japanese person/people
にほんちゃ [日本]茶 n. green tea
にもつ 荷物 n. baggage　おにもつ
ニャー ニャー o. <sound of cats>
にゅういん 入院 n.する hospitalization
にゅうがく 入学 n.する entrance to school
にゅうがくしけん 入学試験 n. entrance examination　shorter: にゅうし 入試
にゅうぎゅう 乳牛 n. daily cow
にゅうし 入試 → にゅうがくしけん
ニュース n. news <on the TV>
〜によって by <a person/thing> p.292
〜による + と according to <news source> p.292
〜によれば according to <news source> p.292
にわ 庭 n. garden
にわかあめ -雨 n. shower
にわとり 鶏 n. cock, hen
-にん 人 <counter for people> p.32
にんき 人気 n. popularity p.108
にんぎょ 人魚 n. mermaid
にんぎょう 人形 n. doll

にんげん 人間 n. humankind
にんじん n. carrot
にんずう 人数 n. number of people
にんにく n. garlic

ぬ

ぬう v. ⓛ sew
ぬぐ v. ⓛ take off <one's clothes, shoes>
ぬすむ v. ⓛ steal
ぬの 布 n. cloth
ぬる v. Ⓜ apply <paint, medicine>
ぬるい・ぬるく a. tepid p.184
ぬれる v. ⓛ Ⓕ get wet

ね

ネクタイ n. tie
ねこ n. cat p.277
ねじ n. screw
ねずみ n. mouse, rat
ねだん 値段 n. price
ねつ・⑤の 熱 n. fever
ネックレス n. necklace
ねぼう 寝坊 n.する oversleeping
ねむい 眠い a. sleepy
ねむる 眠る v. Ⓔ sleep
ねる 寝る v. ⓛ Ⓒ lie, Ⓔ sleep
-ねん 年 <counter for years> p.62
ねんぱい 年配 n. ⓢ elderly
ねんれい 年齢 n. age <human>

の

のうぎょう 農業 n. agriculture
ノート n. notebook
のこす 残す tv. ⓛ leave
のこる 残る iv. Ⓕ remain
のせる 乗せる tv. ⓛ Ⓛ pick up <a child>
のぞく 覗く v. ⓛ look in, peep
ノック n.する knock
のど n. throat
のはら 野原 n. green fields
のぼる 上る v. Ⓑ go up <stairs, a slope>
のぼる 登る v. Ⓑ Ⓖ climb
のみみず 飲み水 n. drinking water
のみもの 飲み物 n. drink p.149
のむ 飲む v. ⓛ drink, take <medicine>
のり・⑤の 糊 n. glue
のり・⑤の [海苔] n. <food> laver
のりかえる・のりかえて 乗りかえる v. ⓛ Ⓖ transfer
のりば 乗り場 n. <taxi> stand, platform
のりもの 乗り物 n. vehicle
のる 乗る iv. Ⓖ ride, take <a bus>

は

は 葉 n. leaf
は 歯 n. tooth
ぱあ n. <JANKEN> paper p.106
ばあい 場合 n. in the case where/when
パーティー n. party
はい 肺 n. lung
はい o. <affirmation> p.22, p.255
-はい 杯 <counter for cups of drinks> p.33
はいいろ 灰色 n. ⓢ gray
ばいう 梅雨 n. the rainy season <in Japan>
バイオリン n. violin
バイク n. motorcycle

はいけん 拝見 n.する /humble/ looking at art works etc. of a person in a higher position → みる p.142
はいざら 灰皿 n. ashtray
はいしゃ 歯医者 n. dentist p.295
はいたつ 配達 n.する delivery
ばいてん 売店 n. stand, kiosk
バイト n. ← アルバイト
はいる 入る iv. Ⓑ Ⓖ enter
はえる・はえて 生える v. ⓛ Ⓓ <grass> grow
はがき n. postcard
…ばかり n. <just after the ACT> p.166
はかる 測る v. ⓛ measure
はく v. ⓛ put on <shoes, pants>
はくしゅ 拍手 n.する clapping
はくぶつかん 博物館 n. museum
はぐるま 歯車 n. gear
はこ n. box
はこぶ 運ぶ v. ⓛ carry
はさみ・⑤の n. scissors
はさむ v. ⓛ put <sth between the pages of a book>
はし 端 n. end <of a piece of cloth/string>
はし 箸 n. chopsticks　おはし
はし・⑤の 橋 n. bridge
はじまり 始まり n. beginning
はじまる 始まる iv. Ⓕ start, begin
はじめ 初め n. ⓢ start, the beginning p.153
はじめて 初めて o. for the first time p.153
はじめまして 初めまして <Nice to meet you./How do you do?> p.10
はじめる 始める tv. ⓛ Ⓛ begin, start
ばしゃ 馬車 n. carriage
パジャマ n. pajamas
ばしょ 場所 n. place
はしら・⑤の 柱 n. pillar
はしる 走る v. Ⓑ run
(pre-n +)はず n. <must/should> p.289
バス n. bus
はずかしい・はずかしく a. embarrassing, be ashamed
バスケット n. basketball, handbasket
バスてい バス停 n. bus stop
パスポート n. passport
パソコン n. personal computer
はた・⑤の 旗 n. flag
バター n. butter
はたち [二十歳] n. ⓢ <human> twenty years old
はたらく 働く v. Ⓔ work
はち 八 n. eight
はちがつ・⑤の 八月 n. August
はちじ 八時 n. eight o'clock p.63
はちみつ n. honey
はつおん 発音 n.する pronunciation
はつか [二十日] n. the twentieth, twenty days
はっきり o. (pre-ACT) /spoken/ clearly p.274
バッグ n. bag, handbag
はっけん 発見 n.する discovery
バッジ n. <a school> badge, button
はっしゃ 発車 n.する <train/bus> departure
はつでん 発電 n.する generation of electricity

はっぱ 葉っぱ *n.* /spoken/ leaf ← は 葉
はっぴょう 発表 *n.* する presentation, announcement
はつめい 発明 *n.* する invention
はと *n.* dove
パトカー *n.* police car
はな 鼻 *n.* nose
はな・おの 花 *n.* flower, blossom　おはな
はなし・おの 話 *n.* talk, story
はなしあう 話し合う *v.* J discuss
はなす 話す *v.* I talk <about>, L speak <Japanese>
はなたば 花束 *n.* bouquet
バナナ *n.* banana
はなび 花火 *n.* firework
はなみ・おの 花見 *n.* cherry blossom viewing　おはなみ
はなや 花屋 *n.* flower shop
ばね *n.* a spring
はは 母 *n.* mother
はブラシ 歯- *n.* toothbrush
はみがき 歯- *n.* brushing *one's* teeth, toothpaste
ハム *n.* ham
ハムエッグ *n.* ham and eggs
はめる *v.* ① L put on <one's gloves> *p.31*
はやい・はやく 早い *a.* early
はやい・はやく 速い *a.* fast, quick
はやおき 早起き *n.* する early rising
はやくち 早口 *n.* S / *a.-*だ quick-tongued
はやさ 速さ *n.* speed
はやし 林 *n.* woods
はやっている（← はやる）*v.* F be trendy
ばら *n.* rose
はらう *v.* L pay <money>
はり 針 *n.* needle
はりがね 針金 *n.* wire
はる 貼る *v.* M put *sth* <on the wall>
はる 春 *n.* spring
はるさめ 春雨 *n.* spring rain
はるやすみ 春休み *n.* spring holidays
はれ 晴れ *n.* S sunny <weather> *p.253*
バレーボール *n.* volleyball
はれる・はれて 晴れる *v.* ① F become fine
…はん 半 *n.* half *p.63*
パン *n.* bread
はんがく 半額 *n.* S half price
ハンカチ *n.* handkerchief
ばんぐみ 番組 *n.* <TV> program
ばんごう 番号 *n.* <phone/room> number
ばんごはん 晩ご飯 *n.* /spoken/ supper
パンダ *n.* giant panda
はんたい 反対 *n.* する opposition, S opposite
はんつき 半月 *n.* half a month
ハンデ *n.* handicap
はんとし 半年 *n.* half a year
はんにち 半日 *n.* half a day
パンフレット *n.* pamphlet
はんぶん 半分 *o.* (pre-ACT) half
はんぶん 半分 *n.* half

ひ

ひ 日 *n.* sun
ひ (pre-*n* part+) ひ 日 *n.* day
ひ 火 *n.* fire, flame
ピアノ *n.* piano
ピーマン *n.* green pepper
ビール *n.* beer
ひえる・ひえて *iv.* ① F become cold/chilly
ひがえり 日帰り *n.* S one day trip
ひがし 東 *n.* east, S eastern
ひかる *v.* F shine, S luminous
-ひき 匹 <counter for smaller animals> *p.33*
ひきざん 引き算 *n.* subtraction *p.40*
ひきだし 引き出し *n.* drawer
ひく 引く *v.* L pull, consult <a dictionary>, <arithmetic> subtract *p.40*, draw <a line> *p.147*
ひく 弾く *v.* L play <the piano, guitar>
ひくい・ひくく 低い *a.* low
ピクニック *n.* picnic
ひげ *n.* mustache, beard, whiskers, <insect> antenna
ひこうき 飛行機 *n.* airplane
ひざ *n.* knee
ピザ *n.* pizza
ひさめ 氷雨 *n.* cold autumn rain
ひじ・おの *n.* elbow
びじゅつかん 美術館 *n.* art museum
ひじょうに 非常に *o.* /written/ <very, extreme> *p.278*
びじん 美人 *n.* beautiful woman
ひたい *n.* forehead
ひだり 左 *n.* / S left
ひだりがわ 左側 *n.* left side
びっくりする *v.* E /spoken/ be supplised *p.117*
ひっこし 引っ越し *n.* house-moving
ひっこす 引っ越す *v.* A move <to new address>
ひっぱる 引っぱる *v.* /spoken/ L pull tight
ひつよう 必要 *a.-*だ necessary
ひと (pre-*n* part+) ひと 人 *n.* person
ひどい・ひどく *a.* terrible
ひとさしゆび 人さし指 *n.* forefinger
ひとつ 一つ *n.* one <thing>
ひとり [一人] *n.* one person
ビニール *n.* vinyl
ヒヒーン *o.* <sound of horses>
ひま *a.-*だ free, unoccupied
ひみつ *n.* / S secret
ひも *n.* cord, string, lace
ひゃく 百 *n.* hundred
ひやす *tv.* L cool, chill
ヒューズ *n.* fuse
ひょう 表 *n.* table, list
ひょう 雹 *n.* <larger> hail
-びょう 秒 <counter for seconds>
びよういん 美容院 / びようしつ 美容室 *n.* hair salon
びょういん 病院 *n.* hospital
びょうき 病気 *n.* illness, disease, S sick, ill
ひょうし・おの 表紙 *n.* <book> cover
びょうし 病死 *n.* する death from an illness
びょうしつ 病室 *n.* sickroom
びょうにん 病人 *n.* sick person
ひらおよぎ 平泳ぎ *n.* breast stroke
ひらがな *n.* HIRAGANA
ひらく 開く *v.* F L open *p.183*
ピラミッド *n.* pyramid
ひる・おの 昼 *n.* daytime, noon *p.200*
ビル *n.* high-rise building
ひるごはん 昼ご飯 *n.* /spoken/ lunch
ひるね 昼寝 *n.* nap
ひるま・おの 昼間 *n.* daytime
ひるやすみ 昼休み *n.* lunch break
ひろい・ひろく 広い *a.* large <room>, wide <street>
ひろう 拾う *v.* L pick up
ひろさ 広さ *n.* area
びん 瓶 *n.* bottle
-びん 便 <counter for flights>
ピンク *n.* S pink *p.82*
ひんしつ 品質 *n.* quality
ヒント *n.* hint

ふ

-ふ 府 <prefecture>
-ぶ 部 <counter for copies>
ファイル *n.* file
ファッション *n.* fashion
ファン *n.* <soccer> fan
ふあん 不安 *a.-*だ uneasy
ふうせん 風船 *n.* balloon
ふうとう *n.* envelope
ふうふ 夫婦 *n.* married couple
プール *n.* swimming pool
フェリー *n.* car ferry
ふえる・ふえて *iv.* ① F increase
フォーク *n.* fork
ふかい・ふかく *a.* deep
ふかさ *n.* depth
ふく 拭く *v.* L wipe
ふく・おの 服 *n.* clothes
ふく 吹く *v.* F blow, L play <the trumpet>
ふくざつ 複雑 *a.-*だ complicated
ふくしゅう 復習 *n.* する review
ふくらはぎ *n.* calf
ふくろ・おの *n.* bag <with no handles>
ふさぐ *v.* L block <sb's way>
ぶしゅ 部首 *n.* radical
ふそく 不足 *n.* する S short *p.271*
ふた *n.* lid, cap
ふたつ 二つ *n.* two <things>
ぶたにく 豚肉 *n.* pork
ふたり [二人] *n.* two people
ふつう 普通 *n.* S ordinary, normal
ふつか [二日] *n.* the second, two days
ぶっか 物価 *n.* prices
ぶつかる *v.* G bump into
ぶつり/ぶつりがく 物理(学) *n.* physics
ふとい・ふとく *a.* thick <wire>, big <column>
ぶどう *n.* grape
ふとる *v.* E get fat *p.116*
ふね *n.* ship, boat
ぶひん 部品 *n.* parts <of a car>
ふべん 不便 *a.-*だ inconvenient
ふべんきょう 不勉強 *a.-*だ inattentive to *one's* studies
ふみきり 踏切 *n.* railroad crossing

ふむ 踏む v. ◻ step on
ふやす tv. ◻ increase sth
ふゆ・◯の冬 n. winter
ふゆやすみ 冬休み n. winter holidays
フライパン n. frying pan
ブラウス n. blouse
ふり 不利 a-だ disadvantageous
ふる 振る v. ◻ shake
ふる 降る v. F rain, snow
ふるい・ふるく 古い a. old
フルート n. flute
ふるえる v. ① E shiver, tremble
ふるほん 古本 n. secondhand book
プレゼント n. する present <from/for>
ふろ・◯の風呂 n. <hot> bath　おふろ
ふろしき n. FUROSHIKI: wrapping cloth
プロペラ n. propeller
-ふん 分 <counter for minutes> p.63
ぶん 文 n. sentence
ぶんか 文化 n. culture
ぶんがく 文学 n. literature
ぶんし 分子 n. numerator, molecules
ぶんすう 分数 n. fraction p.33
ぶんぼ 分母 n. denominator
ぶんぽう 文法 n. grammar
ぶんめい 文明 n. civilization
ぶんや 分野 n. field <of science, art, etc.>

◻ へ

べいこく 米国 n. the United States of America
へいせい 平成 n. the HEISEI era (1989-) p.65
へいわ 平和 n. peace, a-だ peaceful
ページ n. page
ぺこぺこ n. Ⓢ /spoken/ <hungry> p.276
へそ n. navel　おへそ
へた [下手] a-だ <in technique> not good at p.77
べつ 別 n. Ⓢ / a-だ another, other
べっそう 別荘 n. holiday home
ベッド n. bed
べつべつ 別々 n. Ⓢ / a-だ separate
へび n. snake
へや・◯の部屋 n. room　おへや
へらす tv. ◻ reduce sth
ぺらぺら n. Ⓢ /spoken/ fluent p.276
ぺらぺら o. /spoken/ (pre-ACT to chat) fluently p.276
ヘリコプター n. helicopter
ベルト n. belt
へる iv. F decrease
…へん 辺 n. place where …
へん 変 a-だ strange
ペン n. pen
ペンキ n. paint
へんきゃく 返却 n. する <in a library> return
べんきょう 勉強 n. する study, doing one's lessons
へんこう 変更 n. する alteration
へんじ・◯の返事 n. する reply, answer
へんしん 返信 n. する reply to correspondence
ベンチ n. bench
べんとう n. boxed meal　おべんとう
べんり 便利 a-だ convenient

◻ ほ

-ほ 歩 <counter for steps> p.223
…ほう 方 n. <direction> toward <the door> p.44, <one of two> p.88
ぼうえき 貿易 n. trade
ほうげん 方言 n. dialect
ほうこう 方向 n. direction
ぼうし 帽子 n. hat, cap p.31
ほうせき 宝石 n. jewel, gem
ほうそう 放送 n. する broadcast
ほうりつ 法律 n. law
ほお n. cheek
ボート n. boat
ポー ポー o. <sound of doves>
ホーム n. <station> platform, <sports> home
ボール n. ball
ボールペン n. ball-point pen
ぼく n. <I> (male person) p.261
ほくおう 北欧 n. North Europe
ボクシング n. boxing
ほくせい 北西 n. northwest
ほくとう 北東 n. northeast
ほくべい 北米 n. North America
ポケット n. pocket
ぼこう 母校 n. one's old school
ほこり 埃 n. dust
ほし 星 n. star
ほしい・ほしく a. want p.79
ほす v. ◻ dry, air
ポスター n. poster
ポスト n. postbox
ほそい・ほそく a. thin <wire>, fine <thread>, narrow <river>.
ボタン n. button
ほっきょく 北極 n. the North Pole
ホテル n. hotel
ほどう 歩道 n. sidewalk
ほとんど o. most p.283
ほね・◯の骨 n. bone
ほほ → ほお
ほめる・ほめて v. ① ◻ praise <someone of a lower position> p.244
ほる v. ◻ dig
ほん 本 n. book
-ほん 本 <counter for long thin things> p.33
ほんたい 本体 n. main part
ほんだな 本棚 n. bookshelf
ほんてん 本店 n. main store, head office
ほんとう n. Ⓢ true, real　shorter: ほんと
ほんとうに o. truly p.296
ほんばこ 本箱 n. bookcase
ほんもの 本物 n. Ⓢ genuine
ほんや 本屋 n. book shop
ほんやく 翻訳 n. する translation

◻ ま

まあまあ o. /spoken/ <so-so> p.282
まい- 毎 (prefix) p.70
-まい 枚 <counter for paper, cloth, board> p.32
マイク n. microphone
まいる v. A /sensible/ → いく・くる p.132
まえ 前 n./Ⓢ front, before
まがりかど 曲がり角 n. street corner

まがる 曲がる iv. B turn <at a corner>, F <wires> bend
まくら 枕 n. pillow
まけ 負け n. defeat, loss
まける 負ける v. ① E lose <a match>
まげる 曲げる tv. ◻ bend
まご・◯の n. grandchild
まじめ a-だ earnest, serious
まず o. at first p.294
まずい・まずく a. unsavory <meal>
また conj. and p.300
また o. (pre-ACT) again
まだ o. (pre-ACT/pre-STATE) not yet, still
まち・◯の町 n. town
まちあいしつ 待合室 n. waiting room
まちあわせ 待ち合わせ n. rendezvous
まちがえる・まちがえて v. ① ◻ mistake
まつ 待つ v. ◻ wait
まっか [真っ赤] a-だ /spoken/ very red
まっくら 真っ暗 a-だ /spoken/ pitch-black
まっくろ 真っ黒 a-だ /spoken/ deep black
まつげ n. eyelash
まっさお [真っ青] a-だ /spoken/ very blue
まっしろ 真っ白 a-だ /spoken/ pure white
まっすぐ o. (pre-ACT) straight, a-だ straight
まったく 全く o. completely p.282
マッチ n. match
まつり 祭 n. festival　おまつり
…まで n. <ending point> p.67
まと 的 n. mark, target
まど 窓 n. window
まどぐち 窓口 n. <bank> window
まなつ 真夏 n. midsummer
まにあう 間に合う v. Ⓢ be in time
まぶた n. eyelid
まふゆ 真冬 n. midwinter
マフラー n. muffler
…まま n. <STATE where …> p.288
まもなく 間もなく o. (pre-ACT) /formal/ soon
まもる v. ◻ protect, defend
まゆ/まゆげ n. eyebrow
まよう 迷う v. E waver, lose one's way
まる n. circle,　Ⓢ round p.82
まるい a. round p.82
まるで o. /spoken/ just like p.296
まわす 回す tv. ◻ turn sth, spin <a top>
まわり n. Ⓢ surrounding p.44
まわる 回る iv. F turn around
-まん 万 <一万 = 10 thousand>
まんいん 満員 n. Ⓢ full <train, hall>
まんが 漫画 n. comics, MANGA
まんなか 真ん中 n./Ⓢ /spoken/ middle p.44
まんねんひつ 万年筆 n. fountain pen
マンホール n. manhole

◻ み

みえる・みえて 見える v. ① Ⓢ visible p.94
みおくる 見送る v. ◻ see sb off
みがく v. ◻ polish
みかた 味方 n. friend (⇔ enemy), ally
みかづき 三日月 n. crescent moon
みかん n. tangerine orange
みぎ 右 n./Ⓢ right

Japanese - English

みぎがわ 右側 *n.* right side
みじかい・みじかく 短い *a.* <length> short
ミシン *n.* sewing machine
みず 水 *n.* <cold> water おみず
みずうみ 湖 *n.* lake
みずぎ 水着 *n.* swimsuit
みせ・Øの 店 *n.* shop, store おみせ
みせる・みせて 見せる *v.* ① N show
みぞれ 霙 *n.* sleet
〜みたい *a-だ* /spoken/ just like sth *p.96, p.198*
みち 道 *n.* way, road
みちのえき 道の駅 *n.* rest area
みっか 三日 *n.* the third, three days
みつかる 見つかる *iv.* F be found
みつける 見つける *tv.* ① L find sth
みっつ 三つ *n.* three <things>
みどり 緑 *n.* S green *p.82*
みな *n.* everybody みなさん *p.112*
みなと 港 *n.* harbor
みなみ 南 *n.* south, S southern
みほん 見本 *n.* sample
…みまん 未満 *n.* less than *p.260*
みみ・Øの 耳 *n.* ear
みみなり 耳鳴り *n.* ringing in the ears *p.87*
みょうじ 名字 *n.* family name
みらい 未来 *n.* future
みる 見る *v.* ① L look at, watch
ミルク *n.* milk
みんな *n.* /spoken/ → みな *p.112*

――――――――――― む

むいか 六日 *n.* the sixth, six days
むかえる *v.* ① L go to meet
むかし *n.* old days
むかって ひだり 向かって左 on *one's* left
むかって みぎ 向かって右 on *one's* right
むぎ 麦 *n.* barley, wheat
むく 向く *v.* E turn *one's* head
むく 剥く *v.* L peel
むこう・Øの 向こう *n.* opposite side *p.45*
むし 虫 *n.* insect, worm
むしあつい・むしあつく 蒸し暑い *a.* hot and humid
むずかしい *a.* difficult
むすこ *n.* son *p.141*
むすぶ *v.* L tie
むすめ・Øの *n.* daughter *p.141*
むっつ 六つ *n.* six <things>
むね・Øの 胸 *n.* chest, heart
むら・Øの 村 *n.* village
むらさき *n.* S purple, violet *p.82*
むり 無理 *a-だ* unreasonable, impossible

――――――――――― め

め 目 *n.* eye
-め (・Øの) 目 <ordinal> *p.67, p.94*
めい 姪 *n.* niece
めいし 名刺 *n.* <business> card
めいし 名詞 *n.* noun
めいじ 明治 *n.* the MEIJI era (1868-1912) *p.65*
めいしょ 名所 *n.* place of interest
めいわく 迷惑 *n.* nuisance, *a-だ* annoying
-メートル meter
メール *n.* email

めがね *n.* eyeglasses *p.31*
めぐすり 目薬 *n.* eye lotion
めざましどけい 目ざまし[時計] *n.* alarm clock
めしあがる *v.* L /respectful/ → たべる・のむ *p.143*
めす・Øの 雌 *n.* S <other than human> female *p.42*
めずらしい・めずらしく *a.* rare
めだつ 目立つ *v.* S be conspicuous
メニュー *n.* menu
メモ *n.* する note, memorandum
メロン *n.* melon

――――――――――― も

もう *o.* (pre-QUANTITY) *p.270*
もう *o.* (pre-ACT) already
もうしあげる *v.* L /humble/ say <to a person in a higher position> *p.142*
もうしこむ／もうしこむ *v.* M apply, propose
もうしわけ ありません /greeting/ *p.231*
もうす *v.* E /sensible/ say *p.132*
もうどうけん 盲導犬 *n.* guide dog
もうふ 毛布 *n.* blanket
もえる 燃える *v.* ① F burn
モー *o.* <sound of cattle>
もくじ 目次 *n.* table of contents
もくせい 木星 *n.* <planet> Jupiter
もくようび 木曜日 *n.* Thursday
もぐら *n.* mole
モザイク *n.* mosaic
もし *o.* if *p.296*
もしも /spoken/ → もし
もじ [文字] *n.* character, phonogram
もしもし *o.* <on the telephone> hello *p.61*
もちもの 持ち物 *n.* one's property
もちろん *o.* of course *p.294*
もつ 持つ *v.* L have, hold *p.58*
もっていく 持って行く *v.* M take <a thing> *p.172*
もっている 持って- *v.* ① S have, own *p.58*
もっと *o.* (pre-STATE) more
もどる *v.* A come back, return *p.172*
もの 物 *n.* thing
もめん [木綿] *n.* cotton
もも 桃 *n.* peach
もも 腿 *n.* thigh *p.241*
もらう *v.* N receive *p.113*
もり 森 *n.* forest
-もん 問 <counter for questions/quizzes>
もん 門 *n.* gate
もんじ 文字 *n.* character, phonogram
もんだい 問題 *n.* question, problem

――――――――――― や

-や 屋 <shop> *p.170*
やおや 八百屋 *n.* vegetable store
やかん *n.* kettle
やきざかな 焼き魚 *n.* roast fish
やきにく 焼き肉 *n.* grilled meat
やきゅう 野球 *n.* baseball
やく 焼く *tv.* L grill, roast, bake
やくがく 薬学 *n.* pharmacology
やくす 訳す *v.* L translate
やくそく 約束 *n.* する promise, appointment

やくに たつ 役に立つ *v.* S useful
やけど *n.* する burn *p.117*
やける 焼ける *iv.* ① F be grilled, be roasted, be baked
やさい 野菜 *n.* <green> vegetables
やさしい 易しい *a.* easy
やさしい 優しい *a.* gentle, kind
やしょく 夜食 *n.* late-night snack
やすい・やすく 安い *a.* cheap
…やすい・…やすく *a.* <easy to do> *p.280*
やすうり 安売り *n.* <discount> sale
やすみ・Øの 休み *n.* holiday, absence おやすみ
やすむ 休む *v.* E rest, L be absent
やせる *v.* ① E become thin/slender *p.116*
やちん 家賃 *n.* house rent
やっつ 八つ *n.* eight <things>
やっている *v.* ① S <a store> be open *p.111*
やっと *o.* /spoken/ <at last, finally> *p.294*
やっぱり *o.* /spoken/ → やはり
やね 屋根 *n.* roof
やはり *o.* <This is what was expected.> *p.294*
やぶる 破る *tv.* L tear <paper, cloth>
やぶれる・やぶれて 破れる *iv.* ① F be torn
やま・Øの 山 *n.* mountain
やまのぼり 山登り *n.* mountain climbing
やむ 止む *v.* F <rain, wind, sound> stop
やめる 止める *v.* ① L stop an ACT
やめる 辞める *v.* ① L resign
やる *v.* L do an ACT *p.111*
やる *v.* N give <to a person in a lower position/animal/plant> *p.136*
やわらかい・やわらかく *a.* soft

――――――――――― ゆ

ゆ 湯 *n.* hot water おゆ
ゆうがた 夕方 *n.* early evening *p.200*
ゆうき 勇気 *n.* courage
ゆうごはん 夕ご飯 *n.* supper
ゆうしょく 夕食 *n.* supper, dinner
ゆうじん 友人 *n.* friend
ゆうとうせい 優等生 *n.* honor student
ゆうひ 夕日 *n.* the evening sun
ゆうびんきょく 郵便局 *n.* post office
ゆうべ・Øの *n.* /spoken/ last night
ゆうめい 有名 *a-だ* famous
ユーモア *n.* humor
ゆうり 有利 *a-だ* advantageous
ゆうりょう 有料 *n.* S charged
ユーロ *n.* euro
ゆか *n.* floor
ゆき・Øの 雪 *n.* snow
ゆしゅつ 輸出 *n.* する export
ゆっくり *o.* (pre-ACT) slowly, do an ACT enough *p.274*
ゆにゅう 輸入 *n.* する import
ゆび・Øの 指 *n.* finger *p.241*
ゆびわ 指輪 *n.* ring *p.31*
ゆめ・Øの *n.* dream
ゆり *n.* lily
ゆるい・ゆるく *a.* loose <knot> (⇔tight)
ゆるす 許す *v.* L forgive
ゆれる *v.* ① F shake <by an earthquake>, swing <in the wind>

よ

よい *a.* good, nice
〜よう *a-*だ just like *sth* p.96
よう 用 *n.* something to do
よう 酔う *v.* E get drunk
ようい 用意 *n.* する preparation <for *sth*>
ようか 八日 *n.* the eighth, eight days
ようこそ *o.* <welcome to my area> p.231
ようじ 用事 *n.* business
ようしゅ 洋酒 *n.* foreign liquor
〜ように する <making an effort (not) to> p.188
ようび 曜日 *n.* day of the week
ようふう 洋風 *n.* Ⓢ Western-style
ようふく 洋服 *n.* <Western> clothes
ヨーグルト *n.* yogurt
よく *o.* (pre-ACT) often, carefully, well p.296, *o.* <I'm so glad. / How good of *sb* to do.> p.296
よくいらっしゃいました /greeting/polite/ Thank you for coming. p.296
よこ 横 *n.* <right/left> side, Ⓢ horizontal p.44, p.194
よこがお 横顔 *n.* profile
よこがき 横書き *n.* Ⓢ horizontal writing
よごす *tv.* L make *sth* dirty
よこに なる 横に-*v.* C lie down p.185
よごれ *n.* stain
よごれる *iv.* ⑫ F become dirty
よじ 四時 *n.* four o'clock p.63
よしゅう 予習 *n.* する preparation for lessons
よっか 四日 *n.* the fourth, four days
よっつ 四つ *n.* four <things>
よって *o.* → 〜によって
ヨット *n.* sailboat
よてい 予定 *n.* schedule
よなか ・の 夜中 *n.* midnight p.200
よぶ *v.* L call
よむ 読む *v.* L read
よやく 予約 *n.* する <hotel> reservation, <barbershop> appointment
よる 寄る *v.* G drop in <at a shop>
よる 夜 *n.* night p.200
よると *o.* → 〜による+と
よれば *o.* → 〜によれば
よろこぶ *v.* E rejoice
よろしく *o.* <asking for kindness> p.10
よわい・よわく 弱い *a.* weak
よん 四 *n.* four

ら

ラーメン *n.* ramen
ライオン *n.* lion
らいげつ 来月 *n.* next month
らいしゅう 来週 *n.* next week
らいにち 来日 *n.* する visit to Japan
らいねん 来年 *n.* next year
らくだ *n.* camel
ラグビー *n.* rugby
ラケット *n.* racket
〜らしい・〜らしく *a.* <Certainty is high.> p.197-198
ラジオ *n.* radio
ラッシュアワー *n.* rush hour
ラベル/ラベル *n.* label
ランチ *n.* <set> lunch

り

りか 理科 *n.* <subject at school> science
りきがく 力学 *n.* mechanics, dynamics
りきし 力士 *n.* SUMŌ wrestler
りこん 離婚 *n.* する divorce
りす *n.* squirrel
リズム *n.* rhythm
りったい 立体 *n.* Ⓢ solid, 3D
りっぱ 立派 *a-*だ fine-looking, respectable
リボン *n.* ribbon
リモコン *n.* remote control
りゆう 理由 *n.* reason
りゅうがく 留学 *n.* する studying abroad
りゅうがくせい 留学生 *n.* overseas student
りょう 寮 *n.* dormitory
りよう 利用 *n.* する use <for profit>, utilization
りょうがえ 両替 *n.* する exchange <money>
りょうきん 料金 *n.* charge, fee, fare
りようしゃ 利用者 *n.* use
りょうしん 両親 *n.* parents
りょうほう 両方 *n.* both
りょうり 料理 *n.* dish, する cooking
りょかん 旅館 *n.* Japanese-style inn
りょくちゃ 緑茶 *n.* green tea
りょけん 旅券 *n.* passport
りょこう 旅行 *n.* する trip
りょひ 旅費 *n.* traveling expenses
りりく 離陸 *n.* する takeoff
リレー *n.* relay <race>
りんぎょう 林業 *n.* forestry
りんご 林檎 *n.* apple

る

ルール *n.* rule
るす 留守 *n.* absence <from home>
ルビー *n.* ruby

れ

れい 例 *n.* example
れい 零 *n.* zero
れいか 零下 *n.* Ⓢ subzero <temperature>
れいがい 例外 *n.* Ⓢ exception
れいぞうこ 冷蔵庫 *n.* refrigerator
れきし 歴史 *n.* history
レシート *n.* receipt
レストラン *n.* restaurant
レベル/レベル *n.* level
レポート *n.* research paper
レモン *n.* lemon
れんしゅう 練習 *n.* する drill, practice <on the piano>
レンズ *n.* lens
れんらく 連絡 *n.* する contact <*sb*>

ろ

ろうか 廊下 *n.* corridor
ろうそく *n.* candle
ローマじ/ローマじ -字 *n.* Roman alphabet
ろく 六 *n.* six
ろくおん 録音 *n.* する sound recording
ろくが 録画 *n.* する recording
ろくがつ ・の 六月 *n.* June
ろくじ 六時 *n.* six o'clock p.63
ロケット *n.* rocket, locket
ロッカー *n.* locker
ロビー *n.* lobby
ろんぶん 論文 *n.* paper, thesis
ろんり 論理 *n.* logic

わ

ワイン *n.* <grape> wine
わえいじてん 和英辞典 *n.* Japanese-English dictionary
わかい・わかく *a.* young
わかす 沸かす *tv.* L boil *sth*
わかる *v.* E/S understand
わかれ ・の 別れ *n.* parting
わかれる・わかれて 別れる *v.* ⑫ J part <from *sb*>
わかれる・わかれて 分かれる *iv.* ⑫ F divide
わきのした 脇の下 *n.* armpit
わく 沸く *iv.* F <water> boil
わくわくする *v.* /spoken/ E be excited, be thrilled p.276
(pre-*n* +) わけ *n.* <that's why> p.289
わける・わけて 分ける *tv.* ⑫ L divide *sth*
わし 和紙 *n.* Japanese paper (WASHI)
わしつ 和室 *n.* Japanese-style room
わしょく 和食 *n.* Japanese-style food
わすれもの 忘れ物 *n.* thing left behind p.117
わすれる 忘れる *v.* ⑫ L forget, leave <an umbrella>
わだい 話題 *n.* topic
わたくし 私 *n.* /formal/ I p.261
わたし 私 *n.* I p.112, p.261
わたしたち 私たち *n.* we p.112
わたす 渡す *v.* N hand
わたりどり 渡り鳥 *n.* migratory bird
わたる 渡る cross <a bridge>
わに *n.* crocodile
わふう 和風 *n.* Ⓢ Japanese-style
わふく 和服 *n.* KIMONO
わらう *v.* E laugh, smile
わりざん 割り算 *n.* division p.40
わりびき 割り引き *n.* する discount
わる 割る *tv.* L break <glass>, <arithmetic> divide p.40
わるい・わるく 悪い *a.* bad
ワルツ *n.* waltz
われる 割れる *iv.* ⑫ F break: divide into piaces
ワン ワン *o.* <sound of dogs>

高低アクセントの表記にあたっては右の辞典を参照した。

・新明解日本語アクセント辞典 第2版（三省堂，2014年4月）
・デイリーコンサイス国語辞典 第5版（三省堂，2010年5月）
・日本国語大辞典 第2版（小学館，2000年12月～2002年1月）
・集英社国語辞典 第1版（集英社，1994年5月）以上

英 – 和
English - Japanese

*: words that do not appear in this book　　○: You should attach お ⇨ p.91　　◎: You cannot omit お/ご ⇨ p.91　　□: When お/ご is attached

───────── A

- a.m. ごぜん (午前) n p.200
- (be) able to できる・できて ⑫ v Ⓢ
- about <a topic> n について o p.105
- above ◇(pre-n part +) うえ/うえ (上)
- absence <class> けっせき (欠席) n する, やすみ (休み)・ⓄN の n, <home> るす (留守) n
- absent <from class> けっせき (欠席) する/やすむ (休む) v Ⓛ, <from home> るす (留守) にする
- accident じこ (事故) n 　　　　Ⓛ v Ⓔ
- according to n によると/n によれば p.292
- account <bank> こうざ (口座) n
- accounts かいけい (会計) n
- accumulate つもる (積もる) v Ⓕ
- accurate せいかく (正確) a-だ
- acquaintance しりあい (知り合い)/ちじん (知人) n
- actuality *げんじつ (現実) n
- add たす (足す) tv Ⓜ p.187
- addition <arithmetic> たしざん (足し算) n p.40
- address <one's dwelling> じゅうしょ (住所) n, <computer> *アドレス/アドレス n
- adjective けいようし (形容詞) n
- adult おとな [大人] n /Ⓢ
- advantageous ゆうり (有利) a-だ
- afraid こわい (怖い)・こわく a
- after n のあと (後)
- after that それから conj. p.300
- afternoon ごご (午後) n p.200
- Africa アフリカ n
- again (pre-ACT) また o
- age <human> とし (年)・ⓄN の n, ねんれい (年齢) n p.62
- agriculture のうぎょう (農業) n
- ahead (⇔behind) まえ (前) n Ⓢ
- ahead of さき (先) n Ⓢ
- air くうき (空気) n, ほす (干す) v Ⓛ
- air-conditioner エアコン n
- airmail こうくうびん (航空便) n
- airplane ひこうき (飛行機) n
- airport くうこう (空港) n
- alarm clock めざましどけい (目覚まし[時計]) n
- alcoholic drink さけ (酒) n ○おさけ n
- all <everything> ぜんぶ (全部) o, <everyone> ぜんいん (全員) o
- all day いちにちじゅう (一日中) o
- all right だいじょうぶ (大丈夫) a-だ, さあ int
- all the time /spoken/ ずっと o p.282
- allergy アレルギー n
- ally みかた (味方) n
- already (pre-ACT) もう o
- alteration へんこう (変更) n する
- always いつも o p.107
- ambassador たいし (大使) n
- ambulance きゅうきゅうしゃ (救急車) n
- ancient times こだい (古代) n p.291
- and (noun and noun) p.44, また conj. p.300
- and then そして conj. p.301

─────────

- animal どうぶつ (動物) n
- (an) animation どうが (動画) n, アニメ/アニメーション n
- ankle あしくび (足首) n
- announcement はっぴょう (発表) n する
- annoying めいわく (迷惑) a-だ
- another べつ (別) n Ⓢ
- answer こたえ (答え/答) n, こたえる (答える)・こたえて ⑫ v Ⓛ
- antenna アンテナ n, <insect> つの (角)・ⓄN の n
- anxiety しんぱい (心配) n する
- anxious しんぱい (心配) a-だ
- apartment house アパート n
- apologize あやまる (謝る) v Ⓛ
- appear でる (出る) ⑫ iv Ⓛ, <in a photograph> うつる (写る) v Ⓕ
- apple りんご (林檎) n
- apply <for a job> もうしこむ/もうしこむ (申し込む) v Ⓜ, <paint, medicine> ぬる (塗る) v Ⓜ
- appointment <to see> やくそく (約束) n する, <barbershop> よやく (予約) n する
- approach ちかづく (近づく) v Ⓖ
- April しがつ (四月)・ⓄN の n
- apron エプロン n
- aquarium すいぞくかん (水族館) n
- architecture けんちく (建築) n
- area ひろさ (広さ) n
- arithmetic さんすう (算数) n
- arm うで (腕)・ⓄN の n
- armpit わきのした (脇の下) n
- arrival とうちゃく (到着) n する
- arrive つく (着く)/とうちゃく (到着) する v Ⓖ
- art *げいじゅつ (芸術) n
- art museum びじゅつかん (美術館) n
- article しなもの (品物) n
- artificial じんこう (人工) n Ⓢ
- (be) ashamed はずかしい (恥ずかしい)・はずかしく a
- ashtray はいざら (灰皿) n
- Asia アジア n
- ask <a question> きく (聞く) v Ⓛ /humble/ うかがう (伺う) v Ⓛ, たずねる (尋ねる) ⑫ v Ⓛ, <help> たのむ (頼む) v Ⓛ
- ask sb <out for tea> さそう (誘う) v Ⓛ
- assembly <city, prefectural> ぎかい (議会) n
- assist たすける (助ける)・たすけて ⑫ v Ⓛ
- astronomy てんもんがく (天文学) n
- at all, not at all ぜんぜん (全然) o p.282
- at first まず o
- at last *ついに o, /spoken/ やっと o p.294
- (the) Atlantic Ocean たいせいよう (大西洋) n
- atom げんし (原子) n
- attach つける (付ける)・つけて ⑫ tv Ⓛ
- attend <a class> しゅっせき (出席) する, <school> かよう (通う) v Ⓖ
- attendance しゅっせき (出席) n する
- attention ちゅうい (注意) n する
- audible きこえる (聞こえる) ⑫ v Ⓢ p.94
- auditing <at a university> ちょうこう (聴講) n する

─────────

- August はちがつ (八月)・ⓄN の n
- aunt おば [伯母/叔母] n, /polite/ おばさん n
- Australia *オーストラリア/ごうしゅう (豪州) n p.179
- author ちょしゃ (著者) n
- automatic じどう (自動) n Ⓢ
- autumn あき (秋) n
- autumn rain あきさめ (秋雨) n, <cold> ひさめ (氷雨) n

───────── B

- baby /spoken/ あかちゃん (赤ちゃん) n
- Bach (person's name) バッハ
- bachelor <degree> *がくし (学士) n
- back <from the neck to the buttocks> せなか (背中) n, <rear> うしろ (後ろ) n /Ⓢ
- backside うら (裏)・ⓄN の n p.163
- bad わるい (悪い)・わるく a
- badge *きしょう (徽章) n, <button> バッジ n
- bag <no handles> ふくろ (袋)・ⓄN の n, <with handles> かばん/バッグ n, *てさげ (手提げ) n
- baggage にもつ (荷物) n
- bake やく (焼く) tv Ⓛ, be baked やける (焼ける) ⑫ iv Ⓕ
- ball ボール n
- ball-point pen ボールペン n
- balloon ふうせん (風船) n
- bamboo たけ (竹) n
- banana バナナ n
- bank ぎんこう (銀行) n
- barbershop とこや (床屋) n
- barley おおむぎ (大麦) n
- baseball やきゅう (野球) n
- basket <woven> かご (籠) n
- basketball バスケット n shorter: バスケ
- bath <hot> ふろ (風呂)・ⓄN の n おふろ
- bathe <in water, light> あびる (浴びる) ⑫ v Ⓛ
- bathroom ◎おてあらい (お手洗い) n p.281
- battery でんち (電池) n
- bear くま (熊)・ⓄN の n
- beard ひげ (髭)/あごひげ (顎鬚) n
- beautiful うつくしい (美しい)・うつくしく a, きれい a-だ
- because p.148, p.218, だから conj. p.301
- become + STATE pre-ACT + なる p.184
- become cold/chilly ひえる (冷える)・ひえて ⑫ iv Ⓕ
- become dirty よごれる ⑫ iv Ⓕ
- become familiar なれる・なれて ⑫ v Ⓔ
- become slender/thin やせる ⑫ v Ⓔ p.116
- become vacant あく (空く) v Ⓕ
- bed ベッド n
- bed sheet シーツ n
- beef ぎゅうにく (牛肉) n
- beer ビール n
- Beethoven (person's name) ベートーベン
- before n のまえ (前) n
- begin はじまる (始まる) iv Ⓕ, begin sth はじめる (始める) ⑫ tv Ⓛ
- beginner しょしんしゃ (初心者) n

beginner's class しょきゅう(初級) n ⑤
(the) beginning はじまり(始まり) n, さいしょ(最初)/はじめ(初め) n ⑤, <of the geometry> しょほ(初歩) n ⑤
behind n のうしろ(後ろ) n p.43
Beijing ペキン(北京) n
bell すず(鈴) n, <platform> *ベル n, <church> *かね(鐘) n
belly ◎おなか[お腹] n
below ◇(pre-n part+) した(下)
belt ベルト n
bench ベンチ n
bend まがる(曲がる) iv F, bend sth まげる(曲げる) ⓣ tv L
beside n のそば(傍) n, n のよこ(横) n p.44
between X and Y X と Y のあいだ(間) n p.44
bicycle じてんしゃ/じてんしゃ(自転車) n
big おおきい(大きい)・おおきく a
bill e.g. gas bill ガスだい(n 代) n
bird とり(鳥) n
birthday たんじょうび(誕生日) n
(a) bit たしょう(多少) o
bite かむ(噛む) v L
bitter にがい(苦い)・にがく a
black くろ(黒) n ⑤, くろい(黒い)・くろく a
black and white しろくろ(白黒) n ⑤
black tea こうちゃ(紅茶) n
blanket もうふ(毛布) n
block <sb's way> ふさぐ(塞ぐ) v L
blood ち(血) n
bloom さく(咲く) v F
blossom はな(花)・の n ◯おはな
blouse ブラウス n
blow ふく(吹く) v F L
blue あお(青) n ⑤, あおい(青い)・あおく a
boat ボート n, ふね(船) n
body からだ(体) n p.241, <dead> したい(死体) n
boil わく(沸く) iv F, <water> わかす(沸かす) tv L, <rice> *たく(炊く) tv L
boiled rice ◎ごはん(ご飯) n
bone ほね(骨)・の n
book ほん(本) n
book room としょしつ(図書室) n
book shelf ほんだな(本棚) n
book shop ほんや(本屋)/しょてん(書店) n
boring たいくつ(退屈) a-だ
(be) born うまれる(生まれる) ⓣ v E
borrow かりる(借りる) ⓣ v N
boss じょうし(上司) n
both りょうほう(両方) n
bottle びん(瓶) n
bottom した(下) n /⑤
bouquet はなたば(花束) n
bow <respect> ◎おじぎ(お辞儀) n, <weapon/violin> *ゆみ(弓)・の n
box はこ(箱) n
boxed meal べんとう(弁当) n ◯おべんとう
boxing ボクシング n
boy おとこのこ(男の子) n
boy's school だんしこう(男子校) n
brand-new しんぴん(新品) n ⑤
Brazil ブラジル

bread パン n
break <a box> こわす(壊す) tv L, <glass> わる(割る) tv L, <a stick> おる(折る) tv L, <lose function> こわれる(壊れる)・こわれて ⓣ iv F, <divide into pieces> われる(割れる) ⓣ iv F, <a short time> きゅうけい(休憩) n する
breakfast あさごはん(朝ご飯) n
breath いき(息) n p.116
breathe in すう(吸う) v L
bridge はし(橋)・の n
bright あかるい(明るい) a
brightness あかるさ(明るさ) n
bring <thing> もってくる(持って来る) v M, <human/animal> つれてくる(連れて来る) v M
bring back かえす(返す) v N
broadcast ほうそう(放送) n する
brother <older> あに(兄), <younger> おとうと(弟)・の n
brothers (and sisters) きょうだい(兄弟) n
brown ちゃいろ(茶色) n ⑤, ちゃいろい(茶色い) a p.82
build <a house> たてる(建てる)・たてて ⓣ tv L, be built たつ(建つ) iv D
building たてもの(建物) n, <high-rise> ビル n
bulletin board けいじばん(掲示板) n
bump into ぶつかる v G
burn もえる(燃える) ⓣ v F, <toast> こげる(焦げる)・こげて ⓣ v F, やけど p.117
bus バス n
bus stop バスてい(バス停) n, ていりゅうじょ(停留所) n
business ようじ(用事) n, しごと(仕事) n
busy いそがしい・いそがしく(忙しい) a
but でも conj. p.210, /written/ しかし conj. p.300, ところが conj. p.301
butter バター n
buttocks しり(尻)・の n ◯おしり
button ボタン n, <badge> バッジ n
buy かう(買う) v L
by <a person> n によって p.292
by all means かならず(必ず) o p.296
by far /spoken/ ずっと o p.282
by the way ところで conj. p.301

─────C─────

cabbage キャベツ n
cafeteria しょくどう(食堂) n
cake ケーキ n NG ケーク
calculate けいさん(計算) する v L
calculation けいさん(計算) n する
calculator でんたく(電卓) n
calendar カレンダー n
calf こうし(子牛) n, <leg> ふくらはぎ n
call よぶ(呼ぶ) v L, でんわ(電話) する v D
camel らくだ(駱駝) n
camera カメラ n
can <beer, cookie> かん(缶) n
Canada カナダ n
canary カナリア n
cancel とりけす(取り消す) v L
cancellation とりけし(取り消し) n, ちゅうし(中止) n する
candle ろうそく(蝋燭) n

candy あめ(飴) n
canned food かんづめ(缶詰め) n
canoe カヌー n
cap ぼうし(帽子) n p.31, <bottle> ふた(蓋) n
car くるま(車)/じどうしゃ(自動車) n
car ferry フェリー n
card カード n, <ticket> *けん(券) n
cards トランプ n
(be) careful き(気)をつける・つけて ⓣ v E, ちゅうい(注意) する v E
carefully (pre-ACT) <calmly> そっと o, <elaborately> よく o p.296
carelessly つい o p.204, p.294, うっかり o p.274
carpet じゅうたん(絨毯)/カーペット n
carriage ばしゃ(馬車) n
carrier <on a bicycle> にだい(荷台) n
carrot にんじん(人参) n
carry はこぶ(運ぶ) v L
(in the) case where ◇(pre-n part+) ばあい(場合) n
cash *げんきん(現金) n
castle *しろ(城) n □おしろ
castle town じょうかまち(城下町) n
cat ねこ(猫) n p.277
cattle うし(牛) n p.277
causative p.262
cause *けっか(結果) n
ceiling てんじょう(天井) n
cello チェロ n
center ちゅうしん(中心) n
central ちゅうしん(中心) n ⑤
Central America ちゅうおう(中央)アメリカ/ちゅうべい(中米) n
century せいき(世紀) n
certainly /spoken/ きっと o p.296
Cézanne (person's name) セザンヌ
chain くさり(鎖) n
chair いす(椅子) n
chalk チョーク n
chance <of doing> チャンス n
change かわる(変わる) iv F, <shopping> ◯おつり n, change sth かえる(変える) ⓣ tv L, <one's clothes> きがえる/きかえる(着替える)・きがえて/きかえて ⓣ v L
character じ(字)/もじ[文字] n
charge りょうきん(料金) n, e.g. hotel charges ホテルだい(n 代)
charged ゆうりょう(有料) n ⑤
chat しゃべる v D, チャット n
cheap やすい(安い)・やすく a
check チェック n する
cheek ほお(頬) n
cheerful げんき(元気) a-だ
cheers! かんぱい(乾杯) n する
cheese チーズ n
chemistry かがく(化学) n, /spoken/ *ばけがく(化け学) n
cherry <blossom, tree> さくら(桜) n, <fruit> *さくらんぼ n
cherry blossom viewing はなみ(花見)・の n ◯おはなみ
chess チェス n
chest むね(胸)・の n
chestnut くり(栗)・の n

chew かむ(噛む) v L
chewing gum ガム n
chicken とりにく(鶏肉) n
child こども(子ども) n p.141
chill さむけ(寒気)・〜の n p.87, ひやす(冷やす) tv L
chin あご(顎)・〜の n
China ちゅうごく(中国) n
Chinese medicine かんぽう(漢方) n
chocolate チョコレート n
choose えらぶ(選ぶ) v L
chop <onion> きざむ(刻む) v L
Chopin (person's name) ショパン
chopsticks はし(箸) n
chorus コーラス n
(the) Christian era せいれき(西暦) n
church きょうかい(教会) n
cigarette タバコ n
circle <geometrical> えん(円) n /S, <form> まる(丸) n /S p.82, <place> ひろば(広場) n
city とし(都市) n, -し(市) suffix
civilization ぶんめい(文明) n
clapping はくしゅ(拍手) n する
class じゅぎょう(授業) n
class schedule じかんわり(時間割) n
classroom きょうしつ(教室) n
clean きれい a-だ, そうじ(掃除) する v L
cleaning そうじ(掃除) n する
clearly はっきり o p.274
clever あたま(頭)が よい a
climb のぼる(登る) v B G
clock とけい[時計] n
close しまる(閉まる) iv F, close sth しめる(閉める)・しめて ① tv L, とじる(閉じる)・とじて ① iv/tv F/L p.183
close friend しんゆう(親友) n
cloth ぬの(布) n
clothes ふく(服)・〜の n, <Western> ようふく(洋服) n
cloud くも(雲) n
cloudy くもり(曇り)・〜の n p.253
(become) cloudy くもる(曇る) v F
coal せきたん(石炭) n
coach <baseball> コーチ n
coast かいがん(海岸) n
cock にわとり(鶏) n, *おんどり(雄鶏) n p.277
cocoa ココア n
coffee コーヒー n
cola コーラ n
cold <atmospheric> さむい(寒い)・さむく a, <sense of touch> つめたい(冷たい) a p.184, <disease> かぜ[風邪] n
collar えり(襟)・〜の n
collect <together> あつまる(集まる) iv F, collect sth あつめる(集める)・あつめて ① tv L
collection of money しゅうきん(集金) n する
color いろ(色)・〜の n
comb くし(櫛)・〜の n
come <here> くる(来る) v A p.25, p.172, /respectful/ いらっしゃる / おいでになる v A p.143, /sensible/ まいる v A p.132
come back もどる(戻る) v F p.172
come off とれる(取れる)・とれて ① iv F

come to see sb あそびにいく(遊びに行く) / あそびにくる(遊びに来る) v A p.175
comics まんが(漫画) n
commit to memory おぼえる(覚える)・おぼえて ① v L
common (predicate) ありふれている ① ている -v S, (pre-noun) ありふれた ① v (た-form) S
commute <to work> かよう(通う) v G p.225
commuter pass ていけん(定期券) n
shorter: ていき(定期)
commuting to school つうがく(通学) n する
commuting to work つうきん(通勤) n する
company かいしゃ(会社) n
company employee かいしゃいん(会社員) n
comparative p.88
compare くらべる(比べる) ① v P
compass コンパス n
(be) completed できる・できて ① v F
completely かんぜんに(完全に) o, まったく(全く) o, すっかり o p.282
complicated ふくざつ(複雑) a-だ
composition <sentences> さくぶん(作文) n, <musical piece> さっきょく(作曲) n する
concert <music> コンサート n
Congratulations! おめでとう o p.133
consider かんがえる(考える)・かんがえて ① v E/L
considerably かなり o p.282
(be) conspicuous めだつ(目立つ) v S
construct くみたてる(組み立てる)・くみたてて ① v L
construction けんせつ(建設) n する, <road> こうじ(工事) n
consult a dictionary じしょ(辞書)を ひく(引く) v L
consultation そうだん(相談) n する
contact sb れんらく(連絡) n する
continent たいりく(大陸) n
continue つづく(続く) iv F, <doing, to do> つづける(続ける) ① tv L
(one's) convenience つごう(都合) n
convenience store コンビニ n
convenient べんり(便利) a-だ
conversation かいわ(会話) n する
convey <tell> つたえる(伝える) ① v N
cooking りょうり(料理) n する
cool <atmospheric> すずしい(涼しい)・すずしく a p.184, ひやす(冷やす) tv L
copy コピー n する, うつす(写す) tv L
cord ひも(紐) n, <electric> *コード n
corner かど(角) n
correct ただしい(正しい)・ただしく a, せいかく(正確) a-だ, あう(合う) v S, なおす(直す) tv L, be corrected なおる(直る) iv F
correct answer せいかい(正解) n
corridor ろうか(廊下) n
cost <money> <おかね(金)が> かかる v S
cotton もめん[木綿] n
cough せき(咳)・〜の n p.116
count かぞえる(数える)・かぞえて ① v L
counters p.32, p.62, p.331
country くに(国) n おくに
countryside いなか[田舎] n

courage ゆうき(勇気) n
course コース n
cousin いとこ n
co-worker どうりょう(同僚) n
cover <book cover> ひょうし(表紙)・〜の n
crab かに(蟹) n
credit <registration for study> たんい(単位) n
crescent moon みかづき(三日月) n
crocodile わに(鰐) n
crops さくもつ(作物) n
cross <a bridge> わたる(渡る) v B
crow からす(鴉) n p.277
(be) crowded こむ v S
cry <human> なく(泣く) v E, <animal, bird, insect> なく(鳴く) v E
cube <the form of the dice> *りっぽうたい(立方体) n
cubic e.g. 1 cubic meter 1 りっぽう(立方)メートル n
cucumber きゅうり n
culture ぶんか(文化) n
cure <disease, injury> なおす(治す) tv L
curry カレー n
curtain <window> カーテン n, <stage> *まく(幕)・〜の n
custom しゅうかん(習慣) n
cut きる(切る) tv L
cut well きれる(切れる) ① iv S
cute かわいい・かわいく a

D

dam ダム n
dance おどる(踊る) v E, おどり(踊り) / ダンス n
danger きけん(危険) n
dangerous あぶない(危ない) a / きけん(危険) a-だ
dark くらい(暗い) a
Darwin (person's name) ダーウィン
data データ/データ n, しりょう(資料) n
date <making day> *ひづけ(日付) n, <day> *ねんがっぴ(年月日) n p.62, <promise> *まちあわせ(待ち合わせ) n, <with a lover> デート n する
daughter むすめ(娘)・〜の n p.141
day ひ◇(pre-n part +)ひ(日) n p.24, p.62
(the) day after tomorrow あさって n
(the) day before yesterday おとといの〜の n, (pre-sentence) おととい
day of the week ようび(曜日) n
daytime ひる(昼)・〜の n p.200, ひるま(昼間)・〜の n
dead body したい(死体) n
deadline しめきり(締め切り) n
death し(死) n
December じゅうにがつ(十二月) n
decide きめる(決める) ① v E/ tv L, be decided きまる(決まる) iv F
decimal fraction しょうすう(小数) n
decline ことわる(断る) v L
declining えんりょ(遠慮) n する
decorate かざる(飾る) v L
decrease へる(減る) iv F
deep ふかい(深い)・ふかく a, <color> こい(濃い) a, <voice> *ふとい(太い)・ふとく a
deep black /spoken/ まっくろ(真っ黒) a-だ
defeat まけ(負け) n, *はいぼく(敗北) n
defend まもる(守る) v L
delicious おいしい a

deliver とどける(届ける)・とどけて ⑫ tv Ⓝ, be delivered とどく(届く) iv Ⓗ
delivery はいたつ(配達) n する
denominator ぶんぼ(分母) n
dentist はいしゃ(歯医者) / しかいし(歯科医師) n p.295
department <menswear> うりば(売り場) n
department store デパート n
departure しゅっぱつ(出発) n する, <train, bus> はっしゃ(発車) n する
depth ふかさ(深さ) n
desert さばく(砂漠) n
design デザイン n する
desk つくえ(机) n
dessert デザート n
detailed くわしい(詳しい)・くわしく a
dew つゆ(露) n
diagram ず(図) n
dialect ほうげん(方言) n
diary にっき(日記) n
dictionary じしょ(辞書) n
die <except plants> しぬ(死ぬ) v Ⓔ, <human> なくなる(亡くなる) v Ⓔ, <plants> *かれる(枯れる) ⑫ v Ⓕ
different ちがう(違う) v Ⓢ
difficult むずかしい(難しい) a
dig ほる(掘る) v Ⓛ
dinner ゆうしょく(夕食) n
direction ほうこう(方向) n, …ほう(方) n p.44
director <clinic> *いんちょう(院長) n, <movie> *かんとく(監督) n
dirty きたない(汚い)・きたなく a
disadvantageous ふり(不利) a-だ
disappear きえる(消える) ⑫ iv Ⓕ, <be lost> なくなる(無くなる) iv Ⓕ
discount わりびき(割り引き) n する
discover はっけん(発見) する v Ⓛ
discovery はっけん(発見) n する
discuss はなしあう(話し合う) v Ⓙ
disease びょうき(病気) n
Disney (person's name) ディズニー
dish りょうり(料理) n
dishes <accompanying rice> おかず n
display <exhibit> かざる(飾る) v Ⓛ, <PC> がめん(画面) n
distant とおい(遠い) a
distant place とおく(遠く)・のの n
distinction くべつ(区別) n する
distressful くるしい(苦しい)・くるしく a
distribute くばる(配る) v Ⓝ
divide わける(分ける)・わけて ⑫ tv Ⓛ, わかれる(分かれる)・わかれて ⑫ iv Ⓕ, <arithmetic> わる(割る) v Ⓛ 6を3で割る
division <arithmetic> わりざん(割り算) n p.40
divorce りこん(離婚) n する
do する v, やる v p.111, おこなう(行う) v Ⓛ p.271, /respectful/ なさる v, /sensible/ いたす v
do to each other 《noun form of ACT verb + あう(合う)》 p.106
doctor <degree> *はくし(博士) / *はかせ[博士] n, <MD> いしゃ(医者) / いし(医師) n p.295, /honorific/ せんせい(先生) n p.251

document *ぶんしょ(文書) n, しょるい(書類) n
dog いぬ(犬)・のの n p.277
doghouse いぬごや(犬小屋) n
doll にんぎょう(人形) n
dollar <currency unit> ドル
door ドア n, <sliding> と(戸) n
doorway でいりぐち(出入口) n
dormitory りょう(寮) n
doughnut ドーナツ n
dove はと(鳩) n p.277
doze off いねむり(居眠り) n p.116
draw ひく(引く) v Ⓛ p.147, <tight> /spoken/ ひっぱる(引っ張る) v Ⓛ
drawer ひきだし(引き出し) n
drawing え(絵) n
dream ゆめ(夢)・のの n, *ゆめをみる(見る)
drill れんしゅう(練習) n する ⑫ v Ⓛ
drink のむ(飲む) v Ⓛ /sensible/ いただく v Ⓛ /respectful/ めしあがる v Ⓛ, のみもの(飲み物) n
drinking water のみみず(飲み水) n
drive <going for a drive> ドライブ n する
driving うんてん(運転) n する
drizzle きりさめ(霧雨) n
drop おちる(落ちる)・おちて ⑫ iv Ⓕ, drop sth おとす(落とす) tv Ⓛ, <sb off> おろす(降ろす) tv Ⓛ
drop in <at a shop> よる(寄る) v Ⓖ
dry かわく(乾く) v Ⓕ, <air> ほす(干す) tv Ⓛ
dull <boring> つまらない a
durable じょうぶ(丈夫) a-だ
dusk ゆうがた(夕方) n
dust ほこり(埃) n
duty ぎむ(義務) n

― E ―

ear みみ(耳)・のの n
early はやい(早い)・はやく a
early modern times <periodization of Japan> きんせい(近世) n p.291
early rising はやおき(早起き) n する
earnest まじめ a-だ, <over sth> *ねっしん(熱心) a-だ
earrings イヤリング n
Earth <planet> ちきゅう(地球) n
earth science ちがく(地学) n
earthquake じしん(地震) n
ease あんしん(安心) n Ⓢ する
east ひがし(東) n
(the) East とうよう(東洋) n
east and west とうざい(東西) n
eastern ひがし(東) n Ⓢ
Eastern Europe *とうおう(東欧) n
easy やさしい(易しい) / かんたん(簡単) a-だ
easy to do 《noun form of ACT verb + やすい》
eat たべる(食べる)・たべて ⑫ v Ⓛ /sensible/ いただく v Ⓛ, /respectful/ めしあがる v Ⓛ
economics けいざいがく(経済学) n
edible item たべもの(食べ物) n p.149
education きょういく(教育) n する
effort どりょく(努力) n する
egg たまご(卵) n
eggplant なす(茄子) n
Egypt エジプト n
eight はち(八) n, <things> やっつ(八つ) n

(the) eighth <ordinal> *はちばんめ(八番目) n Ⓢ, <date> ようか(八日) n
either of them どちらか n p.101, p.107
elbow ひじ(肘)・のの n
elderly ねんぱい(年配) n Ⓢ
elderly man /polite/ おじいさん n
elderly woman /polite/ おばあさん n
electric fan せんぷうき(扇風機) n
electric light でんき(電気) n
electric power でんりょく(電力) n
electric power failure ていでん(停電) n
electric train でんしゃ / でんしゃ(電車) n
electricity でんき(電気) n
electron でんし(電子) n
elementary school しょうがっこう(小学校) n
elephant ぞう(象) n
elevator エレベーター n
ellipse だえん(楕円) n / Ⓢ
email メール n
embarrassing はずかしい(恥ずかしい)・はずかしく a
embassy たいしかん(大使館) n
embrace だく(抱く) v Ⓛ
(be) employed つとめる(勤める) ⑫ v Ⓖ
end おわる(終わる) iv Ⓕ, <of a story> おわり(終わり) n, <of cloth/string> はし(端) n, <of a street/corridor> つきあたり(突き当たり) n, end sth おわる(終わる) tv Ⓛ, おえる(終える) tv Ⓛ
energy エネルギー n
engineering こうがく(工学) n
English language えいご(英語) n
English-Japanese dictionary えいわじてん(英和辞典) n
enjoy たのしむ(楽しむ) v Ⓛ
enjoyable たのしい(楽しい)・たのしく a
enough たりる(足りる) ⑫ iv Ⓢ
enter はいる(入る) iv Ⓑ Ⓖ
entrance いりぐち(入リ口/入口) n, <of a house> げんかん(玄関) n, <to school> にゅうがく(入学) n する
entrance examination にゅうがくしけん(入学試験) n shorter: にゅうし(入試)
envelope ふうとう(封筒) n
enviable うらやましい(羨ましい)・うらやましく a
era じだい(時代) n
erase けす(消す) tv Ⓛ, <data of PC> しょうきょ(消去) する
eraser けしゴム(消しゴム) n
escalator エスカレーター n
essay <literary arts> エッセイ / エッセー n, <students> レポート / リポート n
especially とくに(特に) o p.294
euro <currency unit> ユーロ n
Europe ヨーロッパ / *おうしゅう(欧州) n
evening <early evening> ゆうがた(夕方) n p.200
evening shower ゆうだち(夕立) n
(the) evening sun ゆうひ(夕日) n
every p.70
everybody p.112 みな n, /spoken/ みんな n, /polite/ みなさん n Ⓝ みんなさん
everyone ぜんいん(全員) n
everything ぜんぶ(全部) n
exactly (pre-QUANTITY) ちょうど o : just

examination しけん(試験) n
example れい(例) n
exception れいがい(例外) n Ⓢ
exchange とりかえる ⓑ v Ⓕ, こうかん(交換) n する, <money> りょうがえ(両替) n する
(be) excited わくわくする v Ⓢ p.276
Excuse me. すみません p.10
exercise <physical> うんどう(運動) n する, <skill> れんしゅう(練習) n する
exist <ANIMALS> いる(居る) ⓑ v Ⓒ/Ⓢ, /respectful/ いらっしゃる / おいでになる v Ⓒ/Ⓢ, /sensible/ おる(居る) v Ⓒ/Ⓢ p.132
<NON-ANIMALS> ある(有る/在る) v Ⓢ, /sensible/ ござる v Ⓢ p.132
exit でぐち(出口) n
expensive たかい(高い)・たかく a
experience けいけん(経験) n する
experiment じっけん(実験) n する
expert せんもんか(専門家) n
explain せつめい(説明)する v Ⓛ
export ゆしゅつ(輸出) n する
express train きゅうこう(急行) n
expression ひょうげん(表現) n する
extreme ひじょう(非常)に o p.278
extremely ずいぶん o p.203, p.282, ぜんぜん(全然) o p.282
eye め(目) n
eye lotion めぐすり(目薬) n
eyebrow まゆ(眉) / まゆげ(眉毛) n
eyeglasses めがね[眼鏡] n p.31
eyelash まつげ n
eyelid まぶた n

F

face かお(顔) n p.241, p.250
factory こうじょう(工場) n
faculty <of law, medicine> がくぶ(学部) n
faithfully しっかり o p.274
failure (⇔success) しっぱい(失敗) n する
fake (⇔genuine) にせもの(偽物) n Ⓢ
fall おちる(落ちる)・おちて ⓑ iv Ⓕ, <leaves> ちる(散る) v Ⓕ, <a price> さがる(下がる) iv Ⓕ
fall down たおれる(倒れる)・たおれて ⓑ iv Ⓕ
fall over ころぶ(転ぶ) v Ⓕ
family かぞく(家族) n □ごかぞく p.141
family name みょうじ(名字) / *せい(姓) n
famous ゆうめい(有名) a-だ
fan <folding> せんす(扇子) n, <round> うちわ n, <soccer> ファン n
far とおい(遠い) a
fare りょうきん(料金) n
 e.g. taxi fare タクシーだい (n 代)
fashion ファッション n
fast はやい・はやく(速い) a
fat ふとって(太って)いる ⓑ ている-v Ⓢ
father ちち(父) n, /polite/ おとうさん[お父さん] n
February にがつ(二月)・ のn
fee りょうきん(料金) n
feed えさ(餌)・のn
feel かんじる(感じる) ⓑ v Ⓔ
feel hungry おなかがすく(空く) v Ⓕ
feel thirsty のどがかわく(渇く) v Ⓕ
feeling きもち(気持ち) n

female <human> おんな(女) n Ⓢ, <other than human> めす(雌)・のn p.42
festival /polite/ おまつり(お祭) n
fever ねつ(熱)・のn
(a) few すこし(少し), /written/ しょうしょう(少々) o p.271, (predicate) すくない(少ない)・すくなく a, いくらか o
field <of science, art, etc.> ぶんや(分野) n
(the) fifth <ordinal> *ごばんめ(五番目) n Ⓢ, <date> いつか(五日) n
figure <illustration> ず(図) / ずけい(図形) n
file ファイル n
final さいご(最後) n Ⓢ
finally *ついに o, /spoken/ やっと o p.294
find sth みつける(見つける) ⓑ tv Ⓛ, be found みつかる(見つかる) iv Ⓕ
fine <quality> すばらしい・すばらしく a, <attraction> すてき a-だ, <sand> こまかい(細かい)・こまかく a, <thread> ほそい(細い)・ほそく a
(become) fine はれる(晴れる)・はれて ⓑ v Ⓕ
fine-looking りっぱ(立派) a-だ
finger ゆび(指)・のn
finish おわる(終わる) v Ⓕ, すむ(済む) v Ⓕ
fire ひ(火) n, <a fire> かじ(火事) n
fire engine しょうぼうしゃ(消防車) n
fire extinguisher しょうかき(消火器) n
fire work はなび(花火) n
firmly しっかり o p.274
(the) first <ordinal> *いちばんめ(一番目) n Ⓢ, <date> ついたち[一日] n
(the) first half ぜんはん(前半) n
(the) first semester ぜんき(前期) n
<for the> first time はじめて(初めて) o
(the) first year がんねん(元年) n p.65
fish さかな(魚) n
fishery ぎょぎょう(漁業) n
fishing <with rod and line> つり(釣り) n
fit あう(合う) v Ⓢ
fitting room しちゃくしつ(試着室) n
five ご(五) n, <things> いつつ(五つ) n
fix <the date> きめる(決める) ⓑ tv Ⓛ
flag はた(旗)・のn
flame ひ(火) n, ほのお(炎) n
flat たいら(平ら) a-だ
floor ゆか(床) n
Florence フィレンツェ / フローレンス n
flow ながれる(流れる)・ながれて ⓑ iv Ⓑ Ⓕ
flower はな(花)・のn □おはな
flower bed かだん(花壇) n
flush <water> ながす(流す) tv Ⓛ
fly とぶ(飛ぶ) v Ⓕ
foal こうま(子馬) n
fog きり(霧) n
fold <paper> おる(折る) v Ⓛ
fold up <one's clothes> たたむ(畳む) v Ⓛ
fond of sth n が + すき(好き) a-だ
food たべもの(食べる物)・のn p.149
foodstuffs しょくりょうひん(食料品) n
foot あし(足) n
footstep あしおと(足音) n
for example たとえば(例えば) o p.294
force ちから(力)・のn

forefinger ひとさしゆび(人さし指) n
forehead ひたい(額) n
foreign country がいこく(外国) n
foreign language がいこくご(外国語) n
foreign liquor ようしゅ(洋酒) n
foreigner がいこくじん(外国人) n
forest もり(森) n, しんりん(森林) n
forestry りんぎょう(林業) n
forget わすれる(忘れる) ⓑ v Ⓛ
forgive ゆるす(許す) v Ⓛ
fork フォーク n
(the) forth <ordinal> *よんばんめ(四番目) n Ⓢ, <date> よっか(四日) n
forwarding てんそう(転送) n する Ⓛ
foundations どだい(土台) n
fountain pen まんねんひつ(万年筆) n
four よん / し(四) n, <things> よっつ(四つ) n
fraction ぶんすう(分数) n p.33
fragrance におい(匂い) n, *かおり(香り) n
France フランス n p.179
free <to have time> ひま(暇) a-だ, <be not restricted> じゆう(自由) a-だ, <charge> ただ n Ⓢ
freedom じゆう(自由) n
freeze こおる(凍る) v Ⓕ
fresh しんせん(新鮮) a-だ
Friday きんようび(金曜日) n
friend とも(友) / ともだち(友だち) n, (⇔enemy) みかた(味方) n
frog かえる(蛙) n
front まえ(前) n /Ⓢ, <side> おもて(表) n p.163
frost しも(霜)・のn
fruit くだもの[果物] n
frying pan フライパン n
full /spoken/ いっぱい o, <train, hall> まんいん(満員) n Ⓢ
full name しめい(氏名) n
funny おかしい・おかしく a
furniture かぐ(家具) n
fuse ヒューズ n
future みらい(未来) n

G

Galileo (person's name) ガリレオ
game ゲーム n, <match> しあい(試合) n
garden にわ(庭) n
garlic にんにく[大蒜] n
gas <other than air> ガス n, <air> くうき(空気) n
gasoline ガソリン n
gate もん(門) n
gather あつまる(集まる) iv Ⓕ, gather sth あつめる(集める)・あつめて ⓑ tv Ⓛ
gathering しゅうごう(集合) n する
gear <device> *ギア n, <parts> はぐるま(歯車) n
gem ほうせき(宝石) n
generation せだい/せだい(世代) n, <electricity> はつでん(発電) n する
genre ジャンル n
gentle やさしい(優しい) a
genuine ほんもの(本物) n Ⓢ
geography ちり(地理) n
geometry きか(幾何) n
Germany ドイツ n p.179
get angry おこる(怒る) v Ⓕ
get drunk よう(酔う) v Ⓕ

get fat ふとる(太る) v E p.116
get irritated いらいらする v E p.276
get lower さがる(下がる) iv F
get off おりる(降りる)・おりて ⓣ iv B
get up おきる(起きる)・おきて ⓣ iv E
get well なおる(治る) iv F
get wet ぬれる(濡れる) ⓣ v F
giant panda パンダ n
gift おくりもの(贈り物) n
giraffe きりん(麒麟) n
girl おんなのこ(女の子) n p.42
girl's school じょしこう(女子校) n
give <to someone> あげる ⓣ v N, /humble/ さしあげる ⓣ v N, <to a person in a lower position/animal> やる v N, <a gift> おくる(贈る) v N, <to me> くれる ⓣ v N, /respectful/ くださる v N
give back かえす(返す) v N
glad うれしい・うれしく a
glass ガラス n, <tumbler> コップ n, *グラス n
glove てぶくろ(手袋) n
glue のり(糊)・⌒の n
go <there> いく(行く) v p.25, p.172, /respectful/ いらっしゃる／おいでになる v A, /sensible/ まいる v A p.132
go down <stairs, a slope> おりる(下りる)・おりて ⓣ iv B, くだる(下る) v B
go forward すすむ(進む) v A B
go home かえる(帰る) v A p.172
go off きえる(消える) ⓣ iv F
go out <leave home> でかける(出かける) ⓣ v A, <fire> きえる(消える) ⓣ iv F
go pit-a-pat /spoken/ どきどきする v E p.276
go to meet むかえる(迎える) ⓣ v L
go up <somewhere> あがる(上がる) iv F, <stairs, a slope> のぼる(上る) v B
Goethe (person's name) ゲーテ
going and returning おうふく(往復) n する
going to one's country きこく(帰国) n する
gold きん(金) n, <color> きんいろ(金色) n Ⓢ
goldfish きんぎょ(金魚) n
golf ゴルフ n
good よい a /spoken/ いい a
good at <technique> じょうず[上手]-だ, <talent> とくい(得意) a-だ p.77
Good bye! さようなら p.10
Good day! こんにちは p.10
Good evening! こんばんは p.10
Good morning! おはようございます p.10, p.133
Good night! おやすみなさい p.231
gradually だんだん o p.282
graduate そつぎょう(卒業)する v B
graduate school だいがくいん(大学院) n
graduation そつぎょう(卒業) n する
grammar ぶんぽう(文法) n
grandchild まご・⌒の n p.141
grandfather そふ(祖父) n, /polite, spoken/ おじいさん
grandmother そぼ(祖母) n, /polite, spoken/ おばあさん
grape ぶどう(葡萄) n
graph グラフ／ɡラフ n

grass くさ(草)・⌒の n
gray <color> はいいろ(灰色) n Ⓢ, グレー n Ⓢ, <weather> くもり(曇り)・⌒の n Ⓢ p.253
great たいへん(大変) a-だ
Greece ギリシャ n
green みどり(緑) n Ⓢ, <trafic light> あお(青) n Ⓢ p.82
green fields のはら(野原) n
green pepper ピーマン n
green tea りょくちゃ(緑茶)／にほんちゃ([日本]茶) n
green vegetables やさい(野菜) n
greeting あいさつ(挨拶) n する
greetings p.10, p.231
grieve かなしむ(悲しむ) v E
grill やく(焼く) tv L, be grilled やける(焼ける) ⓣ iv F
grilled meat やきにく(焼き肉) n
grow <fruit> なる(生る) v D, <grass> はえる(生える)・はえて ⓣ v D
guidance あんない(案内) n する
guide あんない(案内)する v L
guide dog もうどうけん(盲導犬) n
guitar ギター n
gymnasium たいいくかん(体育館) n

―H―

habit しゅうかん(習慣) n, *くせ(癖)・⌒の n
hail <smaller> あられ(霰) n, <larger> ひょう(雹) n
hair け(毛), <of one's head> かみ(髪)・⌒の ／かみのけ(髪の毛) n
half はんぶん(半分) n, <a half> にぶんのいち(二分の一) n, (pre-ACT) はんぶん(半分) o
half a day はんにち(半日) n
half a month はんつき(半月) n
half a year はんとし(半年) n
half moon はんげつ(半月) n
half price はんがく(半額) n Ⓢ
ham ハム n
ham and eggs ハムエッグ n
hand て(手) n p.241, わたす(渡す) v N
handicap ハンデ n
handkerchief ハンカチ n
handmade てづくり(手作り) n Ⓢ
handwriting てがき(手書き) n Ⓢ
hang かかる(掛かる) iv H, hang sth かける(掛ける)・かけて ⓣ tv L
happiness しあわせ(幸せ) n
happy しあわせ(幸せ) a-だ
harbor みなと(港) n
hard かたい(硬い) a, しっかり o p.274
hard to do 《noun form of ACT verb + にくい》
hat ぼうし(帽子) n p.31
have もつ(持つ) v L p.58, ある v Ⓢ p.108
head あたま(頭)・⌒の n, くび(首) n
head office ほんてん(本店) n
headache ずつう(頭痛) n p.87
health *けんこう(健康) n, からだ(体) n
hear <audible> きこえる(聞こえる) ⓣ v L
heart しんぞう(心臓) n, <mind> こころ(心) n
heaven てんごく(天国) n
heavy おもい(重い) a

heavy rain おおあめ(大雨) n
heel かかと(踵) n
height たかさ(高さ) n, <one's> せ(背) n, しんちょう(身長) n
helicopter ヘリコプター n
hell じごく(地獄) n
help てつだう(手伝う) v L
hen にわとり(鶏) n, *めんどり(雌鶏) n
here ここ n p.51
hide かくれる(隠れる)・かくれて ⓣ v D
high たかい(高い)・たかく a
high school こうとうがっこう(高等学校) n shorter: こうこう(高校)
high school student せいと(生徒) n p.86
highest さいこう(最高) n Ⓢ
hint ヒント n
history れきし(歴史) n
hit たたく(叩く) v L, <a nail, a ball> うつ(打つ) v L
hobby しゅみ(趣味) n
hold <in one's hand> もつ(持つ) v L, <in one's arms> だく(抱く) v L, <a ladder> おさえる(押さえる)・おさえて ⓣ v L
hole あな(穴)・⌒の n
holiday きゅうじつ(休日) n, やすみ(休み)・⌒の n, <national> しゅくじつ(祝日) n
home <one's> うち◇(pre-n part+)うち(家) n
homecoming きせい(帰省) n する
homework しゅくだい(宿題) n
honey はちみつ(蜂蜜) n
honor *めいよ(名誉) n
honor student ゆうとうせい(優等生) n
honorific けいご(敬語) n
honorifics p.131, p.142, p.258
horizontal よこ(横) n Ⓢ p.194, *すいへい(水平) n Ⓢ
horizontal writing よこがき(横書き) n Ⓢ
horn つの(角)・⌒の n
horse うま(馬)・⌒の n p.277
horsepower ばりき(馬力) n
hospital びょういん(病院) n
hospitalization にゅういん(入院) n する
hot <atmospheric> あつい(暑い)・あつく a p.184, <sense of touch> あつい(熱い)・あつく a p.184, <spicy> からい(辛い)・からく a
hot and humid むしあつい(蒸し暑い)・むしあつく a
hot springs おんせん(温泉) n
hot water ゆ(湯) n ◯お湯
hotel ホテル n
house いえ(家)・⌒の n, /polite/ <your/his/her> おたく(お宅) n
house rent やちん(家賃) n
house-moving ひっこし(引っ越し) n
housewife しゅふ(主婦) n
how どう o p.51, p.118
How do you do? はじめまして(初めまして) p.10
how many p.32-33, p.62-63
how much いくら n p.107
however p.147, p.219, /written/ しかし conj. p.300, ところが conj. p.301
humankind にんげん(人間) n
humidity しつど(湿度) n
humor ユーモア n

hundred ひゃく(百) n
hurry いそぐ(急ぐ) v E
husband おっと(夫) n, <my> しゅじん(主人) n, /polite/ <your/her> ごしゅじん(ご主人) n
hut こや(小屋)・‐の n

I

I わたし(私) n, /formal/ わたくし(私) n p.261
I'm sorry. /formal/ もうしわけ(申し訳)ありません。, /casual, polite/ ごめんなさい。 p.231
ice こおり(氷) n
ice cream アイスクリーム／アイス n
iced coffee アイスコーヒー n
idea かんがえ(考え) n
idle なまける(怠ける)・なまけて ① v L
if もし o, /spoken/ もしも p.296
ill びょうき(病気) n S
illness びょうき(病気) n
immediately すぐ／すぐに o
import ゆにゅう(輸入) n する
important だいじ(大事) a-だ
impossible むり(無理) a-だ, ありえない ① v (ない-form) S
(be) in time まにあう(間に合う) v S
inconvenient ふべん(不便) a-だ
increase ふえる(増える)・ふえて ① iv F,
increase sth ふやす(増やす) tv L
India インド n p.179
(the) Indian Ocean インドよう(-洋) n
Indonesia インドネシア
industry こうぎょう(工業) n
inflation インフレ n
influenza インフルエンザ n
inform しらせる(知らせる) ① v N
ingroup うち(内) n S
injection ちゅうしゃ(注射) n する
injury けが・‐の n p.117
ink インク n
insect むし(虫) n
inside なか(中) n /S, うちがわ(内側) n
instrument *きぐ(器具) n, <musical> がっき(楽器) n
(be) interested in きょうみ(興味)がある v S
interesting おもしろい・おもしろく a
intermediate ちゅうきゅう(中級) n S
interpretation つうやく(通訳) n する
interpreter つうやく(通訳) n
intersection こうさてん(交差点) n
interval あいだ(間) n
introduce しょうかい(紹介)する v N
introduction しょうかい(紹介) n する
invention はつめい(発明) n する
invitation しょうたい(招待) n する
invite しょうたい(招待)する v L
iron アイロン n, <metal> てつ(鉄) n
island しま(島)・‐の n
It cannot be helped. しかたがない
Italy イタリア n p.179
itchy かゆい(痒い)・かゆく a

J

jacket うわぎ(上着) n
jam ジャム n
JANKEN じゃんけん n p.106
January いちがつ(一月)・‐の n
Japan にっぽん(日本)／にほん[日本]・‐の n
Japanese <language> にほんご([日本]語) n, <person/people> にほんじん([日本]人) n
Japanese paper わし(和紙) n
Japanese persimmon かき(柿) n
Japanese-English dictionary わえいじてん(和英辞典) n
Japanese-style わふう(和風) n S
Japanese-style food わしょく(和食) n
Japanese-style inn りょかん(旅館) n
Japanese-style room わしつ(和室) n
jaws あご(顎)・‐の n
jazz ジャズ n
jeans ジーパン n
jelly ゼリー n
jet airplane ジェットき(機) n
jewel ほうせき(宝石) n
job しごと(仕事) n
joke じょうだん(冗談) n
JUDO じゅうどう(柔道) n
juice ジュース n
July しちがつ(七月)・‐の n
June ろくがつ(六月)・‐の n
jungle ジャングル n
junior high school ちゅうがっこう(中学校) n shorter: ちゅうがく(中学)
junior high school student ちゅうがくせい(中学生) n
Jupiter <planet> もくせい(木星) n
just (pre-STATE) ちょうど o
just like まるで o p.296

K

KANJI かんじ(漢字) n
KANJI dictionary (in Japanese) かんわじてん(漢和辞典) n
keep <one's belongings> あずかる(預かる) v L
ketchup ケチャップ n
kettle やかん n
key かぎ(鍵)・‐の n
key case / key ring キーホルダー n
kick ける(蹴る) v L
KIMONO きもの(着物) n, わふく(和服) n
kind *しゅるい(種類) n
kind しんせつ(親切) a-だ, やさしい(優しい) a
kindness しんせつ(親切) n
kitchen だいどころ(台所) n
kite たこ(凧) n
knee ひざ(膝) n
knife ナイフ n
knock ノック n する
knock down たおす(倒す) tv L
know しる(知る) v L, しっている(知っている) ① ている-v S p.58
KOBAN こうばん(交番) n
KUN-YOMI くんよみ(訓読み) n p.11

L

label ラベル／レーベル n
laboratory じっけんしつ(実験室) n, けんきゅうしつ(研究室) n
lace ひも(紐) n, <lacework> レース n, しめる(締める)・しめて ① v L
lake みずうみ(湖) n
land (⇔sea) *りく(陸) n, <piece> とち(土地) n
landing ちゃくりく(着陸) n する
language げんご(言語) n, ことば・‐の n
large おおきい(大きい)・おおきく a, <room> ひろい(広い)・ひろく a, (pre-noun only) おおきな(大きな) o p.284
last さいご(最後) n S, つづく(続く) iv F
last month せんげつ(先月)
last night /spoken/ ゆうべ・‐の n
last week せんしゅう(先週)
last year きょねん(去年)
late おそい(遅い) a
(be) late おくれる(遅れる) ① v E F, <for a class> ちこく(遅刻)する v E
lateness ちこく(遅刻) n する
late-night snack やしょく(夜食) n
laugh わらう(笑う) v E
lavatory ◎おてあらい(お手洗い) n p.281
laver <food> のり[海苔]・‐の n
law ほうりつ(法律) n
lay sth <on the floor> しく(敷く) v M
leaf は(葉) n, /spoken/ はっぱ(葉っぱ) n
learn ならう(習う) v N
leave (⇔arrive) でる(出る) ① iv E, <keep> のこす(残す) tv L, <forget> わすれる(忘れる) ① v L, <sth with sb> あずける(預ける)・あずけて ① v N
leaving hospital たいいん(退院) n する
lecture こうぎ(講義) n する
left ひだり(左) n /S, <on one's left> むかって(向かって)ひだり(左) n, <side> ひだりがわ(左側) n
(be) left over F あまる(余る) v
left overs あまり(余り)・‐の n
leg あし(脚)・‐の n
lemon レモン n
lend かす(貸す) v N, <libraries> かしだす(貸し出す) v N
length ながさ(長さ) n
lens レンズ n
less than …みまん(未満) n p.260
lesson <teaching> *レッスン n, <textbook> -か(課) suffix
letter てがみ(手紙) n □ おてがみ
level レベル／レーベル n
library としょかん(図書館) n
lid ふた(蓋) n
lie <down> よこ(横)になる v L, ねる(寝る) ① v L, <snow> つもる(積もる) v F, うそ(嘘) n, *うそ(嘘)をつく v L
lie about なまける(怠ける)・なまけて ① v L
life せいかつ(生活) n する
lifetime いっしょう(一生) n
light <weight> かるい(軽い) a, <color> うすい(薄い) a
light rain こさめ(小雨) n
like sth n が＋きにいる(気に入る) v S, n が＋すき(好き) a-だ p.78
lily ゆり n
limitation *げんてい(限定) n する
limited express とくべつきゅうこう(特別急行) n shorter: とっきゅう(特急)
line せん(線) n p.147, <of writing> ぎょう(行) n
lion ライオン n
lip くちびる(唇) n

liquor shop さかや(酒屋) n
list *リスト n, <table>ひょう(表) n
listen to きく(聞く) v L
listener ききて(聞き手) n
literature ぶんがく(文学) n
little ちいさい(小さい)・ちいさく a
(a) little すこし(少し) o, /spoken/ ちょっと o
live <exist>いきる(生きる) I v E, いきている(生きている) I ている-v S, (in Japan)すむ(住む) v C, すんでいる(住んでいる) I ている-v S
lively <town>にぎやか(賑やか) a-だ, <human/animal>げんき(元気) a-だ
load into/onto つむ(積む) v L
loanword がいらいご(外来語) n
lobby ロビー n
locker ロッカー n
logic ろんり(論理) n, <arbitrary>*りくつ(理屈) n
lonely さびしい(寂しい)・さびしく a
long ながい(長い)・ながく a
long sleeved ながそで(長袖) n S
look at みる(見る) I v L, /respectful/ ごらんになる(ご覧に-) v L p.142, /humble/ <works, etc. of a person in higher podition>はいけんする(拝見する) v L p.142, p.144
look for <a lost thing>さがす(捜す) v L, <new work>さがす(探す) v L
look in のぞく(覗く) v L
look up <a word>しらべる(調べる)・しらべて I
loose (⇔tight) ゆるい(緩い)・ゆるく a L v L
lose なくす(無くす) tv L, <a match>まける(負ける) I v E, <one's way>まよう(迷う) v
(a) lot/lots /spoken/ たくさん o, いっぱい o, E たいりょう(大量) n S p.271
lots of people おおぜい(大勢) o, おおぜい(大勢) n S
loud <sound>おおきい(大きい)・おおきく a, <noise>うるさい・うるさく a
love あい(愛) n, *あいして(愛して)いる I ている-v S
lover こいびと(恋人) n
low ひくい(低い)・ひくく a, <sound>ちいさい(小さい)・ちいさく a
lower さげる(下げる)・さげて I tv L
lower back こし(腰) n
lowest さいてい(最低) n S
luck うん(運) n
lucky うん(運)がよい a
luminous ひかる(光る) v S
lunch /spoken/ ひるごはん(昼ご飯) n
lunch break ひるやすみ(昼休み) n
lung はい(肺) n

■ M

machine きかい(機械) n
(be) made できる・できて I v F
magazine ざっし(雑誌) n
magic てじな(手品) n
mail *ゆうびん(郵便) n, <a letter>だす(出す) v L
main gate せいもん(正門) n
main part ほんたい(本体) n
main store ほんてん(本店) n
make つくる(作る) v L, <tea>いれる I v L

make a joke じょうだん(冗談)をいう(言う)
make noise さわぐ(騒ぐ) v E
make sth + STATE pre-ACT + する p.184
make sth dirty よごす(汚す) tv L
make up one's mind きめる(決める) I tv E
male <human>おとこ(男)・おの n S, <other than human>おす(雄)・おの n S p.42
man おとこ(男)・おの n, /polite/ おとこのひと(男の人) n p.42
(that) man かれ(彼) n p.231
manhole マンホール n
many たくさん o, (pre-noun) たくさん o+の, おおく(多く) n+の, (predicate) おおい(多い) a
many kinds (pre-verb) いろいろ(色々) o p.86
map ちず(地図) n
marathon マラソン n
March さんがつ(三月) n
market <fish/vegetable>いちば(市場) n, <stock>しじょう(市場) n
marriage けっこん(結婚) n する
married couple ふうふ(夫婦) n
marry けっこん(結婚)する v J
Mars <planet>かせい(火星) n
master <of a shop>しゅじん(主人) n, <degree>*しゅうし(修士) n
match <game>しあい(試合) n, <ignition>マッチ n
mathematics すうがく(数学) n
matter ことがら(事柄) n, (⇔mind) ぶっしつ(物質) n
May ごがつ(五月) n
mayor/mayoress しちょう(市長) n
meal しょくじ(食事) n おしょくじ, /spoken/ ごはん(ご飯) n
meaning いみ(意味) n
measure はかる(測る) v L
meat にく(肉)・おの n おにく
meat dishes にくりょうり(肉料理) n
mechanical pencil シャープペンシル n shorter: シャーペン
mechanics りきがく(力学) n
medical science いがく(医学) n
medicine くすり(薬) n
(the) Mediterranean Sea ちちゅうかい(地中海) n
meet あう(会う) v L, /humble/ <based on the kindness of a person in higher position>おめ(目)にかかる v L p.258
meeting かいぎ(会議) n, しゅうごう(集合) n する
melon メロン n
member *いちいん(一員) n, <of a society/club>かいいん(会員) n
memorandum メモ n する
memorization あんき(暗記) n する
memory おもいで(思い出) n, <computer>*メモリ/*メモリー n
mend なおす(直す) tv L, be mended なおる(直る) iv F
menu メニュー n
mercury すいぎん(水銀) n
Mercury <planet>すいせい(水星) n
mermaid にんぎょ(人魚) n
message *メッセージ n, <verbal>でんごん(伝言) n する

Mexico メキシコ n
microphone マイク n
midday しょうご(正午) n
middle /spoken/ まんなか(真ん中) n / S p.44
(the) middle ages ちゅうせい(中世) n p.291
(the) Middle East ちゅうとう(中東) n
middle finger なかゆび(中指) n
midnight よなか(夜中)・おの n p.200
milk <cow's>ぎゅうにゅう(牛乳) n, ミルク n
Milky Way あまのがわ(天の川) n
mirror かがみ(鏡)・おの n
mistake *まちがい n, まちがえる・まちがえて I tv L
mitten てぶくろ(手袋) n
model <handwriting>てほん(手本) n ○おてほん
modern times きんだい(近代) n p.291
mole もぐら n
molecule ぶんし(分子) n
moment /spoken/ *ちょっと o
(a) moment ago いま(今) n p.24
Monday げつようび(月曜日) n
money /polite/ おかね(お金) n
monochrome しろくろ(白黒) n S
month つき(月)・おの n p.24, p.62-63
moon つき(月)・おの n, <satellite>えいせい(衛星) n
more (pre-STATE) もっと o, (pre-QUANTITY) もう/あと o p.270
moreover それに conj. p.300
morning あさ(朝) n, <a.m.>ごぜん(午前) n, <during the morning>ごぜんちゅう(午前中) n p.200
morning of New Year's Day がんたん(元旦) n
(the) morning sun あさひ(朝日) n
mosaic モザイク n / S
Moscow モスクワ n
most ほとんど o p.283
<for the> most part だいたい(大体) o p.283
mostly たいてい(大抵) o p.283
mother はは(母) n, /polite/ おかあさん[お母さん] n
motorcar じどうしゃ(自動車) n
motorcycle バイク/オートバイ n
mountain やま(山)・おの n
mouse ねずみ(鼠) n
mouth くち(口) n
move うごく(動く) iv E, <to new address>ひっこす(引っ越す) v A, <to another place>うつる(移る) v A, move sth うごかす(動かす) tv L
movie えいが/えいが(映画) n
movie theater えいがかん(映画館) n
Mozart (person's name) モーツァルト n
muffler マフラー n
muggy むしあつい(蒸し暑い)・むしあつく a
multiply <arithmetic>かける(掛ける)・かけて I v M 2に4を掛ける
multiplication <arithmetic>かけざん(掛け算) n
municipal しりつ(市立) n S p.40
muscle きんにく(筋肉) n
museum はくぶつかん(博物館) n
music おんがく(音楽) n
mustache ひげ(髭)/くちひげ(口髭) n
Myanmar ミャンマー n

N

- nail つめ(爪) n
- name なまえ(名前) n □おなまえ, <one's name (and address) on an envelope> あてな(宛名) n
- (one's) name tag なふだ(名札) n
- nap ひるね(昼寝) n
- Naples ナポリ n
- narrow <aisle> せまい(狭い)・せまく a, <river> ほそい(細い)・ほそく a
- nation <person> *こくみん(国民) n, <state> こっか(国家) n
- national <museum> こくりつ(国立) n Ⓢ
- national anthem こっか(国歌) n
- national holiday しゅくじつ(祝日) n
- nationality こくせき(国籍) n
- natural しぜん(自然) n Ⓢ / a-だ
- nature しぜん(自然) n, <of iron> せいしつ(性質) n
- navel へそ(臍) n ○おへそ
- near ちかい(近い)・ちかく a
- near place ちかく/ちかく(近く) n p.44
- necessarily かならず(必ず) o p.296
- necessary ひつよう(必要) a-だ
- neck くび(首) n
- necklace ネックレス n
- necktie ネクタイ n
- need sth nが+いる(要る) v Ⓢ p.79, p.239
- needle はり(針) n
- neighborhood きんじょ(近所) n
- nephew おい(甥) n
- (the) Netherlands オランダ n
- neutral ちゅうせい(中性) n Ⓢ
- neutralization ちゅうわ(中和) n する
- never p.109
- new あたらしい(新しい)・あたらしく a
- new moon しんげつ(新月) n
- new year しんねん(新年) n
- New Year /polite/ おしょうがつ(お正月) n
- New Year's Day がんじつ(元日) n
- news <on the TV> ニュース n
- newspaper しんぶん(新聞) n
- next <next one> つぎ(次) n Ⓢ
- next month らいげつ(来月) n
- next time こんど(今度) n Ⓢ
- next to となり(隣) n Ⓢ p.44
- next week らいしゅう(来週) n
- next year らいねん(来年) n
- nice よい a /spoken/ いい a
- Nice to meet you. はじめまして(初めまして)
- niece めい(姪) n p.10
- night よる(夜) n p.200
- Nikon (company name) ニコン n
- nine きゅう/く(九) n, <things> ここのつ(九つ) n
- (the) ninth <ordinal> *きゅうばんめ(九番目) n Ⓢ, <date> ここのか(九日) n
- no <negation> o p.22, p.56, p.74, p.255
- no <existence> ない a p.70, p.72
- No, thank you *けっこう(結構)です。
- no problem だいじょうぶ(大丈夫) a-だ
- no way だめ a-だ p.185
- nobody p.44, p.107
- noise ざつおん(雑音) n
- noisy うるさい・うるさく a
- noon しょうご(正午) n, ひる(昼)・るの n
- normal ふつう(普通) n Ⓢ
- north きた(北) n
- North America きた(北)アメリカ/ほくべい(北米) n
- north and south なんぼく(南北) n
- North Europe ほくおう(北欧) n
- North Korea *きたちょうせん(北朝鮮) n
- (the) North Pole ほっきょく(北極) n
- northeast ほくとう(北東)/とうほく(東北) n
- northern きた(北) n Ⓢ
- northwest ほくせい(北西)/せいほく(西北) n
- nose はな(鼻) n
- nostalgic なつかしい(懐かしい)・なつかしく a
- not good at <technique> へた[下手] a-だ, <talent> にがて(苦手) a-だ p.77
- note メモ n する
- notebook ノート n
- nothing p.44, p.107
- notice ちゅうもく(注目) n する
- notify しらせる(知らせる) ⑫ v Ⓝ
- noun めいし(名詞) n
- novel しょうせつ(小説) n
- novelist しょうせつか(小説家) n
- November じゅういちがつ(十一月)・るの n
- now いま(今) n p.24
- number *かず(数) n, <phone, room> ばんごう(番号) n
- number of people にんずう(人数) n
- number of times かいすう(回数) n
- number 1 いちばん(一番) n p.88
- numbers p.32, p.34
- numeral すうじ(数字) n
- numerator ぶんし(分子) n
- nurse かんごし(看護師) n
- nylon ナイロン n

O

- o'clock -じ(時) suffix p.63
- observation かんさつ(観察) n する
- obstructive じゃま a-だ
- occupation しょくぎょう(職業) n
- occupied <restroom> しようちゅう(使用中) n
- occurrence できごと(出来事) n
- ocean うみ(海) n, *たいよう(大洋) n
- Oceania オセアニア/*たいようしゅう(大洋州) n
- October じゅうがつ(十月)・るの n
- octopus たこ(蛸) n
- of course もちろん o p.294
- office じむしょ(事務所) n
- often (pre-ACT) よく o p.296
- old ふるい(古い)・ふるく a
- old days むかし(昔) n
- old school <one's> ぼこう(母校) n
- older <person> としうえ(年上) n Ⓢ
- older brother あに(兄) n, /polite/ おにいさん[お兄さん] n
- older sister あね(姉) n, /polite/ おねえさん[お姉さん] n
- once (pre-ACT) いちど(一度)/いっかい(一回) n
- one いち (一) n, <thing> ひとつ(一つ) n, <of them> どれか n p.101, p.107
- one day *あるひ(日) n.phrase, <a day> いちにち(一日) n
- one day trip ひがえり(日帰り) n Ⓢ
- one person ひとり[一人] n
- one way かたみち(片道) n Ⓢ
- oneself じぶん(自分) n
- onion たまねぎ(玉葱) n
- only …だけ(・るの) n p.40
- ON-YOMI おんよみ(音読み) n p.11
- open あく(開く) iv Ⓕ, ひらく(開く) iv Ⓕ,
- open sth あける(開ける) ⑫ tv Ⓛ, ひらく(開く) tv Ⓛ p.183
- opera オペラ n
- operate <machine> うごく(動く) iv Ⓕ
- opinion いけん(意見) n
- opposite はんたい(反対) n Ⓢ
- opposite side むこう/むこう(向こう) n p.45
- opposition はんたい(反対) n する
- or p.79, それとも conj. p.300
- orchestra オーケストラ n
- order ちゅうもん(注文) n する, たのむ v Ⓛ
- ordinary ふつう(普通) n Ⓢ
- ORIGAMI おりがみ(折り紙) n
- other べつ(別) n Ⓢ
- other than nいがい(以外) n p.260
- outgroup そと(外) n Ⓢ
- outside そと(外) n, そとがわ(外側) n
- (be) over おわる(終わる) v Ⓕ, すむ(済む) v Ⓕ
- over there <place> あそこ n, <direction> あちら n, /spoken/ あっち n p.51
- overcoat コート n
- overground ちじょう(地上) n
- overseas かいがい(海外) n
- overseas student りゅうがくせい(留学生) n
- oversleeping ねぼう(寝坊) n する
- oyster かき(牡蠣) n

P

- p.m. ごご(午後) n
- (the) Pacific Ocean たいへいよう(太平洋) n
- page ページ n
- pain *いたみ(痛み) n
- painful いたい(痛い)・いたく a
- paint ペンキ n
- painter がか(画家) n
- painting え(絵) n
- pajamas パジャマ n
- pale あおじろい(青白い)・あおじろく a
- palm てのひら(手のひら/掌) n
- pamphlet パンフレット n shorter: パンフ
- pan なべ(鍋) n
- pants ズボン n, パンツ/パンツ p.31
- paper かみ(紙)・るの n, <research> ろんぶん(論文) n, <document> しょるい(書類) n
- Pardon me. *しつれい(失礼)しました。/casual, polite/ ごめんなさい。
- parent おや(親)・るの n
- parents りょうしん(両親) n □ごりょうしん
- park こうえん(公園) n
- parking lot ちゅうしゃじょう(駐車場) n
- part <from sb> わかれる(別れる)・わかれて ⑫ v Ⓙ
- part-time job アルバイト n shorter: バイト
- parting <from sb> わかれ(別れ)・るの n
- parts <of a car> ぶひん(部品) n

party パーティー n, <political> *とう(党) n
pass <go by> すぎる(過ぎる)・すぎて ① v 匣, <a test> ごうかく(合格)する v 匣, <through a park> とおる(通る) iv 匣, pass sth *とおす(通す) tv 匣
passing <a test> ごうかく(合格) n する
passive p.242
passport パスポート / りょけん(旅券) n
Paris <France> パリ n
patient かんじゃ(患者) n
pay <money> はらう(払う) v 匣, きゅうりょう(給料) n
peace へいわ(平和) n
peaceful へいわ(平和) a-だ
peach もも(桃) n
pearl しんじゅ(真珠) n
pedestrian crossing おうだんほどう(横断歩道) n
peel かわ(皮)・のn, かわ(皮)をむく(剥く) v 匣
peep のぞく(覗く) v 匣
pen ペン n
pencil えんぴつ(鉛筆) n
peninsula はんとう(半島) n
  e.g. the Malay Peninsula マレーはんとう
people ひと(人)◊(pre-n part)ひと, -じん(人) n
  suffix e.g. Japanese people: 日本じん(人)
pepper こしょう(胡椒) n
permission きょか(許可) n
person ひと◊(pre-n part+)ひと(人) n, /respectful/ …かた(方) n p.136
personal adornment ◎おしゃれ n
personal computer パソコン n
petroleum せきゆ(石油) n
pharmacology やくがく(薬学) n
(the) Philippines フィリピン p.179
photograph しゃしん(写真) n
photograph album アルバム n
phonogram じ(字) / もじ[文字] n
physical education たいいく(体育) n
physical makeup たいしつ(体質) n
physics ぶつりがく(物理学) n
piano ピアノ n
pick up ひろう(拾う) v 匣, *とる(取る) tv 匣, <a person> のせる(乗せる) ① tv 匣
picnic ピクニック n
picture <drawing, painting> え(絵) n, <photograph> しゃしん(写真) n
picture postcard えはがき(絵葉書) n
piece of music きょく(曲) n
pile up つむ(積む) v 匣
pillar はしら(柱)・のn
pillow まくら(枕) n
pink ピンク n Ⓢ p.82, *ももいろ(桃色) n Ⓢ
pipe くだ(管) n, <cigarette> *パイプ n
pitch-black /spoken/ まっくら(真っ暗) a-だ
pitiable かわいそう a-だ
pizza ピザ n
place ばしょ(場所) n, …ところ(所) p.164
place where …へん(辺) n
plan けいかく(計画) n する
plant しょくぶつ(植物) n, <a tree> うえる(植える) ① v 匣
plastics *プラスチック n

plate さら(皿) n ◯おさら
platform <train> ホーム n
play <with a toy> あそぶ(遊ぶ) v 匣, <sports> noun を+する v 匣 p.106, <piano, violin> ひく(弾く) v 匣, <trumpet> ふく(吹く) v 匣, <drum> うつ(打つ) v 匣, たたく(叩く) v 匣
player <sports> せんしゅ(選手) n
please /spoken/ /polite/ どうぞ o p.145
(be) pleased きにいる(気に入る) v Ⓢ
pocket ポケット n
pocket notebook てちょう(手帳) n
poem, poetry し(詩) n
point てん(点) n p.33, p.147
police けいさつ(警察) n
police car パトカー n
police officer *けいさつかん(警察官), /amicable/ おまわりさん n
polish みがく(磨く) v 匣
polite ていねい(丁寧) a-だ
pond いけ(池)・のn
(be) popular にんき(人気)があるv Ⓢ
popularity にんき(人気) n
population じんこう(人口) n
pork ぶたにく(豚肉) n
port みなと(港) n
position たちば(立場)・のn / たちば n
post office ゆうびんきょく(郵便局) n
postage stamp きって(切手) n
postal parcel こづつみ(小包) n
postbox ポスト n
postcard はがき n
poster ポスター n
potato じゃがいも(じゃが芋) n
potential p.92
powder こな(粉) n
power ちから(力)・のn
power supply でんげん(電源) n
practical experience たいけん(体験) n する
practical training じっしゅう(実習) n
practice れんしゅう(練習) n する
praise ほめる(褒める)・ほめて ① v 匣 p.244
pray いのる(祈る) v 匣
prawn えび(蝦) n
prefecture けん(県) n p.287, ふ(府) n p.286
preparation <for sth> ようい(用意) n する, <for an event> じゅんび(準備) n する, <of clothing, for a meal> したく(支度) n する, <for lessons> よしゅう(予習) n する
prepare <sth> ようい(用意)する v 匣, <for an event> じゅんび(準備)する v 匣
present <at a class>(⇔absent) しゅっせき(出席) n Ⓢ, <now> *げんざい(現在) n, <from/for sb> プレゼント n する
presentation はっぴょう(発表) n する
president <company> しゃちょう(社長) n, <university> *がくちょう(学長) n, <republic> *だいとうりょう(大統領) n
pretty <thing, place> きれい a-だ, <child> かわいい・かわいく a
pretty + STATE /spoken/ だいぶ(大分) o p.282
pretty well /spoken/ けっこう(結構) o p.282
price ねだん(値段) n, prices ぶっか(物価) n

principal <of a school> こうちょう(校長) n
private <school> しりつ(私立) n Ⓢ
probably たぶん(多分) o p.296
problem もんだい(問題) n
product せいひん(製品) n
professor <social position> *きょうじゅ(教授) /honorific/ せんせい(先生) n p.251
profile よこがお(横顔) n
program <TV> ばんぐみ(番組) n
prohibition きんし(禁止) n する
promise やくそく(約束) n する
pronunciation はつおん(発音) n する
propeller プロペラ n
properly (pre-ACT) /spoken/ きちんと o p.274
properties <of iron> せいしつ(性質) n
property <one's> もちもの(持ち物) n
propose もうしこむ(申し込む) v Ⓜ
protect まもる(守る) v 匣
pubric <library, school> こうりつ(公立) n Ⓢ
public employee こうむいん(公務員) n
pudding プリン n
pull ひく(引く) v 匣, <tight> /spoken/ ひっぱる(引っ張る) v 匣
pumpkin かぼちゃ n
punch なぐる(殴る) v 匣
pupil <of an elementary school> しょうがくせい(小学生) n
puppy こいぬ(子犬) n
pure *じゅんすい(純粋) a-だ
pure white /spoken/ まっしろ(真っ白) a-だ
purple むらさき(紫) n Ⓢ p.82
push おす(押す) v 匣
put sth between <the pages of a book> はさむ(挟む) v 匣
put sth in <a bag> いれる(入れる) ① tv Ⓜ, <order> かたづける・かたづけて ① tv 匣, be put in order かたづく(片づく) iv 匣
put sth on <a desk> おく(置く) v Ⓜ, <a wall> はる(貼る) v Ⓜ
put away しまう v Ⓜ
put clothes <on sb> きせる(着せる) ① v Ⓝ
put on p.31 <a jacket> きる(着る) ① v 匣, <a hat> かぶる v 匣, <eyeglasses> かける・かけて ① v 匣, <one's gloves, a ring> はめる ① v 匣, <shoes, pants> はく v 匣
put out だす(出す) v 匣
put up <an umbrella> さす(差す) v 匣
pyramid ピラミッド n

Q

quality しつ(質) / ひんしつ(品質) n
quarrel けんか n する
question (⇔answer) しつもん(質問) n する, <examination> もんだい(問題) n
questionnaire アンケート n
quick はやい(速い)・はやく a
quick-tongued はやくち(早口) n Ⓢ / a
quiet しずか(静か) a-だ
quietly そっと o
quiz クイズ n

R

rabbit うさぎ(兎) n
racket ラケット n
radical <KANJI> ぶしゅ(部首) n
radio ラジオ n

railroad *てつどう(鉄道) n
railroad crossing ふみきり(踏切) n
railway せんろ(線路) n
rain あめ(雨) n, あめ(雨)がふる(降る) v F
rain gear あまぐ(雨具) n
rainbow にじ(虹) n
rainwater あまみず(雨水) n
rainy あめ(雨) n S
rainy season <in Japan> つゆ[梅雨]/ばいう(梅雨) n
raise あげる(上げる) 1b tv L
rare めずらしい・めずらしく(珍しい) a
rat ねずみ(鼠) n
read よむ(読む) v L
reading どくしょ(読書) n する
reading aloud おんどく(音読) n する
reading comprehension どっかい(読解) n
real *げんじつ(現実) n S, <genuine>ほんとう(本当) n S shorter: ほんと
reason りゆう(理由) n
receipt レシート n
receive もらう v N, /humble/ いただく v N
recently さいきん(最近) n
reception <company, hospital> うけつけ(受付) n
recording ろくが(録画) n する
red あか(赤) n S, あかい(赤い) a
reduce sth へらす(減らす) tv L
refill <of drink/dish> ◎おかわり n, <detergent> *つめかえ(詰め替え) n
refrigerator れいぞうこ(冷蔵庫) n
refuse ことわる(断る) v L
regret *こうかい(後悔) n する
regrettable ざんねん(残念) a-だ
regularly (pre-ACT) /spoken/ ちゃんと o p.274
rejoice よろこぶ(喜ぶ) v E
relative しんせき(親戚) n
relay <race> リレー n
relieved あんしん(安心) a-だ
remain のこる(残る) iv F
remember おもいだす(思い出す) v L
remote control リモコン n
rendezvous まちあわせ(待ち合わせ) n
repair しゅうり(修理) n する
repeat くりかえす(繰り返す) v L
reply へんじ(返事)・ろの n する, <to correspondence> へんしん(返信) n する
repugnant to <one> きらい(嫌い) a-だ
request /polite/ おねがい(お願い) n p.281
research けんきゅう(研究) n する
research paper レポート n
researcher けんきゅうしゃ(研究者) n
reservation <hotel> よやく(予約) n する
reserve <hotel> よやく(予約)する v L, <shyness> えんりょ(遠慮) n する
resign やめる(辞める) 1b v L
respect そんけい(尊敬) n する
respectable りっぱ(立派) a-だ
response こたえ(答え) n, *おうとう(応答) n する
rest やすむ(休む) v E
rest area みちのえき(道の駅) n
rest room ◎おてあらい(お手洗い) n p.281
restaurant レストラン n NG レストラント, しょくどう(食堂) n

result (⇔cause) けっか(結果) n, <score> せいせき(成績) n
return もどる(戻る) iv A, return sth もどす(戻す) tv L, <give back> かえす(返す) v L, <in a library> へんきゃく(返却) n する
review <for lessons> ふくしゅう(復習) n する
rhythm リズム n
ribbon リボン n
rice こめ(米)・ろの n ○おこめ
rice ball ◎おにぎり n p.195
rice bowl ちゃわん(茶碗) n
rice field すいでん(水田) n, /spoken/ たんぼ[田圃] n
rice wine にほんしゅ([日本]酒) n
rich かねもち(金持ち) n S ○おかねもち
ride のる(乗る) iv G
right ただしい(正しい)・ただしく a, (⇔left) みぎ(右) n /S, <on one's right> むかって(向かって)みぎ(右), <side> みぎがわ(右側)
right angle ちょっかく(直角) n S
ring <circle> *わ(輪), <jewelry> ゆびわ(指輪) n
ring finger くすりゆび(薬指) n
rise <the sun, the moon> でる(出る) 1b v D, <smoke, a price> あがる(上がる) iv F
river かわ(川)・ろの
road どうろ(道路) n, <way> みち(道) n
roadway しゃどう(車道) n
roast やく(焼く) tv, be roasted やける(焼ける) 1b iv F
roast fish やきざかな(焼き魚) n
robust じょうぶ(丈夫) a-だ
rocket ロケット n
Roman alphabet ローマじ/ローマじ(-字) n
Rome ローマ n NG ローム
roof やね(屋根) n
rooftop おくじょう(屋上) n
room へや(部屋)・ろの n ○おへや
rose ばら[薔薇] n
rotation かいてん(回転) n する
round まる(丸) n S, まるい(丸い) a p.82
round fan うちわ n
rubber ゴム n
ruby ルビー n
rugby ラグビー n
rule きそく/きそく(規則) n, <sports, tacit rules> ルール n
rumor うわさ(噂) n
run はしる(走る) v B
run away にげる(逃げる)・にげて 1b v A
rush hour ラッシュアワー n
Russia ロシア n p.179

─── S ───

sad かなしい(悲しい) a
safe あんぜん(安全) a-だ
sailboat ヨット n
SAKE にほんしゅ([日本]酒) n
salad サラダ n NG サラド
salary きゅうりょう(給料) n
sale <discount> やすうり(安売り) n
salmon さけ(鮭) n
salt しお(塩)・ろの n □おしお
salty しおからい(塩辛い)・しおからく a,

/spoken/ しょっぱい・しょっぱく a
same おなじ(同じ) a p.76, p.84-85
same as or less n いか(以下) n p.260
same as or more n いじょう(以上) n p.260
sample みほん(見本) n
sand すな(砂) n
sandwich サンドイッチ n
SASHIMI さしみ(刺身)・ろの n ○おさしみ
satellite えいせい(衛星) n, *つき(月) n
Saturday どようび(土曜日) n
Saturn <planet> どせい(土星) n
save <from> たすける(助ける)・たすけて 1b v L, <for> *とっておく v L, <computer> *セーブ n する, *ほぞん(保存) n する
saving money ちょきん(貯金) n する
say いう(言う) v E, /respectful/ おっしゃる v E, /humble/ もうしあげる(申しあげる) 1b v L, /sensible/ もうす(申す) v E p.142
scenery けしき(景色) n
schedule よてい(予定) n
school がっこう(学校) n
school cafeteria がくしょく(学食) n
school excursion えんそく(遠足) n
school gate こうもん(校門) n
school office じむしつ(事務室) n
science かがく(科学) n, <subject at school> りか(理科) n
scissors はさみ(鋏)・ろの n
scold しかる(叱る) v L
scratch きず(傷) n
screening <movie> じょうえい(上映) n する
scorch こげる・こげて(焦げる) 1b v F
score *スコア n, <exam> せいせき(成績) n
screw ねじ n
sea うみ(海) n
Sea of Japan にほんかい([日本]海) n
search さがす(捜す) v L, <computer> けんさく(検索) n する
seashore かいがん(海岸) n
season きせつ/きせつ(季節) n
seat せき(席) n
seawater かいすい(海水) n
(the) second <ordinal> にばんめ(二番目) n S, <date> ふつか[二日] n
(the) second half こうはん(後半) n
(the) second semester こうき(後期) n
secondhand ちゅうこ(中古) n S
secondhand book ふるほん(古本) n
secret ひみつ(秘密) n /S
secure あんぜん(安全) a-だ
see <meet> あう(会う) v L, <sb off> みおくる(見送る) v L, <watch> みる(見る) 1b v L, <visible> みえる・みえて(見える) 1b v S p.94, <understand> わかる v E
seed たね(種) n
select えらぶ(選ぶ) v L
sell うる(売る) v N
sell out うりきれる・うりきれて(売り切れる) 1b v F
send おくる(送る) v M
sending <an email> そうしん(送信) n する
sentence ぶん(文) n
separate べつべつ(別々) n S / a-だ

September くがつ(九月) n
serious <character> まじめ a-だ, <expression> しんけん(真剣) a-だ
service サービス n, <tennis> *サーブ
set <on a table> ならべる(並べる) ① tv Ⓜ, <the sun> *しずむ(沈む) v Ⓗ
seven なな/しち(七) n, <things> ななつ(七つ) n
(the) seventh <ordinal> *ななばんめ(七番目) n Ⓢ, <date> なのか[七日] n
severe きびしい(厳しい)・きびしく a
sew ぬう(縫う) v Ⓛ
sewing machine ミシン n
sex せいべつ(性別) n p.42
shadow かげ(影) n
shake ふる(振る) v Ⓛ, ゆれる(揺れる) ① v Ⓕ
shake hands あくしゅ(握手)する v Ⓙ
Shakespeare (person's name) シェークスピア
shaking hands あくしゅ(握手) n する
shallow あさい(浅い) a
shape かたち(形) n
sharpen <a pencil> けずる(削る) v Ⓛ
shelf たな(棚) n
shin すね(脛)・のn
shine ひかる(光る) v Ⓕ
SHINKANSEN しんかんせん(新幹線) n
SHINTŌ shrine じんじゃ(神社) n
ship ふね(船) n
shirt シャツ n
shiver ふるえる(震える) ① v Ⓔ
shock ショック n
shoe くつ(靴)・のn
shop みせ(店)・のn
shop assistant てんいん(店員) n
shopping かいもの(買い物) n
short (⇔long) みじかい(短い)・みじかく a, (⇔tall) ひくい(低い)・ひくく a, <human> せ(背)がひくい(低い)・ひくく a, <quantity> たりない(足りない) ① v (ない-form), ふそく(不足) n Ⓢ する p.271
short sleeved はんそで(半袖) n Ⓢ
shoulder かた(肩) n
show みせる(見せる)・みせて ① v Ⓝ, /humble/ おめ(目)にかける・かけて ① v Ⓝ, ごらんにいれる(ご覧に入れる) ① v Ⓝ p.258
shower <rain> にわかあめ(にわか雨) n, <bath> シャワー n
shrimp えび(蝦) n
sibling きょうだい(兄弟) n
sick びょうき(病気) n Ⓢ
sick person びょうにん(病人) n
sickroom びょうしつ(病室) n
side そば(傍) n, <right or left> よこ(横) n p.44
sidewalk ほどう(歩道) n
signal しんごう(信号) n, <to start> あいず(合図) n する
silver ぎん(銀) n, <color> ぎんいろ(銀色) n Ⓢ
similar にている(似ている) ① ている-v Ⓢ p.225
simple (⇔complex) かんたん(簡単) a-だ, <quick> てがる(手軽) a-だ, (⇔complicated) たんじゅん(単純) a-だ

sing うたう(歌う) v Ⓔ, うた(歌)をうたう(歌う) v Ⓔ, <bird> なく(鳴く)
singer かしゅ(歌手) n
sink せんめんじょ(洗面所)・のn
sister <older> あね(姉), <younger> いもうと(妹)・のn, sisters しまい(姉妹) n
sit すわっている(座っている) ① ている-v Ⓢ
sit down すわる(座る) v Ⓒ
sitting up all night てつや(徹夜) n
six ろく(六) n, <things> むっつ(六つ) n
(the) sixth <ordinal> *ろくばんめ(六番目) n Ⓢ, <date> むいか(六日) n
size おおきさ(大きさ) n, <clothes> *サイズ n
sketch しゃせい(写生) n する
skiing スキー n
skiing slope ゲレンデ n
skillful うまい・うまく a, じょうず[上手] a-だ
skirt スカート n
sky そら(空) n
slap たたく(叩く) v Ⓛ
slash mark スラッシュ n
sleep ねむる(眠る) v Ⓔ, ねる(寝る) ① v Ⓔ
sleepy ねむい(眠い) a
sleet みぞれ(霙) n
sleeve そで(袖) n
slip すべる(滑る) v Ⓔ
slipper スリッパ n
slippery すべる(滑る) v Ⓢ
slope さか(坂)・のn
slow おそい(遅い) a
slowly ゆっくり o (pre-ACT)
small ちいさい(小さい)・ちいさく a, (pre-noun only) ちいさな(小さな) o p.284, かわいい・かわいく a, <room> せまい(狭く)・せまく a
small bird ことり(小鳥) n
smell におい(臭い/匂い) n, におう(臭う/匂う) v Ⓢ, *においをかぐ(嗅ぐ) v Ⓔ
smile わらう(笑う) v Ⓔ, えがお(笑顔) n
smoke けむり(煙) n, <cigarette> タバコをすう(吸う) v Ⓛ
snake へび(蛇) n.
snap <rope> きれる(切れる)・きれて ① iv Ⓕ, <stick> *おれる(折れる)・おれて ① iv Ⓕ
sneeze くしゃみ n p.116
snow ゆき(雪)・のn, ゆき(雪)がふる(降る) v Ⓕ
soap せっけん(石鹸) n
SOBA そば[蕎麦] n ○ おそば
soccer サッカー n
society しゃかい(社会) n
sock くつした(靴下)/*ソックス n
sofa ソファー n
soft やわらかい・やわらかく(柔らかい) a
soft drink /polite/ おちゃ(お茶) n
soil つち(土)・のn
(be) sold out うりきれ(売り切れ) n
sole あしのうら(足の裏) n
some いくつか n, いくらか o p.107
(to) some extent たしょう(多少) o
somebody だれか(誰か) n
something なにか(何か) n
something to do よう(用) n
sometime いつか n p.107

sometimes ときどき(時々) o
somewhere どこか n
son むすこ(息子) n p.141
song うた(歌)・のn
soon (pre-ACT) すぐ/すぐに o, (pre-ACT), /formal/ まもなく(間もなく) o
sorrow *かなしみ(悲しみ) n
so-so /spoken/ まあまあ o p.282
sound <of thing> おと(音)・のn, なる(鳴る) v Ⓕ
sound recording ろくおん(録音) n する
soup スープ n
sour /spoken/ すっぱい・すっぱく a
south みなみ(南) n
South America みなみ(南)アメリカ/なんべい(南米) n
South Korea かんこく(韓国) n
(the) South Pole なんきょく(南極) n
southeast なんとう(南東)/とうなん(東南) n
Southeast Asia とうなん(東南)アジア n
southern みなみ(南) n Ⓢ
Southern Europe なんおう(南欧) n
southwest なんせい(南西)/せいなん(西南) n
souvenir /polite/ おみやげ n
soy <sauce> しょうゆ(醤油) n, <bean> だいず(大豆) n
space くうかん(空間) n, <interval> あいだ(間) n, <atmosphere outside> *うちゅう(宇宙) n
Spain スペイン n p.179
sparrow すずめ(雀) n p.277
speak はなす(話す) v Ⓛ Ⓛ
speaker はなして(話し手) n
special とくべつ(特別) n Ⓢ/a
specialized field せんもん(専門) n □ ごせんもん
speed はやさ(速さ)//スピード n
spill こぼれる・こぼれて ① iv Ⓕ, spill sth こぼす tv Ⓛ
spin <a top> まわす(回す) tv Ⓛ
spinning top こま n
splendid すばらしい・すばらしく a
spoken language はなしことば n
spoon スプーン/さじ(匙)・のn
sports スポーツ n
spring <season> はる(春) n, <spiral> ばね n
spring holidays はるやすみ(春休み) n
spring rain はるさめ(春雨) n
sprinkle かける・かけて ① tv Ⓛ
square <shape> しかく(四角) n Ⓢ, しかくい(四角い) a p.82, <place> ひろば(広場) n, e.g. 1 square meter 1 へいほう(平方)メートル n
squash スカッシュ n
squirrel りす n
stain よごれ(汚れ) n
stairs かいだん(階段) n
stand たっている(立っている) ① ている-v Ⓢ, だい(台) n, <kiosk> ばいてん(売店) n
stand sth <an egg> たてる(立てる)・たてて ① tv Ⓛ
stand in line ならぶ(並ぶ) iv Ⓒ
stand up たつ(立つ) iv Ⓒ
star ほし(星) n, <film etc.> *スター n

start はじまる(始まる) iv F, はじめ(初め) n,
start sth はじめる(始める) ① tv L
start-up <PC> きどう(起動) n する
state <country> こっか(国家) n
station <railway> えき(駅) n
station building えきビル(駅ビル) n
station employee えきいん(駅員) n
stationmaster えきちょう(駅長) n
statistics とうけい(統計) n
stay <home> いる(居る) ① v C, <overnight> とまる(泊まる) v C
steak ステーキ n
steal <secretly> ぬすむ(盗む) v L, <openly> とる(盗る) v L
step on ふむ(踏む) v L
stick <to clothes> つく(付く) iv H, stick sth <on> *つける(付ける)・つけて ① tv M
stone いし(石)・ōの n
stop とまる(止まる) iv F G, <an ACT> やめる(止める) ① tv L, <rain, wind, sound> やむ(止む) iv F, <cars, trains> ていしゃ(停車) n する,
stop sth とめる(止める) ① tv L
store みせ(店)・ōの n
story はなし(話)・ōの n
straight まっすぐ o (pre-ACT)/ a
straight line ちょくせん(直線) n
strange へん(変) a-だ, *おかしい・おかしく a
strawberry いちご(苺) n
stream かわ(川)・ōの n, *おがわ(小川) n
street とおり(通り)・ōの n
street corner まがりかど(曲がり角) n
strength つよさ(強さ) n
strict きびしい(厳しい)・きびしく a
string ひも(紐) n, <guitar> *げん(弦) n
stroll さんぽ(散歩) n する
strong つよい(強い)・つよく a, <tea> こい(濃い) a
strong yen えんだか(円高) n Ⓢ
student <university> がくせい(学生) n, <high school> せいと(生徒) n p.86
study べんきょう(勉強) n する, <in detail> けんきゅう(研究) n する
studying abroad りゅうがく(留学) n する
studying by oneself じしゅう(自習) n する
stylish ◎おしゃれ a-だ
subtract ひく(引く) v L p.187
subtraction ひきざん(引き算) n p.40
subway ちかてつ(地下鉄) n
subzero <temperature> れいか(零下) n Ⓢ
success せいこう(成功) n する
suck すう(吸う) v L
sudden きゅう(急) n Ⓢ/ a-だ
suddenly きゅうに(急に) o (pre-ACT) p.272
sugar さとう(砂糖) n □おさとう
suit スーツ n
SUKIYAKI すきやき n
sum total ごうけい(合計) n する
summer なつ(夏)・ōの n
summer holidays なつやすみ(夏休み) n
SUMŌ すもう(相撲) n
SUMŌ wrestler りきし(力士) n
sun ひ(日) n /*たいよう(太陽) n
Sunday にちようび(日曜日) n

sunglasses サングラス n
sunny はれ(晴れ) n Ⓢ p.253
sun-shower てんきあめ(天気雨) n
superior (predicate) すぐれている ① ている-v Ⓢ, (pre-noun) すぐれた ① v (た-form) Ⓢ p.225
superlative いちばん + STATE p.88
supper ゆうしょく(夕食) n, /spoken/ ゆうごはん(夕ご飯)/ばんごはん(晩ご飯) n
suppose おもう(思う) v E
surely /spoken/ きっと o p.296
surrounding まわり(周り) n Ⓢ p.44
(be) surprised <at an unknown situation> おどろく(驚く) v E, <at an unanticipated situation>, /spoken/ びっくりする v E p.117
SUSHI すし NG すし ○おすし
sweat あせ(汗) n
sweater セーター n
Sweden スウェーデン n
sweet あまい(甘い) a
sweets かし(菓子) n ○おかし
swim およぐ(泳ぐ) v B E
swimming すいえい(水泳) n
swimming pool プール n
swimsuit みずぎ(水着) n
swing ゆれる(揺れる) ① iv F
switch <electric appliance> スイッチ n
symposium シンポジウム n
system システム n

─────────── T ───────────

table <furniture> テーブル n, <list> ひょう(表) n
table of contents もくじ(目次) n
table tennis たっきゅう(卓球) n
tableware しょっき(食器) n
take <pick up> とる(取る), <thing> もっていく(持って行く) v M, <person/animal> つれていく(連れて行く) v M, <a break> きゅうけい(休憩) する v E, <an examination> うける(受ける)・うけて ① v L, <a photo> うつす(写す) tv L, とる(撮る) v L, <bus> のる(乗る) iv G, <medicine> のむ(飲む) v L
take down おろす(下ろす) tv L
take off <one's clothes, shoes> ぬぐ(脱ぐ) v L
take out だす(出す) tv L, <food> *もちかえる(持ち帰る) v
take time <じかん(時間) が> かかる v Ⓢ
takeoff りりく(離陸) n する
talk はなす(話す) v L, はなし(話)・ōの n
tall (⇔short) たかい(高い)・たかく a, <human> せ(背) がたかい(高い)・たかく a
tangerine みかん(蜜柑) n
target まと(的) n
taste あじ(味) n, <sense> *みかく(味覚) n, *あじみ(味見) する v L
tasty おいしい a
TATAMI たたみ(畳) n
taxi タクシー n
taxi stand タクシーのりば(乗り場) n
tea /polite/ おちゃ(お茶) n
tea room きっさてん(喫茶店) n
teabowl ちゃわん(茶碗) n
teach おしえる(教える) ① v N

teacher <one's occupation> きょうし(教師), /honorific/ せんせい(先生) n p.251
team チーム n
tear なみだ(涙) n
tear やぶる(破る) tv L, be torn やぶれる・やぶれて(破れる) ① iv F
telephone でんわ(電話) n する □おでんわ
television テレビ n
tell つたえる(伝える) ① v N, <what time it is> おしえる(教える) ① v N
temperature おんど(温度) n, <atmospheric> きおん(気温) n, <body> *たいおん(体温) n
temple てら(寺)・ōの n □おてら
ten じゅう(十) n, <things> とお(十) n
(be) tenacious of one's purpose がんばる v E
tennis テニス n
tent テント n
(the) tenth <ordinal> *じゅうばんめ(十番目) n Ⓢ, <date> とおか(十日) n
tepid ぬるい・ぬるく a p.184
terraced rice fields たなだ(棚田) n
terrible ひどい・ひどく a
test テスト n する, <examination> しけん(試験) n, <one's eyes> *けんさ(検査) n する
textbook きょうかしょ(教科書)/*テキスト n
Thailand タイ n
Thank you! ありがとう。 p.10, p.133
Thank you for coming. /polite/ よくいらっしゃいました。 p.296
thanks /polite/ おれい(お礼) n
that (pre-noun) あの, その p.51, p.234
that kind of (pre-noun) /spoken/ あんな, そんな p.51, p.234
that one p.51, p.234 <thing in a distant area> あれ n, /polite/ あちら n, <thing in your territory> それ n, /polite/ そちら n
that person /polite/ あちら n p.19, p.51
that place あそこ n p.51
that's why (non-independent) わけ n p.289
theater げきじょう(劇場) n
then それから conj. p.300
therefore それで conj. p.301
thesis <doctoral, master's> ろんぶん(論文) n
thick <cloth, board, book> あつい(厚い) a, <stick, wire, arm> ふとい(太い)・ふとく a
thickness <cloth, board, book> あつさ(厚さ) n, <stick, wire, arm> *ふとさ(太さ) n
thief どろぼう(泥棒) n
thigh もも(腿) n
thin <cloth, board, book> うすい(薄い) a, <arm, stick, wire> ほそい(細い)・ほそく a
thing もの(物) n
thing left behind わすれもの(忘れ物) n p.117
think かんがえる(考える)・かんがえて ① v E, <suppose> おもう(思う) v E
(the) third <ordinal> さんばんめ(三番目) n Ⓢ, <date> みっか(三日) n
this (pre-noun) この o p.51
this kind of (pre-noun) /spoken/ こんな p.51
this month こんげつ(今月) n
this morning けさ[今朝] n
this one <thing in my territory> これ n p.9, p.51

this person /polite/ こちら n p.19, p.51
this place ここ n p.51
this side こちら n, /spoken/ こっち n p.51
this week こんしゅう (今週) n
this year ことし [今年] n
thousand せん (千) n
thread いと (糸) n
three さん (三) n, <things> みっつ (三つ) n
(be) thrilled わくわくする v Ⓢ p.276
throat のど (喉) n
throw なげる (投げる) ・なげて ⑫ v Ⓛ
throw away すてる (捨てる) ⑫ v Ⓛ
thumb おやゆび (親指) n
thunder かみなり (雷) n
Thursday もくようび (木曜日) n
ticket きっぷ (切符) n, <stadium> チケット n
tie むすぶ (結ぶ) v Ⓛ
tiger とら (虎) n
tight きつい a
tighten <a screw> しめる (締める) ・しめて ⑫ v Ⓛ
time じかん (時間) n, <the thing which passes> とき (時) ・のn, <era> じだい (時代) n
time when (non-independent) とき n p.228
tip <of one's finger> さき (先) n
tire つかれる (疲れる) ・つかれて ⑫ v Ⓔ p.116, <vehicle> タイヤ n
title <book, movie> だい (題) / だいめい (題名) n, <person> *かたがき (肩書き) n
toast <bread> *トースト n, <cheers!> かんぱい (乾杯) n する
today きょう [今日] n
toe つまさき (爪先) n
TŌFU とうふ (豆腐) n □ おとうふ
toilet トイレ n
tomato トマト n
tomorrow あした [明日] ・のn, あす [明日] ・のn
tongue した (舌) ・のn
tonight こんや (今夜) n, <about meals> こんばん (今晩) n
tooth は (歯) n
toothbrush はブラシ (歯-) n
toothpaste はみがき (歯磨き) n
top うえ (上) n /Ⓢ
topic わだい (話題) n
touch さわる (触る) v Ⓖ Ⓛ
tour りょこう (旅行) n, <factory> けんがく (見学) n する
towel タオル n
town まち (町) ・のn
toy おもちゃ n
trade ぼうえき (貿易) n
traffic *こうつう (交通) n
traffic jam じゅうたい (渋滞) n する
traffic light しんごう (信号) n p.82
train *れっしゃ (列車) n, <electric> でんしゃ / でんしゃ (電車) n
training くんれん (訓練) n する, <study and training> けんしゅう (研修) n する
transfer のりかえる (乗り換える) ・のりかえて
translate やくす (訳す) v Ⓛ ⑫ v Ⓖ
translation やく (訳) ・のn, ほんやく (翻訳) n
trash ごみ ・のn

trash box ごみばこ (ごみ箱) n
travel りょこう (旅行) n
traveling expenses りょひ (旅費) n
tree き (木) n
(be) trendy はやっている ⑫ ている-v Ⓕ
triangle さんかく (三角) n p.82
triangular さんかく (三角) n Ⓢ p.82
tremble ふるえる (震える) ⑫ v Ⓔ
trip りょこう (旅行) n
trouble <involving a machine> こしょう (故障) n する
(be) troubled こまる (困る) v Ⓢ p.239
truck トラック n
true ほんとう (本当) n Ⓢ
truly ほんとうに (本当に) o p.296
truth *しんじつ (真実) n /Ⓢ
try *ためす (試す) v Ⓛ, *やってみる ⑫ v Ⓛ
try to do 《て-form of ACT verb + みる》 p.202
trying <a suit> on しちゃく (試着) n する
tube くだ (管) n, <tire> *チューブ n
Tuesday かようび (火曜日) n
tug /spoken/ ひっぱる (引っ張る) v Ⓛ
tug of war つなひき (綱引き) n
tulip チューリップ n
tumbler コップ n, タンブラー n
tunnel トンネル n
turn <sth> まわす (回す) tv Ⓛ, <faucet> ひねる tv Ⓛ, <one's head> むく (向く) v Ⓔ, <at a corner> まがる (曲がる) tv Ⓑ
turn around まわる (回る) iv Ⓕ
turn on つく (点く) iv Ⓕ, turn on sth <a light> つける (点ける) ・つけて ⑫ tv Ⓛ, <power supply> いれる (入れる) ⑫ tv Ⓛ
turn off <a light> けす (消す) tv Ⓛ, <power supply> きる (切る) tv Ⓛ
twice にかい (二回) n, (pre-ACT) にかい (二回) n
two に (二) n, <things> ふたつ (二つ) n
typhoon たいふう (台風) n

U

umbrella かさ (傘) n
uncle おじ [伯父/叔父] n, /polite/ おじさん n
under nのした (下) n
underground ちか (地下) n
understand わかる v Ⓔ /Ⓢ
underwear したぎ (下着) n
uneasy ふあん (不安) a-だ
unit たんい (単位) n
(the) United Kingdom イギリス n / えいこく (英国) n p.179
(the) United States of America アメリカ n / べいこく (米国) n p.179
university だいがく (大学) n
university student だいがくせい (大学生) n
unload おろす (降ろす) tv Ⓛ
unlucky うん (運) がわるい (悪い) ・わるく a
unmarried どくしん (独身) n Ⓢ
unoccupied ひま (暇) a-だ
unpleasant いや a-だ
unreasonable むり (無理) a-だ
unsavory <meal> まずい ・まずく a
unsuccessful ふごうかく (不合格) n Ⓢ
urban area とかい (都会) n

use つかう (使う) v Ⓛ, しよう (使用) n する, <for profit> りよう (利用) n する
used ちゅうこ (中古) n Ⓢ
user りようしゃ (利用者) n
useful やく (役) にたつ (立つ) v Ⓢ
utilization りよう (利用) n する

V

vacuum しんくう (真空) n Ⓢ
vacuum cleaner そうじき (掃除機) n
valued <friend> たいせつ (大切) a-だ
various いろいろ (色々) a-だ, /spoken/ (prenoun only) いろんな o
vase かびん (花瓶) n
vegetable やさい (野菜) n
vegetable store やおや (八百屋) n
vehicle のりもの (乗り物) n
Venus <planet> きんせい (金星) n
verb どうし (動詞) n
vertical (⇔lateral) たて (縦) n Ⓢ p.194, (⇔horizontal) *すいちょく (垂直) n Ⓢ
vertical writing たてがき (縦書き) n Ⓢ
very /spoken/ とても o, /written/ たいへん (大変) o, /written/ ひじように (非常に) o p.278
very blue /spoken/ まっさお [真っ青] a-だ
very fond of /spoken/ だいすき (大好き) a-だ
very red /spoken/ まっか [真っ赤] a-だ
veterinarian じゅうい (獣医) / じゅういし (獣医師) n p.295
vexing くやしい (悔しい) ・くやしく a
victory かち (勝ち) n, *しょうり (勝利) n
Vienna ウイーン n
Vietnam ベトナム n p.179
vigor げんき (元気) n
villa べっそう (別荘) n
village むら (村) ・のn
vinyl ビニール n
violet *すみれ n, <color> むらさき n Ⓢ p.82
violin バイオリン n
virus ウイルス n
visible みえる ・みえて (見える) ⑫ v Ⓢ p.94
visit <person/place> たずねる (訪ねる) ・たずねて ⑫ v Ⓛ, /humble/ <person> うかがう (伺う) v Ⓖ
visit to Japan らいにち (来日) n する p.258
visiting *ほうもん (訪問) n する, <a sick person> /polite/ おみまい (お見舞い) n
vitamin ビタミン n
voice こえ (声) n p.87
volcano かざん (火山) n
volleyball バレーボール n

W

wait まつ (待つ) v Ⓛ
waiting room まちあいしつ (待合室) n
wake <up> おきる (起きる) ・おきて ⑫ iv Ⓔ
wake sb おこす (起こす) tv Ⓛ
walk あるく (歩く) v Ⓑ, <stroll> さんぽ (散歩) n する
wall かべ (壁) n
wall-cupboard おしいれ (押し入れ) n p.31
wallet さいふ n
waltz ワルツ n
want sth n が + ほしい ・ほしく a p.79
war せんそう (戦争) n
warehouse そうこ (倉庫) n

English - Japanese

warm <atmospheric> あたたかい(暖かい)・あたたかく a, <sense of touch> あたたかい(温かい)・あたたかく a p.184
wash あらう(洗う) v Ⓛ
WASHI わし(和紙) n
washing せんたく(洗濯) n する
washing machine せんたくき(洗濯機) n
watch みる(見る) ⑫ v Ⓛ
water <cold> みず(水) n, /polite/ おみず, <hot> ゆ(湯) n ○おゆ
watermelon すいか[西瓜] n
waterworks すいどう(水道) n
wave なみ(波)・~の n
waver まよう(迷う) v Ⓔ
way みち(道) n
(the) way home かえり(帰り)・~の n
way to do 《noun form of ACT verb + かた(方)》
(the) way to somewhere いき(行き) n p.110
we わたしたち(私たち) n p.112
weak よわい(弱い)・よわく a, <tea> うすい(薄い) a
weak point じゃくてん(弱点) n
weak yen えんやす(円安) n Ⓢ
weather てんき(天気) n
weather forecast てんきよほう(天気予報) n
Wednesday すいようび(水曜日) n
week しゅう(週) n p.24, p.63
weekend しゅうまつ(週末) n
weekly magazine しゅうかんし(週刊誌) n
weep なく(泣く) v Ⓔ
weight おもさ(重さ) n, <human/animal> たいじゅう(体重) n
welcome ようこそ o p.231
well よく(pre-ACT) o p.296, <water> いど(井戸) n, さあ int
west にし(西) n
(the) West せいよう(西洋) n
western にし(西) n Ⓢ
Western Europe *せいおう(西欧) n
Western-style ようふう(洋風) n Ⓢ
whale くじら(鯨) n
what なに(何) n
what date? なんにち(何日) n p.62, <of the week> なんようび(何曜日) n

what kind of ...? (pre-noun) /spoken/ どんな
what month? なんがつ(何月) n p.62 p.51
what time? なんじ(何時) n p.63
what year? なんねん(何年) n p.62
wheat こむぎ(小麦) n
when いつ n
where どこ n p.51
which <choice from two> どちら n, /spoken/ どっち n, <choice from more than three> どれ n p.88, <institutions> どこ o p.90, (pre-noun) どの o p.51
which floor? なんがい(何階) n
which language? なにご(何語) n
which line? <of the page> なんぎょうめ(何行目) n
(a) while しばらく o p.282
whiskers ひげ(髭)/ほおひげ(頬髭) n
whiskey ウイスキー
white しろ(白) n Ⓢ, しろい(白い)・しろく a
who だれ(誰) n, /polite/ どなた n
<on the> whole だいたい(大体) o p.283
why なぜ o, /spoken/ なんで o, /spoken/ どうして o p.149, p.215, p.294
wicket <station> かいさつぐち(改札口) n
wide ひろい(広い)・ひろく a
wife つま(妻) n, /polite/ <your/his> おくさん(奥さん) n
wild <birds> やせい(野生) n Ⓢ
win かつ(勝つ) v Ⓔ
wind かぜ(風) n
window まど(窓) n, <bank> まどぐち(窓口) n, <show window> *ウインドー n
wine ワイン n
winter ふゆ(冬)・~の n
winter holidays ふゆやすみ(冬休み) n
wipe ふく(拭く) v Ⓛ
wire はりがね(針金) n
with <sb/sth> いっしょ(一緒)に (pre-ACT) o
within …いない(以内) n p.260
without fail かならず(必ず) o p.296
woman おんな(女) n, /polite/ おんなのひと(女の人) n p.42
(that) woman かのじょ(彼女) n p.231
wonderful <quality> すばらしい・すばらしく a, <attraction> すてき a-だ
wonderful meal ◎ごちそう(ご馳走) n

wood き(木) n, <materials> *もくざい(木材) n
woods はやし(林) n
wool ウール n
worcester sauce ソース n
word たんご(単語) n, ことば・~の n
work しごと(仕事) n, はたらく(働く) v Ⓔ
works <of art> さくひん(作品) n
world せかい(世界) n
world map せかいちず(世界地図) n
worm むし(虫) n
worry しんぱい(心配)する v Ⓔ
wrap つつむ(包む) v Ⓛ
wrapping cloth ふろしき n
wrist てくび(手首) n
wrist watch うでどけい(腕[時計]) n
write かく(書く) v Ⓛ
wrong <answer> ちがう(違う) v Ⓢ

── Y ──

Yangon ヤンゴン n
yawn あくび n p.116
year とし(年)・~の n p.24, p.62
yellow きいろ(黄色) n Ⓢ, きいろい(黄色い) a p.82
yen <currency unit> えん(円)
yes <affirmation> o p.22, p.56, p.74, p.255
yesterday きのう[昨日]・~の n
(not) yet (pre-ACT/pre-STATE) まだ o
yogurt ヨーグルト n
you p.10, p.112 (Listener)
You're welcome. どう いたしまして p.10
young <adult> わかい(若い)・わかく a, <child> ちいさい(小さい)・ちいさく a
young boy しょうねん(少年) n
young girl しょうじょ(少女) n
younger <person> としした(年下) n Ⓢ
younger brother おとうと(弟)・~の n p.141
younger sister いもうと(妹)・~の n p.141
your address /polite/ おところ(お所) n p.164
your place そちら n, /spoken/ そっち・~の n

── Z ──

zero ゼロ/れい(零) n p.32, p.33
zipper チャック n, *ジッパー n, *ファスナー n
zoo どうぶつえん(動物園) n
Zurich チューリヒ n

───

Counters

The counters that came up in this book and the KANJI that are used as counters.

age: -歳 さい p.62
angles: -度 ど
animals (large): -頭 とう
animals (small): -匹 ひき p.33
apples: -つ/-個 こ p.32
balls: -つ/-個 こ p.32
boards: -枚 まい p.32
books: -冊 さつ p.33
bottles: -本 ほん p.33
centuries: -世紀 せいき
characters: -字 じ
cloth: -枚 まい p.32
cloth (suit): -着 ちゃく
companies: -社 しゃ
copies: -部 ぶ
colors: -色 しょく
countries: -か国 かこく

cups of drinks: -杯 はい p.33
days: -日 か/にち p.62
degree: -度 ど
eggs: -つ/-個 こ p.32
emails: -通 つう
envelopes: -枚 まい p.32
erasers: -つ/-個 こ p.32
flights: -便 びん
fingers: -本 ほん p.33
generations: -世代 せだい
grades in tests: -点 てん p.33
hours: -時間 じかん p.63
insects: -匹 ひき p.33
lessons in textbooks: -課 か
lakes: -つ p.32
letters: -通 つう
lines of writing: -行 ぎょう

machines: -台 だい
members of groups: -名 めい
minutes: -分 ふん p.63
months: -か月 かげつ p.63
mountains: -つ p.32
number of times: -回 かい/-度 ど
orders for drinks/dishes: -つ p.32
pairs of shoes: -足 そく p.33
pairs of socks: -足 そく p.33
pairs of chopsticks: -膳 ぜん
paper: -枚 まい p.32
pens: -本 ほん p.33
people: p.32
phonograms: -字 じ
pieces of music: -曲 きょく
places: -か所 かしょ
plates: -枚 まい p.32

questions: -問 もん
quizzes: -問 もん
rooms (hotel): -室 しつ
schools: -校 こう
sculptures: -体 たい
seconds: -秒 びょう
shirts: -枚 まい p.32
steps: -歩 ほ p.223
sticks: -本 ほん p.33
strokes: -画 かく
temperature: -度 ど
thread: -本 ほん p.33
trees: -本 ほん p.33
weeks: -週間 しゅうかん p.63
words: -語 ご
writing pads: -冊 さつ p.33
years: -年 ねん p.62

高低アクセント　Pitch accent　高低音调　고저 악센트

- 単語内の高低は、① 一拍目と二拍目が異なる、② 核(⌐)は一つあるか、無核かである。
- 無核(平板式 up and flat)の単語は一拍目だけ低く、二拍目以降は高いまま下がらない。
- 動詞とい形容詞は文法的な形によって核の有無と位置が規則的に変わる。

▸ In a word: ① The pitch accent of the second mora is different from the first, ② There is either one core (⌐) or no core.
▸ In words without a core (up and flat), the first mora is low-pitched, and the morae from the second mora onwards are high-pitched.
▸ For verbs and い-adjectives, whether they have a core or not, the position of the core changes regularly depending on their grammatical form.

- 单词内的高低音调为以下两种情况。① 第1拍与第2拍音调的高低不同。② 核(⌐)为一个或无核。
- 无核(平板式 up and flat)单词仅第1拍的音调低，第2拍开始音调高且保持不变。
- 动词与い形容词核的有无及其位置会因其语法性形态而出现规则性变化。

- 단어내의 고저는 ① 1박째와 2박째가 다르다. ② 핵(⌐)이 하나인가, 무핵인가 이다.
- 무핵(평판식 up and flat)의 단어는1박째만 낮고, 2박째부터는 높은 그대로 유지되어 낮아지지 않는다.
- 동사와 い형용사는 문법적인 형태에 따라서 핵의 유무와 위치가 규칙적으로 변한다.

Pitch accent pattern (い-from)	Ⓐ Ⓗ い-from
Pattern 1 ○○○○ no core **up and flat**	no core (flat)　あかい red　あぶない dangerous　むずかしい difficult
Pattern 2 ○○○○ 2nd from last **up and down** ○○	2nd from last　あおい blue　たのしい enjoyable　いそがしい busy　よい good

動詞 Verbs have three pitch accent patterns

な is never the core.

Ⓐ' ます-form	Ⓐ' ました-form	Ⓐ' ません-form	Ⓑ' ましょう-form	Ⓑ う-form	Ⓐ Ⓗ ない-from
ま (ます-family: All patterns have the same pitch accent.)	せ		before う		no core (up and flat)
ききます	ききました	ききません	ききましょう	きこう	きかない
つかいます	つかいました	つかいません	つかいましょう	つかおう	つかわない
はたらきます	はたらきました	はたらきません	はたらきましょう	はたらこう	はたらかない
きます	きました	きません	きましょう	きよう	きない
ねます	ねました	ねません	ねましょう	ねよう	ねない
かえます	かえました	かえません	かえましょう	かえよう	かえない
はじめます	はじめました	はじめません	はじめましょう	はじめよう	はじめない
します	しました	しません	しましょう	しよう	しない
ま	せ		before う		before ない
やすみます	やすみました	やすみません	やすみましょう	やすもう	やすまない
ことわります	ことわりました	ことわりません	ことわりましょう	ことわろう	ことわらない
おもいだします	おもいだしました	おもいだしません	おもいだしましょう	おもいだそう	おもいださない
たべます	たべました	たべません	たべましょう	たべよう	たべない
おきます	おきました	おきません	おきましょう	おきよう	おきない
こたえます	こたえました	こたえません	こたえましょう	こたえよう	こたえない
かんがえます	かんがえました	かんがえません	かんがえましょう	かんがえよう	かんがえない
ま	せ		before う		before ない
きります	きりました	きりません	きりましょう	きろう	きらない
かえります	かえりました	かえりません	かえりましょう	かえろう	かえらない
みます	みました	みません	みましょう	みよう	みない
きます	きました	きません	きましょう	こよう	こない

い-*adjectives* have two pitch accent patterns

Ⓖ く-form	Ⓖ + negation marker *	Ⓕ くて-form	ⒶⒽ かった-form	Ⓓ ば-form
no core (flat)	な / せ	before くて	before かった	before ければ
あかく / あぶなく / むずかしく	あかく / あぶなく / むずかしく } + ない／ありません	あかくて / あぶなくて / むずかしくて	あかかった / あぶなかった / むずかしかった	あかければ / あぶなければ / むずかしければ
3rd from last	な / せ	before くて + 1	before かった + 1	before ければ + 1
あおく / たのしく / いそがしく / よく	あおく / たのしく / いそがしく / よく } + ない／ありません	あおくて / たのしくて / いそがしくて / よくて	あおかった / たのしかった / いそがしかった / よかった	あおければ / たのしければ / いそがしければ / よければ

* This combination was originally two words.

Ⓖ ないで-form	Ⓓ ば-form	ⒻⒼ て-form	Ⓒ end form ③	ⒶⒽ basic form		Pitch accent pattern (basic form)
な	before ば	\multicolumn{3}{c}{no core (up and flat)}		Pattern 1
きかないで / つかわないで / はたらかないで	きけば / つかえば / はたらけば	きいて / つかって / はたらいて	きけ / つかえ / はたらけ	きく (聞く) listen to / つかう use / はたらく work	⑤r	○○○○ no core
きないで / ねないで / かえないで / はじめないで	きれば / ねれば / かえれば / はじめれば	きて / ねて / かえて / はじめて	きろ / ねろ / かえろ / はじめろ	きる (着る) put on \<a jacket\> / ねる lie, sleep / かえる (変える) change sth / はじめる begin sth, start sth	①r	up and flat
しないで	すれば	して	しろ	する (do an ACT)	ⓘr	
before ないで	3rd from last	\multicolumn{2}{c}{2nd from last}			Pattern 2
やすまないで / ことわらないで / おもいださないで	やすめば / ことわれば / おもいだせば	やすんで / ことわって / おもいだして	やすめ / ことわれ / おもいだせ	やすむ rest, be absent / ことわる decline, refuse / おもいだす remember	⑤r	○○○○ 2nd from last
たべないで / おきないで / こたえないで / かんがえないで	たべれば / おきれば / こたえれば / かんがえれば	❗ たべて / おきて / こたえて / かんがえて	たべろ / おきろ / こたえろ / かんがえろ	たべる eat / おきる get up, wake / こたえる answer / かんがえる think, consider	①r	up and down
before ないで	\multicolumn{4}{c}{1st}		Pattern 3
きらないで / かえらないで	きれば / かえれば	きって / かえって	きれ / かえれ	きる (切る) cut / かえる (帰る) go home	⑤r	○○○○ 1st
みないで	みれば	みて	みろ	みる look	①r	down
こないで	くれば	きて	こい	くる (来る) come here	ⓘr	

漢字

本書の漢字欄では、『日本語能力試験出題基準(改訂版)』(独立行政法人国際交流基金・財団法人日本国際教育支援協会, 凡人社 2006年)で初級とされる284字に、学習上の便宜から中級レベルの25字(内・全・初・利・和・席・府・数・泳・消・直・石・算・米・練・荷・表・要・変・返・部・酒・配・閉・馬)を加え、初級の9字(代・光・堂・太・広・悪・民・産・進)を除いた300字(すべて教育漢字)、および、おどり字の「々」を扱う。

本書における漢字の「読み」の資料は目次の次のページに挙げた。⇨ 資料2〜4

課										
第 2 課	1 一	2 人	3 川	4 口	5 日	6 田	7 中	8 山	9 木	10 本
第 3 課	11 名	12 国	13 行	14 来	15 先	16 去	17 今	18 何	19 土	20 私
第 4 課	21 二	22 三	23 四	24 五	25 六	26 七	27 八	28 九	29 十	30 百	31 千	32 万	33 半	34 分	35 子
第 5 課	36 男	37 女	38 左	39 右	40 東	41 西	42 南	43 北	44 上	45 下
第 6 課	46 立	47 住	48 花	49 水	50 月	51 火	52 知	53 死	54 金	55 銀
第 7 課	56 生	57 午	58 前	59 後	60 始	61 終	62 時	63 年	64 週	65 毎
第 8 課	66 大	67 小	68 明	69 暗	70 同	71 合	72 好	73 要	74 元	75 気
第 9 課	76 色	77 白	78 黒	79 赤	80 青	81 安	82 高	83 低	84 多	85 少	々
第10課	86 門	87 間	88 目	89 見	90 耳	91 聞	92 音	93 声	94 犬	95 友
第11課	96 出	97 入	98 通	99 着	100 会	101 社	102 学	103 校	104 方	105 車
第12課	106 教	107 習	108 貸	109 借	110 返	111 売	112 配	113 休	114 心	115 急
第13課	116 言	117 語	118 話	119 答	120 思	121 考	122 読	123 書	124 意	125 味
第14課	126 父	127 母	128 兄	129 姉	130 弟	131 妹	132 親	133 主	134 家	135 族
第15課	136 内	137 外	138 手	139 足	140 直	141 引	142 作	143 食	144 飲	145 飯
第16課	146 切	147 初	148 力	149 勉	150 強	151 弱	152 便	153 利	154 漢	155 字
第17課	156 発	157 表	158 所	159 文	160 石	161 研	162 究	163 空	164 部	165 屋
第18課	166 持	167 待	168 買	169 送	170 止	171 回	172 英	173 米	174 雨	175 電
第19課	176 開	177 閉	178 暑	179 寒	180 長	181 短	182 消	183 集	184 変	185 帰
第20課	186 楽	187 薬	188 紙	189 早	190 正	191 別	192 朝	193 昼	194 夕	195 夜
第21課	196 図	197 館	198 室	199 場	200 映	201 画	202 写	203 真	204 台	205 風
第22課	206 海	207 洋	208 池	209 注	210 洗	211 泳	212 酒	213 茶	214 料	215 理
第23課	216 道	217 歩	218 走	219 起	220 新	221 古	222 遠	223 近	224 軽	225 重
第24課	226 使	227 用	228 計	229 算	230 円	231 数	232 運	233 転	234 動	235 働
第25課	236 品	237 質	238 荷	239 服	240 全	241 体	242 自	243 首	244 頭	245 顔
第26課	246 天	247 地	248 森	249 林	250 病	251 院	252 工	253 乗	254 以	255 不
第27課	256 練	257 説	258 問	259 題	260 席	261 度	262 店	263 鳥	264 馬	265 駅	266 験
第28課	267 春	268 夏	269 秋	270 冬	271 野	272 菜	273 魚	274 肉	275 牛	276 物	277 特
第29課	278 市	279 区	280 町	281 村	282 府	283 県	284 京	285 都	286 旅	287 世	288 界
第30課	289 建	290 試	291 有	292 医	293 和	294 歌	295 仕	296 事	297 者	298 員	299 業	300 曜

総画索引（そうかくさくいん） Index of the Number of Strokes

1画	page
1 一	18

2画
26 七	37
28 九	38
21 二	32
2 人	18
97 入	103
27 八	38
148 力	154
29 十	38

3画
45 下	50
22 三	33
44 上	50
32 万	39
31 千	39
4 口	19
19 土	30
194 夕	200
66 大	72
37 女	43
35 子	40
67 小	73
8 山	20
3 川	18
252 工	258

4画
255 不	260
7 中	19
24 五	35
17 今	28
74 元	80
136 内	142
25 六	36
146 切	152
34 分	40
279 区	283
57 午	63
95 友	100

230 円	236
246 天	252
85 少	90
141 引	147
114 心	120
138 手	144
159 文	165
104 方	110
5 日	19
50 月	56
9 木	20
170 止	176
49 水	55
51 火	57
126 父	132
275 牛	280
94 犬	100

5画
287 世	290
133 主	139
254 以	260
295 仕	298
128 兄	134
270 冬	275
96 出	102
43 北	49
33 半	40
16 去	27
221 古	227
204 台	210
39 右	45
23 四	34
137 外	143
202 写	208
38 左	44
278 市	282
10 本	20
190 正	196
127 母	133
56 生	62

227 用	233
6 田	19
77 白	83
88 目	94
160 石	166
46 立	52

6画
113 休	119
15 先	26
240 全	246
71 合	77
70 同	76
11 名	22
171 回	177
247 地	253
84 多	90
72 好	78
155 字	160
81 安	87
63 年	69
189 早	195
100 会	106
291 有	294
53 死	59
65 毎	70
75 気	80
208 池	214
173 米	179
121 考	127
90 耳	96
30 百	39
274 肉	279
242 自	248
76 色	82
13 行	24
41 西	47

7画
18 何	29
142 作	148
47 住	53

241 体	247
83 低	89
14 来	25
147 初	153
191 別	197
153 利	159
196 図	202
130 弟	136
281 村	285
36 男	42
280 町	284
101 社	107
20 私	30
162 究	168
93 声	99
48 花	54
89 見	95
116 言	122
111 売	117
79 赤	85
218 走	224
139 足	145
105 車	110
223 近	229
110 返	116
292 医	295

8画
296 事	299
284 京	288
226 使	232
125 味	130
293 和	296
12 国	23
195 夜	200
60 始	66
129 姉	135
131 妹	137
102 学	108
262 店	268
193 昼	199
206 海	212

158 所	164
68 明	74
239 服	245
40 東	46
249 林	255
217 歩	223
211 泳	217
209 注	215
276 物	280
201 画	207
140 直	146
52 知	58
163 空	169
297 者	300
172 英	178
157 表	163
54 金	60
180 長	186
86 門	92
174 雨	180
80 青	86

9画
253 乗	259
152 便	158
58 前	64
42 南	48
236 品	242
198 室	204
165 屋	170
261 度	267
289 建	292
59 後	65
167 待	173
277 特	280
250 病	256
120 思	126
203 真	209
188 紙	194
200 映	206
267 春	272
98 通	104
206 海	212

210 洗	216
207 洋	213
288 界	290
156 発	162
161 研	167
269 秋	274
283 県	287
213 茶	219
73 要	79
228 計	234
184 変	190
169 送	175
225 重	230
92 音	98
205 風	210
143 食	149
243 首	249

10画
109 借	115
149 勉	155
298 員	300
268 夏	273
134 家	140
260 席	266
151 弱	157
214 料	220
286 旅	290
62 時	68
123 書	129
103 校	109
185 帰	190
182 消	188
277 特	280
250 病	256
203 真	209
188 紙	194
238 荷	244
219 起	225
98 通	104
212 酒	218

112 配	118
251 院	257
264 馬	270
82 高	88

11画
234 動	240
258 問	264
150 強	156
106 教	112
135 族	140
215 理	220
61 終	67
107 習	113
272 菜	277
233 転	239
64 週	70
285 都	289
164 部	170
271 野	276
177 閉	183
273 魚	278
263 鳥	269
78 黒	84

12画
199 場	205
179 寒	185
178 暑	184
192 朝	198
248 森	254
99 着	105
181 短	187
119 答	125
108 貸	114
168 買	174
224 軽	230
232 運	238
216 道	222
176 開	182
87 間	93
183 集	189

144 飲	150
145 飯	150

13画
235 働	240
124 意	130
231 数	237
220 新	226
69 暗	75
186 楽	192
299 業	301
154 漢	160
290 試	293
118 話	124
222 遠	228
175 電	180

14画
294 歌	297
229 算	235
256 練	262
91 聞	97
117 語	123
257 説	263
122 読	128
55 銀	60
265 駅	270

15画
237 質	243

16画
187 薬	193
132 親	138
244 頭	250
197 館	203

18画
300 曜	301
245 顔	250
259 題	265
266 験	270

(symbol)
々	90

部首索引 Index of the Radicals

部首は『角川大字源』（角川書店 1992年初版）に従った。
一つの部首に複数の呼び名がある場合は外形による名づけを採用した。

一 いち					
page					
1 一 18	18 何 29	力 ちから	囗 くにがまえ	小 ちいさい	238 荷 244
26 七 37	47 住 53	148 力 154	23 四 34	67 小 73	272 菜 277
45 下 50	241 体 247	149 勉 155	171 回 177	85 少 90	187 薬 193
22 三 33	83 低 89	234 動 240	196 図 202	尸 しかばね	辶 (辵) しんにょう
44 上 50	226 使 232	匕 さじのひ	12 国 23	165 屋 170	223 近 229
32 万 39	14 来 25	43 比 49	230 円 236	山 やま	110 返 116
255 不 260	152 便 158	匚 かくしがまえ	土 つち つちへん	8 山 20	169 送 175
287 世 290	109 借 115	279 区 283	19 土 30	川 (巛) かわ	98 通 104
30 百 39	235 働 240	十 じゅう	247 地 253	3 川 18	232 運 238
丨 ぼう	儿 ひとあし	29 十 38	199 場 205	工 たくみ	64 週 70
7 中 19	74 元 80	31 千 39	夂 すいにょう	252 工 258	216 道 222
丶 てん	128 兄 134	57 午 63	268 夏 273	38 左 44	222 遠 228
133 主 139	15 先 26	33 半 40	夕 ゆうべ	巾 はば	阝 (邑) おおざと
ノ の	入 いる	42 南 48	194 夕 200	278 市 282	285 都 289
253 乗 259	97 入 103	卜 ぼくのと	84 多 90	260 席 266	164 部 170
乙 おつ	136 内 142	137 外 143	195 夜 200	干 いちじゅう	阝 (阜) こざとへん
28 九 38	240 全 246	厶 む	大 だい	63 年 69	251 院 257
亅 はねぼう	八 はち	16 去 27	66 大 72	广 まだれ	心 こころ
296 事 299	27 八 38	又 また	246 天 252	262 店 268	114 心 120
二 に	25 六 36	95 友 100	女 おんな おんなへん	282 府 286	115 急 120
21 二 32	冫 (冫) にすい	261 度 267	37 女 43	廴 えんにょう	120 思 126
24 五 35	270 冬 275	口 くち くちへん	72 好 78	289 建 292	124 意 130
亠 なべぶた	179 寒 185	4 口 19	60 始 66	弓 ゆみ ゆみへん	手 て
284 京 288	凵 うけばこ	221 古 227	129 姉 135	141 引 147	扌 てへん
人 ひと	96 出 102	204 台 210	131 妹 137	130 弟 136	138 手 144
亼 ひとやね	刀 かたな	39 右 45	子 こ	151 弱 157	166 持 172
亻 にんべん	刂 りっとう	71 合 77	35 子 40	150 強 156	攵 のぶん
2 人 18	146 切 152	70 同 76	102 学 108	彳 ぎょうにんべん	106 教 112
17 今 28	34 分 40	11 名 22	宀 うかんむり	59 後 65	231 数 237
254 以 260	147 初 153	125 味 130	81 安 87	167 待 173	184 変 190
295 仕 298	191 別 197	293 和 296	155 字 160	艹 (艸) くさかんむり	文 ぶん
113 休 119	153 利 159	236 品 242	198 室 204	48 花 54	159 文 165
142 作 148	58 前 64	298 員 300	134 家 140	172 英 178	斤 おのづくり
		258 問 264	202 写 208	213 茶 219	158 所 164
					220 新 226

方 ほう かた(ほう)へん		217 歩 223	用 もちいる		214 料 220		290 試 293		雨 あめ あめかんむり
104 方 110		185 帰 190	227 用 233	糸 いと いとへん	118 話 124		174 雨 180		
286 旅 290		歹 いちた	田 た		188 紙 194		117 語 123		175 電 180
135 族 140		53 死 59	6 田 19		61 終 67		257 説 263	青 (青) あお	
日 ひ ひ(にち)へん		毋 なかれ	36 男 42		256 練 262		122 読 128	80 青 86	
5 日 19		127 母 133	280 町 284		283 県 287	貝 かい		音 おと	
189 早 195		65 毎 70	201 画 207	羽 (羽) はね	108 貸 114		92 音 98		
68 明 74		气 きがまえ	288 界 290		107 習 113		168 買 174	頁 おおがい	
200 映 206		75 気 80	广 やまいだれ	耂 (老) おいがしら	111 売 117		244 頭 250		
267 春 272		水 みず	250 病 256		121 考 127		237 質 243	245 顔 250	
193 昼 199		氵 さんずい	癶 はつがしら	297 者 300		259 題 265			
62 時 68		49 水 55	156 発 162	耳 みみ	赤 あか		風 かぜ		
178 暑 184		208 池 214	白 しろ		90 耳 96		79 赤 85		205 風 210
69 暗 75		211 泳 217	77 白 83		91 聞 97	走 はしる そうにょう	食 しょく		
300 曜 301		209 注 215	目 め		93 声 99		218 走 224	食 しょくへん	
曰 ひらび		206 海 212	88 目 94	聿 (聿) ふでづくり	219 起 225		143 食 149		
100 会 106		210 洗 216	140 直 146		123 書 129	足 あし		144 飲 150	
月 つき		207 洋 213	203 真 209		肉 にく	139 足 145		145 飯 150	
50 月 56		182 消 188	99 着 105		月 (肉) にくづき	車 くるま くるまへん	197 館 203		
月 (舟) ふねづき		154 漢 160	矢 やへん		274 肉 279		105 車 110	首 くび	
239 服 245		火 ひ	52 知 58		291 有 294		233 転 239		243 首 249
192 朝 198		51 火 57	181 短 187	自 みずから	224 軽 230		馬 うま うまへん		
木 き きへん		父 ちち	石 いし いしへん	242 自 248	酉 ひよみのとり		264 馬 270		
9 木 20		126 父 132	160 石 166		色 いろ		212 酒 218		265 駅 270
10 本 20		牛 うし	161 研 167		76 色 82		112 配 118		266 験 270
281 村 285		牜 うしへん	禾 のぎへん		行 ぎょうがまえ	292 医 295	高 たかい		
40 東 46		275 牛 280	20 私 30		13 行 24	里 さと さとへん	82 高 88		
249 林 255		276 物 280	269 秋 274		衣 ころも	225 重 230	魚 うお		
103 校 109		277 特 280	穴 あなかんむり	157 表 163		271 野 276		273 魚 278	
183 集 189		犬 いぬ	162 究 168		襾 (西) かなめがしら	金 かね かねへん	鳥 とり		
248 森 254		94 犬 100	163 空 169		41 西 47		54 金 60		263 鳥 269
186 楽 192		王 (玉) たまへん	立 たつ		73 要 79		55 銀 60	黒 (黒) くろ	
299 業 301		215 理 220	46 立 52		見 みる	長 ながい	78 黒 84		
欠 あくび		礻 (示) しめすへん	竹 たけかんむり	89 見 95		180 長 186			
294 歌 297		101 社 107	119 答 125		132 親 138	門 もんがまえ			
止 とめる		生 うまれる	229 算 235		言 ことば ごんべん	86 門 92	(symbol)		
170 止 176		56 生 62	米 こめ こめへん	116 言 122	177 閉 183	々 90			
190 正 196			173 米 179		228 計 234	176 開 182			
						87 間 93			

代表的な部首 Representative Radicals

(だいひょうてき ぶしゅ)

No KANJI number: not addressed in this book

へん	人 → イ：にんべん	仕295 作142 休113 何18 / 住47 体241 低83 使226 / 便152 借109 働235 代	
	言：ごんべん	計228 試290 話118 語117 / 説257 読122 記 課	
	木：きへん	村281 林249 校103 機	
	食 → 飠：しょくへん	飲144 飯145 館197 飼	
	弓：ゆみへん	引141 強150 弧 張	
	手 → 扌：てへん	持166 払 打 折	
	車：くるまへん	転233 軽224 軒 輸	
	口：くちへん	味125 吸 叫 吹	
	阜 → 阝：こざとへん	院251 防 陸 階	
	水 → 氵：さんずい	池208 泳211 注209 海206 / 洗210 洋207 消182 漢154	
	日：ひへん（にちへん）	明68 映200 暗69 時62 / 曜300 昨 晩 晴	
	女：おんなへん	好72 始60 姉129 妹131	
	糸：いとへん	紙188 終61 練256 級	
	土：つちへん	地247 場199 坂 境	
	彳：ぎょうにんべん	後59 待167 律 復	
	禾：のぎへん	私20 秋 科269 税	
	馬：うまへん	駅265 験266 駐 騒	
	示 → 礻：しめすへん	社101 礼 神 祖	
	金：かねへん	銀55 針 鉄 鉱	
つくり	刀 → 刂：りっとう	利153 別191 判 割	
	邑 → 阝：おおざと	都285 部164 郊 郵	
	攵：のぶん	教106 数231 改 放	
	頁：おおがい ⇒ p.241	頭244 顔245 頂 額	
かんむり	宀：うかんむり	安81 室198 家134 宿	
	竹：たけかんむり	答119 算229 第 箱	
	穴：あなかんむり	究162 空163 突 窓	
	癶：はつがしら	発156 登	
	艸 → 艹：くさかんむり	花48 英172 茶213 荷238 / 菜272 薬187 苦 葉	
	老 → 耂：おいがしら	考121 者297 老	
	雨：あめかんむり ⇒ p.180	電175 雪 雲 震	
あし	心：こころ	急115 思120 意124 悪	
	貝：かい	貸108 買168 質237 賃	
	儿：ひとあし	元74 兄128 先15 光	
	火 → 灬：れっか／れんが	然 無 照 熱	
たれ	广：まだれ	店262 府282 庭 庫	
	疒：やまいだれ	病250 疲 痛 療	
	尸：しかばね	屋165 局 届 居	
	厂：がんだれ	厚 原	
にょう	走 → 辶：しんにょう	近223 返110 送169 通98 / 運232 週64 道216 遠222	
	廴：えんにょう	建289 廷 延	
	走：そうにょう	起219 赴 越 超	
かまえ	囗：くにがまえ	四23 回171 図196 国12 / 因 団 固 園	
	行：ぎょうがまえ	行13 術 街 衛	
	門：もんがまえ	門86 閉177 開176 間87 / 閣 関 閥 閲	
	匚：かくしがまえ	区279 匹 匿	

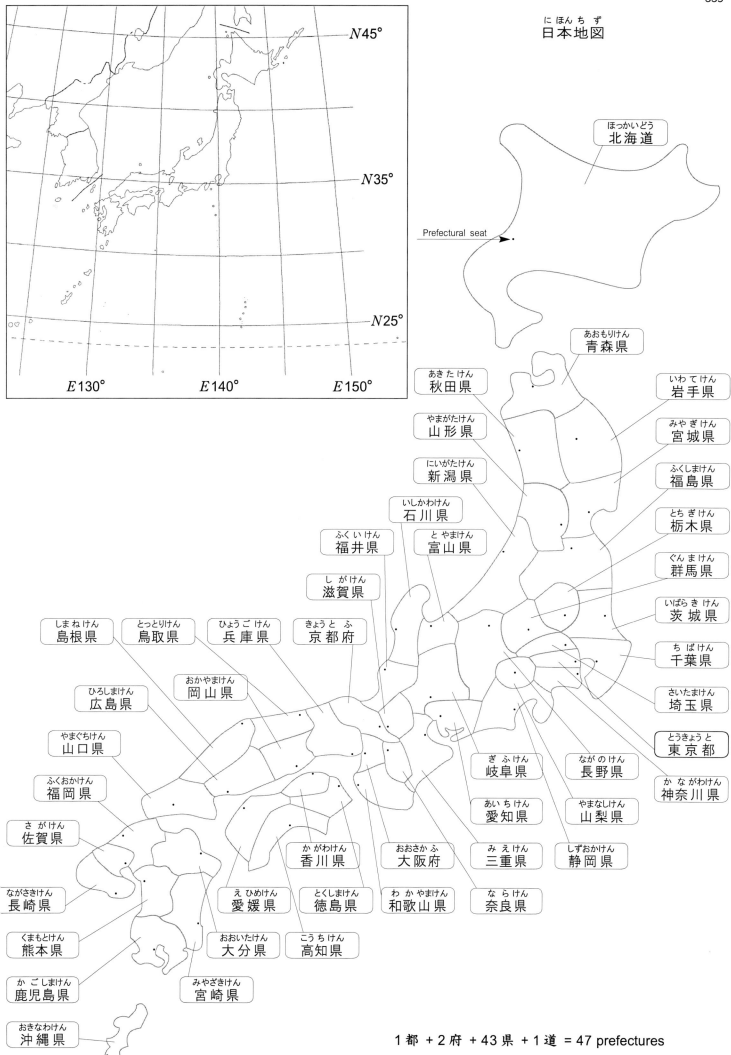

著者 Author

村田美穂子 MURATA Mihoko, Ph.D
Born in Tokyo, Japan

1979年 学習院大学文学部を卒業
1989年～現在 千葉大学講師（非常勤）
2000年～2004年 山梨大学講師（非常勤）
2003年 お茶の水女子大学で博士(人文科学)の学位を取得
主な著書：助辞「は」のすべて，至文堂，1997年

英語監修 English supervising editor

DROUGHT Andrew, MA
Originally from Newcastle upon Tyne, UK.

翻訳 Translators

李明華 LI Minghua, MA
(Chinese and Korean language)
Born in Jilin Province, China

張敏 ZHANG Min, MA
(Chinese language)
Born in Zhejiang Province, China

鄭潤静 CHONG Yunjung, MA
(Korean language)
Born in Gyeongsangnam-do, South Korea

挿し絵 Illustrator

松井敦子 MATSUI Atsuko

表紙 Cover designer

戸川恵子 TOGAWA Keiko

体系日本語初級　漢字も文法も
2018年 5月1日 発行

- ■ 著者　　　村田美穂子
- ■ 発行者　　尾方敏裕
- ■ 発行所　　株式会社 好文出版
　〒162-0041　東京都新宿区早稲田鶴巻町540　林ビル3F
　Tel. 03-5273-2739　Fax. 03-5273-2740
　http://www.kohbun.co.jp/

© Mihoko MURATA 2018　Printed in Japan　ISBN978-4-87220-207-6

形の一覧 Grammatical forms

predicate type 述語型	part of speech 品詞			連体形 pre-noun form ⒽH		1 'certain' mood plain style Ⓐ	polite style です/でした, ます-family Ⓐ'	end form 終結形 2 'soo speaker's plain style う-form Ⓑ
				pre-noun	pre-の			
だ type cannot be inflected	noun etc.		—	⊖た	○○の	○○な	○○だ	○○です	
				⊕た	○○だった			○○でした	
	adjective		だ-a	⊖た	□□な		□□だ	□□です	
				⊕た	□□だった			□□でした	
い type can be inflected		い-a	··い	⊖た	あかるい			あかるいです	
				⊕た	あかるかった			あかるかったです	
	ない-group	negation marker	ない	⊖た	ない			ありません	
				⊕た	なかった			ありませんでした	
		verb	⑤r ··aない	⊖た	はなさない			はなしません	
				⊕た	はなさなかった			はなしませんでした	
			(iる-verb) ··iない	⊖た	みない			みません	
				⊕た	みなかった			みませんでした	
			①r						
			(eる-verb) ··eない	⊖た	たべない			たべません	
				⊕た	たべなかった			たべませんでした	
			(する) しない	⊖た	しない			しません	
				⊕た	しなかった			しませんでした	
			ⓘr						
			(くる) こない	⊖た	こない			きません	
				⊕た	こなかった			きませんでした	
う-row type can be inflected		verb	す-verb	⊖た	はなす			はなします	はなそう
				⊕た	はなした			はなしました	
			く-verb	⊖た	かく			かきます	かこう
				⊕た	かいた			かきました	
			Exception いく	⊖た	いく			いきます	いこう
				⊕た	いった			いきました	
			ぐ-verb	⊖た	およぐ			およぎます	およごう
				⊕た	およいだ			およぎました	
			う-verb	⊖た	つかう			つかいます	つかおう
				⊕た	つかった			つかいました	
			⑤r つ-verb	⊖た	まつ			まちます	まとう
				⊕た	まった			まちました	
			る-verb	⊖た	つくる			つくります	つくろう
				⊕た	つくった			つくりました	
			Exception なさる type ⇒ p.143	⊖た	おっしゃる			おっしゃいます	
				⊕た	おっしゃった			おっしゃいました	
			ぬ-verb only one	⊖た	しぬ			しにます	しのう
				⊕た	しんだ			しにました	
			ぶ-verb	⊖た	とぶ			とびます	とぼう
				⊕た	とんだ			とびました	
			む-verb	⊖た	よむ			よみます	よもう
				⊕た	よんだ			よみました	
			iる-verb	⊖た	みる			みます	みよう
				⊕た	みた			みました	
			①r						
			eる-verb	⊖た	たべる			たべます	たべよう
				⊕た	たべた			たべました	
			する	⊖た	する			します	しよう
				⊕た	した			しました	
			ⓘr						
			くる	⊖た	くる			きます	こよう
				⊕た	きた			きました	